# PRÉCIS HISTORIQUE

### DES

# OPÉRATIONS MILITAIRES EN ORIENT

### DE MARS 1854 A SEPTEMBRE 1855.

Paris. — Imprimerie de L. MARTINET, rue Mignon, 2

# PRÉCIS HISTORIQUE

DES

# OPÉRATIONS MILITAIRES

EN ORIENT

DE MARS 1854 A SEPTEMBRE 1855,

PAR

**A. DU CASSE,**

CHEF D'ESCADRON D'ÉTAT-MAJOR.

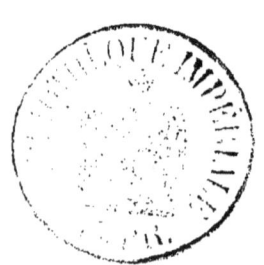

Avec Cartes et Plans.

---o---

PARIS,

E. DENTU, LIBRAIRE-ÉDITEUR,

PALAIS-ROYAL, GALERIE D'ORLÉANS, 13.

M DCCC LVI

# INTRODUCTION.

Force et composition des armées russes et turques. — Troupes des puissances belligérantes sur les bords du Danube à l'ouverture de la campagne de 1853. — Résumé des opérations militaires entre les armées russes et turques, en 1853 et en 1854.

---

Notre intention n'étant pas d'entrer dans les considérations politiques qui ont provoqué la **guerre d'Orient**, et désirant nous borner autant que possible à l'exposé exact des opérations militaires, nous laisserons de côté toutes les causes qui ont amené la rupture entre la Russie et la Porte en premier lieu, entre la Russie et les puissances occidentales un peu plus tard. Nous nous bornerons donc aux quelques mots suivants.

A la suite de la guerre faite aux Monténégrins par la Turquie, le prince Menschikoff fut envoyé à Constantinople par l'empereur de Russie pour obtenir du sultan un traité accordant le protectorat sur les Grecs sujets de l'empire ottoman.

Le prince Menschikoff, arrivé à Constantinople le 28 février 1853, fut reçu en audience par le sultan le 10 mars. Quelques jours après, le 16, il remit une première note verbale; le 22 du même mois, un projet de convention. Le 19 avril, survint une seconde note verbale de l'ambassadeur extraordinaire de l'empereur Nicolas; puis, le 5 mai, une troisième, et enfin ces négociations ne pouvant aboutir qu'à une rupture, le prince russe partit le 23, emmenant avec lui la légation. La guerre était inévitable.

Cette guerre, de 1853 à 1855 dans la partie orientale de l'Europe, n'est pas encore connue dans tous ses détails; mais déjà on peut apprécier l'enchaînement des faits et l'ensemble des opérations qui ont eu lieu; elle touche presque au domaine de l'histoire. Dépouillant le récit d'une foule de circonstances mensongères, il est possible d'arriver à une relation véridique et succincte.

Le précis que nous entreprenons n'est pas une histoire complète, mais un ensemble qui peut être utile, soit comme point de repère pour les récits futurs, soit comme base première, dans la lecture de tout ce qui se rapporte à cet important sujet; il donnera la facilité d'embrasser d'un coup d'œil rapide les faits les plus saillants et surtout l'ordre dans lequel ils se sont produits.

Longtemps le nombre et la composition des troupes mises en jeu sur le théâtre de la guerre par les Russes fut un mystère dont il était impossible de soulever le voile ; aujourd'hui, malgré tous les soins de cette puissance, on est parvenu à connaître le chiffre des corps employés.

Avant de commencer notre récit, nous croyons utile de mettre sous les yeux des lecteurs l'exposé de l'organisation, de la force effective et réelle, des moyens d'action des nations ennemies au moment des premières hostilités.

Ainsi que nous l'avons dit plus haut, l'état militaire de la Russie est en général peu connu. Cette puissance a toujours pris le plus grand soin à le dissimuler, tout en cherchant à faire croire à une force beaucoup plus considérable que celle dont elle dispose réellement. Il nous est possible aujourd'hui de donner des notions certaines sur son armée.

Lorsque nous aurons expliqué le mécanisme organique de cette armée, il sera facile, en se reportant à l'exposé du personnel et du matériel, d'être toujours au courant des forces russes en ligne sur tel ou tel point du théâtre des opérations. C'est là, selon nous, une condition essentielle pour pouvoir lire avec fruit le récit des événements militaires, pour pouvoir surtout les apprécier avec connaissance de cause.

Dans son état normal, l'armée russe se compose :

1° De l'armée proprement dite ;

2° De l'armée spéciale du Caucase ;

3° Des Cosaques, troupes irrégulières dont il est difficile d'apprécier le nombre ;

4° Des milices.

Si nous décomposons les deux premiers de ces trois grands éléments de l'état militaire de la Russie, nous trouverons :

Dans le premier élément :

6 corps d'armée d'infanterie, 1 de la garde impériale, 1 de grenadiers formant réserve, et enfin 2 corps de cavalerie, plus 1 division de cavalerie dite de réserve.

Le corps d'infanterie étant l'élément d'armée de l'état militaire russe, nous donnerons une analyse complète de chacun des six qui composent l'armée de ligne dans son état normal. Chacun d'eux a 3 divisions d'infanterie, 1 bataillon de carabiniers (chasseurs-tirailleurs armés de la carabine Minié), 1 bataillon de sapeurs, 2 divisions de cavalerie et 4 brigades d'artillerie. La division d'infanterie se subdivise en 2 brigades, la brigade en 2 régiments (1 de fusiliers, 1 de chasseurs), le régiment en 4 bataillons, le bataillon en 4 compagnies de 200 hommes chacune. La division de cavalerie se fractionne en 2 brigades, la brigade en 2 régiments, le régiment en 8 escadrons ; l'escadron a 100 chevaux. La division d'artillerie est de 3 brigades à pied et 1 à cheval ; les brigades à pied ont 4 batteries, dont 1 de gros calibre. La brigade à cheval a 2 batteries seulement ; le matériel de la batterie est de 8 bouches à feu.

En évaluant en chiffres, on trouve :

| Infanterie : | 48 bataillons. . . . . . . . | 38,400 hommes. |
|---|---|---|
| | 1 — de carabiniers | 800 — |
| | 1 — de sapeurs . . | 800 — |
| Cavalerie : | 32 escadrons. . . . . . . . . | 3,200 chevaux. |
| | Total. . . . | 43,200 combatt. |

En ayant égard aux troupes de l'artillerie, aux états-majors et aux employés divers, on arrive à un chiffre rond de 50,000 hommes, ce qui donne pour le premier élément 300,000 hommes et 672 bouches à feu.

Maintenant que cette base première et générale est posée, donnons le détail complet des 6 corps en mai 1853 :

### 1er CORPS : Général *Szewers*.
(1re, 2e, 3e divisions d'infanterie.)

1er, 2e, 3e, 4e, 5e, 6e régiments de fusiliers (Neva, Naroa, Kalouga, Reval, Ancienne-Ingrie, Kutusoff-Smolenski); 1er, 2e, 3e, 4e, 5e, 6e régiments de chasseurs (Sophie, Koporié, Liban, Esthonie, Nouvelle-Ingrie, Velki-Lulki). — 1er bataillon de carabiniers. — 1er bataillon de sapeurs. — 1er et 2e de lanciers (de Saint-Pétersbourg et de Courlande); 1er et 2e de hussards (Soumsk et Kälstitz). — 1re, 2e, 3e brigades d'artillerie à pied, 1re à cheval.

### 2e CORPS : Général *Paniutine*.
(4e, 5e, 6e divisions d'infanterie.)

7e, 8e, 9e, 10e, 11e, 12e régiments de fusiliers (Belosersk, Schlusselbourg, Arkangel, Kostrona,

Mourom, Nissof); 7e, 8e, 9e, 10e, 11e, 12e régiments de chasseurs (Olonetz, Ladoga, Vologda, Galicie, Nijny-Novogorod, Sibérie). — 2e bataillon de carabiniers. — 2e bataillon de sapeurs. — 3e et 4e de lanciers (de Smolensk et Kharkoff); 3e et 4e de hussards (Elisabethgrad et Loubus). — 4e, 5e, 6e brigades d'artillerie à pied, 2e à cheval.

3e CORPS : Général *Osten-Sacken*.

(7e, 8e, 9e divisions d'infanterie.)

13e, 14e, 15e, 16e, 17e, 18e régiments de fusiliers (Smolensk, Vitebsk, Thernigoff, Alexopol, Yeletz, Briansk); 13e, 14e, 15e, 16e, 17e, 18e régiments de chasseurs (Mohilef, Polotzk, Poltava, Krementschouk, Sefsk, Orel). — 3e bataillon de carabiniers. — 3e bataillon de sapeurs. — 5e et 6e de lanciers (Lithuanie et Volhynie); 5e et 6e de hussards (Mariopolet, Russie-Blanche). — 7e, 8e, 9e brigades d'artillerie à pied, 3e à cheval.

4e CORPS : Général *Dannenberg*.

(10e, 11e, 12e divisions d'infanterie.)

19e, 20e, 21e, 22e, 23e, 24e régiments de fusiliers (Catherinebourg, Romsk, Seleghine, Okhotzk, Azoff, Ukraine); 19e, 20e, 21e, 22e, 23e, 24e régiments de chasseurs (Robolsk, Kolivan, Yakoutsk, Kamtchatka, Dnieper, Odessa). — 4e bataillon de carabiniers. — 4e bataillon de sapeurs. — 7e et 8e de lanciers (Vosnesensck et Olviopol); 7e et 8e de hussards (Parlograde et Izoum). — 10e, 11e, 12e brigades d'artillerie à pied, 4e à cheval.

5ᵉ corps : Général *Luders*.

(13ᵉ, 14ᵉ, 15ᵉ divisions d'infanterie.)

25ᵉ, 26ᵉ, 27ᵉ, 28ᵉ, 29ᵉ, 30ᵉ régiments de fusiliers (Bresty, Lithuanie, Volhynie, Podolie, Modlin, Lublin) ; 25ᵉ, 26ᵉ, 27ᵉ, 28ᵉ, 29ᵉ, 30ᵉ régiments de chasseurs (Biélostock, Vilna, Minsk, Ytomir, Praga, Zamotsk). — 5ᵉ bataillon de carabiniers. — 5ᵉ bataillon de sapeurs. — 9ᵉ et 10ᵉ de lanciers (Boug et Odessa) ; 9ᵉ et 10ᵉ de hussards (Akhtir et Alexandrie). — 13ᵉ, 14ᵉ et 15ᵉ brigades d'artillerie à pied, 5 à cheval.

6ᵉ corps : Général *Tscherdajeff*.

(16ᵉ, 17ᵉ, 18ᵉ divisions d'infanterie.)

31ᵉ, 32ᵉ, 33ᵉ, 34ᵉ, 35ᵉ, 36ᵉ régiments de fusiliers (Vladimir, Ouglitz, Moscou, Borodino, Riasan, Beleff) ; 31ᵉ, 32ᵉ, 33ᵉ, 34ᵉ, 35ᵉ, 36ᵉ régiments de chasseurs (Sousdal, Kazan, Boutir, Tarontine, Rjatsk, Toula). — 6ᵉ bataillon de carabiniers. — 6ᵉ de sapeurs. — 11ᵉ et 12ᵉ de lanciers (Orenbourg et Sibérie) ; 11ᵉ et 12ᵉ de hussards (Kiew et Ingrie) ; 16ᵉ, 17ᵉ, 18ᵉ brigades d'artillerie à pied, 6ᵉ d'artillerie à cheval.

Corps de la garde impériale : Général *Sumarokoff*.

3 divisions d'infanterie et 3 de cavalerie, 1 division d'artillerie de 3 brigades à pied, 2 divisions à cheval, 1 division du génie à cheval, décomposées de la manière suivante : 9 régiments de grenadiers à

3 bataillons (Preobajensky, Serneofsky, Ismaïlofsky, Moscou, Paul, de Finlande, de Lithuanie, de François 1er, de Frédéric-Guillaume), 3 de chasseurs dits de la garde à 3 bataillons, 1 de chasseurs finlandais, 1 de sapeurs du génie. Total, 38 bataillons. — 3 divisions de cavalerie à 2 brigades : ou 4 régiments de cuirassiers (chevaliers-gardes, gardes à cheval, régiment de l'Empereur, de l'Héritier), 1 de grenadiers, 1 de dragons, 2 de lanciers (lanciers de la garde et du grand-duc Michel) et 2 de hussards (de la garde et de Grodno) à 6 escadrons. Total, 60 escadrons. — 2 régiments de Cosaques, 1 escadron de Tartares, 1 et demi de gendarmerie, 1 division de pionniers à cheval. Total, 17 escadrons et demi. — 1 division d'artillerie de 3 brigades à pied, 2 divisions à cheval, traînant 116 bouches à feu. Total, de 55 à 60,000 combattants.

Corps des grenadiers (réserve) : Général *Muravieff*.

3 divisions à 2 brigades, 9 régiments de grenadiers et 3 de carabiniers à 3 bataillons, 1 bataillon de grenadiers-carabiniers, 1 de sapeurs (Pernau, Kostoff, Samogitie, Barclay-de-Tolly, Kief, Tauride, Catherine-Koff, Astrakan, Sibérie, Petite-Russie, Tanagorie, Moscou). — 2 régiments de lanciers à 8 escadrons (Vladimir et Yambourg), 2 de hussards (Narva et Mittau), 1 bataillon du génie. — 1 division de 3 brigades à pied d'artillerie. — 6 batteries de gros calibre, dont 2 à cheval. — Total,

38 bataillons, 32 escadrons, 112 bouches à feu. Environ 50 à 55,000 combattants.

### DEUX CORPS DE CAVALERIE.

#### 1ᵉʳ corps : Général *Heilfrach*.

3 divisions, dont 2 de cuirassiers et 1 de lanciers ; 3 brigades d'artillerie à cheval (cuirassiers de Catherinoslaff, de Gloukhoff, d'Astrakan, de Pshoff, de l'Ordre-Militaire, de Starodouboff, de la Petite-Russie et de Novogorod). — Lanciers (de Bidogorod, de Tschougoyeff, de Borisoogles, de Serpoukoff). — Total, 80 escadrons ou 10,000 chevaux et 48 bouches à feu.

#### 2ᵉ corps ou des dragons : Général *Stavisky*.

2 divisions de dragons à 10 escadrons par régiment (de Moscou, de Kargopol, de Kinburn, de la Nouvelle-Russie, de Kazan, de Riga, de Finlande, de Rivel). — 6 batteries à cheval. — 1 division du génie à cheval. — Total, 80 escadrons, environ 10,000 chevaux et 48 bouches à feu.

La division de cavalerie légère dite de réserve, formée de 2 régiments de lanciers (Ukraine et Arkangel), 2 de hussards à 6 escadrons, 3 batteries d'artillerie légère à cheval. — 60 escadrons ou 6,000 chevaux et 24 bouches à feu.

Tel est l'ensemble de l'armée russe proprement dite.

Il nous resterait à envisager l'armée du Caucase,

armée spéciale ayant quelque analogie avec notre armée d'Afrique. Comme elle ne se rattache pas directement à notre sujet, nous n'en parlerons ici que pour mémoire.

Au mois d'août 1854, l'armée russe fut disloquée et reformée immédiatement. Vers cette époque, elle fut organisée et distribuée en six groupes ou armées principales :

1° *Armée du Nord*, répartie à Saint-Pétersbourg et sur les côtes du golfe de Finlande ; 2° *armée du centre*, en Pologne et en Courlande ; 3° *armée d'observation*, de Kamietz à Dubno ; 4° *armée du Danube* (très amoindrie) ; 5° *armée de réserve*, à Kiew ; 6° *armée de Crimée*.

Analysons ces divers éléments.

1° L'armée du Nord, formée de la garde impériale, de 2 divisions de grenadiers et de 2 divisions du 2° corps, comptait 64 bataillons, 115 escadrons, 162 bouches à feu, et représentait 64,000 baïonnettes, 20,000 sabres et 5,000 artilleurs.

2° L'armée du centre, formée du 1ᵉʳ corps d'infanterie, de 2 divisions de grenadiers et de 2 divisions du 2ᵉ corps d'infanterie, comptait 126 bataillons, 64 escadrons et 368 bouches à feu, et représentait 126,000 baïonnettes, 12,000 sabres et 7,000 artilleurs (1).

3° L'armée d'observation, formée par 1 division du 2ᵉ corps et du 6ᵉ, comptait 40 bataillons, 32 esca-

---

(1) 20 bataillons et 56 bouches à feu étaient en Samogitie et dans

drons et 126 bouches à feu, et représentait 40,000 fantassins, 6,000 cavaliers et 2,600 artilleurs (vis-à-vis le point saillant des États autrichiens).

4° L'armée du Danube, formée des 3°, 4° et 5° corps (moins une division de ce dernier corps, qui était au Caucase, et une brigade en Bessarabie), comptait 122 bataillons, 96 escadrons et 448 bouches à feu, et représentait 122,000 fantassins, 16,000 cavaliers, 9,000 canonniers (plus 2,000 Cosaques et 3 régiments de sapeurs et pontonniers) : en tout, 140,500 hommes.

5° L'armée de réserve, formée par la garde impériale, les grenadiers et le 1er corps de cavalerie, comptait 48 bataillons, 96 escadrons et 204 bouches à feu, et représentait 48,000 baïonnettes, 16,000 sabres et 5,000 canonniers.

6° L'armée de Crimée, formée par 1 division du 6° corps, 1 brigade du 5° et 6 bataillons de réserve, comptait 30 bataillons, 60 escadrons et 80 bouches à feu, ou 30,000 fantassins, 6,000 cavaliers, 2,000 Cosaques et 20,000 hommes des équipages de la flotte (1).

les anciennes provinces polonaises (quartier général à Kowno). Le reste était au centre de la Pologne; les grenadiers à Varsovie; une division du 2° corps à Kielce, l'autre à Zamosc (quartier général à Lublin). Chaque division avait deux avant-postes sur la frontière de la Galicie.

(1) Cette dernière armée fut augmentée successivement et portée de 150 à 200,000 hommes par des renforts tirés des cinq autres groupes. Au mois d'août 1854, la Russie ne croyait pas encore à une expédition des alliés en Crimée.

Au moyen de cet exposé, il sera toujours possible de se faire une idée exacte des troupes russes auxquelles les Turcs ou les alliés ont pu avoir affaire dans les différentes grandes rencontres (1).

A chaque corps de l'armée était attaché, en temps de guerre, le nombre de pontonniers nécessaires pour les besoins du service, et un matériel.

La réserve de l'armée russe se décompose en deux classes distinctes :

1° La réserve proprement dite ;
2° Les Zapas.

La réserve est formée de tous les hommes de la zone occidentale qui peuvent aller rejoindre les drapeaux assez promptement.

Les Zapas comprennent les hommes de la zone orientale auxquels il faut plus de temps pour être rassemblés.

A chaque régiment d'infanterie ou de cavalerie correspond un bataillon ou escadron de réserve, un bataillon ou escadron de Zapas.

Les bataillons de réserve d'une division forment une brigade, et la réunion des trois brigades corres-

---

(1) Les régiments russes dont nous avons donné plus haut les noms étaient encore connus sous d'autres dénominations, parce qu'il leur arrivait de prendre celle de leur chef propriétaire. Quelquefois aussi, lors de la mort de ce chef propriétaire, ils reprenaient leur ancien nom. D'autres portaient enfin celui de chefs honoraires. Ainsi le régiment de Lithuanie par exemple (3ᵉ de lanciers) s'appelait *Albert*, du nom de l'archiduc. Le régiment de Moscou (grenadiers), *Alexandre-Alexandrovisch*. Celui de Géorgie (grenadiers), *Grand-Duc Constantin*, etc., etc...

pondant aux trois divisions d'un corps d'armée forme une division à trois brigades dont le numéro correspond à celui du corps d'armée. Même organisation pour les Zapas.

La garde n'a pas de bataillon de réserve, mais seulement un bataillon de Zapas.

Chaque batterie d'artillerie a une division (4 pièces) de réserve qui lui correspond.

Ces divisions, réunies deux à deux, forment la batterie ou les batteries réunies, comprenant une brigade d'artillerie de réserve pour chaque corps de l'armée active.

En temps de paix, la réserve ne comprend que les cadres des bataillons de réserve et de Zapas; ces derniers sont plus fortement constitués que les premiers.

Lorsque la guerre éclate, les hommes en congé illimité, les plus valides et les plus rapprochés du corps de l'armée active, servent à la porter au complet de guerre. Ceux qui les rejoignent ensuite entrent dans les bataillons de réserve; les derniers arrivés sont placés dans les bataillons ou escadrons de Zapas.

Les soldats de nouvelle levée, qui, en temps de paix, sont directement envoyés aux bataillons actifs, passent en temps de guerre dans les divisions de réserve pour y recevoir leur éducation militaire avant d'être appelés à combler les vides de l'armée active.

En troisième ligne enfin viennent les milices (druschines), convoquées par un ukase récent et dont l'organisation n'est pas complétement connue; il est par conséquent impossible d'assigner un chiffre à cette dernière force militaire : on peut la considérer comme une espèce de levée en masse. Or, comme les levées en masses, pour avoir quelque action sur les opérations de la guerre, demandent à être faites dans un pays dont les habitants, libres et indépendants, obéissent avant tout aux lois naturelles et sacrées du dévouement absolu à la patrie, on peut dire avec certitude qu'en Russie, dans l'état actuel des choses, les druschines sont peu à redouter.

L'armée turque était loin de présenter un tout aussi homogène, une organisation aussi forte et aussi bien entendue que celle de la Russie ; elle échappe à une analyse exacte, et nous ne pouvons donner sur elle que des aperçus et des notions fort imparfaites.

En Turquie, les troupes n'étaient ni embrigadées ni endivisionnées ; les généraux étaient envoyés sur un point quelconque pour prendre le commandement des forces qui s'y trouvaient en un moment donné. Là, pas de service d'état-major, pas de corps de l'Intendance ou analogue, pas d'officiers d'administration. Le généralissime Omer-Pacha, pour le service des états-majors et même du sien propre, employait une trentaine d'écrivains placés sous les ordres de trois secrétaires travaillant directement avec lui. Pour ce qui a trait au service de l'intendance, un employé civil, le muchtchar-bey, à la fois intendant général et trésorier, donnait des ordres, au nom du général en chef, aux commandants des provinces. Ceux-ci les transmettaient aux commandants des districts, qui sont en réalité les approvisionneurs de l'armée : c'est à eux qu'est dévolu le soin de nourrir les troupes, de former des magasins. Du reste, les denrées étaient payées très exactement.

La solde est identique pour toutes les armes; elle est réglée et payée par mois, même aux simples soldats. On comprend le double vice de ce mode d'acquittement des prestations en espèces. Les distributions sont régulières et ont lieu par jour.

Les régiments d'infanterie étaient à 4 bataillons de 8 compagnies, donnant un effectif de 800 à 1,000 hommes. Au commencement des opérations, l'effectif des bataillons de chasseurs atteignait ce dernier chiffre. Les premiers avaient encore les armes à silex; les seconds seuls portaient la carabine à percussion et à tige.

Peu de temps après l'ouverture de la campagne, les troupes russes en Moldavie et en Valachie présentaient l'effectif suivant :

1° Troupes du 3° corps (Osten-Sacken) : 8° division d'infanterie (général Selvan), 4 régiments à 3,600 hommes : 14,400; 9° division (général Samarin), 14,400; 8° et 9° brigades d'artillerie à pied (général Halman), 8 batteries, 96 bouches à feu et 2,000 canonniers; 3° division de cavalerie légère (général Grotenjelm), 3,800 sabres; 1 bataillon de carabiniers de 860 hommes, 1 bataillon de sapeurs et pontonniers de 800 hommes; 3° brigade d'artillerie légère, 16 canons et 288 artilleurs; 1 régiment de Cosaques de 720 hommes. Total, pour les troupes aux ordres d'Osten-Sacken, 40,000 combattants environ.

2° Troupes du 4ᵉ corps (général Dannenberg) : 10ᵉ, 11ᵉ et 12ᵉ divisions d'infanterie (généraux Soïmonof, Pawlof et Liprandi), 40,000 baïonnettes; 10ᵉ, 11ᵉ et 12ᵉ brigades d'artillerie à pied (général Sixtel), 144 pièces et 2,800 artilleurs; 4ᵉ division de cavalerie (général Nirod), 3,840 sabres; 4ᵉ brigade d'artillerie légère, 2 batteries, 16 pièces, 288 hommes; 1 bataillon de carabiniers, 1 de sapeurs et pontonniers : 1,800 hommes; 8 régiments de Cosaques : 6,400 hommes; 1 brigade d'artillerie des Cosaques du Don : 16 pièces et 300 canonniers.

Total général, environ 58,000 combattants.

3° Troupes du 5ᵉ corps (général Luders) : 15ᵉ division d'infanterie, 15,000 baïonnettes; 15ᵉ brigade d'artillerie à pied (général Meyer), 48 pièces et 960 canonniers; 5ᵉ division de cavalerie légère (général Fischbach), 4,000 sabres; 5ᵉ brigade d'artillerie légère, 16 pièces, 288 hommes; 1 bataillon de carabiniers, 1 de sapeurs et pontonniers : 1,800 hommes; 4 régiments de Cosaques à 800 hommes : 3,200.

Total général approximatif : 25,000 combattants.

Artillerie de siége, 3 brigades de gros calibre, 72 bouches à feu et 1,738 canonniers.

3 escadrons de gendarmerie.

En outre, ces forces avaient en seconde ligne sur la frontière de Bessarabie :

1° Du 3ᵉ corps, la 7ᵉ division d'infanterie (général

Uschakof) : 14,000 hommes; la 7ᵉ brigade d'artillerie à pied, 48 pièces, 960 hommes; 2 régiments de Cosaques, 1,500 hommes.

2° Du 5ᵉ corps, la 14ᵉ division d'infanterie (général Müller II) : 2 régiments, 7,400 hommes; la 14ᵉ brigade d'artillerie, 48 pièces, 960 hommes; 2 régiments de Cosaques, 1,600 hommes.

Les forces russes le long du Danube étaient donc alors de 112 à 113,000 fantassins, de 27 à 28,000 cavaliers, de 10 à 11,000 canonniers et de 520 bouches à feu de campagne.

L'armée turque n'offrait pas une masse aussi considérable; la totalité des forces du sultan était de 100,000 fantassins, de 20,000 cavaliers, de 13,000 canonniers, ce qui donnait de 130 à 135,000 combattants. Sur ces 135,000 hommes, 60,000 tout au plus, sous les ordres d'Omer-Pacha, furent destinés d'abord à contenir les Russes. Cette armée, si inférieure par le nombre à celle de ses adversaires, n'avait pas au delà de 80 pièces de campagne.

Du reste, nous pouvons donner un aperçu exact des forces mises à la disposition du généralissime turc.

A la fin du mois d'octobre, elles étaient de 175 bataillons, de 3 régiments de cavalerie et de 36 bouches à feu, répartis de la manière suivante :

A Viddin, 10 bataillons et 1 régiment de cavalerie (Salim-Pacha); à Acchar, 6 bataillons, 4 canons; à Som, 6 bataillons (Ismaïl-Pacha); à Rayova, 8 bataillons, 4 canons (Achmet-Pacha, chef d'état-major d'Omer-Pacha); à Nicopolis, 8 bataillons, 2 canons ; à Sistova, 16 bataillons, 1 régiment de cavalerie; à Tirnova, 2 bataillons (Mustapha-Pacha); à Lotcha, 4 bataillons, 1 canon; à Osman-Bazar, 6 bataillons, 3 canons ; à Ratzgrad, 4 bataillons, 2 canons (Achmet-Pacha); à Rutschuck, 10 bataillons, 4 canons (Mahmoud-Pacha) ; à Tourtuckay, 10 bataillons, 3 canons (Mustapha-Pacha); à Silistrie, 10 bataillons, 1 régiment de cavalerie (Muscha-Pacha); à Tulchka, Matschin, Karasou, Baba-Délà, Ohkanova, 42 bataillons, 11 canons (Aram-Achk-Pacha, maréchal) ; à Pravadi, 5 bataillons et 2 canons (Osman-Pacha); à Schumla, 28 bataillons (Omer-Pacha, maréchal).

On organisait alors à Sophia et à Bosnia, 82 bataillons et 6 régiments de cavalerie, qui devaient être placés sous les ordres de Riferat et de Riza-Pacha (1).

Aussitôt que les projets du czar eurent été dévoilés, aussitôt que l'attitude prise par les deux grandes puissances occidentales eut fait voir à la Turquie que ses nouveaux alliés ne l'abandonneraient pas, le sultan et son peuple déployèrent la plus grande énergie pour organiser la défense du territoire. 150,000 hommes de *rédifs* ou milices formées de vieux soldats congédiés, furent appelés et mobilisés. Les tributaires de la Turquie, Candie, Tripoli, Tunis, furent mis en demeure d'envoyer leurs contingents : le pacha

---

(1) Nous croyons inutile de parler des armées française et anglaise dont l'organisation est bien connue, et dont il sera question plus loin.

d'Égypte donna 20,000 de ses meilleurs soldats, et bientôt le généralissime turc, se trouva à la tête de 80,000 hommes de troupes régulières, très braves et très bien disposées, et de 40,000 irréguliers assez médiocres.

Les Russes, dès leur entrée en campagne, au commencement de juillet 1853, n'eurent qu'un but politique caché sous un prétexte religieux, la prise de Constantinople. Leur plan de campagne fut à peu près le même que celui qu'ils avaient adopté en 1828 : s'emparer des Principautés, que déjà depuis longtemps ils considéraient comme étant leur propriété, franchir le Danube, vers le centre de la grande Valachie, en faisant de ce fleuve leur base d'opérations, enlever les lignes de Varna et de Schumla, forcer les Balkans, converger sur Andrinople par les trois routes qui aboutissent à la vallée de la Maritza, et acculer les Turcs à la pointe sud-est du Bosphore.

Mais si, en 1828, grâce à l'or qu'ils avaient répandu, grâce à la désorganisation et à la faiblesse des armées turques, ils avaient pu obtenir quelques succès achetés bien chèrement, en 1853 les choses ne devaient pas être aussi faciles pour eux.

La Turquie avait fortifié ses places du Danube avec l'aide de quelques officiers étrangers; son armée régulière, numériquement faible en la comparant à celle des Russes, avait reçu un commencement d'organisation ; derrière cette armée commençaient à apparaître, au loin, les deux grandes puissances occidentales ; et la mer, qui dans la guerre précédente du czar contre le sultan, appartenait au premier, échappait à ses flottes, celles des alliés étant prêtes à franchir les Dardanelles.

Beaucoup de motifs devaient donc rassurer les Turcs et faire pencher aussi la balance de leur côté.

Toutefois, la Russie paraissait s'inquiéter assez peu de la résistance de son ennemi. Cette puissance s'imaginait qu'en faisant la guerre à coups de soldats et d'argent, elle surmonterait tous les obstacles. Derrière sa première armée de cent cinquante et quelques mille hommes, dont nous avons donné la composition, et qu'elle lança sur les Principautés, elle mit en marche des réserves considérables.

Le plan défensif de campagne de l'armée turque fut habile. Omer-Pacha, qui la commandait, avait pu organiser les soixante et quelques mille braves soldats mis à sa disposition. Dès le début de la guerre il s'établit fortement à Kalafat, en face de Widdin, à l'extrême droite de la ligne russe, de manière à la menacer sans cesse et à prendre son ennemi à revers dès qu'il oserait franchir le Danube.

Les Russes ne comprirent pas d'abord ce que cette position de Kalafat avait de fâcheux pour leurs opérations ultérieures; mais bientôt ils le reconnurent et leurs premiers efforts furent dirigés de ce côté.

Outre une assez forte défense du Danube, organisée avec beaucoup d'habileté, de Matchin à Kalafat par Galatz, Ibraïla, Silistrie, Giurgewo, Rutschuck et Nicopolis, Omer-Pacha établit des réserves en avant des Balkans, à Varna et à Schumla, pour sa droite et son centre ; à Sophia pour son aile gauche ; il appela à lui, de Constantinople vers Andrinople et la ligne des Balkans, tout ce dont la Turquie pouvait disposer en Europe, échelonnant ses troupes de façon à porter en quelques jours un corps de 20 à 25,000 hommes, sur le point menacé. En outre, ce corps pouvait être remplacé assez vite, dans sa première réserve, par un autre d'égale force, tiré de ses secondes réserves, échelonnées entre Andrinople et la ligne de Varna.

Les Russes, au lieu de se jeter sur Constantinople, en débarquant brusquement un corps considérable aux Dardanelles, lorsqu'ils étaient encore les maîtres de la mer, et avant que la défense du territoire turc fût bien organisée, prirent le chemin de 1827 et 1828.

Des bords du Pruth, vers Yassi, à Bucharest, capitale de la Grande Valachie, il y a 70 lieues par Foschany, et de Bucharest à Widin 50 lieues. Les troupes du czar arrivèrent dans la première de ces deux villes, au commencement d'août, s'étendirent immédiatement dans toute la grande Valachie, s'emparèrent du gouvernement et s'établirent de la manière suivante : leur aile droite le long et sur la rive gauche du Danube, près de Widdin ; leur aile gauche à la hauteur de la Dobrustcha, vers Galatz. Toutefois, voyant qu'ils trouvaient sur les bords du fleuve une résistance beaucoup plus réelle que celle qu'ils avaient éprouvée dans les campagnes de 1828 et 1829, ils n'entreprirent d'abord rien de sérieux et se bornèrent à la défensive, afin de donner le temps aux troupes de seconde ligne et à leurs réserves d'entrer également dans les Principautés.

Vers la fin du mois d'août, le prince Gortchakoff, général en chef de l'armée russe du Danube, porta son quartier-général à Bucharest, sa droite à Slatina, sur l'Olta, aux confins de la petite et de la grande Valachie, poussant sa nombreuse cavalerie et ses cosaques jusque sous Widdin, son centre (général Dannenberg) entre Giurgewo et Silistrie, vers Kopotzani; sa gauche vers Galatz, non loin de l'embouchure du Sereth. C'était donc une ligne d'environ 80 lieues qui formait la base d'opérations de l'armée russe; il est vrai que cette armée avait reçu de nombreux renforts, et qu'en tenant compte des réserves, déjà sur le Pruth, son effectif total pouvait être évalué à 180,000 combattants y compris les cosaques.

Les Turcs occupaient à leur gauche Kalafat, au centre, Nicopolis, Rustchuk; en face de Giurgewo, Silistrie; sur la droite, Rassova, Hirchova, Isatcha, et enfin la muraille de Trajan, dans la presqu'île de la Dobrutscha. Toutes les places indiquées ci-dessus, et quelques autres moins considérables, avaient été réparées, armées, et pourvues de garnisons composées d'hommes déterminés. Achmet-Pacha, officier-général plein d'énergie, fut chargé de commander l'aile gauche, et Halim-Pacha l'aile droite, dans la presqu'île. Omer-Pacha veillait plus spécialement sur le centre, ayant assuré ses ailes et réuni ses réserves près de lui, sur la ligne de Varna à Schumla. Son désir le plus vif était que les Russes vinssent à commettre la faute de se jeter dans la Dobrutscha, pays marécageux, malsain, dont le séjour devait être mortel pour leurs troupes. Ses souhaits ne tardèrent pas à être exaucés. Il comptait qu'une vive résistance à l'extrême gauche, vers Kalafat, rebuterait le prince Gortchakoff et l'attirerait vers l'extrême droite ; il prescrivit donc à Achmet-Pacha de tenir ferme de ce côté.

Le 4 octobre, le divan déclara la guerre à la Russie, préliminaire assez insignifiant, puisque, depuis le mois de juillet, la guerre existait de fait par la violation du territoire turc. Le 14 du même mois, le généralissime russe reçut d'Omer-Pacha l'injonction d'évacuer les Principautés, et, trois jours après, le 17, sur le refus du prince Gortchakoff, les hostilités commencèrent. A la grande surprise des Russes, ce furent les Turcs qui prirent l'offensive, en s'emparant brusquement d'une île située entre Widdin et Kalafat, et en s'y retranchant.

Le combat qui eut lieu de ce côté et le déploiement de forces assez considérables engagèrent les Russes à faire faire à leur aile droite un mouvement dont Kalafat devint le but ; mais déjà les Turcs avaient construit une tête de pont et mis ce point dans un état de défense respectable.

Cependant, le prince Gortchakoff ne devina pas encore le projet qu'avait eu Omer-Pacha en occupant aussi fortement une position qui menaçait l'aile droite des Russes. Par un vigoureux effort, il eût peut-être pu rejeter les Turcs et occuper Kalafat; il ne le fit pas, et se borna à soutenir des combats insignifiants sur son centre, vers Rustchuk, Turtukaï et Oltenitza. Cela dura tout le mois d'octobre et les premiers jours de novembre, et n'eut d'autre résultat que d'exalter le courage des Turcs, presque toujours vainqueurs dans ces escarmouches.

Tandis que les Russes se laissaient amuser vers le centre de leur ligne, leurs adversaires travaillaient à se fortifier à gauche. Ils y réussirent si bien que, vers le milieu de novembre, Kalafat et sa tête de pont étaient devenus des obstacles très sérieux. Ce fut seulement alors que les Russes se décidèrent à porter des masses considérables de ce côté et à tenter de grands efforts pour s'emparer de cette position. Il était trop tard.

La vigueur avec laquelle les Turcs avaient poussé leurs premières opérations, chose à laquelle leurs adversaires étaient loin de s'attendre, engagèrent le czar à ordonner qu'on pressât l'entrée en ligne des renforts envoyés sur le Danube. L'ordre vint de Saint-Pétersbourg de prendre Kalafat, coûte que coûte. Cet ordre devait rester inexécuté, aussi bien que, plus tard, celui de prendre, également coûte que coûte, Silistrie.

On était arrivé aux premiers jours de janvier 1854; les froids se faisaient sentir, les pluies avaient détrempé le terrain; l'armée russe, volée par ses administrateurs, mal nourrie, mal vêtue, commençait à souffrir du climat, de l'hiver, de la mauvaise gestion. L'armée turque, au contraire, était assez bien pourvue, grace aux soins de son général en chef. Autant le moral des troupes russes s'affaiblissait, autant celui des troupes turques grandissait chaque jour.

Telle était la situation des choses de Widdin à Galatz, lorsque, en exécution des ordres formels du czar, une division de l'aile droite vint prendre position près de Tschetate, à portée de Kalafat, vers la fin de janvier, afin de resserrer cette espèce de camp retranché et d'opérer plus facilement contre lui. 5,000 hommes, dont 1,500 de cavalerie et quelques pulks de cosaques, formèrent l'avant-garde des troupes plus spécialement chargées de l'attaque; mais le commandant turc de Kalafat, Achmet, ne laissa pas le temps à ses ennemis de mettre leur projet à exécution. Dans la nuit du 5 au 6, il fit sortir des retranchements 10,000 hommes et 20 bouches à feu de campagne. Au point du jour, il se jeta avec ces forces sur l'avant-garde russe. Cette dernière, culbutée, se défendit néanmoins avec la plus grande énergie : chaque maison devint un réduit qu'il fallut attaquer, et le combat se prolongea quatre heures ; mais enfin, ce qui avait échappé aux baïonnettes turques s'étant réfugié dans une redoute, et un corps russe de 10,000 hommes, qui se montrait à l'horizon, paraissant vouloir filer le long du Danube, de façon à couper la retraite aux Turcs, Achmet se replia, prit position, puis vint attaquer ce nouvel ennemi. Grâce à leur artillerie, grâce aux belles dispositions de leurs chefs et à la témérité de leurs soldats, les Turcs, quoique fatigués déjà par une action longue et meurtrière, eurent encore la gloire de voir fuir devant eux les 10,000 hommes du général Aurep, qui laissa sur le terrain près de 6,000 tués ou blessés.

Cette affaire jeta la démoralisation dans l'aile droite des Russes. Ils avaient marché contre les Turcs comme des troupes régulières marcheraient contre des milices, et ils trouvaient partout une bravoure, une audace, une façon de manœuvrer qui les confondaient.

A la suite du beau combat de Tschetate (ou Citate), les Turcs ne cessèrent de harceler leurs adversaires par de petites affaires de tous les instants, des opérations de la petite guerre, escarmouches, embuscades, reconnaissances sur les bords du fleuve, tandis que les Russes gardaient une défensive obstinée. Ils se décidèrent cependant à cerner Kalafat : 40,000 hommes, sous les ordres du général Liprandi, furent chargés de ce soin.

Sur le reste de la ligne du Danube, les armées du czar n'étaient pas plus heureuses ; sans cesse en butte aux attaques des Turcs, elles répondaient faiblement à leurs adversaires, accumulaient des forces considérables, et n'entreprenaient rien de sérieux.

Au commencement de février, la garnison turque de Rustchuck essaya, mais en vain, d'enlever une île en face de Giurgewo, afin d'établir un pont sur le Danube : elle ne put y réussir. Les Russes parvinrent seulement à brûler avec leurs batteries quelques bâtiments de la flottille turque. Aux premiers jours de mars, l'armée du prince Gortchakoff se trouvait dans un tel désarroi, la saison était encore si rigoureuse, que, malgré les ordres impérieux du czar, il fallut suspendre les opérations à la droite et au centre. Le général Liprandi, arrivé depuis un mois devant les lignes de Kalafat, et n'ayant obtenu aucun avantage, leva le blocus; il se replia derrière l'Olta et le Schyl, laissant 10,000 hommes en observation devant l'aile gauche des Turcs.

Ainsi donc, du 3 juillet 1853 au 1ᵉʳ mars 1854, pendant huit grands mois, les Russes avaient mis sur pied et fait agir successivement près de 180,000 hommes, 560 bouches à feu de campagne, une nombreuse cavalerie régulière et irrégulière, et tous leurs efforts étaient venus se briser, au centre, contre de faibles places, et à droite contre un camp retranché, dont les fortifications de campagne avaient été élevées à la hâte. Cette nombreuse armée n'avait obtenu aucun succès. En vain les généraux en chef, les commandants de corps d'armée s'étaient succédé avec rapidité, rien n'avait pu vaincre l'héroïque obstination de troupes peu nombreuses et dédaignées jusqu'alors par leurs adversaires.

Nous arrivons à la partie de la campagne de 1854 qui a trait aux opérations des Russes dans la Dobrutscha et autour de Silistrie (1).

---

(1) Nous avons passé sous silence, quelques circonstances qui ne se rattachent pas assez directement à notre sujet : l'insurrection grecque protégée, ou du moins soufferte par le gouvernement hellénique, une autre insurrection, dirigée par les Valaques contre les

Le 10 mars, le prince Gortchakoff fut remplacé au commandement de l'armée russe par le vieux maréchal Paskiewitch, dont le nom avait acquis une grande réputation à la suite de sa campagne contre les Polonais. Les forces moscovites, sur les bords du Danube, montaient alors à 180,000 hommes échelonnés derrière le Schyl et l'Olta et sur le Danube, se liant aux réserves établies à Buckarest, par Slatina et Craïova, avec un corps d'observation de 10,000 hommes devant Kalafat.

Les Turcs s'étaient renforcés déjà de quelques corps envoyés d'Andrinople, et ils pouvaient opposer près de 120,000 soldats aux masses des Russes; ils avaient leur aile gauche dans les lignes de Widdin et de Kalafat, leur centre de Rustchuk à Silistrie, leur droite vers Rassova et la muraille de Trajan, leurs réserves, comme nous l'avons dit, à Varna et à Schumla.

La guerre avait été déclarée, à la même époque, entre les puissances occidentales et la Russie; les troupes françaises et anglaises faisaient leurs dispositions d'entrée en campagne; d'immenses approvisionnements étaient réunis à la hâte; le maréchal de Saint-Arnaud et lord Raglan, nommés au commandement en chef des deux corps expéditionnaires, pressaient par tous les moyens la concentration du personnel et du matériel.

Russes, et qui fut comprimée avec la plus grande énergie par les généraux des armées envahissantes, le manifeste adressé au commencement de mars par le czar à son armée, et dans lequel l'empereur Nicolas appelle à son aide le prisme de la foi orthodoxe.

Au lieu de profiter de ce que les troupes alliées étaient encore en Occident, pour entreprendre quelque chose de sérieux, pousser aux Balkans, rejeter, culbuter, anéantir l'armée turque, obtenir enfin des résultats qui bientôt allaient devenir impossibles, les Russes agirent mollement, commirent la faute de se jeter dans un pays dangereux par son insalubrité, et s'acharnèrent ensuite contre une faible place qu'ils ne purent enlever.

L'aile gauche des troupes du czar franchit le Danube sur plusieurs points : la division Uschakoff à Ismaïl, à quelques lieues de la bouche du fleuve dite de Kilia ; le corps de Luders à Galatz, près du confluent du Sereth et du Danube ; la division Kotzebue à Mattchin, vis-à-vis Ibraïlow, dans la Dobrutscha. Malgré une très vive résistance de la part des Turcs, les petites forteresses de Tultcha, en face d'Ismaïl, d'Isactcha et de Mattchin, qui défendent l'entrée de la presqu'île, tombèrent au pouvoir des Russes.

A la même époque, à la fin de mars, des renforts venant d'Odessa furent débarqués dans la Dobrutscha, et les Russes, ayant replié les Turcs jusque sous la muraille de Trajan, s'établirent à Baba-Dagh.

Le nouveau plan de campagne des généraux russes était alors celui-ci : renoncer à détruire le camp retranché de Kalafat ; profiter des masses considérables qu'on pouvait faire agir, pour masquer seulement Kalafat ; opérer, par la gauche, à plus de cent lieues de ce point, de façon à paralyser son action ; faire filer le long de la mer un corps considérable pour se jeter sur Varna et Schumla avant l'arrivée des alliés et tâcher en même temps de s'emparer de Silistrie, clef d'une des grandes lignes stratégiques qui mènent à Andrinople.

Ce plan offrait des dangers de plus d'une espèce : d'abord, le séjour forcé dans un pays tellement malsain qu'il est inhabitable à certaines époques de l'année, par suite des miasmes pestilentiels qui s'échappent des marécages, ce dont nous devions faire nous-mêmes, quelques mois plus tard, une bien triste expérience ; ensuite, la défense facile de la presqu'île, qui va se rétrécissant jusqu'à la ligne de Rassova à Kustendji ; enfin, la mer, dont la possession par les flottes alliées rendait faciles des débarquements de troupes sur les derrières de l'armée envahissante.

Omer-Pacha, loin de s'opposer à l'entrée des Russes dans la presqu'île, chercha à les y maintenir. Il confia à Mustapha-Pacha, un de ses meilleurs généraux, la défense de la ligne connue sous le nom de *rempart de Trajan*, qui s'étend d'un point situé à deux lieues de Rassova sur le Danube, jusqu'à Kustendji, sur la mer Noire.

Pour arriver à cette ligne, les Russes avaient à parcourir quarante lieues d'un pays où il n'y a ni eau ni bois, ni habitations, ni ressources d'aucune espèce, mais seulement des marais, des lacs malsains. Ne trouvant aucune opposition de la part de ses adversaires, le prince Paskiewitsch y porta 80,000 combattants, tandis que son aile droite faisait face aux troupes de Mustapha-Pacha. Mais, malgré les renforts qui lui arrivaient journellement d'Odessa et des bords du Pruth, malgré la supériorité numérique de son armée sur celle des Turcs, les maladies suites d'un mauvais recrutement, d'une mauvaise administration et des effets d'un climat dangereux, lui avaient fait perdre tellement de monde, qu'il renonça à conserver une base d'opérations aussi étendue. Le prince se décida donc à évacuer la petite Valachie, afin de porter toutes ses forces vers son centre et sa gauche. Pour donner à ce mouvement rétrograde un motif plausible, le gouvernement du czar essaya de faire admettre qu'il était la conséquence d'une satisfaction politique accordée aux réclamations de l'Autriche. Il est permis de croire qu'il n'en était rien.

Le 17 avril, après un combat dans lequel les Russes avaient été battus devant Kalafat, le mouvement rétrograde fut décidé et commença le 21.

Le 22, voyant le corps d'observation de l'extrême droite en retraite, les Turcs firent une reconnaissance sur les points abandonnés. L'aile gauche du maréchal Paskiewitch se replia lentement et en bon ordre sur Craïowa. Les Russes s'y reposèrent quelques jours, et, le 4 mai, ils évacuèrent également cette ville, tandis que les Turcs, pour inquiéter leur flanc gauche, jetaient un fort détachement, en face de Nicopolis, sur la rive droite et au confluent du Danube et de l'Olta. Pendant cette retraite, il y eut, le 6 mai, à Simnitza, une affaire d'arrière-garde, dans laquelle les Turcs, qui s'étaient trop aventurés, faillirent être ramenés et coupés.

Le 10 mai, les Turcs, suivant pas à pas la marche rétrograde de l'ennemi, réoccupèrent Craïova, capitale de la petite Valachie, et rétablirent les anciennes autorités. Ils se trouvèrent bientôt en présence de l'ennemi, à Tuzla, petit hameau à quelques lieues et sur la route de Slatina. Un combat très vif s'ensuivit. Les défenseurs de Kalafat poussèrent les Russes jusque sur un petit village nommé Balos, à moitié chemin de Craïova à Slatina. Là ils essuyèrent un retour offensif de leurs adversaires et furent ramenés assez vigoureusement.

Tandis que cette affaire avait lieu à l'arrière-garde russe, l'avant-garde et le corps de bataille franchissaient l'Olta. Le pont de Slatina ayant été coupé, l'arrière-garde, en arrivant sur les bords de la rivière après le combat de Tuzla, se trouva hors d'état de la franchir. Cette partie de la division russe faillit devenir victime de son dévouement : elle se tira d'affaire en employant un stratagème qui lui réussit. Tandis que ses cosaques se jetaient à la nage et couraient chercher l'équipage de pont, les troupes en position firent un feu d'artillerie et de mousqueterie tellement vif, que les Turcs crurent avoir en face d'eux des forces considérables, et qu'ils n'osèrent s'engager trop sérieusement.

Le mouvement de retraite de l'armée russe s'arrêta tout à coup. Sur un ordre du prince Paskiewitch, arrivé au quartier-général, à Buckarest, le corps d'occupation de la petite Valachie dut prendre position sur l'Olta, en faisant de cette rivière sa ligne de défense. Le général Dannenberg partit pour assurer l'exécution de ces dispositions nouvelles. Un instant le général Liprandi, dont la division était établie vers Slatina, se disposa même à repasser l'Olta; mais ce retour offensif n'eut pas lieu.

Halim-Pacha, avec les 30,000 hommes de la garnison des lignes de Kalafat, et les Russes, avec les 75,000 combattants qui venaient de se replier, restèrent en présence sans rien entreprendre pendant quelque temps.

Vers le 20 mai, la position des armées belligérantes pouvait se résumer de la manière suivante.

Du côté des Russes:

1° Le corps du général Dannenberg (aile droite) sur l'Olta, de Slatina à Simnitza, la droite autour de Slatina. Division d'infanterie Liprandi, renforcée de deux brigades, ayant ses avant-postes sur la rive droite de l'Olta, et se liant à la division d'infanterie Soïmonoff, en position à Tournu et Simnitza, sur les bords du Danube.

2° Le centre, plus spécialement sous les ordres du prince Paskiewitch, ayant la division d'infanterie du général Samarin, deux brigades et une division de cavalerie à Giurgewo; un peu plus loin, en face Turtukaï, au confluent du Danube et de l'Ardjich, à 60 kilomètres de Buckarest, la division d'infanterie Pawloff; puis la division d'infanterie Müller, deux brigades du 6° corps, et la division Massi, à Kalarasch, en face de Silistrie.

3° L'aile gauche, formée par la division d'infanterie Uschakoff, dans la haute Dobrudscha, une brigade de réserve et une division du corps de Luders devant la muraille de Trajan.

Le reste du corps de Luders marchait de Rassova sur Silistrie, remontant la rive droite du fleuve, pour compléter l'investissement de cette place, et la division de cavalerie Grotenhjelm venait renforcer les troupes de la Dobrutscha.

Les Russes avaient donc en ligne une force de onze divisions d'infanterie et deux de cavalerie, portant un effectif de 200,000 combattants avec 500 bouches à feu de campagne.

Les Turcs avaient, en face de l'aile droite des Russes, sur la rive droite de l'Olta, les 30,000 hommes de Kalafat.

En face du centre, dans les mauvaises places de Sistova, de Rustchuk, de Turtukaï et de Silistrie, des garnisons montant ensemble à 60,000 soldats ; enfin, dans la Dobrutscha, chargés de la défense de la muraille de Trajan, 30 autres mille hommes.

En réserve à Varna et à Schumla, 40,000 hommes, dont on poussait l'organisation et l'instruction.

C'était, en tout, 160,000 hommes avec une artillerie bien inférieure à celle des Russes.

Mais à cette même époque, ainsi qu'on le verra plus loin, les troupes alliées avaient commencé leur débarquement ; la division Canrobert et les premiers régiments anglais occupaient Gallipoli : ils avaient pris pied sur le territoire turc. Déjà il était possible de diriger sur Andrinople et Varna toutes les forces restées disponibles de l'empire ottoman. La scène allait changer : les Russes n'avaient plus que quelques jours pour pousser leurs opérations offensives, s'ils voulaient obtenir un résultat d'un peu d'importance dans la campagne présente.

Décidé à franchir les Balkans, le vieux maréchal prince Paskiewitch prescrivit à ses généraux de forcer le passage de la muraille de Trajan à sa gauche, et au centre il fit investir Silistrie. Il voulait, ces deux opérations préliminaires terminées, converger sur Schumla et rejeter les Turcs sur la vallée de la Maritza.

Silistrie avait cédé en 1829, après douze jours d'investissement. Cette place était tombée devant l'or russe : on espérait obtenir le même résultat en 1854 ; et comme il avait été prescrit de ne rien négliger pour s'en faire ouvrir les portes, on commença par tâter le gouverneur, Mussa-Pacha. Toutes les propositions furent noblement repoussées.

Le prince Paskiewitch fit alors investir la place, espérant s'en rendre maître en peu de temps. Il disposait de moyens formidables en personnel et en matériel ; les défenseurs étaient peu nombreux, comparativement à leurs ennemis ; les fortifications, bien qu'elles eussent été augmentées, bien qu'on eût ajouté à l'enceinte continue, assez médiocre, quelques forts extérieurs, quelques ouvrages en terre, formaient réellement un bon poste de campagne plutôt qu'une place devant laquelle on dût employer la tranchée. Cette ville, capitale de l'Eyalet du même nom, est située sur la rive droite du Danube. Elle renferme environ 20,000 habitants. Entourée par une muraille flanquée de tours anciennes, elle avait un château fort, et, sur les hauteurs qui commandent la citadelle et l'entourent circulairement, plusieurs ouvrages dont le plus considérable était celui nommé Abdul-Medjid. Les flancs de ce dernier étaient bastionnés, et protégés par des batteries de gros calibre.

Une des plus grandes difficultés de l'attaque consistait dans la largeur du Danube devant la place, et la nécessité, où se trouvait le corps assiégeant, de s'emparer avant tout de quelques îles d'où l'on pouvait battre les ouvrages extérieurs.

Les Russes, dès la fin du mois d'avril, établirent, au moyen de ponts, de chevalets et même de pontons, plusieurs communications entre la rive gauche du fleuve et les îles. Les chaloupes canonnières leur venant en aide, une île située en amont de la place fut emportée, et des batteries de siége construites sur ce point.

Ces opérations donnèrent lieu à plusieurs combats et occupèrent les Russes jusqu'au 15 mai.

Leurs colonnes se dirigèrent alors sur Silistrie. Un corps formé par vingt et quelques bataillons tirés de différentes divisions, plusieurs compagnies de sapeurs et mineurs, 8 escadrons de hussards, 3 régiments de cosaques et 8 batteries de campagne, environ 30,000 combattants et 80 bouches à feu, se mirent en mouvement. Ces forces étaient rassemblées depuis quelque temps à Kalaratsch, à 2 lieues nord de Silistrie et sur la rive gauche du Danube. En même temps, le général Luders partait de la pointe ouest de la Dobrutscha, et remontait le fleuve par sa rive droite, depuis Rassova, amenant avec lui, pour former l'investissement de ce côté, un corps de 40,000 hommes composé de la manière suivante : 35 bataillons d'infanterie, 2 du génie, quelques escadrons de hulans, 2 pulks de cosaques et 100 bouches à feu.

Ce fut donc avec une force de près de 80,000 hommes et avec un matériel de 130 bouches à feu que les Russes se présentèrent devant une place dont les défenseurs ne s'élevaient pas à plus de 10 à 15,000 combattants.

Nous n'entrerons pas ici dans tous les détails d'une défense héroïque et d'une attaque acharnée, dont les diverses circonstances méritent d'être consignées dans un journal de siège établi heure par heure. Nous nous bornerons à décrire les principales phases de cette lutte admirable.

Le 15 mai, le général Schilder investit la place sur la rive gauche du Danube. Cet officier-général, en 1828 et 1829, avait assisté au siège de Silistrie ; il connaissait le fort et le faible, ainsi que les approches de la ville.

Les Turcs, qui occupaient d'abord une petite île, dite de Chisbac, et qui avaient été obligés de l'évacuer, firent tous leurs efforts pour empêcher leurs adversaires de s'y établir et d'y construire des batteries ; mais ils ne purent, malgré un feu des plus vifs, qui dura toute la journée du 16, les contraindre à repasser sur l'autre rive.

Le corps du général Luders, de son côté, arriva devant la place, sur la rive droite, après avoir culbuté facilement quelques partis de cavaliers irréguliers envoyés pour retarder sa marche.

Le 18, Silistrie pouvait être considérée comme investie complétement, à l'exception d'un seul côté. La nuit précédente, les Russes avaient ouvert la tranchée à 3,000 mètres en aval, sur une longueur de 1 kilomètre, et commencé la construction des batteries dirigées contre les ouvrages extérieurs. La tranchée était tellement éloignée des défenses, que les Turcs ne firent aucune tentative pour s'opposer à l'exécution des projets de l'ennemi, préférant ménager leurs munitions pour des moments plus critiques. Les travaux d'attaque n'étant que médiocrement inquiétés, avancèrent rapidement. Le 20, la tranchée était complétée de façon à défiler les travailleurs; une redoute avait été élevée à l'extrême gauche de la ligne, et deux fortes batteries de 24, l'une établie dans la redoute, l'autre sur la partie centrale, étaient construites, armées et prêtes à commencer le feu contre les ouvrages extérieurs, mais à des portées bien trop grandes.

Le 20, le généralissime russe visita la tranchée ;

la nuit suivante, la seconde parallèle fut ouverte à 500 mètres des ouvrages extérieurs, et les premiers travaux furent complétement abandonnés.

Dès que les Turcs devinèrent les projets des Russes, ils dirigèrent un feu des plus violents sur la nouvelle tranchée, tandis que Mussa-Pacha se précipitait sur les travailleurs à la tête d'une partie de sa garnison. De son côté, le général Gortchakoff, plus spécialement chargé de l'attaque de la ville, avait ordonné une fausse démonstration sur le fort Abdul-Medjid, pour contenir les assiégés.

La sortie de Mussa-Pacha avait retardé les travaux; cependant, le 22 au soir, les batteries russes, élevées contre le fort Jelauli, en face de la droite des attaques, furent en état d'ouvrir leur feu.

Les ordres du czar étaient tellement formels, que les généraux russes, dès que les premières batteries furent armées, songèrent à enlever de vive force les ouvrages extérieurs. Il y avait une redoute, appelée Arab-Tabia, qui protégeait avec un autre ouvrage le fort Adbul-Medjid; on résolut de l'emporter et de s'y loger, pour battre de là le fort lui-même. Les assiégeants rassemblèrent, à portée de ces deux points, du canon et des troupes; puis, les 23 et 24, à trois reprises, ils se jetèrent sur ces ouvrages. Trois fois ils furent repoussés avec des pertes énormes.

Le 25, une tempête épouvantable s'étant élevée, les assiégeants eurent l'idée de profiter de cette circonstance et de l'obscurité qui régnait partout, pour tenter une nouvelle et vigoureuse attaque contre Arab-Tabia. Ils parvinrent, en effet, à se glisser sans être aperçus jusqu'au pied de la contrescarpe ; mais leur attaque démasquée, les batteries du fort firent pleuvoir sur eux une grêle de boulets et de mitraille, et ils échouèrent encore une fois.

Renonçant aux attaques de vive force et par surprise, dont leurs tentatives malheureuses avaient dégoûté les soldats russes au point qu'ils ne marchaient plus que contraints par leurs officiers, les généraux résolurent de cheminer régulièrement. Dans la nuit du 28, on ouvrit la troisième parallèle à 200 mètres des ouvrages extérieurs, et quelques bataillons se logèrent dans un fort sans revêtement, situé en face de la droite des attaques.

Ce succès fut de courte durée : les Turcs le reprirent à la baïonnette, et tuèrent aux Russes 900 hommes et 2 généraux (Selvane et Popoff).

On était au 31 mai. La tranchée était ouverte depuis seize jours, et les assiégeants avaient fait peu de progrès. Les généraux, cependant, recevaient de l'empereur Nicolas les ordres les plus impératifs pour prendre Silistrie ; ils se décidèrent à un assaut général. Après un feu épouvantable de toutes leurs batteries, ils lancèrent leurs colonnes d'attaque ; mais tout fut inutile : les officiers russes eurent beau se multiplier et les généraux s'exposer avec un dévouement sans égal, les Turcs tinrent ferme du haut de leurs mauvais retranchements ; ils repoussèrent toutes les attaques, culbutèrent les assaillants sans se laisser entamer, et leur tuèrent 2,000 hommes.

Le 2 juin, le prince Paskiewitch ordonna encore un assaut général. Il fit soutenir ses troupes par la flottille russe, amenée sous la ville et bombardant le corps de place, tandis qu'on cherchait à enlever les ouvrages extérieurs. Tout échoua de nouveau devant l'héroïque constance des défenseurs. Mussa-Pacha fut tué par une grenade à la fin de l'action.

Constamment repoussés, les généraux russes commençaient à désespérer d'obtenir le moindre succès par des attaques régulières comme par des entreprises de vive force; ils se décidèrent à essayer de la guerre souterraine. On prescrivit aux troupes du génie de pratiquer des mines sous le fort Arab-Tabia. Les Turcs, formés à l'école des officiers français, étaient devenus des hommes instruits, rompus à la discipline européenne, ayant en outre gardé leur bravoure traditionnelle; ils contre-minèrent, mirent le feu, et 400 Russes furent tués. Profitant du désordre qui en fut la suite, les assiégés firent une sortie, battirent l'ennemi et détruisirent ses travaux.

Le lendemain, les Russes, effrayés, crurent prudent d'évacuer sur la rive gauche du Danube une partie de leur gros matériel.

A cette époque du siége, Omer-Pacha fit pénétrer dans la place un secours de 5,000 irréguliers, mauvaises troupes, soldats pillards indisciplinés, mais pouvant soulager la garnison. Ils furent envoyés au fort Abdul-Medjid, et 2,000 Albanais, qui arrivèrent en même temps, furent dirigés sur Arab-Tabia.

Les Russes, cependant, ne pouvaient, avec 100 bouches à feu, dont 50 de gros calibre, avec 100,000 soldats, abandonner une bicoque défendue par quelques milliers de Turcs. Les assauts avaient été repoussés, les mines contre-minées avec succès ; on se décida à reprendre les travaux réguliers : on chemina à la sape, en se couvrant avec des gabions remplis de coton. Les assiégeants parvinrent de cette manière jusqu'à la contrescarpe du fort Abdul-Medjid, et ouvrirent deux tranchées protégées par des ouvrages fermés à la gorge, élevés aux deux extrémités.

Le prince Paskiewitch, désireux de voir par lui-même l'état réel des travaux, afin d'en rendre compte à l'empereur Nicolas, se décida, le 9, à pousser une reconnaissance vigoureuse sur le fort Abdul-Medjid. Prenant 24 bataillons, il se dirigea de ce côté, tandis que, par la route de Schumla et du côté de Kalageteri, le général de division Khruleff faisait une fausse attaque et une démonstration pour maintenir et inquiéter la garnison.

Le vieux maréchal s'approcha du fort ; un boulet le frôla à la hanche, et lui fit une contusion telle, que sa santé en fut profondément altérée. Deux jours après, il se retirait à Kalaratsch, et quittait ensuite les Principautés, sur l'avis des médecins, laissant son commandement au général Gortchakoff.

Ce dernier revint au système des mines ; trois nouvelles galeries furent établies dans la direction d'Arab-Tabia, du fort Abdul-Medjid et d'Yania. Le 13 juin, au moment où le feu fut mis aux fourneaux, les Turcs faisaient une sortie vigoureuse, attaquaient les Russes à la fois sur quatre points différents, détruisaient les travaux de siége, et ramenaient leurs ennemis jusqu'à leurs premières lignes.

Cette journée fut désastreuse pour les Russes : le général Schilder, blessé et amputé, mourut des suites de ses blessures ; le général Gortchakoff fut atteint légèrement ; 1,000 hommes restèrent sur le champ de bataille, 2,000 furent mis hors de combat. Les Turcs n'eurent que 900 hommes tués ou blessés. Les assiégeants, repoussés avec une vigueur irrésistible, avaient perdu drapeaux, canons, et, ce qui était pis, l'espoir du succès. Le moral était si profondément altéré par tous ces échecs, que, malgré les ordres du czar, la levée du siége fut résolue le 15.

Ce même jour, une sortie de la garnison, faite avec succès, corrobora la détermination déja prise : un corps de 10,000 hommes fut laissé en observation à quelque distance de la place, et le reste de l'armée russe fut dirigé sur Rassova. La flottille quitta Silistrie et redescendit à Galatz. Le 25 juin, c'est-à-dire quarante jours après l'ouverture de la tranchée et cinquante après l'investissement de la ville, Silistrie était complétement libre, l'artillerie de siége était enlevée, les troupes parties, les petits bâtiments du Danube en marche pour l'embouchure du fleuve, le général en chef en route pour Foschany, dirigeant sur la Moldavie et le Pruth une masse énorme de bagages et un immense convoi de blessés.

Plus de 15,000 Russes étaient enterrés sous les murs même de la place.

Tandis que ses lieutenants se maintenaient sur le Danube, le général en chef turc ne perdait pas son temps. Veillant sur Silistrie, dont il voyait l'attaque sans crainte, parce que les généraux enfermés dans la place lui faisaient connaître jour par jour ce qui s'y passait, prêt à se porter à son secours si besoin était, il utilisait néanmoins les moments de répit que lui donnait l'occupation des armées russes sur ce point, pour organiser la défense des Balkans.

Omer-Pacha, dans ce but, avait concentré près de 110,000 combattants sur une ligne de 30 à 35 lieues d'étendue, ligne passant par Varna sur le bord de la mer, par Paravadi, Schumla, et servant de réserve aux garnisons de Silistrie et de Rustchuk ; l'aile droite à Varna. Il disposait tout pour recevoir les troupes alliées. Le centre, fort de 55,000 hommes et de 140 bouches à feu de campagne, tenait le camp retranché de Schumla, à quelques lieues au sud de Silistrie ; la gauche s'échelonnait de cette place à Ternova, en avant des Balkans et à quelques lieues des bords du fleuve. Le généralissime turc, ne voulant pas cependant laisser le sort de Silistrie aux mains du hasard, donna ordre, vers le milieu de juin, à un de ses généraux, Saïd-Pacha, de réunir, à la hauteur de Turtukaï, 40,000 hommes tirés des places du Danube, pour faire contre le corps russe du blocus une démonstration sérieuse. Cette démonstration, combinée avec la sortie du 13, avait été une des causes déterminantes de la levée du siége.

L'opération contre Silistrie avait coûté aux Russes, outre une vingtaine de mille hommes tués ou morts de maladie devant la place, neuf généraux tués et trois blessés.

Le 4 juillet, le prince Paskiewitch était remplacé par le général Gortchakoff, et la grande ainsi que la petite Valachie étaient complétement évacuées par les Russes, à la satisfaction des Valaques.

Les Turcs, sans perdre de temps, commencèrent à réoccuper la Valachie et à rétablir les autorités valaques sur tous les points. Tout à coup, à la suite d'un ordre venu de Saint-Pétersbourg, un mouvement des troupes russes en avant fut prononcé par le général Gortchakoff. Du 7 au 10 juillet, 30,000 hommes, sous les généraux Dannenberg, Soïmonoff, Luders, réoccupèrent Buckarest, Kalaratsch et Oltenitza.

Ce retour offensif donna lieu, le 8, à une bataille sanglante devant Giurgewo, et qui prit le nom de cette ville.

Vers neuf heures du matin, les Turcs lancèrent deux fortes colonnes d'attaque, l'une sur l'île de Kama, près de Rustchuk, l'autre sur Giurgewo. Dès que ce mouvement se dessina, les Russes réunirent tout ce qu'ils avaient de troupes à Giurgewo et Slobosie, et marchèrent sur Kama. Non-seulement ils ne réussirent pas à enlever cette île, mais ils firent des pertes énormes, furent obligés de plier devant la cavalerie arabe des Turcs, perdirent 2 généraux et 5,000 hommes, et se replièrent en brûlant leurs petits bâtiments, leurs établissements militaires de Giurgewo, et en détruisant les ponts pour ne pas être poursuivis.

Le mois de juillet 1854 fut employé sur le théâtre de la guerre :

1° Par les Russes, à se replier sur la Moldavie, doucement, pas à pas, en tenant toujours tête aux Turcs ;

2° Par les Turcs, à occuper la partie méridionale des deux Valachies, en remplaçant leurs adversaires dans les positions qu'ils quittaient ;

3° Par les troupes alliées, à entrer en ligne et à se concentrer à Varna.

Du 30 juillet au 5 août, les Turcs se concentrèrent près de Buckarest, dont ils prirent possession le 6.

L'avant-garde de l'armée d'Omer-Pacha, sous le commandement d'Iskenki-Bey, occupa la ville. La noblesse valaque fit chanter, le 14, un *Te Deum* dans l'église métropolitaine, en actions de grâces du rétablissement de l'autorité du Croissant. Les correligionnaires du chef de la foi orthodoxe étaient loin de lui accorder leurs sympathies ; ils proclamèrent ainsi, d'une manière éclatante, que la politique seule jouait un grand rôle dans cette guerre, et qu'elle n'avait réellement aucun caractère religieux.

Après l'entrée des Turcs à Buckarest, après la retraite des Russes en Moldavie, peu de combats eurent lieu de ce côté du théâtre de la guerre. L'Autriche vint dans les Principautés, pour garantir ses droits à la navigation du Danube et remplacer une occupation illégale par une occupation de garantie.

Les armées franco-anglaises s'apprêtaient à opérer une descente en Crimée.

# LIVRE Iᵉʳ.

## GALLIPOLI ET VARNA.

Les gouvernements de France et d'Angleterre se disposent à prendre part à la lutte, au commencement de 1854. — Première armée expéditionnaire française sous le commandement du maréchal de Saint-Arnaud. — Préparatifs. — Embarquement à la fin de mars. — Débarquement à Gallipoli. — Concentration des troupes franco-anglaises à Varna, à la fin de mai. — Résolution d'une descente en Crimée. — Le choléra apporté de Marseille en Orient. — Expédition dans la Dobrutscha. — Incendie de Varna.

---

Le gouvernement français se décida, dans les premiers jours du mois de mars 1854, à envoyer en Orient un corps expéditionnaire destiné dans le principe à soutenir les Turcs et à s'opposer aux progrès (probables à cette époque) des Russes dans la Bulgarie.

On a vu, dans l'introduction, quelle était alors la

position des armées belligérantes sur le Danube. Tout devait faire craindre l'envahissement des provinces turques et le passage des Balkans. Il n'y avait donc pas de temps à perdre pour conjurer l'orage qui se formait, à huit cents lieues de la France, sur les rives de la mer Noire. Si même quelque chose pouvait surprendre et peut encore paraître tout à la fois étonnant, et pour ainsi dire providentiel, c'est qu'après l'incendie des vaisseaux turcs à Sinope, ou même immédiatement après le départ du prince Menschikoff de Constantinople, le czar n'ait pas lancé sa flotte avec une armée de débarquement sur les rives du Bosphore, pour tomber à l'improviste sur la capitale de l'Empire ottoman. C'était là un immense danger; car un tel fait une fois accompli, la situation présentait à l'instant des difficultés incalculables.

Les préparatifs de l'expédition furent donc poussés avec rapidité. L'armée fut confiée au maréchal de Saint-Arnaud, dont la santé chancelante ne pouvait abattre l'incroyable énergie.

## 1<sup>re</sup> ARMÉE EXPÉDITIONNAIRE D'ORIENT.

### COMMANDANT EN CHEF :
### Le maréchal LEROY DE SAINT-ARNAUD.

*Aides-de-camp* : Trochu, colonel, premier aide-de-camp, chef d'état-major; de Waubert de Genlis, lieutenant-colonel; de Place, chef d'escadron; Boyer, capitaine.

*Officiers d'ordonnance :* Reille, chef d'escadron d'état-major; Durand de Villers, chef de bataillon du génie; Henry, chef d'escadron d'état-major; de Grammont, chef d'escadron de cavalerie; de Cugnac, capitaine d'artillerie; Chastenet de Puységur, capitaine de cavalerie.

ÉTAT-MAJOR GÉNÉRAL : DE MARTIMPREY, général de brigade, chef d'état-major général; Jarras, lieutenant-colonel, sous-chef d'état-major; Lebœuf, colonel, commandant de l'artillerie; Tripier, colonel, commandant du génie; Blanchot, intendant militaire; Guisse, chef d'escadron de gendarmerie, grand prévôt; l'abbé Parabère, chef du service religieux, aumônier.

*Officiers d'état-major attachés à l'état-major général :* Osmont, Ranson, chefs d'escadron; Manèque, d'Orléans, de la Hitte, de Rambaud, capitaines.

*Officiers d'artillerie attachés à l'état-major général :* Malherbe, chef d'escadron, chef d'état-major; de Vassart, Moulin, capitaines en 2$^e$, adjoints au commandant; Lafon, capitaine en 2$^e$, adjoint au chef d'état-major.

*Officiers du génie attachés à l'état-major général :* De Chappedelaine, lieutenant-colonel, adjoint au commandant; Dubois-Frenay, chef de bataillon, chef d'état-major; Garlat, Schmitz, Préserville, capitaines, adjoints au chef d'état-major.

*Fonctionnaires de l'intendance attachés à l'état-major général :* Blanc de Molines, sous-intendant de 1$^{re}$ classe; Viguier, Lucas de Missy, Le Creurer, de Séganville, sous-intendants de 2$^e$ classe; Gayard, adjoint de 1$^{re}$ classe; Leblanc, adjoint de 2$^e$ classe.

*Service politique et topographique :* Desaint, lieutenant-colonel d'état-major, chef du service; Davout, chef d'escadron; Davenet, Perrotin, Bertaud, capitaines.

*Interprètes :* Belin, drogman, chancelier; Kermès, interprète de 3$^e$ classe.

### 1<sup>re</sup> Division.

Canrobert, général de division, commandant.

Cornély, chef d'escadron d'état-major; de Bar, capitaine, aides-de-camp; Brady, capitaine d'artillerie, officier d'ordonnance; Denis de Senneville, lieutenant-colonel, chef d'état-major; Huguenet, chef d'escadron, commandant de l'artillerie; Sabatier, chef de bataillon, commandant du génie; Bouché, sous-intendant militaire de 2<sup>e</sup> classe; Sanson, adjoint de 2<sup>e</sup> classe; Springinsfeld, capitaine de gendarmerie, prévôt; Delabarre, chef d'escadron; Mancel, Clavel, Fabre, capitaines, officiers d'état-major.

### 1<sup>re</sup> *Brigade.*

*Espinasse*, général de brigade, commandant.

De Larminat, capitaine d'état-major, aide-de-camp; Du Preuil, capitaine au 2<sup>e</sup> de cuirassiers, officier d'ordonnance. — 1<sup>er</sup> bataillon de chasseurs à pied : Tristant-Legros, chef de bataillon, commandant. — 1<sup>er</sup> régiment de zouaves et 7<sup>e</sup> de ligne : Bourbaki et de Pecqueult de Lavarande, colonels.

### 2<sup>e</sup> *Brigade.*

*Vinoy*, général de brigade, commandant.

....., aide-de-camp. — 9<sup>e</sup> bataillon de chasseurs à pied : Nicolas, chef de bataillon, commandant. — 20<sup>e</sup> et 27<sup>e</sup> de ligne : De Failly et Vergé, colonels. — 2 batteries montées d'artillerie (1<sup>re</sup> du 9<sup>e</sup> rég. et 3<sup>e</sup> du 8<sup>e</sup>). — 1 compagnie de sapeurs du génie (7<sup>e</sup> du 2<sup>e</sup> bat. du 2<sup>e</sup> rég.). — 1 détachement de gendarmerie.

### 2<sup>e</sup> Division.

Bosquet, général de division, commandant.

Lallemand, chef d'escadron d'état-major; Fay, capitaine, aides-de-camp; Duval de Dampierre, capitaine au 1<sup>er</sup> de spahis; Lefrançois, chef d'escadron; Dumas, chef de bataillon, officiers d'ordonnance; de Las Cases, sous-intendant militaire de

2ᵉ classe; Lévy, adjoint de 1ʳᵉ classe; Péletingeas, capitaine de gendarmerie, prévôt; Raoult, chef d'escadron d'état-major; Hartung, Leroy, capitaines, officiers d'état-major; Jeuffrain, capitaine d'artillerie.

### 1ʳᵉ *Brigade.*

*D'Autemarre*, général de brigade, commandant.

De Loverdo, capitaine d'état-major, aide-de-camp. — Régiment de tirailleurs indigènes, 3ᵉ régiment de zouaves, 50ᵉ de ligne : de Wimpffen, Tarbouriech et Traüers, colonels.

### 2ᵉ *Brigade.*

*Bouat*, général de brigade, commandant.

Clemeur, capitaine d'état-major, aide-de-camp; Loviot, lieutenant de chasseurs à cheval, officier d'ordonnance. — 3ᵉ bataillon de chasseurs à pied : Duplessis, chef de bataillon, commandant; — 7ᵉ léger, 6ᵉ de ligne : Jannin et de Garderens de Boisse, colonels. — 2 batteries montées d'artillerie (2ᵉ du 12ᵉ et 4ᵉ du 13ᵉ). — 1 compagnie de sapeurs du génie (7ᵉ du 2ᵉ bat. du 1ᵉʳ rég.). — 1 détachement de gendarmerie.

### *Brigade de cavalerie.*

*D'Allonville*, général de brigade, commandant.

De Sérionne, capitaine d'état-major, aide-de-camp; de Lajaille, capitaine adjudant-major au 5ᵉ de hussards, officier d'ordonnance; Bagès, sous-intendant militaire de 2ᵉ classe. — 1ᵉʳ et 4ᵉ régiment de chasseurs d'Afrique : de Ferrabouc et Coste de Champeron, colonels. — 1 détachement de spahis. — 1 batterie d'artillerie (3ᵉ du 15ᵉ).

### **Corps de réserve.**

Le prince NAPOLÉON, général de division, commandant.

Nesmes-Desmarets, colonel d'état-major, premier aide-de-camp, faisant fonctions de chef d'état-major; Courier, de Bouillé, capitaines d'état-major, Vergne, sous-lieutenant au 1ᵉʳ de spahis, officier d'ordonnance; Dubut, sous-intendant militaire de 2ᵉ classe; Lebœuf, adjoint de 2ᵉ classe. — 2ᵉ régiment de zouaves, 22ᵉ léger, 1ᵉʳ régiment d'infanterie de marine : Cler, Sol et Bertin du Château, colonels. — Réserves et parc d'artillerie : Roujoux, lieutenant-colonel, commandant ; Soleille, capitaine de 1ʳᵉ classe, adjoint au commandant ; Dusaert, capitaine de 1ʳᵉ classe, directeur du parc ; Voilliard, capitaine de 2ᵉ classe ; Duringer, garde de 2ᵉ classe, adjoints au directeur du parc ; gardes, chefs artificiers, médecin, vétérinaire. — 2 batteries à pied (1ʳᵉ du 1ᵉʳ et 12ᵉ du 4ᵉ) ; 2 batteries de parc, 1 batterie à cheval (4ᵉ du 16ᵉ), 1 batterie de montagne (1ʳᵉ du 8ᵉ) ; 1 section de fuséens (4ᵉ batterie du 12ᵉ) ; 1/2 batterie de parc (17ᵉ du 2ᵉ) ; 1/2 compagnie d'ouvriers ; 1 compagnie de pontonniers. — Réserve et parc du génie : Guérin, chef de bataillon, commandant ; Martin, capitaine, adjoint au commandant ; 2 compagnies de sapeurs (6ᵉ du 1ᵉʳ bat. et 4ᵉ du 2ᵉ bat. du 3ᵉ rég.) ; 1 détachement de sapeurs conducteurs du 3ᵉ rég. ; 1 détachement d'ouvriers.

### Division de réserve
*(devenue quelque temps après 4ᵉ division).*

FOREY, général de division, commandant.

D'Auvergne, chef d'escadron d'état-major ; Schmitz, capitaine, aides-de-camp ; de Loverdo, colonel d'état-major, chef d'état-major ; Delaville, chef d'escadron ; Colson, Piquemale, capitaines, officiers d'état-major.

### 1ʳᵉ *Brigade.*

De Lourmel, général de brigade, commandant.

Villette, capitaine d'état-major, aide-de-camp ; de Lajaille, officier d'ordonnance. — 5ᵉ bataillon de chasseurs à pied : Landry de Saint-Aubin, chef de bataillon, commandant. — 19ᵉ et 26ᵉ de ligne : Desmarets et Niol, colonels.

### 2ᵉ *Brigade.*

D'Aurelle, général de brigade, commandant.

......, aide-de-camp. — 39ᵉ et 74ᵉ de ligne : Beuret et Breton, colonels.

*Brigade de cavalerie.*

Cassaignolles, général de brigade, commandant.

....., aide-de-camp. — 6ᵉ de dragons et 6ᵉ de cuirassiers : De Plas et Salle, colonels. — Force publique : Potié, capitaine, commandant le détachement de gendarmerie. — Artillerie : De Tryon, chef d'escadron, commandant ; Bergère, capitaine ; 2 batteries montées (4ᵉ et 15ᵉ du 8ᵉ) ; 1 batterie à cheval du 17ᵉ. — Génie : De Saint-Laurent, chef de bataillon, commandant ; de Foucault, capitaine ; 1 compagnie du génie (4ᵉ du 1ᵉʳ bat. du 3ᵉ rég.).

Cette première armée ne devait pas tarder à être grossie, et à devenir réellement formidable par le nombre, aussi bien que par la qualité des troupes.

Le 6 mars, le général de Martimprey, chef d'état-major général, arriva à Marseille, afin de se concerter avec le commandant de la division territoriale et le préfet maritime, pour les moyens les plus prompts et les plus sûrs à prendre relativement à l'embarquement du personnel et du matériel.

Le général de Martimprey fut bientôt rejoint par un certain nombre d'officiers d'état-major et par les chefs des services du génie, de l'artillerie et de la partie administrative de l'armée expéditionnaire.

Tels furent le zèle déployé par tous les officiers et l'intelligente direction imprimée dès le principe, que les mille difficultés inhérentes à ces préparatifs furent levées en peu de jours, et que vers le 16 mars le premier convoi était en état de prendre la mer.

Les **généraux** Canrobert et Bosquet arrivèrent eux-mêmes de Paris le 15. Le premier prit le commandement provisoire des troupes. Le lendemain, le contre-amiral Lugeol, envoyé de Toulon par le préfet maritime, se rendit également à Marseille pour diriger le service de l'embarquement. La composition du premier convoi fut arrêtée. L'intendant de l'armée, M. Blanchot, et le commandant du génie Sabatier partirent le même jour pour Constantinople, afin de concentrer les approvisionnements nécessaires à l'armée vers Gallipoli et de s'entendre avec les autorités turques.

Cette ville avait été, en effet, choisie comme point de débarquement par le gouvernement français. Voici pourquoi.

Lorsque les Russes passèrent le Pruth et envahirent les Principautés, on pensa naturellement que tous leurs efforts tendraient à marcher droit sur Constantinople et à s'emparer de cette clef du Bosphore. Si l'armée turque ne parvenait pas à les arrêter, ce que l'on pouvait craindre, la première chose à faire pour les puissances occidentales était de fermer à l'ennemi le passage des Dardanelles. Gallipoli se trouvait merveilleusement placé pour cela. En occupant cette position, en fermant la presqu'île de la Chersonèse de Thrace dans sa partie la plus étroite, du côté de Boulaïr, on restait maître de faire entrer les flottes dans la mer Noire. En outre, si les Russes, sans être encore à Constantinople lors de l'entrée en ligne des troupes alliées, avaient passé le Danube et s'avançaient dans la Bulgarie, Gallipoli, situé en arrière de la capitale de l'empire ottoman et d'Andrinople, à égale distance à peu près de ces deux points, pouvait être un lieu de débarquement et de concentration (1). Dans ces deux hypothèses, non-seulement possibles, mais même probables, on avait donc un intérêt majeur à choisir cette ville comme premier point de débarquement. Le colonel du génie Ardant y avait été envoyé dans ce but par le gouvernement français, le général sir Georges Bourgoyne par le gouvernement anglais, et la ville fut désignée comme devant être le premier établissement des troupes alliées en Orient.

Des ordres arrivèrent le 18 de Paris pour que le départ du premier convoi eût lieu le 19 mars, et celui du deuxième le 21. Le *Montezuma* s'était rendu le 17 à Alger pour prendre à son bord le 1ᵉʳ bataillon de chasseurs à pied et une compagnie du génie, formant le contingent algérien de ce premier convoi.

Le 19 mars, en effet, le *Christophe-Colomb* et le vapeur du commerce *l'Africain*, remorquant le trois-mâts *le Mistral*, reçurent à leur bord le 3ᵉ bataillon de chasseurs à pied, 2 compagnies du génie, des détachements d'artillerie, du 6ᵉ de dragons, du bataillon d'ouvriers d'administration, des infirmiers, les généraux Canrobert et Bosquet, ainsi que leurs états-majors.

L'ensemble du chargement, pour les trois navires, fut de 3 généraux, 66 officiers, 926 hommes de troupes, 104 chevaux ou mulets.

(1) Ce choix de Gallipoli avait été fait par le maréchal Vaillant,

Le génie avait, en outre, 2 prolonges chacune avec son chargement de 4 caisses d'outils, 8 caisses portatives pour mulets de bât, 42 caisses d'outils assortis. Cette arme devait trouver à Gallipoli 8,000 outils de terrassiers.

L'artillerie embarqua 2 chariots de parc, 1 forge de campagne, 34,000 cartouches (les hommes portaient avec eux, dans l'infanterie, 42 cartouches). Le service des vivres avait reçu 80,000 rations de vivres et 1,600 de fourrages ; le service des hôpitaux, une caisse d'ambulance ; le service du campement, 230 tentes, 900 couvertes, 350 bidons et marmites, 500 paires de souliers.

Chaque navire avait, en outre, cinq journées de vivres pour les hommes.

La trésorerie emportait 480,000 francs, et un matériel léger pour l'organisation du service postal et du trésor.

On comprend que nous ne donnerons pas la nomenclature de tout ce qui, par la suite, fut expédié à l'armée d'Orient ; cela serait inutile et paraîtrait fastidieux, mais nous avons cru devoir faire une exception pour le premier convoi, afin que l'on pût avoir une idée à peu près exacte de ce qu'un bâtiment pouvait transporter, et de la sollicitude avec laquelle on avait veillé à ce que tout ce qui devait être utile à nos soldats fût embarqué.

Le 19, à minuit, le *Christophe-Colomb*, ayant complété son chargement dans la journée, doubla le château d'If par un très beau temps, et mit le cap sur la

Sardaigne ; l'*Africain* attendit jusqu'au lendemain à midi, afin de pouvoir emporter les dépêches.

Le 23, le général Canrobert et son état-major firent relâche à l'île de Malte, vers deux heures et demie. Reçus avec un véritable enthousiasme par les soldats anglais qui garnissaient les parapets des forts Saint-Elme et Saint-Ange, ils se rendirent chez le gouverneur sir William Reid, et de là chez le général Fergusson, commandant les troupes de S. M. Britannique. Le jour suivant, il y eut, en leur honneur, une revue des 6 régiments composant les troupes de la garnison (grenadiers, fusiliers et Colstram, 1$^{er}$ régiment écossais, 1$^{er}$ de ligne et 1$^{er}$ de riflemen (chasseurs tirailleurs). Des voitures du gouverneur vinrent prendre les officiers français.

Ce ne fut pas sans un vif intérêt que le général et son état-major visitèrent dans Malte, si curieuse par les souvenirs qui se rattachent à l'ordre célèbre de ce nom, l'hôtel du gouverneur, ancien palais des grands-maîtres, la basilique de Saint-Jean, dont l'intérieur renferme les œuvres d'art les plus précieuses, et les tombes des chevaliers, parmi lesquelles on leur montra celles de la Valette et de l'Ile-Adam.

C'est à Malte pour la première fois que nos soldats, dont une partie avait été autorisée à descendre à terre, se trouvèrent en relation avec leurs alliés qu'ils allaient bientôt voir sur le champ de bataille, à leurs côtés, soutenant leur vieille réputation de bravoure. Ils furent l'objet d'un empressement marqué, et ils surent garder une tenue digne d'éloges.

L'*Africain*, parti le 20 de Marseille, atteignit Malte après avoir éprouvé un accident à son hélice, dont deux pattes s'étaient brisées ; il put néanmoins continuer sa route.

Le *Christophe-Colomb*, pendant son mouillage, vit arriver un bâtiment anglais ayant à son bord un régiment qui fut débarqué immédiatement, ce qui portait l'effectif des troupes de la Grande-Bretagne dans l'île à 15,000 hommes ; 10,000 étaient destinés à agir en Orient. Le convoi français, composé de la frégate *le Colomb*, remorquant le *Mistral*, et de l'*Africain*, reprit la mer le 25 mars, se dirigeant vers le Pirée.

Les bâtiments rangèrent les côtes de la Grèce. Ce pays était alors dans une situation politique équivoque, pour ne pas dire hostile aux alliés ; les agents russes faisaient tous leurs efforts pour déterminer une insurrection, et ils étaient parvenus à agiter d'une manière violente le sud de la Macédoine et l'Albanie. Personne ne descendit à terre.

Le 31 mars, le *Christophe-Colomb* arriva de bonne heure en vue de Gallipoli, après être parti du Pirée dans la soirée du 28, avoir doublé le cap Sunium, Négrepont et le cap Doro, avoir franchi le canal formé par les îles de Psara et de Chio, après avoir passé entre Tenedos et la baie de Besika, dont le nom était bien connu depuis le long et récent mouillage de la flotte française dans ses eaux.

Il était quatre heures du matin, le 31 mars, lorsque la frégate jeta l'ancre dans le port de Gallipoli, après s'être engagée pendant la nuit dans le détroit des

Dardanelles. Elle fut ralliée à deux heures de l'après-midi par l'*Africain;* le *Marocain* arriva des côtes de l'Algérie avec la deuxième partie du convoi, le 5 avril.

Dès que la frégate française avait été signalée, le général turc Ibrahim-Pacha fut dépêché au général Canrobert par le gouverneur d'Andrinople, Rustein-Pacha. Ce dernier s'était rendu de sa personne à Gallipoli pour recevoir les Français et se concerter avec l'intendant Blanchot et le commandant Sabatier, débarqués le matin même de Constantinople. A midi, les généraux Canrobert, Bosquet et de Martimprey firent visite à Rustein-Pacha. Le général Canrobert, qui ne voulait pas perdre un instant, se fit rendre compte des ressources dont on pouvait disposer dans le pays, non-seulement pour l'installation des hommes du premier convoi, mais aussi pour l'installation des autres troupes qui n'allaient pas tarder à se succéder sans interruption sur le rivage ottoman.

Il put alors se convaincre que malheureusement cette installation ne serait pas sans difficulté. Rien n'était prêt encore : les agents français n'avaient pas eu le temps de prendre leurs dispositions; les agents turcs n'avaient rien prévu. Le général se mit immédiatement à l'œuvre.

Gallipoli fut divisé en deux zones : celle de l'ouest fut destinée aux troupes anglaises; celle de l'est, plus vaste, aux troupes françaises, dont l'effectif devait être et fut en effet plus considérable. On détermina le jour même les locaux à affecter aux divers services, et l'on prescrivit de compléter ces ressources, fort insuffisantes quant au logement, par la construction de baraques en bois. Le général se rendit ensuite à deux campements mis à notre disposition par le pacha, l'un au lieu dit des *Fontaines*, à environ 1500 mètres à l'est de Gallipoli, l'autre à Boulaïr, à 3 lieues de la ville, à l'endroit où la presqu'île, fort rétrécie, peut être facilement fermée par une ligne de fortifications. Des tentes turques assez convenablement installées avaient été dressées dans ces deux campements.

Une compagnie du génie (la 4ᵉ du 2ᵉ bataillon du 1ᵉʳ régiment) fut seule mise à terre avec armes et bagages, le 31, pour prendre possession du petit port et pour préparer le débarquement qui devait s'effectuer le lendemain.

Comme on le voit, le gouvernement français, en embarquant un matériel considérable, des vivres et des outils, sur ce premier convoi, avait agi avec prudence ; car bien que nos troupes dussent opérer dans un pays que l'on venait sauver du plus grand péril où il se fût jamais trouvé, tout était à créer.

Le 1ᵉʳ avril, dès l'aurore, il y avait un grand mouvement dans le port de Gallipoli, habituellement si calme et où n'abordaient guère que quelques petits bâtiments de pêcheurs ; le débarquement venait de commencer. Il s'opéra pour les troupes avec une rapidité extrême ; dans la matinée même, le personnel était à terre, l'état-major de la place installé et les postes établis. La compagnie du génie débarquée la veille partit pour Boulaïr, afin de tracer les ouvrages; les autres corps se rendirent au camp des *Fontaines*, à l'exception, toutefois, des infirmiers, des ouvriers d'administration et de la seconde compagnie du génie (4ᵉ du 1ᵉʳ bataillon du 3ᵉ régiment), qui eurent ordre de rester à Gallipoli pour assurer le service des hôpitaux, des vivres, et exécuter les travaux les plus urgents. Ces travaux étaient nombreux et importants; la ville offrait un aspect misérable; il y avait, en outre, beaucoup à faire pour en assainir le séjour.

Le débarquement fut complété le 2 avril dans l'après-midi, malgré un violent vent du nord qui le fit suspendre quelques heures à bord de l'*Africain*.

Pendant qu'il s'effectuait avec le zèle et l'activité que l'on trouve toujours chez des troupes françaises procédant à leur installation, le général reconnaissait les environs et découvrait sur la rive gauche d'un gros ruisseau nommé la *Grande rivière* une position excellente pour le campement de plusieurs divisions, campement d'autant plus remarquable, que l'eau, le bois se trouvaient à proximité, et qu'en outre elle se reliait à Gallipoli et à Boulaïr par des chemins en bon état.

Les travaux furent poussés vigoureusement dans les deux camps de Boulaïr, des Fontaines, et à Gallipoli même. On commença par dégager les abords du port et par assurer les communications entre la ville et les cantonnements, en ouvrant des routes larges et commodes. On assura le service du chauffage, du pain et des vivres. Le bois se tirait des côtes d'Asie ; mais les arrivages n'étant bientôt plus en rapport avec l'effectif des troupes, on établit à l'emplacement de la Grande rivière le 3e de chasseurs à pied, et l'on fit faire des coupes de bois par ce bataillon dans une forêt située sur la rive droite du cours d'eau. Des fours de campagne en quantité suffisante furent installés à proximité des nouveaux cantonnements militaires, et des bestiaux achetés par l'administration permirent, au bout de quelques jours, de distribuer des vivres frais.

Le 3 avril au soir, le général, voyant les hommes de son premier convoi à peu près installés, laissa le commandement au général Bosquet et partit sur le *Christophe-Colomb* pour Constantinople, emmenant avec lui l'intendant de l'armée. Il avait hâte d'activer la concentration des moyens d'approvisionnements. De Marseille, de Toulon, partaient en effet des convois nombreux et sans cesse renouvelés. Le gouvernement français, après avoir reculé autant que possible devant la dure nécessité d'une guerre sérieuse, cette guerre une fois déclarée, voulait qu'elle fût menée avec vigueur. D'ailleurs, le pays ne devait pas plus marchander son or que l'armée son sang. La Russie, dont les espions pénètrent partout, si elle a été informée de ce qui se passait en France, a dû être étonnée souvent de l'accord qui a toujours régné entre toutes les classes pour soutenir cette guerre.

Le 5 avril, la seconde partie du premier convoi commença à arriver à Gallipoli. Le *Marocain* mouilla dans le port avec 900 hommes à bord ; et successivement le 6, le *Canada*, avec le 2ᵉ bataillon du 1ᵉʳ de zouaves ; le 7, l'*Albatros*, avec le 1ᵉʳ bataillon de chasseurs à pied ; le 9, le *Pluton*, avec 2 compagnies du 3ᵉ ; la *Salamandre*, avec des infirmiers ; 1 vapeur anglais, avec 1 régiment de riflemen, 2 compagnies du génie et le général sir George Brown ; le 11, l'*Infernal*, avec un détachement du 20ᵉ de ligne ; le *Caffarelli*, avec des hommes du 3ᵉ de zouaves ; le *Montezuma*, avec des soldats du 1ᵉʳ de la même arme et 1 compagnie du génie ; l'*Éclaireur*, avec 200 hommes du 20ᵉ ; le *Brandon*, avec 215 hommes du 3ᵉ de zouaves, et l'*Égyptien*, avec la 4ᵉ batterie du 13ᵉ d'artillerie et son matériel ; dans la nuit du 11 au 12, la *Mouette*, avec 250 hommes ; le *Laplace*, avec 390 ; le *Napoléon*, avec 1,000 du 20ᵉ de ligne ; le *Météore*, avec 415 ; le *Coligny*, avec 340 ; l'*Asmodée*, remorquant le *Pierre-le-Grand*, avec 750 du 22ᵉ de ligne ; et enfin le *Véloce*, avec 350 zouaves et chasseurs à pied.

Le contre-amiral Charner était à bord du *Napoléon*.

Le 22ᵉ léger était le premier régiment embarqué de ceux faisant partie de la 3ᵉ division (prince Napoléon), créée par décision impériale du 15 mars.

### 3ᵉ Division.

Le prince NAPOLÉON, général de division, commandant.

Nesmes-Desmarets, colonel d'état-major, 1ᵉʳ aide-de-camp du prince, chef d'état-major : Ferri-Pisani, capitaine d'état-major ;

Roux, capitaine d'infanterie, aides de-camp ; David, capitaine au 24ᵉ de ligne ; Vergne, sous-lieutenant au 1ᵉʳ de spahis, officiers d'ordonnance ; Bertrand, chef d'escadron, commandant de l'artillerie ; Pouzols, chef de bataillon, commandant du génie ; Dubut, sous-intendant de 2ᵉ classe ; Lebœuf, adjoint de 2ᵉ classe ; Geille, capitaine de gendarmerie, prévôt ; Magnan, chef d'escadron ; de Bouillé, Courier, Jaumard, capitaines, officiers d'état-major.

### 1ʳᵉ *Brigade.*

Comte de *Monet*, général de brigade, commandant.

....., aide-de-camp. — 19ᵉ bataillon de chasseurs à pied : Caubert, chef de bataillon, commandant. — 2ᵉ régiment de zouaves et 3ᵉ régiment d'infanterie de marine : Cler et Bertin du Château, colonels.

### 2ᵉ *Brigade.*

*Thomas*, général de brigade, commandant.

....., aide-de-camp. — 20ᵉ et 22ᵉ léger : Labadie et Sol, colonels. — 2 batteries montées d'artillerie (6ᵉ du 7ᵉ et 6ᵉ du 13ᵉ) : Briant, capitaine, commandant.

Le 15, toutes les troupes n'étaient pas encore débarquées, mais l'état de présence donnait un effectif de 492 officiers de tous grades, de 11,000 hommes de troupes, de 250 chevaux de selle et 210 chevaux de trait ou mulets, appartenant aux 1ʳᵉ, 2ᵉ et 3ᵉ divisions. Nos alliés n'avaient encore que 3 régiments à Gallipoli, 1 de riflemen, les 44ᵉ et 50ᵉ de ligne, venant tous de Malte, et installés à l'ouest de la ville.

De retour de Constantinople dès le 5 au soir, le général Canrobert fut reconnaître le 7 les lignes de Boulaïr, dont les troupes anglaises devaient occuper la gauche, puis il créa une commission chargée de l'achat de chevaux de selle pour l'armée, et il prescrivit au colonel d'état-major Desaint de se rendre à Andrinople pour reconnaître la route de cette ville à Gallipoli et en étudier les ressources.

En même temps, le commandant d'Anglars dut partir pour Rodosto par la route de terre, pour obtenir des renseignements utiles à la marche des troupes, et un membre de l'intendance, accompagné d'un officier du génie, s'embarqua pour le château d'Asie des Dardanelles, afin de choisir les locaux propres à des établissements hospitaliers. Les bâtiments de la Quarantaine furent désignés comme pouvant recevoir 500 lits de malades. Le 11 avril, le général Bosquet, qui devait bientôt marquer d'une manière si brillante dans cette rude campagne, partit de son côté pour Constantinople, Varna et Chumla, avec mission de s'aboucher avec le généralissime de l'armée turque, de gagner les Balkans et de revenir par Andrinople.

Il paraîtra sans doute surprenant que l'armée alliée, n'ayant d'autre but que celui de protéger l'Empire ottoman, débarquant ses troupes dans un pays dont elle venait garantir l'intégrité du territoire, n'ait pas trouvé plus de ressources matérielles et plus de renseignements sur les contrées dans lesquelles elle devait, selon toute apparence, avoir bientôt à agir. Mais malheureusement il en était ainsi. A l'exception de quelques aperçus sur l'armée turque et sur les principales positions défensives de la chaîne des Balkans, second obstacle naturel entre les principautés et Constantinople, renseignements fournis au ministre par la correspondance d'un intelligent officier d'état-major français, le commandant Magnan (1), depuis longtemps déjà en Turquie, le gouvernement de l'Empereur Napoléon III n'avait que des notions fort incertaines sur une foule de choses du plus haut intérêt, au commencement de la guerre.

Pendant la seconde quinzaine d'avril, l'armée d'Orient vit arriver à Gallipoli des convois nombreux de troupes et de matériel.

Le 16, l'*Ulloa* mouilla dans le port, ainsi que le *Berthollet*, venant d'Alger, ayant à bord 1,300 hommes des tirailleurs indigènes.

Le 17, ce fut le tour du *Montebello*, de la *Ville-de-Marseille*, du *Jean-Bart* et de l'*Alger*, amenant de Toulon 5,400 hommes des 6ᵉ de ligne, 9ᵉ bataillon de chasseurs à pied, et de l'infanterie de marine.

Le 18, les Anglais furent renforcés par les 4ᵉ et 28ᵉ régiments de leur infanterie. Ils présentèrent alors 5,360 baïonnettes en ligne, des riflemen, 4ᵉ, 28ᵉ, 44ᵉ, 50ᵉ de ligne, 93ᵉ écossais, et 2 compagnies de sapeurs.

Le 21, le général de Monet prit en débarquant le commandement provisoire de 2 régiments de la 3ᵉ division, les 22ᵉ léger et 3ᵉ d'infanterie de marine. Le général d'Allonville revint de Constantinople, après avoir traité de l'achat de chevaux propres à la remonte de

---

(1) Tué depuis à la prise de Malakoff.

2 régiments de cavalerie, mais sans avoir pu obtenir la fixation d'une époque pour la livraison.

Le général Canrobert avait, dès son débarquement, exprimé le désir d'avoir à Gallipoli quelques troupes turques, ne fût-ce que pour le service d'éclaireurs et de guides ; jusqu'alors il n'avait pu obtenir qu'on lui en envoyât, mais le 23, 500 hommes appartenant au 4ᵉ régiment d'infanterie ottoman furent envoyés de Constantinople.

Jusqu'à la fin du mois, les arrivages ne cessèrent pas dans le petit port, changé déjà en ville franco anglaise.

On vit les uns après les autres les bâtiments dont les noms suivent y jeter l'ancre, et débarquer des généraux, des troupes et du matériel :

Le 23, l'*Iris*, avec la 2ᵉ batterie du 12ᵉ d'artillerie, *El Cimbro*, *Nostra-Signora-d'Assunta*, avec le matériel de 2 batteries ; le 24, le *Fulton*, avec la 4ᵉ batterie du même régiment ; le *Primauget*, avec 500 hommes du 7ᵉ de ligne ; les 26 et 27, le *Suffren*, la *Pandore* et le *Lavoisier*, avec 2,300 hommes des 27ᵉ et 7ᵉ de ligne ; le 28, l'*Hippolyte* et le *Bel-Ernest* avec de l'artillerie et les premiers chasseurs d'Afrique en très petit nombre ; enfin, le 30, l'*Innocente*, l'*Absirto* et le *Lion*, avec des membres de l'intendance et de l'artillerie.

Le prince Napoléon, arrivé à Gallipoli le 29, avait passé la revue des troupes le 30, et s'était rembarqué pour Constantinople.

Lord Raglan, commandant en chef des troupes

anglaises, et venant de France, était resté une partie de la journée du 28 dans la ville, avait fait visite au général Canrobert, et s'était remis en route le soir, pour la capitale de l'empire ottoman.

A la fin du mois d'avril, voici quelle était la situation des troupes alliées en Orient :

Les Anglais, 6,000 baïonnettes.

Les Français, 22,000 hommes, savoir : division Canrobert (1er et 9e de chasseurs à pied, 7e. 20e, 27e de ligne, 1er de zouaves), 10 bataillons, 9,000 hommes ; division Bosquet (3e de zouaves, 1er bataillon de tirailleurs algériens, 3e bataillon de chasseurs à pied, 6e de ligne), 6 bataillons, 6,000 hommes ; division Napoléon (3e régiment d'infanterie de marine et 22e léger), 4 bataillons, 4,000 hommes, et 1 batterie montée.

Nos troupes, parmi lesquelles le choléra ne s'était pas encore déclaré, n'avaient que 290 malades. Cet état sanitaire ne devait malheureusement pas durer longtemps, et le terrible fléau n'allait pas tarder à faire bien des victimes à Gallipoli, cette première étape pour nous de la guerre contre les Russes.

Ces immenses arrivages n'empêchaient pas les flottes alliées d'employer leurs bâtiments de guerre à des opérations préjudiciables à la puissance maritime russe, et surtout de donner à cette puissance une leçon qui pouvait la mettre au regret d'avoir fait si peu de cas du droit des gens. Lors de la déclaration de guerre des alliés au gouvernement du czar, déclaration communiquée aux escadres anglo-françaises le 15 avril, et accueillie avec enthousiasme, un parlementaire avait été envoyé à Odessa pour prendre les consuls et les nationaux. Les Russes canonnèrent le navire parlementaire au mépris du droit des gens. Les flottes quittèrent aussitôt le mouillage de Baltchik, près Varna, et mirent le cap sur Odessa. Le 22, elles furent en vue de cette ville si importante par son commerce. Elles détachèrent 8 frégates à vapeur, 5 anglaises et 3 françaises, qui vinrent s'embosser et concentrer un feu terrible sur le port de guerre, épargnant le port marchand avec une humanité digne de deux grandes nations. Les batteries du môle furent en peu de temps complétement ruinées, une douzaine de bâtiments légers, le palais du gouverneur incendiés, un magasin à poudre sauta. Pendant le désordre que causa cet événement, les navires du commerce français et anglais, qui se trouvaient dans le port (car ils étaient retenus prisonniers), purent s'échapper. A six heures du soir, les frégates rallièrent l'escadre, et, le lendemain, la flotte prit la direction de Sébastopol où elle arriva le 29, après avoir, en passant, le 28, reconnu Eupatoria. En vain, mettant en panne, les amiraux offrirent la bataille à l'escadre russe ; en vain, jusqu'au 21 mai, croisant dans les parages de la baie, ils attendirent l'ennemi. L'ennemi ne parut pas. Il resta abrité sous le canon des forts.

On était au mois de mai, l'armée avait encore à se compléter, à changer sa base d'opération en prenant Varna et Schumla pour point de départ, à subir la rude épreuve de l'épidémie cholérique et dans l'ancienne Thrace et dans la Bulgarie ; à faire une expédition courte, mais terrible, dans le pays pestilentiel de la Dobrustcha, et enfin à s'embarquer pour un autre rivage, avant de pouvoir se mesurer avec les Russes.

Nous indiquerons aussi succinctement que possible les événements des mois de mai, juin, juillet et août.

En mai, les arrivages se succédèrent avec une rapidité incroyable. On avait nolisé tous les bâtiments disponibles pour compléter notre armée d'Orient, et l'Empereur, voyant bien que cette guerre allait prendre des proportions considérables, avait décidé la formation de deux nouvelles divisions, une d'infanterie, la quatrième (général Forey), et une de cavalerie (général Morris).

### Division de cavalerie.

MORRIS, général de division, commandant.

Folloppe, Gervais, capitaines d'état-major, aides-de-camp ; Brice, lieutenant de cavalerie, officier d'ordonnance. — *État-major :* Pajol, lieutenant-colonel, chef d'état-major, Hecquard, chef d'escadron ; Levisse de Montigny, Wachter, capitaines. — *Intendance :* Conseillant, Bagès, sous-intendants militaires ; Cayol, adjoint ; Lefebvre-Desnouettes, capitaine de gendarmerie, prévôt ; Gondard, aumônier.

#### 1<sup>re</sup> *Brigade.*

*D'Allonville*, général de brigade, commandant.

De Sérionne, capitaine d'état-major, aide-de-camp ; de Lajaille, capitaine adjudant-major au 5<sup>e</sup> de hussards ; Biesse, capitaine au 1<sup>er</sup> escadron de spahis, officiers d'ordonnance. —

1er et 4e régiments de chasseurs d'Afrique : De Ferrabouc et Coste de Champeron, colonels.

### 2e *Brigade.*

*Cassaignolles*, général de brigade, commandant.

Gondallier de Tugny, capitaine d'état-major, aide-de-camp. — 6e et 7e régiments de dragons : De Plas et Duhesme, colonels.

### 3e *Brigade.*

*D'Elchingen*, général de brigade, commandant.

Klein de Kleinenberg, capitaine d'état-major, aide-de-camp. — 6e et 9e régiment de cuirassiers; Salle et de la Martinière, colonels. — 3e batterie du 15e d'artillerie à cheval : Armand, capitaine, commandant. — Détachement de gendarmerie.

En outre, le maréchal commandant en chef ordonna la formation de 8 régiments de spahis d'Orient, troupe qu'on voulait monter sur de petits chevaux du pays, armer de fusils et de lances, et opposer aux Cosaques du czar. Malheureusement, ces cavaliers, ramassis de pillards, ne pouvant être rompus à la discipline, se livrant à tous les désordres, étaient plus redoutables pour les populations amies que pour les troupes ennemies. Quand il fut question de jeter l'armée en Crimée, on dut opérer leur licenciement, qui eut lieu le 20 août. Ils étaient devenus un danger plus qu'une garantie. On avait cependant mis à leur tête le seul homme, peut-être, capable d'en tirer un bon parti, Yusuf, appelé d'Afrique, pour les organiser. Cet officier général, à qui l'on doit l'origine des spahis et des chasseurs d'Afrique, c'est-à-dire la formation première de la plus belle cavalerie du monde, ne put réussir à dompter ces bandits, dont le nom de bachi-bozouchs acquit bien vite une triste célébrité en Bulgarie, et même en France.

La division Forey, dont on activait le départ, n'avait pas seulement pour mission de rallier l'armée d'Orient, elle devait se rendre d'abord sur les côtes de la Grèce, peser sur le gouvernement du roi Othon qui semblait fort mal disposé pour les puissances occidentales, et, au besoin, garantir nos nationaux et les populations musulmanes.

Les pirates grecs commençaient à se montrer, et, même, ils osaient attaquer en mer les transports non armés de la marine marchande. Les autorités turques signalèrent leur présence dans le golfe d'Énos. On fit partir de Gallipoli la *Salamandre* et le *Lavoisier* avec de l'infanterie de marine, et deux jours après, le premier de ces deux navires ramena un caïque qu'il avait capturé.

A la fin de mai, la situation des troupes françaises à Gallipoli présentait un effectif de 1,340 officiers de tout grade et de toutes les armes, de 27,000 baïonnettes, de 1,500 chevaux de cavalerie, et 3,000 de trait ou de bât. L'artillerie avait quatre batteries divisionnaires d'infanterie, deux batteries divisionnaires de cavalerie, une batterie de montagne de six obusiers, une batterie de fusées, le tout complet en matériel et personnel.

Les Anglais avaient une division, celle de sir George Brown, composée des 1$^{er}$, 38$^e$, 50$^e$, 4$^e$ et 44$^e$, 28$^e$ de ligne, 93$^e$ écossais et riflemen, environ

9,000 baïonnettes. Le 93e écossais et les riflemen quittèrent Gallipoli pour occuper Scutari.

Ces troupes étaient arrivées en Orient sur les navires, et aux époques dont nous croyons devoir donner ici la note exacte.

Le 1er mai, sur le *Titan*, l'*Egyptus*, le *Bon-Louis* et l'*Étienne*;

Le 2, sur le *Gabriel*, la *Victoire* et le *Franc-Breton*;

Le 3, sur le *Louqsor*, le *Saint-Esprit*;

Le 6, sur le *San-Pietro*, le *Prophète-Elisa*, le *Destiné*;

Le 7, sur le *Berthollet* et le *Dauphin*.

Le *Berthollet* portait le maréchal de Saint-Arnaud et son état-major. Reçu sur la rade avec les honneurs réglementaires, le commandant en chef débarqua à Gallipoli, convoqua les chefs de service et les officiers présents, revint à bord dans la nuit, et partit pour Constantinople le 8, à six heures du matin.

Dans cette même journée du 7, 43 navires du commerce, venant de Marseille et d'Algérie, jetèrent l'ancre dans le port; le jour suivant, 15 abordèrent.

Le 9, le *Brandon* et 20 bâtiments du commerce;

Le 10, 4 autres, tous chargés de matériel et de personnel destinés à l'armée (1).

Le 11 mai, le *Véloce*, le *Sané*, l'*Égérie*, la *Perdrix*, l'*Osiris* arrivèrent, ayant à bord les généraux de l'artillerie et du génie Thiry et Bizot, le général d'infanterie Vinoy;

(1) Nous ne donnons pas les noms des bâtiments du commerce : la liste en serait trop longue.

Le 13, l'*Euphrate*, portant le général de cavalerie Cassaignolles;

Le 14, le *Montezuma*, la *Ville-d'Amiens* avec des troupes d'Afrique et le général Yusuf;

Le 17, l'*Euménide* et le *Cacique*;

Le 18, l'*Infernal*, la *Capricieuse*, le *Magellan* et quelques navires du commerce;

Le 19, le *Titan*;

Le 21, l'*Albatros*, le *Kléber*;

Le 22, le *Gange*;

Le 24, 16 bâtiments du commerce;

Le 25, le *Thabor* et 7 navires;

Le 26, le *Canada*;

Le 28, le *Chaptal*, et 5 bâtiments du commerce;

Le 30, 7 navires, plus le *Labrador*, l'*Ulloa*, la *Mouette*, l'*Asmodée*, le *Christophe-Colomb*, ayant à bord le général Forey.

Le *Météore*, l'*Alexandre*, la *Gorgone*, arrivèrent le lendemain.

Pendant ce mois, celui peut-être où la plus grande activité fut déployée de toute part, les hôpitaux furent créés, installés et approvisionnés. On les plaça à Gallipoli même, à Nagarra, à Andrinople, à Constantinople et à Varna. On organisa aussi un matériel léger d'ambulance, pour 12,000 hommes.

En ce moment, l'état sanitaire était encore des plus satisfaisants, puisque sur 37,000 à 38,000 Français, il n'y avait pas plus de 540 malades.

Le départ d'une partie de la division anglaise des lignes de Boulaïr pour Scutari (sur la côte d'Asie en face de Constantinople) ayant laissé libres quelques emplacements, des mouvements eurent lieu parmi les troupes françaises, et les trois premières divisions, à peu d'exceptions près, vinrent s'établir au camp de Boulaïr.

Le reste des Anglais continua à occuper le camp dit du Cresson, entre Gallipoli et Boulaïr. Quelques bataillons français restèrent au camp des Fontaines.

Mais cette organisation, entièrement provisoire, ne devait pas tarder à être changée. En arrivant à Constantinople, et en se rendant mieux compte de la position des armées russes et turques, en apprenant le peu de progrès des premiers et la défense héroïque des seconds à Silistrie, le maréchal de Saint-Arnaud comprit bien vite que la position de Gallipoli, choisie pour l'éventualité dont nous avons parlé plus haut, n'avait plus la même valeur stratégique, du moment que cette éventualité ne pouvait se réaliser. Les Russes, en effet, loin d'être aux Balkans, retenus sur le Danube par quelques bicoques défendues comme les défendent les Turcs, avaient encore à percer la ligne de Varna à Schumla, avant d'arriver aux premiers contre-forts des montagnes. L'armée alliée avait donc le temps de se placer entre eux et les Balkans, en première ligne ou en réserve de l'armée d'Omer-Pacha. Dès lors, on pouvait, tout en laissant quelques troupes à Gallipoli, en faisant de cette place une espèce de premier dépôt, diriger la majeure partie de l'armée sur Varna, s'établir de façon à secourir Silistrie, s'il en était temps encore, et à pousser jusqu'au

Danube, pour rejeter les Russes au delà du fleuve. A Varna, on était plus à portée de saisir le moment opportun pour marcher à l'ennemi ; on pouvait de ce point appuyer la défense des Turcs, si les Russes osaient s'avancer dans la Bulgarie malgré la présence d'une armée française soutenue par un corps anglais, les combattre avec avantage s'ils commettaient quelque faute.

Ces considérations décidèrent le maréchal. Le 24 mai, le *Cacique* eut ordre de chauffer pour Varna, emportant à son bord des officiers d'état-major, des fonctionnaires de l'intendance et des agents administratifs avec une compagnie du génie (6e du 1er bataillon du 3e régiment), une compagnie du 1er régiment de zouaves et un matériel assorti pour préparer l'installation des deux premières divisions d'infanterie. La 1re division fut prévenue d'avoir à se tenir prête à embarquer. La 3e dut se préparer à se rendre par terre à Constantinople, la cavalerie par Andrinople à Varna.

Le 27, le maréchal, de retour de Constantinople, passa une revue générale des troupes, et le lendemain, l'avant-garde de la division Napoléon (3e) se mit en marche pour Rodosto, Silivria et Constantinople. Cette avant-garde, formée d'une compagnie du génie et du 19e bataillon de chasseurs, devait exécuter les travaux nécessaires pour le passage de l'artillerie et des autres voitures de la division.

Le 31, la 1re brigade de la 1re division sous les ordres supérieurs du général Canrobert, s'embarqua pour Varna. La veille, la 1re brigade de la 3e division (général de Monet) était partie pour Constantinople.

Tandis que ce nouveau mouvement se prononçait et que nos troupes se préparaient, à leur grande joie, à se rapprocher du théâtre des opérations, la 4ᵉ division commençait à débarquer à Gallipoli. Elle avait d'abord été retenue sur les côtes de Grèce où elle avait ordre de s'arrêter; mais le but du gouvernement français ayant été atteint à l'arrivée du général, le 25, au Pirée, il avait continué sa marche sur Gallipoli, laissant en Grèce une batterie et le 74.ᵉ de ligne.

Autant on avait déployé d'activité en France pour expédier des troupes, du matériel et des approvisionnements, pour transplanter, en un mot, une armée nombreuse avec tout ce qui lui était nécessaire, de la Seine et du Rhône sur les rives de l'ancienne Thrace, autant à Gallipoli on commença à montrer d'ardeur pour transporter cette armée à cent cinquante lieues plus loin sur les bords de la mer Noire. Le maréchal avait hâte d'entrer en ligne, ses soldats étaient au moins aussi pressés que lui de voir les Russes en face. Le général en chef, voyant la division Forey à Gallipoli, prescrivit à la division Bosquet de commencer son mouvement pour se rendre à Varna par Andrinople. Le 2 juin, le général partit avec son avant-garde composée d'une compagnie du génie et du 3ᵉ bataillon de chasseurs à pied pour déblayer la route, la rendre praticable, et organiser dans cette seconde capitale de l'empire ottoman tout ce qui était nécessaire pour en faire un lieu de séjour où l'on pût arrêter des colonnes en marche. Le maréchal s'embarqua le surlendemain, 4, sur le *Berthollet*, pour Constantinople. Il y resta vingt jours et arriva à Varna le 25. Pendant ce temps, les événements avaient marché. Il apprit, en débarquant, l'incroyable nouvelle de la levée du siége de Silistrie, un des faits d'armes qui font le plus d'honneur à la ténacité, à la bravoure des troupes turques, et la retraite du prince Paskiéwitch. Il y avait donc lieu encore à de nouvelles combinaisons. Il fallait chercher une autre manière d'atteindre les Russes ; il semblait que plus on tendait à se rapprocher de l'armée ennemie, plus on s'éloignait d'elle. En débarquant à Gallipoli, on n'avait songé qu'à gagner assez de temps pour fortifier la presqu'île et en faire, pour ainsi dire, le réduit de l'empire ottoman. Deux mois après on courait à Varna dans l'espoir d'arriver assez à temps devant Silistrie ou sur le Danube pour se mesurer avec les troupes du czar ; un mois plus tard on était à se demander comment et où l'on pourrait les joindre. Le mois de juin se passa tout entier pour l'armée expéditionnaire en mouvement de troupes, en marches et en concentrations.

Les 1re, 3e et 4e divisions d'infanterie furent transportées par mer à Varna. La 1re directement, de Gallipoli même ; la 3e de Constantinople où elle s'était d'abord rendue et où elle avait séjourné quelque temps ; la 4e comme la 1re de Gallipoli. La 2e division, la cavalerie et l'artillerie opérèrent leur mouvement par terre en suivant la route par Andrinople.

Au 30 juin, les 1re, 3e et 4e divisions étaient concentrées à Varna ; la 2ᵉ était en marche entre Andrinople et Varna où elle devait arriver du 6 au 9 juillet ; la division de cavalerie avait ses deux régiments de hussards, l'un (le 1ᵉʳ) à Varna ; l'autre (le 4ᵉ) à Gallipoli ; les 1ᵉʳ et 4ᵉ de chasseurs d'Afrique entre Andrinople et Aïdos, marchant sur Varna. Le 6ᵉ de dragons et le 6ᵉ de cuirassiers quittèrent Andrinople pour la même destination ; le 7ᵉ de dragons et le 9ᵉ de cuirassiers attendaient à Gallipoli le complément de leurs chevaux. L'artillerie divisionnaire et de réserve était presque toute arrivée à Varna, où se trouvaient encore le personnel de tous les services généraux, le gros des approvisionnements en vivres, munitions et matériel pour les hôpitaux, les manutentions, les magasins, ateliers, parcs, etc. Le génie avait des troupes à Gallipoli, à Boulaïr et à Varna.

L'apparition du choléra devait bientôt faire modifier quelques dispositions relatives à des régiments encore en marche.

On conçoit qu'il avait fallu une grande activité dans la marine de l'État et dans la marine marchande, pour pouvoir opérer des transports aussi considérables en moins d'un mois, de Gallipoli à Varna. Cela n'empêchait pas les arrivages de France.

On avait créé une 5ᵉ division d'infanterie aux ordres du général Levaillant.

#### 5ᵉ Division.

**Levaillant** (Charles), général de division, commandant.

D'Andlau, capitaine d'état-major, aide-de-camp. — *Etat-major* : Letellier-Valazé, lieutenant-colonel, chef d'état-major ; Lefebvre, chef d'escadron d'état-major ; Thouard, Regnier, capitaines. — *Artillerie*, D'Hauteville, chef d'escadron, commandant ; Ducasse, capitaine, adjoint. — *Génie :* Lornier, chef de bataillon, commandant. — *Intendance :* Geoffroy, sous-intendant militaire ; Tournal, adjoint ; Boiteux, capitaine de gendarmerie, prévôt.

#### 1ʳᵉ *Brigade.*

*De la Motterouge*, général de brigade, commandant.

....., aide-de-camp. — 21ᵉ et 42ᵉ de ligne : Avron et Lesergeant d'Hendecourt, colonels.

#### 2ᵉ *Brigade.*

*Couston*, général de brigade, commandant.

D'Abzac, capitaine d'état-major, aide-de-camp. — 5ᵉ léger et 46ᵉ de ligne : Laterrade et Besoux, colonels. — 2 batteries d'artillerie, 1 compagnie du génie, 1 compagnie du train des équipages, 1 détachement de gendarmerie (1).

Cette division se rendit directement à Varna, où elle commença à arriver à la fin du mois.

Pendant ce mois de juin, Gallipoli reçut des troupes, de la *Gorgone*, le 2 ; des chevaux de 25 bateaux-écuries ; des hommes, de la *Provençale*, le 4 ; le personnel et le matériel furent dirigés de France ou d'Algérie sur Varna même.

(1) Le 18 octobre, cette division fut augmentée d'une 3ᵉ brigade (général Bazaine) formée des deux régiments de la légion étrangère, appelés de la Bulgarie.

Les Anglais y arrivèrent du 15 au 25, et lord Raglan le 20 ; ils s'établirent sur la rive nord du lac de la Dewna, entre la ville de ce nom et Varna.

Tout en marchant, et malgré des chaleurs assez fortes, nos soldats avaient fait d'utiles travaux. Les routes de Gallipoli à Constantinople, de Gallipoli à Andrinople (1) par Keschan et Ozum-Kenpsi, comprenant 6 étapes pour la cavalerie, et 9 pour l'infanterie ; celles d'Andrinople à Varna par Bouïouck-Derbend, Karabounor, Aïdos, Nadir-Derbend et le Kamtchick (10 étapes), avaient été rendues praticables au passage de toutes les armes. Andrinople et les principaux gîtes avaient été approvisionnés.

L'armée alliée comptait alors en Orient 15,000 Anglais et 40,000 Français.

Ces forces étaient assez considérables pour qu'on pût entreprendre quelque chose de sérieux, mais deux considérations vinrent cependant encore modifier les projets du maréchal et s'opposer au désir le plus ardent de l'armée : le manque de transport et un nouvel et terrible adversaire sur lequel on ne devait pas compter, le choléra, qui fondit sur l'armée par Marseille et Gallipoli.

On avait dû espérer trouver dans la Bulgarie,

(1) Andrinople, seconde ville de l'empire ottoman, a une population de 100,000 âmes ; elle offre d'abondantes ressources. Située au débouché des deux fertiles vallées de la Maritza et de la Toundja, elle fut constituée en ville de dépôt, et reçut des magasins de vivres, fourrages, de manière qu'on pût y faire séjourner des troupes de toutes les armes. Des fours furent construits, et un hôpital pour 15 à 1,800 malades y fut créé.

de Constantinople à Varna, des moyens de transport pour les vivres, les munitions et les approvisionnements de toute nature. Il n'en fut rien. Ce qu'on put se procurer dans ce genre se borna à quelques centaines de mauvaises petites voitures appelées dans le pays *arabas*. Les chevaux étaient peu nombreux ; il fallait ne compter que sur la France et sur l'Angleterre en tout et pour tout. Le gouvernement turc avait bonne volonté, mais il n'offrait que des ressources nullement en rapport avec les besoins d'une armée comme celle des alliés. Il était donc indispensable d'attendre que les moyens matériels fussent complétés. On dut se borner à organiser ; le moment de combattre n'était pas encore venu.

Tandis qu'on faisait des efforts pour atteindre ce but, le choléra, comme nous l'avons dit plus haut, vint jeter sur l'armée son sinistre linceul. Le fléau avait commencé ses ravages à Marseille. Le 3 juillet, un détachement du 5e léger, venant de cette ville et ayant eu à bord du paquebot *l'Alexandre* quelques cas graves, débarqua à Gallipoli. En peu de jours la maladie se propagea, puis elle gagna, le 7, Daoud-Pacha, établissement de la 3e division à Constantinople, et bientôt après elle fit son apparition à Varna. Dès lors, les approvisionnements pour les ambulances ou les hôpitaux, et les hôpitaux eux-mêmes ne se trouvèrent plus suffisants ; il fallut demander en France des médecins militaires, des médicaments, des objets de toute nature pour de nouveaux établissements hospitaliers. L'armée, loin de se laisser démoraliser par cette rude épreuve, montra une constance et une résignation héroïques. Les chefs se multiplièrent pour faire tête à l'orage; tous les bras valides furent employés à arrêter la marche progressive du fléau qui fit des victimes dans toutes les divisions. La flotte du vice-amiral Bruat, arrivée dans les premiers jours du mois au mouillage de Baldchik, prêta son concours aux troupes de l'armée de terre; on commença l'évacuation sur Constantinople des malades transportables; on réunit les mulets du train des divisions à la réserve des équipages de l'administration afin d'augmenter les ressources générales, ne laissant aux corps que le strict nécessaire pour l'enlèvement des cholériques; on prescrivit la construction d'un nouvel hôpital baraqué aux environs de Varna; des demi-couvertures furent données aux zouaves et aux autres corps qui n'avaient pour échapper au froid des nuits que leurs petits manteaux à capuchon; on fit embarquer directement pour la France, sur le *Véloce*, les convalescents des 1<sup>re</sup> et 2<sup>e</sup> divisions d'infanterie au nombre de deux cents et quelques; enfin, tout ce qui était possible pour améliorer l'état sanitaire des troupes et conserver leur moral fut fait avec un zèle et un dévouement sans bornes. Les médecins militaires se multipliaient. A Gallipoli et Varna, plusieurs succombèrent. Les généraux visitaient eux-mêmes chaque jour leurs troupes; deux d'entre eux acquirent aux yeux de leurs hommes, par leur conduite, une popularité qui restera attachée à leurs noms, Canrobert et le trop regrettable de Lourmel.

Vers le milieu de juillet, les troupes alliées concentrées autour de Varna offraient déjà l'ensemble d'une armée formidable.

Les trois premières divisions françaises occupaient avec le 1er de hussards Varna et les environs ; les camps des 4e et 5e étaient tracés à la droite de celui de la 3e, et devaient border les plateaux de Zeferlick, à 8 kilomètres de la ville, faisant face à la mer.

L'armée anglaise, forte de 15,000 hommes, avait quelques corps sous le canon de Varna, et les autres campés à 28 kilomètres, à Dewna, sur la route de Schumla.

Les Turcs avaient dans Varna 8,000 hommes et 20 bouches à feu de campagne. Omer-Pacha était arrivé de sa personne le 4.

On commença, à cette époque, à organiser un service postal régulier et même un service télégraphique.

Prévoyant déjà la nécessité d'une expédition qui pût occuper de telles forces, le maréchal avait, dès le 5, demandé l'envoi de France d'un parc de siége. Le même jour, il avait passé une revue générale de toutes les troupes sous ses ordres. Le lendemain, la même chose avait eu lieu pour les Anglais au camp de la Dewna. A la suite de cette seconde revue, le généralissime turc était parti directement pour Schumla, tandis que le *Vauban*, mis à sa disposition, emportait pour Batoum, sur la côte d'Asie, des troupes, du matériel, un capitaine d'état-major, M. Berthaut, et le commandant du génie, Saint-Laurent. Un détachement de vingt pontonniers fut envoyé à Rustnck ; trois officiers d'état-major du service topographique, MM. Davout, Balland et Saget, furent dirigés sur Schumla et Turtukaï, Rustuck et Bazardjick. Quatre autres officiers appartenant au génie, MM. Tripier, Schmitz, Géant et Fescourt, furent envoyés à Silistrie pour lever et rapporter le dessin des travaux de l'attaque et de la défense de cette place, et enfin les capitaines Mircher et Perrotin, avec le colonel Desaint, reçurent l'ordre d'aller reconnaître le pays entre Kustendjé et Rassova. On avait hâte de se procurer les renseignements nécessaires à des opérations qui pouvaient commencer d'un jour à l'autre. C'était depuis les guerres de l'Empire et la création du corps d'état-major par le maréchal Gouvion Saint-Cyr, la première fois qu'on se préparait à une campagne véritablement sérieuse, et où les études spéciales des officiers d'état-major sur la topographie allaient être d'un grand secours. Ils devaient rendre de plus grands services encore, sous peu, devant Sébastopol et dans la vallée de la Tchernaïa.

Ce fut encore vers la mi-juillet que l'on apporta, par ordre du ministre de la guerre, des modifications à l'organisation de la réserve de l'artillerie de l'armée. Elles étaient devenues indispensables par suite de l'accroissement de cette arme.

Le colonel Forgeot en eut le commandement, ayant sous ses ordres les colonels Ronjoux et de Beurmann, chefs de la première et de la seconde division de cette réserve, les chefs d'escadrons de la Boussinière et de Berckheim, Liédot et Ferri-Pisani-Jourdan, attachés aux batteries qui les composaient, et qui étaient, pour la première, de trois batteries à cheval, une de montagne et une section de fuséens ; pour la seconde, de deux batteries à pied et de deux montées.

Le commandant Liégeard vint prendre le commandement de l'artillerie de la division de cavalerie.

Le choléra, cependant, était dans toute sa force à Gallipoli et à Varna; les troupes, occupées à des travaux de fascinage et à leur établissement autour de cette dernière ville, soupiraient après l'instant où il leur serait donné d'aborder l'ennemi ; la démoralisation, suite de l'épidémie et d'occupations sédentaires à 15 lieues du Danube, lorsque les Russes battaient en retraite, était à craindre. Le maréchal le comprit, et les éclaireurs ayant rendu compte de la présence de quelques corps dans la Dobrutscha, cette fatale expédition fut résolue. A la suite d'un conseil de guerre, dans lequel le général en chef français avait été reconnu en quelque sorte généralissime de toutes les forces des alliés, une entreprise sérieuse avait été décidée. En marchant aux Russes, ou bien on réussissait, et alors on s'emparait des bouches du Danube, avantage inappréciable au point de vue militaire et politique; ou bien on échouait, alors on était toujours à temps de s'arrêter. Dans les deux cas, on détournait l'attention des armées ennemies de l'expédition dans la mer Noire, chose fort nécessaire pour assurer le succès d'un débarquement En jetant brusquement la majeure partie des forces dont on disposait, soit sur Kaffa, soit sur Sébastopol, on pouvait arriver à frapper d'un coup de massue la puissance maritime de l'empereur Nicolas. Une détermination de ce genre devait plaire à des soldats français. Le maréchal de Saint-Arnaud penchait pour une pointe sur Kaffa, la majorité des généraux alliés appelés au conseil préféraient aborder Sébastopol (1). La tâche était plus rude, plus difficile, mais quelle différence dans les résultats, si l'on réussissait! Avant de prendre une résolution définitive, on voulut recueillir le plus de notions

(1) Il paraît positif que la difficulté d'hivernage en Bulgarie, la difficulté, plus grande encore, de transporter des munitions et des vivres, la fâcheuse impression qui résulterait, après la déclaration de guerre, d'une inaction complète des forces françaises et anglaises, furent autant de considérations qui firent décider à Varna la pointe dans la Dobrutscha; à Paris, l'expédition de Crimée. Le maréchal de Saint-Arnaud, d'après les renseignements qui lui étaient fournis par un officier général turc, penchait pour une attaque sur Kaffa. Ce général conseillait, avant tout, de jeter 30,000 Français, par Redout-Kalé, au delà du Caucase, et 15,000 Anglais à Anapa, par Soukoum-Kalé. Il répondait de la conquête des pays au delà du Caucase en moins de deux mois; il affirmait que toutes les populations se soulèveraient dans les contrées situées entre les mers Noire et Caspienne, et que les Russes seraient expulsés très facilement. Un des généraux français, admis au conseil des chefs alliés, penchait pour ce projet; mais lorsque le maréchal de Saint-Arnaud apprit d'une manière positive, par des renseignements officiels qui lui furent envoyés de Paris, que les Russes n'avaient pas plus de 50,000 combattants en Crimée, il résolut de tenter un brusque débarquement dans ce pays et une brusque attaque sur Sébastopol. Il fallait plus de vingt-cinq à trente jours pour que des renforts suffisants parvinssent des provinces sud de l'empire des czars jusqu'au cap Chersonèse; il espéra avoir réussi en moins de temps. Ce projet était tellement dans ses idées, qu'en mourant, assure-t-on, il légua par testament à ses successeurs l'avis de brusquer l'assaut.

possible sur les rives de la mer Noire. Une commission composée : du général Canrobert, du colonel d'état-major Trochu, du colonel d'artillerie Lebœuf, du commandant du génie Sabatier, reçut l'ordre de s'embarquer sur le vapeur anglais le *Caradoc* et d'explorer les bouches du Danube, Odessa, Sébastopol, la Crimée, Anapa et toute la côte d'Abassie.

Pendant que cette commission descendait au sud de Varna, on préparait tout pour une pointe dans la presqu'île marécageuse de la Dobrutscha (1).

La 1re division, passée sous le commandement du général Espinasse, les 2e et 3e, les spahis d'Orient de Yusuf, se tinrent prêts à marcher. Un détachement de 20 sapeurs devait accompagner chaque colonne d'infanterie à qui on distribua cent outils du génie.

La 1re division partit le 21, en une seule colonne et se porta en avant sur Mangalia, longeant les bords de la mer, laissant au camp les hommes malingres. Elle se dirigea par Kavarna et Mangalia sur Kustendjé où les zouaves étaient transportés par mer, de façon à être en mesure d'appuyer les spahis du général Yusuf qui précédaient la première division. En effet, les spahis passant sur le flanc de la division et marchant beaucoup plus rapidement, arrivèrent deux jours avant elle à Kustendjé où ils trouvèrent le

---

(1) Cette pointe, d'après les ordres donnés, ne devait durer que peu de jours : c'était donc plutôt une fausse démonstration qu'un mouvement offensif.

1er de zouaves. Ils s'étaient mis en route le 22. Le lendemain, la 2e division se mit en route, se dirigeant sur Bazardjick où elle devait arriver le 23. Les hommes portaient quatre jours de vivres, les chevaux deux jours d'orge. Un convoi de 280 arabas, avec six jours de vivres et huit d'orge, la suivait. Cette division prolongea son mouvement le jour suivant, en poussant des avant-gardes à quelques lieues, sur la route de Rassova.

Le 23, la 3e division quitta son camp de Ienikeui, au nord de Varna, en une seule colonne, pour se porter le même jour à Kustendjé, emportant comme la 2e, des vivres, et ayant à sa suite un convoi de 280 arabas. Le 24, elle se porta sur Bazardjick, avec des avant-gardes vers Silistrie et Rassova, de telle sorte que le col de la presqu'île de la Dobrutscha fut complétement enserré par les trois divisions.

Cette marche en avant était à peine en cours d'exécution, qu'un orage violent vint remuer les marais de la presqu'île, marais d'où s'échappèrent, à la suite de cette circonstance atmosphérique, des miasmes pestilentiels. En une nuit, le choléra, ou, si l'on veut, une espèce de peste se déclara avec une intensité telle parmi les troupes, surtout dans la 1re division et particulièrement au 1er de zouaves, qu'il fallut, avant tout, songer à quitter ce pays inabordable en ce moment. Les colonnes se replièrent : la 1re division regagna le bord de la mer. L'état-major général, prévenu à Varna du désastre qui menaçait l'armée, envoya les bâtiments disponibles à Kustendjé et à Mangalia pour recueillir les malades, tandis qu'un convoi de 30,000 rations de vivres frais était expédié à la 3ᵉ division qui avait beaucoup moins souffert à Bazardjick, et un autre de 80,000 rations à Kustendjé.

Cette marche de quelques jours coûta malheureusement bien du monde aux trois premières divisions, car l'épidémie se propagea avec une telle rapidité, dans des conditions si anormales et tellement en dehors de toutes les prévisions humaines, que malgré ce qu'on put faire pour sauver les hommes atteints par le fléau, beaucoup périrent, soit dans les marécages, soit en revenant à Varna.

On s'empressa d'envoyer les ordres les plus précis pour faire revenir à leurs campements les trois divisions. On établit deux nouveaux hôpitaux sous la tente, près Varna, aux plateaux de Franka, où l'air est excellent. Le général Canrobert, de retour de sa reconnaissance, se hâta de rejoindre sa division à Kustendjé, et l'on prescrivit au général Yusuf, malgré un petit succès que ses spahis avaient obtenu dans un engagement contre les Cosaques, de se replier également.

L'expédition de la Dobrutscha, la continuation de l'épidémie, nécessitèrent, au commencement du mois d'août, des modifications dans l'emplacement des troupes. Le 7ᵉ de dragons et le 9ᵉ de cuirassiers, qui avaient ordre de se rendre à Varna, furent retenus à

Gallipoli. Cette brigade perdit là son chef, le général de brigade duc d'Elchingen, officier du plus grand mérite ; atteint par le fléau à la nouvelle de la mort de sa mère, la veuve du maréchal Ney, il fut emporté en quelques heures. Un autre officier général, le général de brigade d'infanterie Carbuccia, succomba également à peu près à la même époque.

Parmi les troupes établies près de Varna, celles de la brigade de la Motterouge (1re de la 5e division, 21e et 42e de ligne), ainsi que le 19e bataillon de chasseurs, étaient les plus éprouvés par le choléra. Le maréchal prescrivit de faire quitter à ces trois corps le camp qu'ils occupaient sous Varna, de les envoyer sur le plateau plus aéré de Zeferlick, près de la 4e division, et de les remplacer par la brigade de Lourmel, de cette dernière division. Le 6, le 1er de zouaves, corps dont les bataillons avaient le plus souffert dans la Dobrutscha, revint de Kustendjé et fut établi sur le plateau de Franka. Trois hôpitaux sous la tente durent encore être installés sur les hauteurs, près de Varna. On avait obtenu déjà trop de bons résultats de ce système pour ne pas persévérer dans son emploi.

Enfin, vers le 8 août, le chiffre de la mortalité diminua sensiblement ; les cas nouveaux de choléra devinrent beaucoup moins fréquents. A partir de cette époque, l'état sanitaire alla toujours en s'améliorant, et bientôt le maréchal put songer à ses projets sur Sébastopol.

L'armée respirait à peine, lorsqu'un événement

imprévu faillit de nouveau tout compromettre. Le 10 août, à sept heures et demie du soir, un violent incendie éclata à Varna entre nos magasins de denrées, les bazars de la ville et les poudrières françaises, anglaises et turques. Le foyer devint bientôt immense, et le feu se rapprocha tellement des poudres, que le danger devint des plus terribles. Le maréchal, le chef d'état-major général, les généraux et chefs du génie, de l'artillerie, se portèrent sur le lieu du sinistre, où, à la première nouvelle, la brigade du général de Lourmel, la plus rapprochée de la ville, s'était hâtée de se rendre. La marine fit débarquer ses hommes et ses pompes ; des travailleurs du génie et de l'artillerie bravèrent le danger pour se rendre maîtres du feu. On n'y parvint qu'après des efforts inouïs, et sur les trois heures du matin ; plusieurs fois des poudrières avaient été sur le point de sauter. Au point du jour, on avait fini par conjurer l'orage, et les travailleurs harassés de la brigade de Lourmel purent être relevés successivement par ceux de la 1re brigade de la division Bosquet, puis par la brigade Bouat.

Pendant plusieurs jours, on fut obligé de faire jouer les pompes. Les pertes causées par ce sinistre furent considérables ; le magasin du campement, les effets des dépôts des corps, les magasins aux grains, farines, sels, avaient été la proie des flammes ; on n'avait pu sauver que les liquides.

Cet événement fut le dernier ayant quelque importance qui marqua le séjour de nos troupes dans la Bulgarie. Bientôt elles allaient abandonner Varna aux Turcs, pour venir affronter de nouveaux, mais au moins de plus glorieux dangers sur le territoire russe.

# LIVRE II.

## L'ALMA.

Embarquement des troupes franco-anglaises et d'une division turque à Varna, à la fin d'août. — Marche des escadres et des convois sur la Crimée. — Débarquement sur la plage d'Eupatoria, le 14 septembre. — Marche sur l'Alma. — Bataille de l'Alma, le 20 septembre. — Marche des armées alliées sur Balaclava.

Dès que la résolution d'une descente en Crimée eut été prise, on s'occupa sans relâche, surtout dans l'armée française, à concentrer tous les moyens d'action pour se jeter brusquement dans la presqu'île tartare, en se donnant toutes les chances favorables. Le plus profond secret fut gardé; on chercha même à détourner l'attention du gouvernement russe, ce qui fut facile, car malgré des rumeurs précurseurs de l'orage, l'ennemi ne croyait pas plus à une pointe aussi hardie sur Sébastopol, que les Autrichiens n'avaient cru, en 1800, à la possibilité de la descente d'une armée française en Italie par les Alpes.

Vers le commencement du mois d'août, lorsqu'au retour de la commission chargée d'explorer les côtes, on eut reconnu la possibilité d'une descente, lorsque la décroissance de l'épidémie cholérique et les soins donnés aux malades de a Dobrutscha eurent fait ren-

santé, lorsqu'enfin l'armée fut à peu près remise des rudes atteintes d'un fléau qui avait fait autant de victimes que le feu de l'ennemi un jour de bataille, on employa tous les bras à des préparatifs dont on s'efforça de cacher le but.

L'artillerie reçut ordre de confectionner des plates-formes, des fascines pour ses batteries. On avait, comme nous l'avons dit plus haut, réclamé l'envoi d'urgence de Toulon du parc de siége qui se trouvait dans cette ville. Dans la crainte qu'il n'arrivât pas à temps, on envoya à Constantinople des officiers chargés de former un second parc à l'aide des ressources que présentait l'arsenal turc de Tophana.

Le génie fit faire des gabions et des fascines; les officiers remirent leurs hommes à l'étude pratique de tous les travaux usités dans un siége.

La marine s'exerça, concurremment avec l'armée de terre, à des essais, à des expériences souvent renouvelées d'embarquement et de débarquement. On était peu inquiet pour les troupes et le matériel, mais le problème difficile et important à résoudre, dans l'opération pratique d'un débarquement, c'était la mise à terre d'une artillerie pouvant être immédiatement utilisée. Il fallait qu'en touchant la plage on pût mettre les bouches à feu en batterie. Là était le grand point. Après bien des essais, on parvint à placer dans un chaland une pièce sur son affût avec son caisson roulant, ainsi que les attelages des deux voitures. Ce premier résultat obtenu, on poussa les choses plus loin, et l'on arriva à loger dans une frégate à vapeur une batterie tout entière, hommes, chevaux, pièces, voitures et munitions. Dès lors la solution du problème étant trouvée, on fit confectionner à Constantinople le nombre de chalands nécessaire pour y placer l'artillerie de campagne.

L'administration, de son côté, ne restait pas inactive; elle préparait des vivres, organisait ses divers services, réunissait et retenait à Varna une quantité suffisante de navires du commerce pour le transport de ses approvisionnements.

Le mois d'août presque entier fut employé à ces préparatifs, et l'on concevra facilement, quand nous aurons parlé de l'embarquement, que ce n'était pas trop d'un mois pour préparer une telle opération.

Les moyens maritimes dont on disposait permettant, en dehors de l'artillerie, du génie et de tout le matériel, d'embarquer environ 25,000 fantassins, l'armée expéditionnaire fut composée de la manière suivante :

1<sup>re</sup> *division* : 10 bataillons à 600 hommes, plus un bataillon d'élite de la légion étrangère fort de 800 hommes, arrivé de Gallipoli (1).

2° *division* : 11 bataillons à 600 hommes.

---

(1) Les deux régiments de la légion étrangère, formant une brigade aux ordres du général Carbuccia, venaient d'arriver à Gallipoli.

3ᵉ *division* : 9 bataillons à 650 hommes.

4ᵉ *division* : 9 bataillons à 550 hommes.

Total général : 40 bataillons donnant 24,250 combattants.

Ces troupes étaient composées de tout ce qu'on avait trouvé de plus valide dans les corps. Le reste des hommes fut concentré à Varna en fractions constituées par compagnies, bataillons et régiments, sous le commandement d'un lieutenant-colonel par division.

La 5ᵉ division fut chargée du service de Varna.

Tout étant prêt vers la fin d'août, le maréchal de Saint-Arnaud fit paraître le 25 un ordre du jour qui dévoila le but de l'expédition ; puis les instructions furent données aux troupes pour le départ de leurs camps respectifs et pour leur embarquement.

Les troupes de toutes les armes, le personnel, le matériel, furent répartis sur les divers bâtiments de la flotte française et turque, ainsi qu'on va le voir.

La 1ʳᵉ division (1ᵉʳ bataillon de chasseurs, 1ᵉʳ de zouaves, 7ᵉ, 20ᵉ, 27ᵉ de ligne, 1 bataillon d'élite de la légion étrangère) s'embarqua le 1ᵉʳ septembre à Varna, sur les vaisseaux : *la Ville-de-Paris* (amiral), *le Napoléon*, *le Charlemagne*, *le Montebello*, *le Jean-Bart*, *le Henri IV* et *le Jupiter* ; sur les bâtiments à vapeur : *la Pomone*, *la Terpsichore*, *l'Euménide*, *la Mégère*, *le Dauphin* et *la Mouette*. Les six premiers, désignés comme vaisseaux de combat dans l'éventualité d'une attaque de la flotte russe, ne reçurent chacun que 700 hommes d'infanterie, les autres de 13 à 1,800.

La 2ᵉ division (tirailleurs algériens du colonel Wimpffen, 3ᵉ de zouaves, 3ᵉ de chasseurs à pied, 7ᵉ léger, 6ᵉ et 50ᵉ de ligne) s'embarqua le 3 à Baltchick sur *le Jupiter*, qui avait déjà 800 hommes de la 1ʳᵉ division, sur *le Suffren*, *l'Iéna*, *le Marengo* et *le Friedland*.

La 3ᵉ division (19ᵉ de chasseurs, 2ᵉ de zouaves, 3ᵉ d'infanterie de marine, 20ᵉ et 22ᵉ léger) s'embarqua le 1ᵉʳ septembre sur les vaisseaux *le Valmy*, *la Ville-de-Marseille*, *l'Alger* et *le Bayard*.

La 4ᵉ division (3ᵉ de chasseurs à pied, 17ᵉ, 26ᵉ, 39ᵉ et 74ᵉ de ligne) s'embarqua le même jour sur les frégates et corvettes à vapeur *le Primauget*, *le Coligny*, *l'Orénoque*, *l'Albatros*, *le Montezuma*, *le Descartes* et *le Caffarelli*.

La corvette de charge *l'Allier* reçut le second approvisionnement des munitions. Le parc de siége fut placé à bord des vaisseaux turcs, celui de Toulon à bord des bâtiments français qui l'avaient amené. On mit sur *le Lavoisier* les pontonniers, des chevaux, le matériel de pont et le bois pour les jetées.

Le génie, qui avait pour l'expédition 1 compagnie de mineurs et 6 de sapeurs, donnant 43 officiers, 860 hommes de troupe et 228 chevaux, fut placé sur la frégate de transport *la Néréide*, *la Calypso*, et sur la gabare *la Girafe*. Ces bâtiments eurent aussi le matériel de cette arme, consistant en 43 voitures, des madriers, planches, châssis, coffrages pour mines et échelles, 6,200 gabions et 50 gabions farcis, 10,000 fascines ordinaires et 6,000 à tracer, 18,600 outils de pionniers, 5,000 manches de rechange, 30,000 briques et enfin 100,000 sacs à terre.

L'administration fit embarquer en personnel 105 officiers, 1,016 hommes de troupes et ouvriers, 513 chevaux.

Les approvisionnements, basés sur ce qu'il ne fallait tenir aucun compte des ressources de la Crimée, se montaient à 1,000,000 de rations de farine, biscuit et sel, 1,500,000 de riz, sucre et café, 240,000 de viande fraîche, 450,000 de lard, 800,000 de vin, 300,000 d'eau-de-vie, 97,000 d'orge, foin et paille, 180,000 de bois, 430,000 de charbon. Les bâtiments du commerce *l'Indus*, *le Henri IV* et *l'Africain* et quelques transports nolisés reçurent le personnel et le matériel administratifs.

Chaque navire prit pour quatre jours de vivres à donner après le débarquement aux troupes qu'il portait. En outre, *la Pandore* fut chargée d'une quantité de vivres représentant pour six jours de subsistances.

La récapitulation sommaire des forces de la partie française de l'armée expéditionnaire donne : 1,146 officiers, 29,058 hommes de troupes, et 2,904 chevaux ou mulets, 133 bouches à feu, dont 68 de campagne, le tout approvisionné largement en munitions de guerre, pourvus en abondance de vivres de toute nature, et embarqués sur 172 bâtiments se décomposant ainsi : 15 vaisseaux de ligne, 5 frégates à voiles ou gabares, 35 frégates, corvettes, avisos à vapeur, 80 transports du commerce remorqués, 37 bâtiments formant une escadrille légère, conduite par le vapeur *la Ville-de-Perpignan*, et portant un complément de vivres.

Le maréchal de Saint-Arnaud s'embarqua le 2 à Varna sur *le Berthollet*, qui le transporta à Baltchick ; là il se rendit à bord de *la Ville-de-Paris*, vaisseau-amiral, où se trouvaient déjà, outre l'amiral Hamelin, les généraux Canrobert, de Martimprey, Thiry et Bizot. Le général Bosquet était sur *le Friedland*, le prince Napoléon sur *le Valmy*, et le général Forey sur *le Caffarelli*.

L'armée anglaise, de son côté, avait fait ses préparatifs. Il fut convenu qu'elle embarquerait quatre divisions d'infanterie commandées par les généraux sir George Brown, duc de Cambridge, Lacy Evans et sir Richard England, plus une partie de la division de cavalerie sous les ordres du général Lucan. En outre, 9 batteries de campagne, 1 parc de siége et 4 compagnies de sapeurs du génie. L'effectif de ces troupes était de 18,000 hommes d'infanterie, de 2,000 de cavalerie, de 1,000 d'artillerie et de 480 du génie ; en tout, de 21 à 22,000 combattants.

L'amiral Dundas, commandant la flotte anglaise, avait sous ses ordres 10 vaisseaux de ligne. 15 bateaux à vapeur de différentes dimensions, 150 magnifiques transports, tant à vapeur qu'à voile, devaient, à l'exclusion des vaisseaux de la marine royale, porter en Crimée matériel et personnel (1).

Enfin, une division turque de 7,000 hommes de bonnes troupes, commandée par Achmet-Pacha, arrivée de Constantinople dans le but de coopérer à l'expédition, s'embarqua sur 9 vaisseaux turcs joints à l'escadre anglo-française.

L'armée alliée destinée à opérer en Crimée était donc de 30,000 Français, de 22,000 Anglais et de 7,000 Turcs; la flotte de 15 vaisseaux français, 10 anglais et 9 turcs. Total : 59,000 combattants et 34 vaisseaux de ligne.

50 bâtiments de guerre à vapeur et 300 transports suivaient cette formidable escadre.

Le maréchal de Saint-Arnaud, impatient de quitter Varna, s'était, comme nous l'avons dit, embarqué le 2 septembre au matin, pour gagner le mouillage. Le même jour, dans la soirée, les bâtiments légers à vapeur laissés à Varna pour remorquer à Baltchick les derniers chalands, rallièrent l'escadre. Tout faisait espérer qu'on allait enfin pouvoir se porter en avant. Le dernier vaisseau, *le Napoléon*, venait de rallier la flotte. La proclamation de l'Empereur à l'armée, à l'occasion de la prise de Bomarsund, avait enflammé les troupes d'une nouvelle ardeur. Cependant nos

---

(1) D'après les règlements en vigueur en Angleterre, la marine royale ne reçoit jamais à son bord des troupes de passage.

alliés n'avaient pas terminé complétement leurs préparatifs ; on dut attendre. Le lendemain, ces préparatifs n'étaient pas encore achevés ; le maréchal donna rendez-vous à lord Raglan à 40 milles en mer, dans l'ouest du cap Turkan (près d'Eupatoria), en cas de séparation, à Baltchick même, en cas de dispersion par un gros temps, et le 5, au point du jour, les escadres française et turque appareillèrent, faisant route vers l'est-nord-est, laissant au mouillage l'escadre anglaise et le vaisseau *le Napoléon* (contre-amiral Charner), à qui avait été donné le commandement du convoi.

Le même jour, les transports anglais arrivant de Varna, se placèrent, comme les nôtres, derrière leurs remorqueurs.

Le 7, à cinq heures du matin, l'ordre du départ fut signalé, en commençant par les navires le plus au large ; à huit heures, tout le convoi français fut en marche, opérant une grande conversion par le sud-est pour laisser passer entre la terre et lui le convoi anglais, qui arriva à son poste à la gauche vers deux heures de l'après-midi, ayant en tête l'amiral Lyons sur l'*Agamemnon*.

A trois heures, les deux convois étaient en route. Le nôtre, composé de 112 bâtiments, marchait sur deux colonnes longues de près de deux lieues, et par groupes ; les colonnes avaient ordre de conserver entre elles 1000 à 1500 mètres d'intervalle, et les groupes de 200 à 300.

Vers midi, le 8, la flotte fut en vue dans le nord-est, courant bâbord. A quatre heures, l'escadre française, sur deux colonnes, ayant en tête de celle de droite *la Ville-de-Paris* (amiral Hamelin), en tête de celle de gauche *le Montebello* (amiral Bruat), et en troisième colonne l'escadre turque, doubla le convoi. Le lendemain, après une marche assez lente et sans événements à signaler, les bâtiments français et turcs arrivèrent vers trois heures au rendez-vous indiqué à l'escadre anglaise, à 40 milles à l'ouest du cap Turkan, mais on n'aperçut pas cette escadre. On mouilla dans l'ordre de marche.

Le 11 septembre, *le Berthollet*, envoyé à la découverte, put enfin signaler l'escadre anglaise, qu'il avait aperçue dans le sud-est. Les convois anglais et français appareillèrent et reprirent leur route.

Plus on approchait du point de débarquement, plus les préoccupations devaient être grandes chez les généraux en chef, surtout chez le maréchal de Saint-Arnaud, en quelque sorte plus spécialement responsable de cette grande entreprise. Aussi ne négligeait-on rien pour s'éclairer de tous les renseignements utiles. A la suite d'une conférence tenue le 8 à bord du *Caradoc* entre les amiraux et les généraux des armées et des flottes alliées, il avait été convenu qu'une nouvelle reconnaissance des côtes occidentales de la Crimée serait faite, d'une part, par les généraux Canrobert, de Martimprey, Thiry, Bizot, le contre-amiral Bouet-Villaumez, montés sur le *Pri-*

*mauget*, et, d'une autre, par lord Raglan lui-même, sir Burgoyne et sir Brown, montés sur le *Caradoc*, et appuyés par l'*Agamemnon* et un autre bâtiment. Cette reconnaissance importante avait été commencée le 10 au matin ; les généraux qui en avaient été chargés avaient fait route sur la presqu'île de Chersonèse, puis ils avaient longé tout le littoral jusqu'à Eupatoria, à petite distance des côtes, en remontant vers le nord. Ils purent alors s'assurer que rien ne semblait changé à la situation des choses dans le port de Sébastopol, mais que des camps nombreux, de l'artillerie en position sur les berges voisines des rivières de la Katcha et de l'Alma avaient été établis entre la ville et Eupatoria. Ces troupes pouvaient être évaluées à 35,000 hommes de toutes les armes. Ce fut alors que les généraux remarquèrent entre l'Alma et Eupatoria, vers le milieu de la côte qui sépare ces deux points, une plage qui leur parut favorable au débarquement. Le maréchal de Saint-Arnaud se rangea à leur avis, mais il eût préféré doubler le cap Chersonèse et se jeter sur Balaclava, afin de marcher droit sur Sébastopol (qui n'était pas alors fortifié dans sa partie sud) en évitant de donner sur des troupes qu'on avait aperçues près du cours de l'Alma.

Peut-être est-il fâcheux que l'avis du maréchal n'ait pas été adopté, car il est fort possible qu'on fût arrivé à Balaclava avant que les troupes du prince Menschikoff n'aient eu le temps de se porter de ce côté, surtout si l'on avait laissé une division embarquée vers l'Alma pour tromper les Russes ; peut-être fût-on parvenu à entrer dans la partie sud de la ville avant qu'elle n'ait été mise en état de défense. Mais la connaissance que l'on avait de l'exiguïté du port de Balaclava, et l'ignorance où l'on était encore du parti qu'on pouvait tirer de la baie de Kamiesch empêchèrent d'opérer de ce côté.

Quoi qu'il en soit, le point de débarquement fut déterminé entre Eupatoria et l'embouchure de l'Alma, le jour fut fixé au 14, de grand matin.

Cette opération était une des plus grandes difficultés de l'expédition. En effet, c'est toujours une chose des plus hasardeuses que de jeter successivement sur un rivage défendu par une armée en position les divers corps d'une autre armée envahissante. Or le prince Menschikoff, ayant 35 à 40,000 hommes à quelques lieues du point choisi, pouvant être facilement instruit par sa cavalerie légère et par ses Cosaques de ce qui se passait sur le rivage, avait toutes les chances en sa faveur pour entraver l'opération des alliés et même pour les jeter à la mer au fur et à mesure qu'ils chercheraient à prendre pied sur le sol russe. Il n'en fit rien ; il ne quitta pas ses positions, attendit patiemment qu'on vînt l'attaquer, se croyant sûr de battre ses adversaires, confiance qu'il paya six jours après d'une défaite.

La journée du 13 septembre fut employée à rallier dans la baie d'Eupatoria tous les bâtiments restés en arrière, ou éloignés par une bourrasque qui s'était élevée pendant la nuit. L'après-midi, la flotte et le convoi anglais jetèrent l'ancre. Une sommation fut adressée au gouverneur russe de la ville, qui déclara ne pouvoir s'opposer aux projets des alliés.

Le moment si impatiemment attendu par les soldats arriva enfin. Le 14, à deux heures du matin, le signal d'appareiller est donné. A la pointe du jour, les flottes et le convoi se rapprochent de la plage choisie pour le débarquement. Les chefs d'état-major de l'armée et de l'escadre, les généraux du génie et de l'artillerie vont étudier de très près le terrain. L'ennemi ne se présente nulle part; la mer est magnifique, le temps est admirable. Tout semble favoriser le premier acte du grand drame ; les bâtiments prennent leur poste.

Les vaisseaux français, ayant entre chacun d'eux une frégate ou une corvette à vapeur, forment trois lignes de bataille parallèles au rivage : la première à 400 mètres de la plage ; elle est composée des navires sur lesquels se trouve la 1re division ; les deuxième et troisième lignes de ceux portant les 2e et 3e divisions. En arrière de ces trois lignes de bataille viennent se grouper les bâtiments marchands du convoi, encadrés au large par les vaisseaux turcs portant leurs troupes. Aux deux extrémités de la première ligne, des bâtiments légers à vapeur s'approchent de la plage, prêts à balayer le terrain à coups de canons ; mais cette précaution est inutile.

Pendant que ces préparatifs se font, la 4e division,

tout entière à bord des navires à vapeur, opère un simulacre de débarquement à l'embouchure de la Katcha, pour tenir l'ennemi en suspens et masquer l'opération véritable. Elle a ordre de revenir le soir même au mouillage d'Eupatoria.

Petit à petit, et assez lentement, la flotte et le convoi anglais viennent se ranger à la gauche de la flotte et du convoi français dans un ordre identique.

Le terrain sur lequel les armées alliées devaient s'établir était une espèce de plateau à peu près horizontal, élevé de 7 à 8 mètres au-dessus du niveau de la mer, et se terminant de ce côté par une falaise à pic régnant sur une longueur de 3 à 4 kilomètres. Au nord et au sud de ce plateau s'étendent deux lagunes qui l'isolent et laissent entre elles et la mer une plage de sable on ne peut plus favorable à un débarquement. En avant du plateau, à 5000 mètres dans l'intérieur des terres, s'élève près de quelques bouquets d'arbres un village nommé Old-Fort (vieux fort) du nom d'un château en ruines.

L'armée française reçut ordre de s'établir sur deux lignes : ses 3 premières divisions en première ligne (de la lagune de droite au village d'Old-Fort); sa 4e, le quartier-général, la réserve d'artillerie et la division turque en seconde ligne (1). L'armée anglaise eut pour instruction de se porter, après son débarquement, à l'extrême gauche de notre première ligne,

---

(1) Voir la planche n° 1.

pour s'y établir en potence et sur deux lignes, de façon à former la seconde face d'un grand redan ayant son saillant au village et sa gorge à la mer. Au centre devaient se placer les parcs, les réserves, la cavalerie.

Vers sept heures du matin, les escadres ayant pris position, comme nous l'avons dit, aussi près que possible du rivage, entre la lagune Hadj-Déré et la lagune Kirhkennebel, une compagnie de débarquement du *Montebello* est jetée et plante le drapeau sur le rivage. Quelques Cosaques, quelques éclaireurs russes sont aperçus au loin dans la campagne, mais aucun obstacle n'est apporté à l'opération, qui s'exécute avec la plus grande rapidité. Trois drapeaux de diverses couleurs sont placés aux trois points où doivent débarquer les chalands de chacune des trois divisions. L'armée anglaise agit de la même manière.

A dix heures, la 1$^{re}$ division est sur la plage ainsi que son artillerie de campagne ; elle établit immédiatement sa ligne et ses bivouacs aux cris de : Vive l'Empereur ! Vers une heure de l'après-midi, la 2$^e$ division commence son mouvement, qu'elle termine à trois heures ; à la nuit, la 3$^e$ division achève le sien.

Le 14 au soir, l'armée française avait en position sur le rivage de la Crimée ses trois premières divisions et 59 bouches à feu, de l'extrémité sud de la ligne Kirchkennebel au village d'Old-Fort. L'armée anglaise, dont le débarquement, commencé plus tard que le nôtre, avait été un peu entravé le soir par une forte houle, avait mis à terre ses deux premières divisions d'infanterie. Elles occupaient l'espace entre le village et la ligne nord.

Dès que la nuit fut venue, la 4⁰ division française, exécutant les ordres qu'elle avait reçus, abandonna l'embouchure de la Katcha. Elle était parvenue, en échangeant quelques boulets avec un camp russe établi sur ce point, à occuper l'attention de l'ennemi. Cette fausse démonstration avait-elle eu assez de succès pour donner le change au prince Menschikoff ? Cela est peu probable. Était-ce, chez ce dernier, un parti pris de ne pas aller au-devant des alliés et de les attendre dans de fortes positions? C'est ce qui nous semble plus vraisemblable.

Pendant la nuit du 14 au 15, une forte bourrasque d'ouest mêlée de pluie fit déferler la houle sur la plage et rendit plus difficile l'opération du débarquement; néanmoins, dès le point du jour, la 4⁰ division commença à descendre à terre ainsi que les Turcs. A midi, ils avaient terminé leur opération, et s'étaient établis en secondes lignes formant réserves. Après mille difficultés, le matériel, les vivres, les munitions et les chevaux furent débarqués. Pour les bêtes de somme, on avait été contraint de les lancer à la mer à quelque distance de la plage, qu'elles avaient gagnée en nageant.

On conçoit combien tout cela eût été difficile en face d'un ennemi nombreux et entreprenant; mais les Russes ne se montrèrent sur aucun point, et même les reconnaissances envoyées le matin dans toutes les directions ne signalèrent nulle part leur présence. Deux piquets de cavalerie française purent enlever, à une lieue et demie des bivouacs, un poste ennemi de 12 hommes, commandés par un sergent.

Le 16, les troupes complétèrent leurs vivres jusqu'au 23 inclusivement. Le 17, le débarquement de toutes les troupes françaises et turques étant terminé, le maréchal de Saint-Arnaud, pour faciliter celui de l'armée anglaise, mit à sa disposition une partie de nos chalands, tandis que les généraux Canrobert, Thiry et Bizot s'embarquaient sur *le Rolland* pour longer le littoral et faire la reconnaissance des positions de l'Alma et de la Katcha.

Le 18, l'armée anglaise eut enfin achevé son débarquement, et l'ordre de départ put être donné pour le lendemain. Eupatoria étant un point très utile dont on pouvait tirer des ressources précieuses pour l'armée, et qui d'un moment à l'autre devait devenir important, placé qu'il était sur le flanc de la ligne d'opérations des Russes, le maréchal résolut d'en assurer la défense. Il donna le commandement de la place au chef d'escadron d'état-major Osmont, dont on verra plus tard la brillante défense, et il prescrivit d'y laisser 2 compagnies du 3ᵉ régiment de marine, pouvant être soutenues, au besoin, par des matelots du *Iéna* et d'un bâtiment anglais.

Ainsi avait eu lieu en quatre jours, avec tout le succès désirable, une des opérations les plus incertaines de l'expédition. Nous le répétons, il est impossible de comprendre que le général russe ait consenti à laisser les armées alliées s'établir ainsi dès le principe, sans chercher à y mettre obstacle sur une base d'opération qui, si mauvaise qu'elle fût encore, pouvait, à la suite d'une bataille gagnée, avoir des conséquences terribles pour ses troupes et pour l'avenir de Sébastopol (1).

A sept heures du matin, le 19 septembre, l'armée alliée se mit en marche sur Sébastopol, en suivant une direction parallèle au rivage où elle appuyait son flanc droit. La flotte partit en même temps afin de se maintenir à sa hauteur.

Les troupes françaises s'avancèrent formées en un vaste lozange rappelant la disposition tactique adoptée par le maréchal Bugeaud lors de la bataille d'Isly. La 1<sup>re</sup> division était en tête, faisant la pointe, la 4<sup>e</sup> fermait e lozange ; toutes les deux avaient leur quatre régiments en colonne par division, à distance de section, affectant elles-mêmes la même figure. La 2<sup>e</sup> division formait la face de droite, la 3<sup>e</sup> la face de gauche ; elles étaient rompues en deux colonnes, une par brigade (2), les régiments en colonnes, à distance de section. Entre chacune des brigades se trouvaient l'artillerie, les ambulances divisionnaires et les bagages. Au centre du lozange, l'ambulance, l'artillerie de ré-

---

(1) Sans nul doute, le général russe se croyait sûr de vaincre, et il était heureux de voir les alliés venir se briser contre ses positions, pensant qu'après un échec il en aurait bon marché. Dans cette conviction, il aimait mieux les attirer que de leur faire obstacle.

(2) Voir la planche n° 1.

serve, le génie, son matériel, et les bagages de l'armée. La division turque, sur deux colonnes, suivait, les bagages placés entre eux et la 4ᵉ division. Les Anglais marchaient sur notre flanc gauche, et un peu en arrière, en colonne.

L'armée alliée arriva à midi en face des hauteurs de la Boulganak, après avoir fait environ 4 lieues sur un plateau très légèrement ondulé, complétement dégarni et désert, sans avoir rencontré ni obstacle matériel ni troupes ennemies.

Sur la berge sud du petit cours d'eau de la Boulganak, on aperçut quelques postes de Cosaques en observation ; ils disparurent au fur et à mesure que l'armée se montra. On traversa le lit du ruisseau, à sec en ce moment, et l'on vint établir un bivouac sur les hauteurs de la rive gauche, à deux lieues environ des positions que les Russes occupaient.

Les trois premières divisions françaises se déployèrent sur deux lignes, la 2ᵉ appuyant sa droite à la mer, en avant du petit village de Zamrouk, la 1ʳᵉ division au centre, la 3ᵉ à gauche, se liant à l'armée anglaise. La 4ᵉ division, également sur deux lignes, resta en réserve derrière la 3ᵉ, sur le revers de la berge ; la division turque fut placée dans le même ordre en arrière de la 2ᵉ division, ayant entre elle et la 4ᵉ le grand quartier général, les réserves de l'artillerie, du génie, le train des équipages et les bagages.

Du plateau où l'armée alliée avait établi son bivouac, on apercevait les positions de l'ennemi. Le terrain descend en pente douce sur l'Alma, dont la berge sud était occupée par les Russes. Entre les deux armées, un peu sur la gauche des troupes françaises, on distinguait un corps assez nombreux de dragons et de Cosaques. Dès qu'on les aperçut, la cavalerie anglaise s'avança sur eux avec une batterie d'artillerie légère. Le maréchal de Saint-Arnaud fit appuyer le mouvement par une de ses deux batteries à cheval ; mais, après l'échange de quelques obus, les Cosaques et les dragons se replièrent et repassèrent l'Alma ; en sorte que, vers quatre heures du soir, la cavalerie anglaise rentra, et les troupes remirent les armes aux faisceaux.

On poussa les grand'gardes assez loin, et on leur prescrivit de se couvrir par de légers épaulements. Une attaque générale fut décidée pour le lendemain.

L'armée russe à laquelle on allait avoir affaire se composait de 30 bataillons faisant partie des 5$^e$ et 6$^e$ corps et de la réserve, de 60 escadrons et de 2,000 à 3,000 Cosaques, ce qui donne un total d'environ 40,000 hommes. Elle avait 80 bouches à feu de campagne et quelques batteries de gros calibre.

Elle occupait une position tellement forte, que le prince Menschikoff la croyait non-seulement invulnérable, mais pour ainsi dire inattaquable.

Les généraux en chef des armées alliées adoptèrent un plan d'attaque consistant à faire déborder le flanc gauche de l'armée russe par une de nos divisions, soutenue par les Turcs, et le flanc droit par toutes les troupes anglaises, tandis que le centre serait abordé vigoureusement par le reste des troupes françaises.

Avant de faire le récit de cette bataille, qu'on nous permette une courte description du terrain (1).

A environ 10 à 12 kilomètres de nos bivouacs, comme nous l'avons dit, se trouvait le cours d'eau de l'Alma. Ce petit ruisseau, coulant du nord-est au sud-ouest, fait un coude à environ 5000 mètres de son embouchure, en face d'un petit village appelé Bourlouck. Il prend alors la direction de l'est à l'ouest. A 1000 mètres de son embouchure, il traverse un autre petit village nommé Almatamac, et entre ces deux villages il forme plusieurs sinuosités très prononcées. Depuis la Boulganak, ruisseau en avant duquel l'armée alliée était au bivouac, jusqu'à l'Alma, à l'exception d'une petite rigole qui limitait à peu près les avant-postes anglais et français, le terrain était presque horizontal. Au centre, un plateau assez large régnait entre les deux thalwegs, puis le terrain allait s'abaissant en pente très douce jusqu'à la rive droite de l'Alma, dont il formait la berge nord. La berge sud, au contraire, comme cela a lieu très souvent, est aussi accidentée, aussi abrupte que l'autre l'est peu. Le relief sur la rive gauche est très prononcé : il s'élève en pente brusque et roide, offrant une différence de niveau de 100 à 120 mètres avec le fond de la vallée Plus on se rapproche de la mer, et plus la pente devient d'un abord difficile. Elle se termine par une espèce de falaise presque à pic. La partie de cette zone, par laquelle des hommes à pied peuvent gravir sur les

---

(1) Voir la planche n° 1.

plateaux situés au delà de la rivière, était alors couverte d'habitations, de vignes, d'arbres, de clôtures, et dont l'ensemble composait un système fourré facile à défendre et d'un accès très dangereux. A partir de Bourlouck, et en face du village, la pente est moins roide. Il se trouve là un petit vallon descendant du plateau opposé, se relevant ensuite et formant un éperon qui tombe en s'étageant en amont du village. Les pentes, à mesure qu'elles s'éloignent de l'Alma, vont en s'abaissant d'une façon insensible. Trois passages permettent de franchir les obstacles naturels. Le premier est la route même de Sébastopol. Elle traverse le village de Bourlouck, franchit l'Alma sur un pont de pierre et arrive sur les plateaux opposés en se déroulant sur les flancs du vallon dont nous venons de parler (c'est le passage habituel); le second, à 1 kilomètre en aval, aboutit à un gué encaissé, débouche en face des pentes roides et ravinées; le troisième passe par Almatamac, franchit le cours d'eau, s'élève immédiatement après sur le plateau supérieur, et suit une corniche tellement roide, que les Russes ne supposaient pas même qu'on pût y faire passer des troupes, et qu'ils avaient négligé de couper la route. Près de l'embouchure de l'Alma se trouvait une barre de sable signalée par les reconnaissances maritimes, et que le général Bosquet sut utiliser pour le passage de l'infanterie de sa 2ᵉ brigade, ainsi qu'on le verra plus loin. Entre cette barre et le cap Lucul règne un plateau supérieur dont les pentes opposées s'inclinent vers le sud et se dérobent aux regards. On y distingue seulement quelques tertres, dont l'un, situé un peu sur la gauche du débouché d'Almatamac, était surmonté d'un télégraphe en construction.

Le prince Menschikoff, profitant de cette magnifique position défensive, avait établi son armée de la manière suivante : A son extrême gauche, et complétement détachée de sa ligne, une espèce de redoute. Le flanc extérieur de son aile gauche appuyé au débouché de l'Almatamac sur une crête du plateau, son centre sur deux lignes en face de Burlinck, en avant du télégraphe. Sa droite en retour de l'Alma, avec une belle batterie de position de 12 pièces, enfilant la vallée, battant le village et les approches du cours d'eau. Cette droite était en grande partie composée de cavalerie. En arrière de la droite du centre et de la droite de l'aile droite, étaient de fortes réserves. Enfin, il avait eu soin de garnir de tirailleurs et d'artillerie légère la zone boisée, coupée de vignes et en pente douce qui règne en avant du cours d'eau. Le prince n'avait omis qu'une précaution, dont il ne mettait pas en doute l'inutilité : c'était de rendre son extrême gauche inabordable, soit par un habile dispositif de troupes, soit par des obstacles matériels. La division Bosquet lui fit comprendre la faute qu'il avait commise. Regardant comme tout à fait infranchissables pour un corps nombreux les pentes comprises entre l'embouchure de l'Alma et le second gué voisin de Bourlouck, il avait concentré, comme on a vu, toute sa défense en aval et en arrière de ce village. Une nuée de tirailleurs, dissimulés derrière tous les plis et tous les obstacles que présente le fond de la vallée, nous attendaient sans se montrer. Une première ligne de bataillons déployés à mi-côte dominait le cours du ruisseau, les débouchés et les jardins à l'origine du plateau. Des batteries prenaient les abords de face et d'écharpe, enfilant les débouchés et ayant des vues sur le fond de la vallée. Enfin, derrière cette première ligne, une seconde et des réserves, massées en colonne, garnissaient le sommet des hauteurs, depuis le télégraphe jusqu'aux mamelons situés en face de Bourlouck.

Le 20 septembre, jour qui devait marquer dans nos annales militaires, l'armée française fut sur pied de bonne heure. On savait qu'on allait enfin aborder cet ennemi si difficile à atteindre. La nuit s'était passée tranquillement, sans alerte. Les troupes, bien disposées, étaient pleines d'ardeur. Les ordres donnés, les généraux avaient leurs instructions, tout avait été convenu d'avance avec les chefs de l'armée anglaise. Le départ des ailes avec la mission d'opérer un mouvement tournant, devait avoir lieu à cinq heures et demie du matin, celui du centre à sept heures seulement.

La division Bosquet exécutant ses ordres, ses instructions, se met en marche à l'heure indiquée, lentement, et en suivant sur deux colonnes une ligne parallèle au rivage. A sa gauche sont ses batteries, ses bagages et la division turque en une seule colonne. Une brume matinale des plus intenses, qui s'étend sur les deux armées, dérobe son mouvement à l'ennemi. Vers, sept heures, le maréchal ayant disposé les 1re et 3e divisions sur deux lignes, la 1re brigade de chaque division déployée, la 2e en colonne par bataillons, l'artillerie au centre, la 4e division en réserve, en arrière des batteries de réserve, s'apprête à donner l'ordre de marcher en avant, lorsqu'il apprend que l'armée anglaise n'est pas encore formée. Il fait alors mettre les armes aux faisceaux et attend. Il prescrit à la division Bosquet d'arrêter son mouvement offensif.

A neuf heures, le maréchal a une conférence avec lord Raglan. Les Anglais n'ont pas terminé leurs dernières dispositions : il est indispensable d'attendre encore. Il est permis aux troupes françaises de faire le café.

Enfin, à onze heures et demie toute l'armée alliée est prête ; l'ordre de marcher est à l'instant donné partout : les troupes s'ébranlent. Un rideau de tirailleurs se porte sur le front de l'ordre de bataille. L'artillerie et l'ambulance conservent leurs places dans les colonnes. La 4e division marche en arrière de la 3e, sur une seule ligne par régiments en colonne par peloton, à distance de section, ses batteries au centre de chaque brigade. La réserve d'artillerie, celle du génie, les deux batteries à cheval sont à la droite des troupes du général Forey. Le général Bosquet reprend également sa marche, couvert par des tirailleurs. Il déborde de 1500 mètres le front des 1re et 3e divisions; chacune de ses brigades forme une colonne serrée soutenue par sa batterie ; la division turque, également en colonne, suit le mouvement : deux de ses bataillons escortent les bagages et marchent à distance, en arrière de la droite de la division Canrobert.

La gauche de l'ordre de bataille est occupée par les Anglais, qui s'avancent sur deux colonnes profondes entre lesquelles est placée leur artillerie. Leur cavalerie, leur artillerie à cheval et le régiment des riffles couvrent leur flanc extérieur et leur front, en se rattachant aux tirailleurs de la division française de gauche.

On devait espérer que rien ne retarderait plus l'attaque; mais toutes les troupes n'ont pas l'allure aussi leste que les nôtres : les Anglais, plus méthodiques, avançaient moins rapidement ; on dut, pour ne pas se disjoindre, faire deux temps d'arrêt. Le second, effectué à 2000 mètres environ des bords de l'Alma, permit au maréchal d'étudier plus à fond et de plus près la position des Russes. Surmontant des souffrances inouïes, l'héroïque soldat reconnaît l'armée russe et prend ses dernières dispositions. De son côté, le général Bosquet, qui a fait sonder le ruisseau près de son embouchure, dirige la brigade d'Autemarre sur le village d'Almatamac, la brigade Bouat et les Turcs sur la barre de l'Alma. La tête de colonne de la brigade d'Autemarre escalade rapidement la berge sud, et rejette quelques tirailleurs ennemis, étonnés qu'on osât s'engager de ce côté. Bosquet dispose aussitôt les premiers bataillons qui ont gravi les pentes, ainsi que son artillerie qui a réussi à suivre le mouvement de l'infanterie. Il s'établit sur le plateau. Une batterie française répond au feu de deux batteries de licornes que l'ennemi vient d'envoyer à son extrême gauche, pour chercher à maintenir sa position. Quelques bataillons, plusieurs escadrons et trois batteries à cheval du centre et de la réserve du prince Menschikoff se portent au-devant de la 2e division française.

Il est plus de midi. Dès qu'il voit les premières troupes de la division Bosquet prêtes à couronner les hauteurs de droite, dès que les premiers coups de canon ont retenti, annonçant que le mouvement tournant est prononcé, le maréchal, qui attend cet instant pour lancer le centre, donne aussitôt l'ordre d'attaquer. Il est urgent de profiter de l'effet que la première opération a produit, et d'empêcher les Russes d'accabler l'aile droite. Déjà on aperçoit, en effet, l'ennemi dégarnissant le point du télégraphe pour envoyer des renforts sur sa gauche.

Le général Canrobert dirige aussitôt sa division sur la droite du gué inférieur de Bourlouck, traverse rapidement l'Alma, malgré de sérieuses difficultés, malgré un feu très vif, très juste et très meurtrier des Russes, malgré les boulets et les obus des batteries en position à mi-côte, malgré les balles de bataillons ennemis déployés.

En même temps la division Napoléon arrive à la gauche de la division Canrobert pour la soutenir; une batterie à cheval de la réserve et l'artillerie de la 3e division contre-battent avec avantage celle des

Russes, et dirigent sur leurs bataillons un feu si terrible, que ces bataillons commencent à se replier en désordre, entraînant avec eux leurs tirailleurs débusqués.

Les têtes de colonnes des 1ʳᵉ et 3ᵉ divisions ne tardent pas à atteindre le pied des hauteurs.

Elles mettent sac à terre, s'élancent au pas de course. Gravissant les pentes difficiles qui sont sur leur front, elles débouchent sur le plateau et forment leurs lignes.

Il est deux heures. Le maréchal juge que c'est le moment de porter un coup décisif, duquel dépend le sort de la bataille et peut-être le salut de l'armée; il n'hésite pas à engager la réserve. Par son ordre, les deux batteries à cheval se portent au galop sur la position pour soutenir les deux divisions du centre; une des brigades du général Forey, celle de l'intrépide de Lourmel, s'avance pour soutenir Canrobert; l'autre marche dans la direction de la 3ᵉ division.

Arrivées sur le plateau, ces braves troupes se trouvent en face de toutes les forces russes qu'elles ont poussées devant elles, et qui se sont repliées précipitamment des berges de l'Alma en face des réserves ennemies qui, étonnées de tant d'audace, ont formé un grand carré pour opposer plus de résistance à cet adversaire, de l'ardeur duquel ils n'avaient pas l'idée avant de l'avoir vu à l'œuvre. Chose presque inouïe dans les fastes des guerres modernes, cet ordre en carré, qu'emploie l'infanterie ayant à lutter en plaine contre une cavalerie entreprenante, les troupes du prince Menschikoff l'adoptent ici comme dernier moyen de salut, comme dernière et suprême barrière à opposer à la fougue de fantassins que rien n'arrête, qui les chargent au pas de course. Alors sans doute le général russe commença à comprendre qu'il eût mieux fait de moins compter sur ses positions, réputées inexpugnables, et qu'il eût agi avec plus de prudence si, moins confiant, il eût essayé de s'opposer au débarquement des alliés sur la plage d'Eupatoria. Il est trop tard pour lui. En vain sur le plateau le grand carré russe, appuyé au point saillant du télégraphe, soutenu par toute l'artillerie de son centre, fait tomber sur les assaillants une grêle de balles, d'obus, de mitraille et de boulets, rien n'arrête l'élan des 1re et 3e divisions, dont les têtes de colonne essuient sans broncher cette pluie de projectiles. Elles se déploient rapidement ; les dernières colonnes entrent en ligne ; l'artillerie divisionnaire, qui a manœuvré avec audace et rapidité, arrive et se forme en batterie.

Dès que nos troupes du centre sont en nombre suffisant sur le plateau pour attaquer les Russes sans trop d'imprudence, elles se lancent sur le carré et sur l'artillerie. Les Russes n'ont que le temps de retirer leurs bouches à feu ; le carré ébranlé lâche pied, laissant après lui un grand nombre de tués et de blessés, d'armes, de sacs, de bagages. Le télégraphe, clef de la position, est enlevé. Le 2e de zouaves a l'honneur de planter son aigle sur le point culminant, en même temps que le 1er régiment de même arme et le

39ᵉ de ligne, dont le porte-drapeau tombe et meurt frappé d'une balle.

La bataille était gagnée pour nous.

Le général Bosquet, cependant, arrivé sur le plateau avec la brigade d'Autemarre, avait dû tenir tête pendant plus d'une heure à des forces bien supérieures aux siennes. Une batterie de trente bouches à feu vomissait la mitraille sur ses troupes. Un instant la cavalerie russe avait menacé sa droite; mais cette cavalerie, accueillie par les obus des bâtiments à vapeur mouillés près du cap Lucul et par le feu des batteries de la 2ᵉ division, s'était repliée. Bientôt la 2ᵉ brigade, conduite par son intrépide général, accomplissant son hardi mouvement, franchit l'Alma à sa barre et entre en ligne. C'était l'instant où Canrobert débouchait sur le plateau. Bosquet, saisissant le moment favorable, attaque à son tour les Russes, les pousse devant lui de position en position, jusqu'à ce que sa division soit venue se raccorder avec la première. La gauche arrive sur le plateau en même temps que la droite de Canrobert. Cet officier général, blessé d'un éclat d'obus à l'épaule, remontait à cheval, formait ses troupes au delà du télégraphe. Les Russes ne se montraient plus qu'au loin, se repliant dans la direction de Sébastopol.

Tandis que ceci se passait à la droite et au centre, la gauche, formée par les troupes anglaises, accomplissait sa rude tâche avec la plus froide intrépidité, mais non sans rencontrer une vigoureuse résistance. La partie de la ligne russe contre laquelle lord Raglan avait à opérer était peut-être la plus forte, sinon à cause des obstacles naturels, du moins à cause des obstacles factices et des troupes accumulées sur ce point.

On a vu que le prince Menschikoff, peu inquiet de sa gauche qu'il croyait entièrement à l'abri, avait concentré sur son centre et sur sa droite ses moyens d'action. On a vu qu'une forte batterie de gros calibre enfilait la vallée de l'Alma et battait le village de Bourlouck; que les réserves de cavalerie étaient en bataille de ce côté. Lorsque l'ennemi vit nos intrépides et calmes alliés s'avancer lentement sous un feu meurtrier, comme s'ils eussent défilé dans une revue, ils incendièrent le village par lequel ils étaient forcés de passer pour franchir l'Alma. Le nouvel obstacle n'arrêta pas les Anglais. Leur première ligne marcha droit aux batteries et aux retranchements qui les couvraient. Décimés par la mitraille et perdant d'autant plus de monde que, ne hâtant pas son allure, elle restait plus longtemps en but aux projectiles, cette première ligne dut bientôt être relevée. Ce mouvement s'exécutait sans désordre, lorsque les Russes, le prenant pour un commencement de retraite, commirent l'imprudence de sortir de leurs retranchements. Reçus à la baïonnette par la brigade des gardes, ils furent repoussés vigoureusement et suivis jusque dans leurs retranchements par les gardes, les higlanders et la division légère du général Brown. Leur artillerie, profitant de ce retour offensif pour passer rapidement le pont de Bourlouck, vint à son tour accabler l'ennemi de ses boulets et de ses obus. La droite du prince Menschikoff, aussi maltraitée que sa gauche et son centre, rallia bientôt le reste de l'armée, et le mouvement de retraite des troupes russes se prononça nettement.

Il était quatre heures du soir. L'armée alliée manquait de cavalerie (1). Son infanterie, bien que victorieuse et fière de son triomphe, était fatiguée, car il lui avait fallu tout à la fois marcher, gravir et combattre. Son artillerie était numériquement plus faible que celle des Russes. Poursuivre ces derniers, dont la retraite était soutenue par une forte et belle cavalerie peu engagée pendant l'action, n'eût peut-être pas été très prudent et ne pouvait donner de grands résultats. Le maréchal se décida donc à bivouaquer sur le champ de bataille si glorieusement conquis.

Ainsi, 33,000 Français, 20,000 Anglais, sans cavalerie, n'ayant que 112 bouches à feu de campagne, forcés pour joindre leurs adversaires de franchir, sous son feu, une plaine sans abri, forcés ensuite de passer une rivière tortueuse, et de gravir des pentes roides, difficiles et abruptes, avaient eu la gloire de battre complétement et de rejeter de leurs positions

---

(1) Nous n'avions pas de cavalerie; les Anglais avaient tout au plus 1,000 à 1,500 chevaux qui ne purent franchir à temps l'Alma et coopérer au succès de la journée : ce n'était pas assez pour poursuivre les Russes. On vit se renouveler en cette circonstance ce qui avait eu lieu en 1813 à Lutzen et à Bautzen, batailles gagnées par de l'infanterie, mais dont les résultats furent bien amoindris par ce manque de chevaux à lancer sur l'ennemi en retraite.

formidables, une armée russe de 35 à 40,000 hommes, disposant de 140 bouches à feu, ayant une cavalerie belle et nombreuse, et dont le général avait pu, tout à loisir, choisir, étudier et fortifier son terrain.

C'était là un échec moral des plus rudes pour les Russes. Mais en Russie, les masses ne connaissent guère que ce que le gouvernement veut bien leur laisser savoir. On cacha la fatale nouvelle. Le prince Menschikoff conserva le commandement des troupes en Crimée, et se prépara à défendre vigoureusement Sébastopol. Heureusement pour lui, le génie d'un jeune officier du plus rare mérite lui vint en aide, et il put accumuler obstacle sur obstacle devant la redoutable cité.

La bataille de l'Alma nous coûta peu de monde comparativement à ce qu'elle causa de pertes aux Anglais et aux Russes. Nous eûmes 6 officiers et 132 hommes tués, 59 officiers et 1,140 sous-officiers et soldats blessés, 2 disparus; en tout 1,339 combattants atteints par le feu de l'ennemi. Les Anglais, dont l'effectif était cependant plus faible que le nôtre, eurent 98 officiers et 1,877 hommes tués ou blessés (1). Les Russes eurent de 6 à 7,000 hommes hors de combat, et nous laissèrent plus de 600 prisonniers blessés.

Le pas le plus difficile était fait; nous avions pris pied

(1) Ce résultat doit être attribué à deux causes principales : la force de la position de l'aile gauche de l'armée russe, le flegme avec lequel les Anglais attaquèrent l'ennemi, ce qui les laissa beaucoup plus longtemps que nos soldats exposés au feu de leurs adversaires.

sur le territoire du czar, nous allions y prendre bientôt racine ; le moral de l'ennemi avait reçu une rude atteinte. Le prestige de la bravoure de nos fantassins avait grandi dans une seule journée, et la baïonnette, cette arme toute française, avait commencé à devenir la terreur du soldat russe.

Le vainqueur de l'Alma, le maréchal de Saint-Arnaud, brisé par la fatigue et par la maladie, allait malheureusement s'endormir bientôt pour toujours, laissant à un autre le soin de guider les troupes dont il avait assuré la gloire.

L'armée alliée bivouaqua dans les positions qu'elle avait enlevées aux Russes. Elle conserva son ordre de combat, la 2e division à la droite, les 1re et 3e au centre, la 4e en arrière et les Anglais à notre gauche. Les divisions restèrent sur deux lignes, par bataillons en masse. On s'occupa, avant toute chose, dans la soirée, de recueillir les blessés russes et d'ensevelir les morts. Cette triste opération fut continuée et terminée le lendemain matin. Pendant les journées du 21 et du 22, on évacua les blessés, on les transporta sur les bâtiments; on fit des distributions, on ramassa sur le champ de bataille quelques milliers de fusils et des caissons que l'ennemi n'avait pas eu le temps d'enlever. Puis, chaque homme ayant reçu des vivres pour cinq jours, on donna des ordres pour reprendre, le 23, la marche sur Balaclava. La flotte se dirigea sur cette ville en doublant la pointe de Chersonèse. C'est à Balaclava que le maréchal avait voulu d'abord opérer le débarquement; mais on avait ensuite rénoncé à ce projet. Nous avons dit pourquoi. On se borna à désigner cette place à la flotte. C'est là où elle devait rallier l'armée. On ne connaissait malheureusement pas encore de quelle utilité pouvait être la baie de Kamiesch.

Le 23, l'armée se mit en mouvement de bonne heure dans l'ordre suivant : sur la même ligne, à droite, longeant la mer, à hauteur de la flotte, la division turque en colonne ; à sa gauche, le détachement de chasseurs d'Afrique et de spahis, puis les 2ᵉ, 3ᵉ et 4ᵉ divisions par bataillons en masse sur deux colonnes, une par brigade ; en arrière de la 2ᵉ division et en seconde ligne, les bagages ; à leur gauche, la 1ʳᵉ division en réserve et dans le même ordre que les trois autres ; à la gauche encore, les réserves de l'artillerie et du génie ; enfin, à l'extrême gauche, l'armée anglaise, disposée de la même manière. Les troupes franchirent, sans rencontrer ni obstacles ni ennemis, les 15 à 16 kilomètres qui séparent les rives de l'Alma de celles de la Katcha. Elles traversèrent ce dernier cours d'eau au village de Mamatchaï, gravirent les hauteurs de la berge sud et s'installèrent au bivouac en conservant leur ordre de marche.

La nuit se passa sans que l'on eût des nouvelles des Russes, qui avaient pour ainsi dire complètement disparu depuis le 20 au soir. L'état du maréchal empirait malheureusement d'une manière inquiétante. Le choléra, qui n'avait pas entièrement abandonné l'armée, s'était déclaré chez lui. Il ne pouvait monter à cheval, souffrait de plus en plus. On le transportait lentement à la suite de l'armée.

Le 24, les troupes reprirent leur marche, se dirigeant sur le Belbeck ; elles gardèrent leur ordre de la veille. Les Russes ne parurent pas, et l'on s'avança jusqu'à la rive droite du cours d'eau ; mais quand on voulut le franchir sur un pont qui existait près d'un petit village qu'on trouva incendié, non loin de l'embouchure, on aperçut des batteries de position qui, placées en avant du fort Constantin, menaçaient tellement le point de passage, qu'on fit appuyer les colonnes à gauche et qu'on dirigea les voitures et la cavalerie sur le village d'Ortukaï. L'infanterie se fit jour en franchissant le cours d'eau à plusieurs gués assez mauvais. L'opération générale fut longue ; les bivouacs ne purent être établis que très tard, ce qui fatigua les troupes. Les 1$^{re}$, 3$^e$ et 4$^e$ divisions formèrent un demi-cercle sur les hauteurs du Belbeck ; la 2$^e$, qui avait marché en réserve, ferma le demi-cercle du côté de la rivière ; les réserves et les Turcs se placèrent au centre ; les Anglais campèrent sur la gauche, en amont, et de l'autre côté de la grande route. La nuit fut calme comme les autres, on n'entendit pas parler des Russes. Le 25, à la pointe du jour, l'armée alliée reprit son mouvement, appuyant à gauche pour passer de la vallée du Belbeck dans celle de la Tchernaïa, tourner les forts du nord et gagner Balaclava, de façon à attaquer la partie sud de Sébastopol. Les troupes avaient 18 à 20 kilomètres à parcourir. Cette fois les Anglais, placés à l'extrême gauche de la ligne, prirent la tête de la colonne. On opéra une marche de flanc qui n'eût pas laissé que d'offrir des dangers, en présence d'un ennemi entreprenant ou moins démoralisé, marche toutefois qui, ne devant pas être longue, ne pouvait donner des craintes sérieuses. Après les Anglais vinrent les réserves de l'artillerie et du génie, les ambulances et les bagages de l'armée française, les trois premières divisions placées sous les ordres supérieurs du général Canrobert, la 4ᵉ division et les Turcs sous les ordres du général Forey ; l'armée anglaise, les ambulances, les réserves, l'artillerie suivaient la grande route, les trois divisions du général Canrobert marchaient sur le flanc droit, en deux colonnes à demi-distance, prêtes à former deux lignes face à l'ennemi s'il se présentait ; la 4ᵉ division et les Turcs côtoyaient le flanc gauche de la route en une seule colonne, prête également, par un simple mouvement, à faire face en arrière si besoin était.

Les troupes anglaises, encore peu habituées à presser leurs préparatifs, se mirent en route fort tard, en sorte que les têtes de colonne des divisions françaises ne purent commencer leur mouvement qu'à midi. La marche fut lente, difficile ; les bagages des Anglais avançaient péniblement. On dut renoncer à l'espoir de gagner la Tchernaïa, ce qui était très fâcheux, car un jour perdu pouvait entraîner de graves conséquences, du moment où l'on s'était éloigné de la flotte, seul moyen de ravitaillement de l'armée et sa seule base d'opération jusqu'à l'arrivée à Balaclava. Le soir venu, on établit les troupes autour de la ferme de Mackensie, près de laquelle l'avant-garde des Anglais se trouva tout à coup en présence d'une queue de colonne de 15,000 Russes se dirigeant sur Simphéropol (1) ; les Anglais culbutèrent cette arrière-garde ennemie et lui prirent des bagages. Les bivouacs furent établis complétement à minuit ; les premières troupes françaises arrivèrent à sept heures, les dernières à minuit, tant la marche avait présenté de difficultés. Après cette journée fatigante, les troupes ne trouvèrent pas d'eau ; les trois ou quatre puits de la ferme avaient été épuisés par les premiers occupants.

Les Anglais, qui marchaient en tête de colonne, étant arrivés au bivouac avant les Français, prolongèrent leur mouvement vers la Tchernaïa de grand matin, le 26, en sorte qu'ils atteignirent la vallée de très bonne heure. Nos premières troupes y arrivèrent à huit heures, les dernières à deux heures de l'après-midi. La rivière fut franchie sur un beau pont de pierres, et en plusieurs endroits à des gués à fond de gravier très solide. On jeta même quelques ponts sur l'aqueduc qui conduit les eaux à Sébastopol.

Le bivouac général fut établi sur la rive gauche du cours d'eau, et l'on se prépara à marcher le jour suivant sur Balaclava, dont les Anglais brûlaient de prendre possession.

Le maréchal de Saint-Arnaud, mourant, fit ses adieux aux troupes, laissant le commandement aux mains du général Canrobert, pourvu, dans la prévision d'un malheur, de lettres de Sa Majesté l'Empe-

(1) Nous expliquerons, dans le livre suivant, d'où provenai cette rencontre entre l'avant-garde anglaise et le corps russe.

reur. Il s'embarqua le lendemain et mourut dans la traversée (1).

Le jour suivant, devait commencer pour l'armée cette série de travaux inouïs, cette difficile, patiente et héroïque opération du siége le plus mémorable qui ait jamais été entrepris dans les temps anciens et modernes.

---

(1) Nous ne connaissons pas de plus bel éloge à faire du maréchal, que la reproduction de l'extrait suivant d'une lettre écrite de Balaklava, le 27 septembre, par l'intrépide de Lourmel :

« Quant au maréchal, on en désespérait hier, et, quoiqu'il soit un peu moins mal aujourd'hui, son médecin, que j'ai vu, ne conserve que bien peu d'espoir. Chez lui, tout est usé, excepté le cœur, le moral et l'énergie. Le lendemain d'un beau triomphe, à la veille d'en obtenir un plus beau encore, c'est une position doublement cruelle. Tout le monde le plaint et le regrette. Quant à moi, qui l'aimais sincèrement, je ne puis dire combien douloureusement je suis impressionné. De Place, de Grammont, Henry et de Clermont-Tonnerre s'embarquent avec lui demain matin. Puisse-t-il avoir la consolation d'arriver jusqu'à Térapia et avoir le bonheur d'embrasser encore la malheureuse maréchale. Quoique très gravement atteint, j'espère encore qu'il reviendra, et tout le monde doit le désirer. Dans quelques jours, et par conséquent avec quelques heures de santé de plus, il entrait victorieux à Sébastopol à la tête des trois armées; son triomphe était complet. Dieu ne l'a pas permis, et c'est peut-être pour nous prouver une fois de plus le néant de toutes les choses ici-bas. »

# LIVRE III.

### BALACLAVA.

*Les armées alliées prennent position autour de Sébastopol. — Préparatifs de défense des Russes. — Etat de la ville à l'époque de la bataille de l'Alma. — Travaux préliminaires des troupes anglo-françaises, de la fin de septembre au 9 octobre. — Ouverture de la tranchée et 1<sup>re</sup> période du siége du 9 au 16 octobre. — Ouverture du feu, le 17. — Du 17 au 24 octobre. — Combat de Balaclava, le 25. — Du 25 octobre au 4 novembre.*

Le bivouac de l'armée alliée, pendant la nuit du 26 au 27 septembre, était assez rapproché du petit port de Balaclava, où l'on avait hâte de rallier la flotte pour ravitailler l'armée. La marche, depuis l'Alma, avait été heureuse, quoique un peu lente, le matériel et les bagages alourdissant les colonnes. Contrairement à ce qui était probable, les Russes n'avaient pas paru. Le prince Menschikoff, cependant, disposait d'une belle cavalerie, d'une artillerie formidable, et des marins de la flotte. Les vaisseaux avaient été désarmés, coulés en partie à l'entrée de la passe pour en fermer l'accès aux escadres anglo-françaises. Il était facile au général russe de nous attaquer pendant notre marche de flanc, du Belbeck à la Tchernaïa, de tenter au moins la défense d'un pays difficile et dans lequel la guerre de chicane offre des avantages à l'assaillant ; il n'en fit rien.

Tandis que les alliés opéraient leur mouvement tournant, voici ce qui se passait à Sébastopol.

Le prince Menschikoff, craignant de se trouver coupé de sa ligne de communication avec Pérékop, résolut de faire, avec son armée, une marche de flanc pour se porter sur Bastchiséraï. C'est pendant qu'il effectuait cette marche que son arrière-garde fut rencontrée à Mackensie par l'avant-garde anglaise.

Immédiatement après la bataille de l'Alma, le prince avait écrit à son chef d'état-major le vice-amiral Korniloff, resté à Sébastopol avec 4 bataillons, qu'il fallait conserver la place coûte que coûte, et employer à sa défense les équipages de la flotte. Korniloff convoqua un conseil de guerre, exposa l'état des choses, et demanda les avis de chacun. Il proposa, en outre, d'examiner si l'on ne ferait pas mieux, la flotte étant perdue dans le cas où l'on resterait à Sébastopol, de se jeter sur les vaisseaux et d'aller tenter un coup de main sur Constantinople, dût-on avoir une rencontre terrible avec l'escadre des alliés. Cette proposition fut unanimement rejetée ; les officiers pensèrent qu'un tel sacrifice, pour une expédition sans but, ne pouvait produire que de mauvais résultats et accélérer la chute de la place. On résolut donc de s'ensevelir sous les ruines de Sébastopol. On décida que 4 des plus vieux et des plus mauvais vaisseaux seraient coulés pour barrer le passage aux bâtiments anglo-français, et que les canons et les équipages de la flotte seraient utilisés pour la défense. « Qu'il ne soit plus
» question désormais, s'écria l'amiral Korniloff, de

» reddition ou de retraite. Considérons la ville comme
» notre vaisseau, et mourons plutôt que de nous
» rendre. J'autorise chacun de vous à tuer sur-le-
» champ quiconque parlera de négocier ou de se re-
» tirer, fût-il soldat ou général (1). »

On se mit aussitôt à l'œuvre. Les navires désignés furent submergés. Dans la ville, on prépara tout pour une vigoureuse défense. Un jeune homme du plus grand mérite, le capitaine du génie Totdleben, déclara que, si on voulait lui fournir des travailleurs, il répondait de mettre en peu de jours la place à l'abri d'un coup de main. On lui donna tous les moyens dont on disposait.

On était alors au 22 septembre.

Sébastopol, au midi, n'avait que de mauvaises défenses. Cette place, très forte du côté de la mer, par où seulement on présumait qu'elle pouvait être attaquée, était protégée de ce côté par des ouvrages considérables, garnis d'une formidable artillerie. C'étaient les deux forts de la Quarantaine et Alexandre, de 60 et de 90 canons, à l'entrée de la baie; celui de Constantin, de 110 bouches à feu. Plus loin, en remontant vers le nord, la tour Maximilienne; au sud, la batterie de Sébastopol; au-dessous de celle-ci, à l'entrée du port intérieur, les deux petits forts Saint-Nicolas, de 200 canons, et Saint-Paul, de 84, qui avaient en face d'eux le fort Catherine, de 120

(1) Ces détails sont tirés d'une brochure allemande attribuée au général Dannenberg.

pièces, et deux autres batteries du côté de la mer. Nous ne parlons pas des défenses de la rive droite de la Tchernaïa.

La ville, comme nous l'avons dit, n'était presque pas fortifiée du côté de la terre. Bâtie sur la rive gauche de la Tchernaïa, ou plutôt d'une baie profonde, elle s'élève du côté du sud, tandis que sur le côté de l'est, en face le faubourg des matelots ou Karabelnaïa, elle s'étend sur un terrain à peu près horizontal. Cette partie de Sébastopol renferme, ou plutôt renfermait alors, les docks, les hôpitaux, les magasins de la marine. Un simple mur de ceinture en pierre entourait la place depuis la batterie de Sébastopol jusqu'à l'extrémité de la baie, vers laquelle il se dirigeait ensuite. Le faubourg était également entouré d'un mur, mais en terre et bastionné, commençant près de la baie de Kilen, s'étendant vers le sud jusqu'à l'extrémité du faubourg, et tournant ensuite vers la pointe du fort, près du bastion n° 3. Chacune de ces deux enceintes avait trois bastions.

Telle était la situation dans laquelle se trouvait Sébastopol à l'époque où fut livrée la bataille de l'Alma ; mais bientôt la prodigieuse activité du capitaine russe Totdleben, ses talents, et la manière dont il fut secondé par les marins de la flotte, firent tout changer de face.

En quelques jours, ainsi qu'il l'avait promis à l'amiral Korniloff, le jeune ingénieur mit la place dans un état de défense respectable. Il restaura les parties les plus faibles de l'enceinte, construisit des batteries aux points les plus favorables, opéra le transport des bouches à feu de gros calibre des vaisseaux pour armer ces batteries, éleva des ouvrages avancés. Lorsque les armées alliées ouvrirent la tranchée, le 10 octobre, Sébastopol avait six bastions en bon état, trois dans la partie est de son enceinte, trois dans la partie ouest. Le n° 1 s'élevait à peu de distance de la baie ; le n° 2 couronnait la hauteur de Malakoff et protégeait une tour circulaire en avant de laquelle on construisit un grand ouvrage ; les n°° 3 et 4 défendaient la pointe méridionale de la ville et du port intérieur ; les n°° 5 et 6, faisant face à l'ouest, étaient flanqués par les forts Alexandre et de la Quarantaine (1).

Le plateau élevé sur lequel est situé Sébastopol s'étend depuis la pointe du cap Chersonèse, à l'ouest, jusqu'au versant oriental, sur une longueur de 16 kilomètres ; et depuis la ville jusqu'au couvent de Saint-Georges, sur une largeur de 12 kilomètres. Le sol autour de la place est rocailleux au nord, un peu plus gras au sud. Il est coupé d'un nombre considérable de fondrières plus ou moins escarpées ; les principales sont : celles de gauche qui se précipitent dans la baie de la Quarantaine, celles qui se dirigent vers le port intérieur, et enfin la fondrière de Kilen, à l'est, qui se jette dans la petite baie du même nom.

(1) Plusieurs de ces bastions sont plus connus sous les dénominations suivantes : n° 3, Grand Redan ; n° 4, Bastion du Mât ; n° 5, Bastion central.

Les routes presque toutes impraticables, étaient peu nombreuses sur ce plateau. Au nord-est, on trouvait celle d'Inkermann, ancienne route de poste, traversant une fondrière très profonde ; au sud-est, celle de Balaclava, passant dans une vallée formée par des coteaux escarpés. Entre les deux, on trouvait encore celle de Kamara et quelques sentiers étroits pour les piétons.

Le 27 septembre, tandis que tous les bras étaient occupés à Sébastopol aux travaux de fortification et à l'armement de batteries formidables par le nombre comme par le calibre des bouches à feu, la 4ᵉ division française marchait sur Balaclava, dont les Anglais s'étaient emparés déjà, à la suite d'une résistance insignifiante. Le général Forey y arriva vers midi, et s'établit au bivouac entre le fond du port et les jardins de Kadikeuï. Les deux premières divisions, au lieu de suivre le mouvement de la 4ᵉ, laissant leurs sacs au bivouac du 26, sur la Tchernaïa, se portèrent vers le plateau situé à l'ouest du camp, à l'extrémité duquel se trouve Sébastopol. Elles étaient sous les ordres du général Bosquet, et avaient avec elles les généraux du génie et de l'artillerie Bizot et Thiry, chargés de reconnaître les abords de la place. Les Russes ne tirèrent pas un coup de canon, et cette grande reconnaissance revint sans avoir été inquiétée. Le lendemain 28, l'armée française tout entière rallia la division Forey et s'établit de façon à observer les débouchés de la Tchernaïa. Une première distribution fut faite aux troupes, car la flotte était partie dans le petit port de Balaclava, partie dans la baie de Kamiesch.

Les deux derniers jours de septembre furent employés par les alliés à occuper et à assurer leurs positions. On disposa tout pour le commencement d'un siége que l'ennemi sut prolonger pendant près d'une année, grâce à un matériel d'artillerie et à des ressources en munitions de guerre en dehors de toute proportion. Si, comme nous l'avons dit, les fortifications de ce côté de la place avaient une faible importance, ce que cette circonstance avait de désavantageux pour les Russes était largement compensé par les bouches à feu tirées des vaisseaux, par les marins, par tout ce qui se trouvait accumulé depuis tant d'années dans les arsenaux de Sébastopol. Contrairement à toutes les règles admises en principe sur l'attaque et la défense des places, l'assiégeant, par la force des choses, fut toujours inférieur, par le nombre des combattants et par le nombre de ses bouches à feu, à l'assiégé.

L'armée anglaise, dont les bâtiments étaient à Balaclava, établit son quartier-général dans cette ville et la garda. L'armée française et la division turque gagnèrent le plateau de Chersonèse dès le 29, et leurs navires, à la suite d'une reconnaissance de Kamiesch, vinrent débarquer les vivres et le matériel dans cette baie.

Le 1er octobre 1854, voici quelle était la situation des armées :

1° 28,000 Français sous les ordres du général Canrobert sur le plateau de Chersonèse ; le reste des troupes envoyées par cette nation en Orient, à Varna (la 5e division), à Gallipoli et à Andrinople (la légion étrangère moins 1 bataillon, et la cavalerie).

2e 6,000 Turcs avec les Français Le reste de leur armée, commandé par Omer-Pacha, de Varna à Schumla et sur la rive droite du Danube, de la Dobrutscha à Widdin.

3° 20,000 Anglais, sous lord Raglan, à Balaclava et dans les environs.

4° Les escadres alliées et les bâtiments de transport à Balaclava et dans la baie de Kamiesch.

5° Les Russes avaient 4 bataillons de ligne dans Sébastopol, sous le vice-amiral Korniloff, et 20,000 marins de la flotte ; une trentaine de mille combattants de toutes armes sur le Belbeck, aux ordres du prince Menschikoff, dont le quartier-général était à Batchiseraï, des renforts étaient en marche d'Odessa sur la Crimée par Pérékop.

L'armée française de Crimée et la division turque furent scindées en deux corps. Le premier (3e et 4e divisions), sous les odres supérieurs du général Forey, plus spécialement chargé des travaux du siége et de l'attaque de la place, prit position le 29 sur le plateau, au lieu dit Khutor-Tractir. Le lendemain, à la suite de la reconnaissance dont nous avons parlé déjà et qui fit choisir la baie de Kamiesch pour le débarquement du matériel, la 4e division se rapprocha de la mer et vint s'établir entre Khutor-Tractir et la baie de Peschana, faisant face à la ville. Le second corps (1<sup>re</sup> et 2<sup>e</sup> divisions, division turque), sous les ordres du général Bosquet, se porta le 30 sur le plateau même où avait eu lieu la reconnaissance du 27. Sa mission était de s'opposer aux tentatives que, selon toute apparence, le prince Menschikoff ferait pour contrarier les opérations du siége. Il était face à la Tchernaïa. L'armée anglaise, à laquelle avait été dévolue l'attaque de la partie orientale de Sébastopol, vis-à-vis la tour Malakoff, ne s'établit que quelques jours plus tard dans ses positions.

Malgré le désir qu'avait l'armée alliée de répondre à la confiance de la France et de l'Angleterre, malgré son impatience fébrile de commencer l'attaque, la tranchée ne pouvait être ouverte immédiatement. Il fallait, avant tout, établir solidement les troupes dans les positions choisies, débarquer le matériel, le parc de siége, les munitions, créer des magasins pour les vivres, des ambulances pour les malades et les blessés, organiser un service régulier, déterminer d'une manière plus précise les points d'attaque, abriter les hommes, car la mauvaise saison s'avançait à grands pas, et on n'allait pas tarder à éprouver des pluies torrentielles. Tout cela exigea dix grands jours.

Les travaux préparatoires du 1<sup>er</sup> au 10 octobre, époque de l'ouverture de la tranchée, peuvent se résumer ainsi : établissement définitif des troupes, débarquement, reconnaissances.

La première de ces opérations préliminaires fut terminée complétement le 4 octobre.

La 4ᵉ division vint prendre position à un peu plus de 3000 mètres de la place, appuyant sa gauche à la mer et à la petite baie de Strelitza ; sa droite à 3200 mètres plus à l'est, près d'une petite maison dite *Maison blanche.* Comme il fallait des troupes pour aider au débarquement et au transport du matériel et des munitions de Kamiesch dans les dépôts de tranchée et dans les magasins, on mit quatre bataillons pris dans les trois premières divisions françaises et dans celle des Turcs, à la disposition du lieutenant-colonel d'état-major Raoult. Ils furent envoyés autour de la baie. La 3ᵉ division, se rapprochant de la ville, appuya sa gauche à la maison blanche, et sa droite à la maison dite *de l'Observatoire,* au grand ravin de Sébastopol, prête à relier nos attaques avec celles des Anglais. En arrière de son centre, on plaça le grand parc du génie ; en arrière de sa droite, le grand parc de l'artillerie, et le grand quartier général derrière ces deux grands parcs, dans une position centrale relativement au corps de siége et au corps d'observation.

L'armée anglaise fit son mouvement de concentration le 2 octobre. Elle appuya sa gauche (division England) au grand ravin qui séparait les deux attaques, sa droite (division Lascy Evans) aux escarpements d'Inkermann ; son centre fut formé par les divisions Cathcart et duc de Cambridge, ayant en avant d'elles la division légère George Brown, et en arrière les grands parcs de l'artillerie et du génie, ainsi que la cavalerie. Le quartier général et la marine restèrent à Balaclava.

Le 4, le corps d'observation commença à se retrancher sur son front qui dominait les vallées de la Tchernaïa et de Balaclava. On traça des ouvrages de campagne destinés à former une ligne de circonvallation. Vers la même époque, les renforts demandés à Varna commencèrent à arriver à Kamiesch. Le 4ᵉ de hussards, le 1ᵉʳ de chasseurs d'Afrique, les troupes de la 5ᵉ division, donnant un effectif de 13,000 hommes environ, débarquèrent successivement. Six bataillons turcs furent envoyés au corps du siége comme renfort, ainsi que la 1ʳᵉ brigade de la 1ʳᵉ division, suivie le 10 par la 2ᵉ brigade. Cette division fut remplacée au corps d'observation par les Turcs d'abord, puis par la 5ᵉ division qui arrivait en Crimée (1).

Tandis que ces mouvements s'opéraient, et que les travaux étaient poussés avec vigueur à la droite, le débarquement et le transport s'effectuaient à la gauche. Le 9, veille de l'ouverture de la tranchée, des magasins de subsistance étaient formés dans chaque division, et près du grand quartier général pour la cavalerie, les réserves, les parcs de l'artillerie du génie, le train des équipages et les troupes d'administration.

Les pièces de siége (2), les munitions de guerre,

(1) Voir la composition de cette division.
(2) Les reconnaissances et le feu de la place sur elles ayant dé-

étaient dans les parcs, ainsi que les gabions, les fascines et les sacs à terre. On avait utilisé comme gabions les barils ayant servi au transport du biscuit. Les troupes étaient pourvues de cartouches, et reçurent pour quatre jours de vivres dont elles ne devaient pas faire usage sans ordre.

Plusieurs reconnaissances, grandes et petites, furent faites avec succès. Le 1ᵉʳ octobre, à six heures du matin, la 2ᵉ brigade de la 3ᵉ division se porta en avant de nos attaques, vis-à-vis la face sud de la place, tandis que les généraux de l'artillerie et du génie reconnaissaient ce côté de la ville. A midi, le même jour, une autre reconnaissance fut faite par les mêmes officiers généraux du côté ouest de l'enceinte. Les Russes ne cherchèrent pas à les inquiéter. Le lendemain, un détachement du corps d'observation, envoyé de grand matin, aperçut sur les hauteurs qui dominent la rade au nord, 5 à 6,000 hommes escortant un convoi assez considérable de voitures. En sortant de la ville, ce convoi prit la route de Batchiseraï. Vers midi, les grand'gardes signalèrent l'approche d'une forte colonne, mais on vit bientôt que c'était l'escorte du convoi du matin. Le général

---

montré que les Russes avaient à Sébastopol un armement considérable, composé de bouches à feu de très gros calibre et de grande portée, il fut décidé que l'escadre débarquerait pour prendre part aux opérations du siége, 20 canons de 30, 10 obusiers de 22 centimètres ainsi que 30 fuséens d'artillerie de marine et 1,000 marins pour servir et soutenir ces pièces. On plaça ce détachement sous les ordres du capitaine de vaisseau Rigaud de Genouilly, de la *Ville de Paris*.

Bosquet fit placer une embuscade de zouaves sur la dernière crête qui domine le défilé et les ponts d'Inkermann. La tête de colonne des Russes surprise recula hors de portée, et attendit la nuit pour rentrer. Le 5, vers huit heures, dans la matinée, le 5e de chasseurs et deux autres bataillons d'infanterie aux ordres du général d'Aurelles se portèrent avec le général Bizot sur la face ouest. L'ennemi fit un feu des plus vifs et blessa quelques hommes ; c'était la première fois que les assiégés tiraient sur nos reconnaissances. L'artillerie et le génie ne discontinuaient pas, en outre, leurs observations de détail. Le 6, le capitaine du génie Schmitz, dans une de ses opérations, eut la cuisse emportée par un boulet, et mourut des suites de sa blessure. Le 7, ce fut le général de Lourmel qui s'avança avec 9 bataillons sur la crête du mouvement de terrain séparant le corps de siége de la place. Le but était de resserrer les assiégés, parce que, la veille, ils avaient fait une sortie de ce côté et brûlé une maison. Vers onze heures du soir, 2 bataillons russes et 2 pièces soutenues par un peloton de cavalerie tentèrent une attaque sur la gauche de la ligne, du côté de la maison incendiée, mais reçu avec vigueur par le 39e, ce détachement rebroussa chemin avec précipitation. Nous ne devons pas omettre de signaler une pointe hardie faite dans la nuit du 7 au 8, *à l'arabe*, par un officier et dix tirailleurs algériens. Ces braves soldats se glissèrent audacieusement jusqu'au Belbeck ; ils n'aperçurent que les bivouacs de la troupe russe qui, le 6, avait tenté une reconnaissance sur nos lignes. Ils constatèrent que l'armée ennemie avait quitté ses positions pour rentrer à Sébastopol.

*Du 9 au 16 octobre.* — Le 9, tout était prêt pour l'ouverture de la tranchée (1). Le lieutenant-colonel d'état-major Raoult fut nommé major de tranchée ; les colonels Tripier du génie et Lebœuf de l'artillerie furent chargés, sous les généraux Bizot et Thiry, de la direction de leurs armes.

A neuf heures du soir, 1,600 travailleurs, divisés en reprises et soutenus par 8 bataillons de garde, se portèrent en avant à 800 mètres de l'enceinte, aux points indiqués par le génie. Un vent assez fort soufflait du nord-est, favorisant l'opération. La lune donnait une demi-obscurité ; cependant l'ennemi ne parut pas s'apercevoir des travaux, car il ne tenta aucune sortie et ne tira pas un seul coup de canon. Il était occupé de son côté à fortifier les points faibles de la place, à élever et armer des batteries. 936 mètres de boyaux ou gabionnades furent ouverts à une profondeur suffisante pour mettre les hommes à couvert au point du jour.

Le lendemain, on perfectionna la parallèle qui offrait un système bastionné. Les Russes firent un feu très vif, mais mal dirigé, qu'ils continuèrent pendant

(1) Afin de mettre plus d'ordre dans le récit du siége, nous avons adopté une division par époque, et dans chaque époque nous subdiviserons les opérations en : 1° travaux du génie ; 2° travaux de l'artillerie ; 3° reconnaissances et combats ; 4° pertes éprouvées par les troupes alliées et par les Russes.

la nuit, mais qui ne fit éprouver aucune perte. On remarqua que leur artillerie paraissait plus forte par le nombre et le calibre des bouches à feu au bastion du Mât sur la droite, bastion sur lequel on dirigeait la principale attaque, aux bastions central et de la Quarantaine. Vers six heures et demie du soir, ils essayèrent deux sorties sur la droite et sur la gauche, mais ils échouèrent. Dans la nuit du 10 au 11, d'une heure à trois, l'ennemi fit aussi une démonstration contre la droite des Anglais qui, de leur côté, avaient commencé leur opération. Cette sortie n'eut d'autre résultat que de tenir nos alliés et le corps d'observation sur le qui-vive. Jusqu'au 16, veille du jour où le feu devait être ouvert sur tous les points, les travailleurs se succédèrent sans relâche. On élargit la tranchée, on établit des communications en zigzag pour s'y rendre, et l'on consolida les parapets sans que l'on eût beaucoup à souffrir du feu de la place qui devenait parfois très intense. L'amorce de la parallèle, qui devait être dirigée à 600 mètres du bastion du Mât, fut prolongée. Le 14, on put réduire de moitié le nombre des travailleurs, et les bataillons de garde à la tranchée de 8 à 7. Les dégâts occasionnés par le tir des bastions du Mât et du Centre étaient facilement réparés, et l'on apercevait les Russes occupés à consolider leurs ouvrages. Des tireurs habiles, choisis dans tous les corps, furent placés dans de petites tranchées pendant le jour, avec mission d'ajuster les canonniers russes. Enfin, des boyaux furent ouverts pour arriver à la seconde parallèle.

L'artillerie, de son côté, avait eu beaucoup de travaux à faire. Le 10, cette arme commença ses batteries. Elle disposait d'un parc composé de 12 canons de 24, 12 de 16, 12 obusiers de 22 centimètres, 8 mortiers de 27 centimètres, 8 de 22, 4 de 15 ; total, 56 pièces ; ce qui, joint aux 30 débarquées par la marine, donnait 86 bouches à feu. Les gros approvisionnements, outre 150,000 kilos de poudre, 10,000 grenades à main et 480 boîtes à balles, étaient de 50,000 projectiles. Cinq batteries furent construites : les n°s 1 et 2 par la marine, à gauche ; les n°s 3, 4 et 5 par l'artillerie. On les arma de 49 canons, obusiers ou mortiers. On s'aperçut bientôt que la batterie n° 1 était enfilée par le canon de la Quarantaine, et on s'empressa de la rectifier. Destinée à contre-battre précisément le fort de la Quarantaine, elle avait une grande importance. On l'établit au bord de la mer, à la gauche de la 4ᵉ division, sur l'emplacement d'un ancien fort dit *fort Génois*. On débarqua le parc venant de l'arsenal de Constantinople, mais on ne tarda pas à s'apercevoir que les bouches à feu étaient très défectueuses ; toutefois, on crut pouvoir les employer pour armer les ouvrages de la ligne de circonvallation, et l'on en remit six aux Anglais pour les redoutes de Balaclava. Dans la journée du 16, les cinq batteries furent terminées, armées, approvisionnées et prêtes à commencer le feu.

Quelques reconnaissances avaient été faites au corps d'observation par le général d'Autemarre, mais aucun engagement sérieux n'avait eu lieu encore ; tout s'était borné à une canonnade de la place qui nous avait coûté 14 tués et 196 blessés.

Le 17, on était prêt aux attaques françaises et anglaises à ouvrir le feu.

*Attaque du 17 octobre.* — Les généraux en chef firent leurs dispositions. Il fut convenu que toutes les batteries des deux attaques commenceraient à tirer à la fois, à six heures et demie du matin, au signal de trois bombes partant coup sur coup de la batterie n° 3. Les amiraux des deux nations s'entendirent pour que les vaisseaux vinssent s'embosser au même moment, et couvrir de leurs projectiles le fort de la Quarantaine et la partie sud de Sébastopol.

Les troupes du corps de siége reçurent l'ordre de prendre les armes à la même heure, et celle du corps d'observation, de doubler leurs grand'gardes, la cavalerie ayant ses chevaux sellés. A six heures et demie en effet, toutes les batteries françaises (53 bouches à feu, toutes les batteries anglaises, 73, total 126 pièces), ouvrirent le feu simultanément. La place répondit aussitôt avec beaucoup de vivacité, de toutes les pièces de son artillerie ayant vue sur les attaques et pouvant monter à 250 bouches à feu. Malheureusement la flotte n'avait pu appareiller encore et opérer une diversion qui eût été si utile. Pendant trois grandes heures, le feu continua de part et d'autre avec la même intensité, sans qu'il fût possible de constater les résultats obtenus, car la fumée était telle qu'on ne distinguait plus rien à une certaine distance. Vers neuf heures et demie, une bombe russe tomba sur le magasin de la batterie française n° 4, le creva et le fit sauter. Une cinquantaine d'hommes furent tués ou blessés et la batterie se trouva désorganisée. Cet événement fâcheux ne ralentit pas le feu des autres batteries. Vers dix heures et un quart, une caisse à gargousses fit explosion au n° 1 servi par la marine, en sorte que les batteries françaises furent réduites à trois, sur lesquelles les Russes concentrèrent aussitôt tous leurs projectiles. L'ordre fut alors donné de cesser le feu. Les Russes ralentirent le leur. Les Anglais continuèrent à tirer sans désavantage. A trois heures, leurs batteries obtinrent un résultat important ; un magasin considérable du bastion nommé le Grand Redan fit explosion. Une heure plus tard, un caisson de munition de la batterie de droite des Anglais eut le même sort. C'était le quatrième fait de ce genre depuis le matin. Les flottes alliées, cependant, étaient venues, vers une heure, s'embosser, la droite de leur ligne près de la batterie du fort génois, et elles avaient immédiatement tiré sur la ville et sur la Quarantaine, causant de grands dégâts aux batteries russes qui, néanmoins, répondirent vivement (1).

(1) Cette action coûta beaucoup de monde aux Russes. Ils perdirent l'amiral Korniloff, l'âme de leur défense avec le général Totdleben. L'amiral atteint par un boulet à la cuisse, eut le flanc

Le feu cessa à la nuit. Tout retomba dans le silence après cette effroyable canonnade, et les vaisseaux reprirent leur poste de mouillage sans qu'aucun d'eux eût éprouvé d'avarie notable. L'ennemi se hâta de travailler à réparer les dégâts que l'artillerie des alliés avait causés en beaucoup d'endroits. Il avait bien essayé, vers quatre heures, d'envoyer quelques troupes pour s'assurer si les batteries étaient encore occupées, mais ces reconnaissances avaient été ramenées bien vite dans la place.

Nous avions perdu, pendant cette action, 96 hommes tués ou blessés. Les dégâts dans les attaques françaises consistaient en douze bouches à feu endommagées dans leurs affûts; deux mises hors de service, et en dégradations aux embrasures et aux coffres des batteries. Sur quelques points, le fossé était comblé.

*Du 17 au 25 octobre.* — La journée du 17 n'avait pas produit les résultats qu'on en pouvait espérer; il devenait évident que l'ennemi avait une artillerie bien supérieure à la nôtre par le nombre, le calibre et l'approvisionnement, et on dut songer à pousser les travaux d'attaque. Le génie les dirigea, dès le 18 au soir, sur la droite, vers le bastion du Mât. Il ne fut pas inquiété. Cependant, de dix à onze heures, des

---

déchiré et mourut peu de temps après. Son successeur, l'amiral Nachimoff, qui avait brûlé les vaisseaux turcs à Sinope, fut blessé légèrement à la tête d'un éclat de bombe.

clameurs suivies d'une vive canonnade se firent entendre dans la ville et l'on crut à une alerte, mais il n'en fut rien. Au bout d'une demi-heure, le silence se rétablit et le travail, un instant interrompu, recommença. Le 20, on arriva jusqu'au ravin qui descend dans le port de Sébastopol et séparait les attaques anglaises et françaises, mais alors les travaux devinrent lents et difficiles, à cause de la nature rocheuse du sol. Il fallut marcher à la sape volante et employer la pioche. L'ennemi ne cessait de tirer sur la parallèle et il parvint à la trouer en deux ou trois endroits faibles. Elle fut réparée promptement et on établit des gradins pour la fusillade. On ouvrit ensuite de nouvelles communications en arrière de la première parallèle. Celles qui avaient été faites dans le principe étaient peu sûres, et comme une des plus importantes devait aboutir à la maison du Clocheton, passage forcé sur lequel les Russes concentraient leurs projectiles, on donna à cette communication la forme en lacet. Dans la nuit du 21 au 22, on traça, d'après les indications du général Bizot, les zigzags destinés à mener à la 2e parallèle, devant la capitale du bastion du Mât. On en détermina deux pour deux attaques. Ce travail exécuté à la sape volante dans un sol n'ayant que trente centimètres de terre, soixante d'une croûte calcaire, puis un terrain tufier sur lequel la pioche ne mordait qu'avec peine, coûta de grands efforts. Néanmoins, au point du jour, la gabionnade couronnée et protégée par un fort parapet de 2ᵐ,30 de largeur, couvrait parfaitement les hommes. Dans la nuit du 23 au 24, le génie exécuta le tracé de la 2ᵉ parallèle depuis le ravin jusqu'à la communication de droite, et l'on en commença l'épaulement. Le lendemain, 24, on enleva des blocs de rochers qui gênaient la circulation, on établit des gradins de franchissement devant le ravin et l'on approfondit la 2ᵉ parallèle qui se trouva à peu près achevée, malgré un feu très vif de la place. Les travaux étaient à 400 mètres de l'enceinte, les Russes effrayés et croyant à une attaque de vive force, tirèrent le 24 au soir, entre neuf et dix heures, à mitraille sur les travailleurs, mais sans causer beaucoup de pertes. Du côté des Anglais leur feu s'était ralenti. Le travail de nos alliés marchait moins vite que le nôtre, ils étaient encore à plus de 800 mètres de la ville.

Au corps d'observation, on continuait toujours à se retrancher. Une nouvelle redoute fut commencée à la droite des lignes anglaises, sur un éperon qui en s'abaissant se relie à la vallée de la Tchernaïa et permettait à l'ennemi de gravir assez facilement sur le plateau, de sorte qu'en perçant le passage au point de jonction des deux armées, il eût pu nous prendre à revers.

L'artillerie, pendant ces huit jours, n'avait presque pas discontinué de répondre au feu de la place tout en réparant ses batteries et en en construisant d'autres. La compagnie des francs-tireurs embusquée et ajustant avec une précision admirable, avait tué beaucoup de canonniers aux Russes et souvent ralenti la défense. Le 18, on décida que les batteries 1, 2, 3, 4, 6 seraient maintenues, que celle n° 5 serait supprimée et que trois autres, 7, 8, 9 numérotées en allant de la gauche à la droite, seraient établies. Ces trois dernières furent armées, le 7, de 6 canons ; le 8, de 6 mortiers; le 9, de 7 mortiers turcs. Le 19 les huit batteries françaises purent commencer leur feu à six heures et demie du matin. Les Anglais n'avaient pas discontinué le leur et avaient obtenu de bons résultats. Le soir, nos batteries parurent avoir pris de l'avantage sur celles de la place. La tour du bastion Central était ruinée, les embrasures du bastion du Mât, à la face de droite, avaient souffert, tandis que les dégâts et les pertes éprouvées de notre côté étaient peu considérables. Du 20 au 25, le feu fut repris chaque jour à diverses heures. La place répondait quelquefois avec assez de vivacité, quelquefois très mollement. Il était évident que son armement primitif se trouvait fort réduit, les masses couvrantes ébranlées et endommagées. En outre le nombre des canonniers diminuait sensiblement. Toutefois, les défenseurs, sans se laisser abattre, établissaient d'autres batteries plus en arrière. Le 22, au point du jour, on en aperçut deux en construction sur le revers du ravin descendant au port. Celles soumises plus directement à l'action de nos francs-tireurs furent abandonnées, mais les Russes se hâtaient de placer des canons en arrière et continuant chaque jour à désarmer leurs vaisseaux, ils accumulaient les bouches à feu partout sur le pourtour de la ville. Les difficultés croissaient pour nous plutôt qu'elles ne diminuaient, précisément à cause de cette supériorité en matériel que la défense avait sur l'attaque.

On fut bientôt obligé de supprimer la batterie n° 6, qui était accablée par le tir convergent de tous les feux depuis le bastion Central jusqu'à la Quarantaine. Le 24, il ne restait plus que 23 pièces de gros calibre et 19 mortiers en batterie. Chaque soir cependant, on constatait facilement d'énormes dégâts aux ouvrages de la place. Le 25, on commença le tir des fusées incendiaires sur l'efficacité desquelles on comptait beaucoup. Elles ne produisirent pas de grands effets. De temps en temps, les obus, les bombes allumaient dans Sébastopol quelques incendies, mais l'assiégé parvenait vite à les éteindre.

Pendant cette période de huit jours, les Russes firent peu de sorties, ils étaient trop occupés à réparer la nuit les dégâts causés le jour par notre feu et celui des Anglais. Toutefois nous devons signaler une attaque de nuit (du 21 au 22) vers deux heures du matin, qu'ils dirigèrent avec tant de vigueur sur nos batteries que, pénétrant entre les n° 3 et 4, ils commençaient déjà à se jeter sur nos pièces, lorsque les canonniers sautant sur leurs armes se ruèrent sur eux soutenus par les gardes de tranchées et surtout par la 1re compagnie de voltigeurs du 74e de ligne. On les repoussa avec perte en leur tuant ou prenant quelques hommes.

L'arrivée de la brigade Bazaine (1ᵉʳ et 2ᵉ régiments de la légion étrangère) le 18, fit apporter quelques modifications à l'emplacement général des troupes françaises. Cette brigade passa à la 5ᵉ division (Levaillant) placée au corps de siége, et campée en seconde ligne derrière la 4ᵉ. La 1ʳᵉ, qui y avait été détachée momentanément, reçut ordre de venir s'établir, le 17, sur deux lignes, à la droite de la cavalerie et du grand quartier-général, dans une position intermédiaire entre le corps d'observation et le corps de siége.

Ces renforts portèrent l'effectif de l'armée française en Crimée à 46,000 hommes et 5,500 chevaux. Nos pertes s'élevaient à 67 tués et 572 blessés.

Les Russes, de leur côté, commencèrent vers cette époque à recevoir des renforts. Les 10ᵉ, 11ᵉ et 12ᵉ divisions d'infanterie du 4ᵉ corps (général Dannenberg) partirent d'Odessa, soit à pied, soit sur des chariots, dans les premiers jours d'octobre. Après une marche forcée pendant laquelle elles laissèrent du monde en arrière, ces trois divisions atteignirent, vers la fin du même mois, le village d'Inkermann. On avait équipé, armé, embrigadé à la hâte, à Odessa, beaucoup des soldats qui les composaient. Le 22, la 12ᵉ division (Liprandi) fut introduite dans la ville; la 11ᵉ (Pavloff) bivouaqua à Inkermann même; la 10ᵉ (Soïmonoff) ne tarda pas à arriver à son tour.

*Combat de Balaclava le 25 octobre 1854.* — Le prince Menschikoff, dès qu'il eut reçu la division Liprandi, voulut faire une tentative sur Balaclava, base d'opération des Anglais. Il n'employa pas assez de troupes pour réussir, bien qu'un instant il obtint, grâce à la négligence des Turcs qui gardaient les redoutes de ce côté, un succès éphémère.

Le 25, de grand matin, une forte colonne ennemie se porta sur quatre redoutes gardées par les Turcs et s'en empara. A sept heures et demie, le général Canrobert fut prévenu de la marche des Russes. Il gagna aussitôt le col, débouchant de la vallée sur les plateaux occupés par le corps d'observation. Prévoyant une affaire qui pouvait devenir sérieuse, il fit à l'instant ses dispositions pour soutenir nos alliés. Par son ordre, la 2ᵉ brigade (Vinoy) de la 1ʳᵉ division vint occuper les croupes qui, de notre droite, descendaient sur la petite ville pour relier à nous les Anglais. La 1ʳᵉ brigade de cette même division (Espinasse) fut chargée de garder le col avec une batterie et la brigade de chasseurs d'Afrique. Des chasseurs à pied et des zouaves, armés de carabines et de fusils à longue portée, garnirent les retranchements préparés pour eux. La 2ᵉ division prit les armes et resta en arrière des crêtes, l'artillerie à cheval de la réserve, à sa droite.

Cela fait, le général Canrobert se porta à un point central de la crête, entre le col et le télégraphe, non loin de lord Raglan, afin de bien se rendre compte de l'état des choses.

Les Russes avaient d'abord prononcé un mouvement offensif sans succès, leur gauche en avant, sur les hauteurs gardées de Balaclava ; puis, ayant fait avancer leur centre et leur droite sur les redoutes construites par les Anglais et confiées aux Turcs, ils avaient surpris ces derniers et s'étaient emparés des positions. Leur cavalerie, débouchant alors entre les redoutes, se porta en une forte masse contre la brigade anglaise de grosse cavalerie qui bordait extérieurement les jardins de la ville. Cette brigade attendit froidement l'ennemi, prit la charge quand elle le vit à 100 mètres, rejeta les têtes de colonnes, et, après une courte mêlée dans laquelle l'avantage lui resta, elle replia la cavalerie russe qui s'enfuit en désordre, bien au delà des redoutes, entraînant son infanterie. Deux des ouvrages abandonnés par les Turcs furent à l'instant repris. La cavalerie légère anglaise, placée en potence un peu loin du théâtre de cette brillante action, à laquelle elle n'avait pu prendre part, avait été rejoindre la brigade de grosse cavalerie, en sorte que le comte de Lucan eut bientôt toute sa division dans la main. Il l'établit sur la ligne des redoutes, sa droite vers Balaclava. Elle faisait ainsi face aux Russes qui, en refusant leur droite, cherchaient à se remettre de leur échec et renforçaient avec leur infanterie la redoute la plus éloignée restée seule en leur possession. Cet ouvrage formait comme le centre autour duquel toutes les troupes de l'ennemi venaient pivoter.

Les Anglais, qui avaient eu le temps de prendre

les armes, descendirent dans la plaine. Deux de leurs divisions d'infanterie se placèrent sur deux lignes, entre leur cavalerie et Balaclava. Le général Canrobert, de son côté, pour donner plus de consistance à la division de lord Lucan, la fit soutenir par une brigade de chasseurs d'Afrique, qui, sous les ordres du général Morris, vint se former en colonne par échelons, en arrière de l'aile gauche des Anglais. En outre, et comme réserves, il fit couronner la redoute la plus rapprochée de nous par la 1re brigade de la 1re division.

En ce moment, la cavalerie anglaise se porta en avant. Ce mouvement l'exposa aux feux de face de l'artillerie russe et aux feux de flanc d'une batterie en position avec cinq bataillons sur les mamelons de la Tchernaïa. Afin de la dégager, le général Morris lança trois escadrons du 4e de chasseurs d'Afrique en fourrageurs, sous les ordres du général d'Allonville. Ces hardis cavaliers arrivèrent jusque sur les carrés ennemis qu'ils sabrèrent, tandis que l'artillerie russe s'éloignait. Cinq bataillons se replièrent à leur tour et se portèrent derrière le centre de leur ligne. Cette charge, exécutée avec autant d'intelligence que d'audace, avait dégagé complètement la gauche des Anglais, tout en ne nous coûtant que 10 hommes tués, dont 2 officiers, et 28 blessés. Malheureusement la cavalerie anglaise, obéissant à un ordre mal interprété, s'était lancée jusque dans la vallée de la Tchernaïa. Traversant les lignes de la cavalerie russe, elle avait pénétré sur les derrières de l'ennemi, mais elle n'avait accompli cet inutile prodige de valeur qu'au prix des pertes les plus cruelles. La moitié de ses cavaliers étaient restés sur le terrain, accablés par la mitraille, s'exposant à subir, en allant et en revenant, de face et d'écharpe, le feu de 16 pièces et la fusillade d'une infanterie nombreuse.

Cette action fut la dernière de la journée. Il était quatre heures, les Russes restèrent en position. Les alliés ne voulaient pas prendre l'offensive, n'ayant d'autre but que de contenir les Russes, tant que la ville ne serait pas prise. Ceux-ci ne se souciaient pas de recommencer l'attaque. On se borna donc à s'observer de part et d'autre jusqu'à la nuit.

Les Russes avaient fait de grandes pertes, mais moins considérables que celles éprouvées par la cavalerie anglaise. Toutefois cette affaire eut un bon résultat, celui de faire comprendre à nos alliés qu'il était indispensable de fortifier et de bien garder leurs positions en face d'un ennemi nombreux et quelquefois entreprenant. Ce fut là tout ce que le prince Menschikoff gagna à cette attaque intempestive, ou du moins faite sur une trop petite échelle pour atteindre un but utile.

Le lendemain, au point du jour, le général Canrobert se rendit à Balaclava avec lord Raglan, et tous deux déterminèrent une suite de positions moins étendues, assurant mieux la défense de ce point et le reliant complétement avec notre droite en avant des redoutes qui commandaient le col. La 2e brigade de la 1re division fut placée entre les redoutes et le petit village de Kadikeuï. Les Anglais y mirent la brigade écossaise, des troupes de marine très solides et quelques bataillons turcs. On commença immédiatement les travaux nécessaires pour construire des ouvrages et les garnir d'artillerie. On coupa, par un fossé avec épaulement et trous de loup, les abords du sol accessibles à la cavalerie. Quelques jours plus tard on plaça sur ce point trois bataillons turcs. Les Russes, restés en position toute la soirée du 25, se replièrent pendant la nuit et établirent une forte ligne de grand'-gardes. Ils commencèrent quelques retranchements.

*Du 25 octobre au 5 novembre 1854.* — Pendant le combat de Balaclava, le feu de la place avait été très vif, et il était dirigé principalement contre les francs tireurs qui incommodaient beaucoup l'assiégé.

Les jours suivants, le génie établit des banquettes de franchissement dans la première parallèle, en face de l'entrée du ravin de Kilène (du Carénage), on perfectionna la deuxième parallèle, on fit en arrière des postes ou gabionnades pour les francs tireurs, on construisit une place d'armes à la droite et une autre au centre pour l'emplacement d'une batterie. Le 29, on ouvrit trois boyaux en avant de la deuxième parallèle, sans que l'ennemi tentât de s'y opposer ; le lendemain on ouvrit un autre boyau à travers le ravin du Carénage, afin de mettre la première parallèle en communication avec la gauche de la deuxième, et d'éviter l'encombrement pour le service des batteries dont nous parlerons plus loin. Sur la droite on commença également un chemin pour les voitures. A partir de ce jour, les communications devinrent beaucoup moins exposées au feu de l'ennemi, et les gardes de tranchée purent être relevées exactement à neuf heures et demie du matin, les travailleurs à six heures du matin et à six heures du soir. Le 1er novembre, pendant la nuit, deux boyaux et une nouvelle partie de la troisième parallèle furent entrepris. Les travaux arrivèrent bientôt à 130 mètres de la place. La nature du sol ne permettait pas de les exécuter autrement qu'à la sape volante, ce qui eût rendu la tâche très meurtrière pour les travailleurs, si l'ennemi, trop occupé de son côté à ajouter des retranchements et des batteries à ceux qu'il avait élevés depuis le commencement du siége, eût inquiété plus sérieusement le travail. Toutefois, afin de diminuer les chances défavorables, les hommes reçurent l'ordre de n'agir qu'au commandement de *haut les bras*, fait seulement lorsqu'ils étaient à l'abri du feu de la mousqueterie et de la mitraille, par un double rang de gabions jointifs remplis de sacs à terre et couronnés de fascines. Puis, comme on ne tarda pas à s'apercevoir que les pertes éprouvées dans les tranchées étaient dues principalement aux éclats de bombes et d'obus, on multiplia sur les revers des abris contre les projectiles creux. On commença également, à cette époque du siége, à faire quelques emplacements pour de petits mortiers destinés à lancer des bombes dans les fossés du bastion du Mât. Chaque nuit les mineurs faisaient jouer le pétard dans la troisième parallèle et dans les communications ; car plus on approchait de la ville, et plus le sol devenait rocailleux. Le 4 novembre, les travaux furent assez avancés pour qu'on pût réduire les brigades du génie de deux à une, pour les troupes de cette arme de 12 à 8, les officiers, de 200 à 110, les soldats, de 2,000 à 1,300, les travailleurs d'infanterie. Cela suffisait pour terminer la troisième parallèle, les communications en arrière, et pour marcher ensuite en avant à la sape, car la forme du terrain ne permettait plus d'ouvrir qu'une seule communication.

Les 3 et 4 novembre, à onze heures du soir, deux officiers du génie avec quelques hommes choisis sortirent l'un par la droite, l'autre par la gauche de la troisième parallèle, pour reconnaître, en rasant le sol, le fossé du bastion du Mât. Ils trouvèrent chaque fois le fossé bien gardé, et il ne leur fut pas possible de le sonder. Cependant ils jugèrent, par la hauteur à laquelle on apercevait les soldats russes qui le garnissaient et y marchaient, que ce fossé ne devait pas avoir plus de 2 mètres de profondeur et plus de 3 mètres de largeur.

L'artillerie continuait à répondre avec assez d'avantages à celle de la place. On s'aperçut que le feu des Russes devenait plus vif au moment où les batteries recevaient leur approvisionnement. On prit alors tous les moyens pour dissimuler les charrois, en assujettissant les projectiles, en entourant les roues et les essieux de peaux fraîches. En arrière de la première parallèle, on construisit les batteries 10, 11, 12, 13, 14 et 14 bis. La première, armée de quatre canons de 24 et de trois obusiers de 22 centimètres, eut pour but de ruiner la face gauche du bastion du Mât, de prendre de revers la face droite, de réduire au silence une batterie ennemie de quatre pièces élevée en avant de la face gauche du même bastion, et de renverser les retranchements en arrière. La seconde (n° 11), armée de dix canons de 30 et de quatre obusiers de 22 centimètres, devait seconder la première, contrebattre l'enceinte, et surtout une batterie en avant de l'église. La troisième (n° 12), de quatre canons de 24 et de quatre obusiers de 22 centimètres, eut ordre de contrebattre les pièces ennemies en position sur la gauche du ravin et de ricocher la face gauche du bastion. La quatrième (n° 13), de deux canons de 24, deux de 16 et deux obusiers de 22 centimètres, de s'attacher aux batteries situées à la droite du ravin ; le n° 14, de six mortiers de 22 centimètres, de battre la gorge du ravin sur le boulevart ; enfin le n° 14 *bis*, de six mortiers de 15 centimètres, de battre le ravin, les batteries basses, le magasin à poudre et l'intérieur du bastion.

Dans les derniers jours d'octobre, la batterie de la marine n° 2 souffrit beaucoup ; une bombe russe fit sauter son magasin à poudre, sans que son feu fût cependant interrompu pour cela.

Le tir des fusées incendiaires continuait ; quoique bien dirigées, puisque plusieurs pénétrèrent dans les batteries russes par les embrasures, elles n'eurent pas grand effet sur les bâtiments de l'amirauté, pas plus que les fusées explosives.

Ce qui gênait le plus l'ennemi, c'était l'habileté de nos francs tireurs. Des tirailleurs russes essayèrent, le 28, de se glisser derrière le contrefort de droite qui descendait vers le port sud, pour prendre nos boyaux de revers. Débusqués par le feu de nos francs tireurs, ils vinrent se placer dans le fossé de la face droite du bastion du Mât et tirèrent sous une assez forte inclinaison pour faire pénétrer leurs balles dans les tranchées, mais ils ne réussirent pas.

Le 1er novembre, les nouvelles batteries purent ouvrir leur feu qu'elles soutinrent toute la journée. Le bastion du Mât parut souffrir considérablement. Au bout de trois jours, nos batteries de gauche, plus rapprochées d'un grand nombre de batteries russes que celles de droite, ayant éprouvé des dégâts notables, principalement les embrasures sur lesquelles l'ennemi dirigeait son tir, on dut les réparer. La pluie, qui commença à tomber le lendemain avec force, contraria aussi l'action de nos projectiles.

Les Russes, de leur côté, travaillaient avec ardeur et intelligence à assurer la défense de la place. Ils faisaient peu de sorties, et elles avaient si peu de succès qu'ils paraissaient dégoûtés de ce genre d'attaque, mais ils construisaient et armaient batterie sur batterie, non-seulement sur le front bastionné de l'enceinte, mais en arrière, dans la ville même et jusqu'auprès de l'église de Sébastopol. La nuit ils réparaient, avec une merveilleuse rapidité, les dégâts que notre feu leur avait occasionnés pendant le jour. Un vaisseau à deux ponts, retiré du port, vint, le 30 octobre, se placer à découvert en face d'une batterie anglaise construite près du ravin, et entretint le feu contre elle toute la journée ; le lendemain, il disparut.

On était à la veille de la bataille d'Inkermann. Nous avions eu, depuis le commencement du siége, 117 tués et 1,025 blessés, officiers et soldats.

Au corps d'observation, il ne s'était rien passé d'important. On avait remarqué cependant que les Russes semblaient accumuler plus de troupes de ce côté devant nous. Le 4 novembre, des pièces de gros calibre furent amenées aux ouvrages construits sur le front de nos positions, dont les travaux n'avaient pas été interrompus.

Tout se préparait dans la ville pour l'attaque formidable du lendemain, et le secret avait été si bien gardé que, dans le camp anglo-français, on n'avait pas le moindre indice de l'affaire décidée déjà depuis deux jours.

# LIVRE IV.

## INKERMANN.

Plan d'attaque du prince Menschikoff. — Précautions minutieuses prises par les généraux russes. — Dispositions premières des Anglais surpris. — Première période de la bataille, de six heures à neuf heures du matin. — Deuxième période, de neuf heures à onze heures. — Troisième période : les brigades françaises Bourbaki et d'Autemarre entrent en ligne et décident la victoire en faveur des alliés. — Fausse démonstration du prince Gortschakoff sur les hauteurs de Sapoun. — Sortie des Russes pendant la bataille. — Ils sont repoussés par la brigade de Lourmel. — Mort héroïque de ce jeune officier général. — Le siége continue. — Ouragan du 15 novembre. — Attaque d'Eupatoria. — Travaux d'attaque jusqu'au 31 du même mois. — Du 1er au 31 décembre. — Travaux des Russes. — Batteries françaises. — Sorties. — Le corps de Liprandi abandonne la rive gauche de la Tchernaïa. — Reconnaissances du 20 et du 30 par la cavalerie des généraux d'Allonville et Morris. — Formation et arrivée des 6e, 7e et 8e divisions d'infanterie française. — Du 1er janvier au 10 février 1855.

*Bataille d'Inkermann le 5 novembre 1854.* — Malgré les renforts qui lui étaient arrivés d'Odessa et des autres parties sud de l'Empire russe, le prince Menschikoff n'était pas sans inquiétude sur le sort de Sébastopol. Il savait que l'armée alliée avait reçu également une vingtaine de mille hommes de France, d'Angleterre et de la Bulgarie. Les tranchées françaises avançaient rapidement, la troisième parallèle était construite, et on cheminait sur la capitale du bastion du Mât. Les travaux des Anglais n'allaient pas aussi vite, cependant leur artillerie continuait à lutter avec avantage contre celle qui lui était opposée du côté Est de la place. Le général en chef russe s'attendait d'un jour à l'autre à voir les alliés s'élancer à l'assaut. Ayant déjà fait une triste expérience de l'énergie avec laquelle nos soldats prenaient l'offensive, et de la solidité de l'infanterie anglaise, il redoutait une épreuve décisive contre la ville. Il résolut de profiter des nouvelles troupes, dont une partie avait fait la guerre dans les Principautés et s'y étaient acquis une juste réputation, pour tenter un grand coup.

La difficulté était de savoir par où l'on ferait l'attaque. Les armées alliées occupaient de fortes positions. De bonnes et nombreuses batteries bien armées, des travaux faits avec soin et intelligence garantissaient leur front du côté de la ville. Il était impossible aux Russes de songer à une attaque directe, puisqu'alors ils avaient à lutter contre les forces entières des coalisés, et que du moment où ils s'éloignaient des ouvrages de la place, leur canon ne les protégeait plus.

Sur les côtés et sur les derrières, les Anglo-Français étaient appuyés à des montagnes escarpées, accessibles seulement par quelques rampes étroites et par conséquent dangereuses pour y agglomérer des corps nombreux. La route par laquelle le prince Menschikoff pouvait le plus facilement aborder les alliés, celle de Balaclava, se trouvait défendue par des redoutes, de bons ouvrages de campagne, et une armée de vingt mille Français, commandée par un général actif. En outre, l'attaque précédente sur ce point avait donné l'éveil. Restait la route d'Inkermann protégée aussi par quelques redoutes, par l'aile droite des Anglais, par des ravines profondes, difficiles à franchir et contrariant un déploiement vaste et rapide.

Attaquer par le centre, au point d'intersection des deux armées française et anglaise occupées au siége, présentait quelques avantages, comme le manque possible d'unité d'action dans la défense, mais aussi, cela n'était pas sans danger. Ce point d'intersection étant marqué par le ravin du Carénage, sur les bords duquel se trouvaient principalement établies les batteries de gros calibre, si du premier coup on n'enlevait pas les batteries, on devait s'attendre à essuyer des pertes considérables.

Pour obtenir le résultat qu'il se proposait, le général en chef russe devait arriver à s'établir sur le plateau, de façon à prendre à revers les travaux d'attaque d'une part, le corps d'observation de la Tchernaïa, d'une autre. Il ne songeait à rien moins qu'à jeter l'armée alliée à la mer. Afin d'atteindre ce but difficile, il le sentait bien lui-même, mais qui n'était pourtant pas impossible s'il avait eu à lutter contre des troupes moins solides, le prince Menschikoff résolut une attaque sur le flanc des Anglais. Lord Raglan n'était nullement en garde contre une telle éventualité. Dans son camp, on avait même négligé de retrancher le point principal par où l'on pouvait arriver à ses troupes; or les Russes comprirent que s'ils parvenaient à aborder les plateaux, à s'y maintenir quelque temps et à y déployer leurs forces, ils auraient bien des chances pour réussir. Certes, ce projet était hérissé encore de difficultés sérieuses. Traverser le ravin, gravir les pentes sans être aperçu, surprendre l'armée anglaise, se déployer assez rapidement pour la culbuter avant l'entrée en ligne de leurs actifs et intelligents alliés, tout cela offrait bien des chances défavorables.

Le plan d'attaque des Russes fut le suivant (1) : 1° La 10ᵉ division (Soïmonoff) renforcée de plusieurs régiments tirés des 16ᵉ et 17ᵉ, devait sortir la nuit de Sébastopol, laisser sur sa gauche la tour de Malakoff, longer le côté ouest du ravin du Carénage, pour tomber ensuite sur la gauche des Anglais. Cette division russe occupant les Anglais, le général Pawloff pourrait pendant ce temps-là opérer à l'est. Pawloff, avec la 11ᵉ division, devait quitter sa position d'Inkermann, passer le pont de la Tchernaïa, et, après avoir atteint le plateau situé à la sortie du col du ravin, aborder le flanc droit de l'armée anglaise. Ces deux attaques faites simultanément, venant à réussir, les Russes s'établissaient, se déployaient et se portaient en avant.

Afin d'empêcher les secours d'arriver aux Anglais et du corps d'observation et du corps de siége des Français, ordre fut donné aux généraux Gortschakoff avec la 12ᵉ division (Liprandi) et la cavalerie ; au général Moller avec les troupes laissées dans la ville,

---

(1) Une partie des détails sur l'armée russe a été puisée dans la brochure déjà citée, attribuée au général Dannenberg.

de faire diversion : le premier à l'extrême gauche, sur les hauteurs de Sapoun, vis-à-vis le général Bosquet ; le second, une sortie contre le général Forey, sortie précédée d'une canonnade de toutes les batteries de la place. Le prince Menschikoff espérait, au moyen de ces deux fausses attaques, contenir les Français et les forcer à rester dans leurs lignes. Le général Dannenberg, dans les talents duquel on avait la plus grande confiance, reçut la difficile mission de prendre le commandement général des deux colonnes Pawloff et Soïmonoff chargées de la véritable attaque, en restant avec la première. Les Russes poussèrent si loin les mesures de précaution qu'ils firent établir un télégraphe sur les hauteurs qui dominent Inkermann, afin de maintenir l'unité d'action et de pouvoir faire parvenir instantanément des ordres à Sébastopol et à Tchergoun, quartier général du prince Gortschakoff.

Tout paraissant bien calculé, le 4 novembre, veille de la bataille, le plan fut communiqué aux chefs de l'armée russe. L'ordre général portait : « Le 5 est
» fixé pour une attaque ; on doit se rendre maître
» de la hauteur qui commande Inkermann et s'y main-
» tenir à l'endroit le plus facile. Le général Soïmo-
» noff, avec les troupes qui sont à Sébastopol (trois
» régiments de la 10ᵉ division, trois de la 16ᵉ et un
» de la 17ᵉ), 22 pièces de grosse artillerie et 16 d'ar-
» tillerie légère, après s'être formé en bataille à gau-
» che de la tour Malakoff, commencera l'attaque à
» six heures du matin, sur le ravin de Kilène. La di-

» vision du général Pawloff, composée de trois régi-
» ments de la 11⁰ et de deux de chasseurs de la 17ᵉ
» avec leur artillerie, devra, à la même heure, jeter
» un pont sur la Tchernaïa, près d'Inkermann, et
» s'avancer en toute hâte pour rejoindre la division
» Soïmonoff et former avec elle un seul corps dont le
» général Dannenberg prendra le commandement
» supérieur. Les troupes du prince Gortschakoff,
» qui sont à Tchergoun, prendront part à cette atta-
» que, en faisant faire une diversion aux forces de
» l'ennemi, et chercheront à s'emparer d'une des is-
» sues qui conduisent sur les hauteurs de Sapoun. Là
» on devra avoir les dragons tout prêts pour les lancer
» sur le plateau au moment favorable. La garnison
» de Sébastopol, sous les ordres du général lieutenant
» Moller, suivra les mouvements du combat, couvrira
» de son artillerie le flanc droit des troupes d'attaque,
» et, si elle aperçoit quelque désordre dans les bat-
» teries ennemies, s'en rendra aussitôt maîtresse. »

Tels étaient les ordres. Afin de préciser encore mieux les dispositions qu'ils renfermaient, le général Dannenberg proposa au prince Menschikoff les modifications suivantes qui furent adoptées :

1° Comme le général Soïmonoff, au début de son mouvement sur la gauche du ravin de Kilène, se trouverait en face des batteries anglaises et serait exposé à leur feu, jusqu'à ce qu'il fût arrivé à leur hauteur, il commencera son mouvement une heure plus tôt, c'est-à-dire vers cinq heures, afin d'être tiré du passage le plus dangereux avant le jour, et il aura ses réserves derrière son aile droite, sa gauche étant couverte par le ravin et les opérations de Pawloff.

2° Le général Pawloff devra également mettre ses troupes en mouvement à cinq heures et dans l'ordre suivant : en tête, les chasseurs d'Okhotzk, les chasseurs de Borodino et de Tarontino et 8 gros canons, puis le régiment de Yakoutzk suivi de 12 pièces de gros calibre ; enfin le régiment de Seleghine avec le reste de l'artillerie. Dès que ces troupes seront près de la Tchernaïa, 100 hommes de bonne volonté seront passés sur une barque pour couvrir le pont que traversera le régiment d'Okhotzk, lequel prendra à droite la route nouvellement pratiquée par les sapeurs. Deux compagnies de tirailleurs, protégées par le régiment de Borodino, fraieront le chemin du milieu, entre les deux ravins, et le régiment de Tarontino montera à gauche par l'ancienne route de poste. Dès que les chasseurs auront atteint la hauteur et déblayé les chemins sur lesquels devra passer l'artillerie, ils feront halte et couvriront le mouvement du reste des troupes. Si les chasseurs rencontrent de la résistance, ce qui n'est pas probable, ils regagneront la vallée, et la hauteur sera canonnée par l'artillerie des vapeurs *le Chersonèse* et *le Vladimir*.

Ces dispositions paraissaient bien prises ; on va voir plus loin qu'un malentendu en détruisit l'efficacité.

Nous avons dit que les régiments russes sont à quatre bataillons et que la force des bataillons, sur le pied de guerre, est de 800 hommes à l'effectif réel. Les troupes aux ordres de Soïmonoff étaient donc de 28 bataillons, ou de 22 à 23,000 combattants : ajoutant l'artillerie, on aura 25,000 soldats; la division Pawloff, forte de 22 bataillons, donnait en ligne, avec l'artillerie, 22,000 hommes ; en sorte que les Russes destinés à agir sur le plateau, contre les Anglais, variaient entre 40 et 45,000 hommes (1). L'artillerie de ce corps était de 38 bouches à feu pour la division Soïmonoff, dont 22 de fort calibre (du douze) et 16 d'artillerie légère (du six); de 40 pièces de campagne des deux mêmes calibres, pour la division Pawloff, ce qui constituait bien près de 80 bouches à feu.

Le 4 novembre, une pluie presque continuelle avait détrempé le terrain. Cependant le prince Menschikoff crut d'autant moins devoir retarder l'attaque, que le soir même les deux grands ducs, Nicolas et Michel, entrèrent dans la ville, et qu'ils devaient le lendemain assister à la bataille. On pouvait espérer de leur présence, qu'on fit connaître aux troupes, un élan favorable à l'action.

La nuit se passa à Sébastopol et dans le camp russe en préparatifs. Les alliés n'avaient aucun soupçon des projets de l'ennemi. Un vent froid et humide souf-

(1) Ces chiffres ne sont pas ceux accusés dans la brochure ; mais il est permis de croire que, pour une attaque aussi sérieuse et où allait se jouer le sort de l'armée russe, on n'avait pas laissé des bataillons incomplets, lorsque les renforts arrivés depuis peu permettaient d'agir autrement. Nous prenons donc le chiffre normal, et il est probable que nous approchons beaucoup plus de la vérité que l'auteur de la brochure.

flait sur les plateaux ; un brouillard épais s'étendit bientôt sur la vallée. Les troupes anglaises, moins habituées que les nôtres à se bien garder en face de l'ennemi, n'entendirent pas le bruit, que sur les quatre heures, firent du côté de la Tchernaïa les colonnes du général Pawloff, ou, si elles l'entendirent, elles n'y attachèrent pas assez d'importance (1). Les Russes cependant avaient pris les armes, et leurs masses s'avançaient, silencieuses, le long du ravin du Carénage et par les marais d'Inkermann. La cloche de matines sonnait comme d'habitude à Sébastopol. C'était un dimanche ; quelques officiers se rendaient à l'office divin. A cinq heures, les deux divisions du général Dannenberg approchaient des grand'gardes anglaises sans que ces dernières les eussent découvertes. Le général anglais Codrington visitait les avant-postes de sa brigade, il s'apprêtait à rentrer dans sa tente, lorsque tout à coup il entend au pied des hauteurs, sur la gauche du camp, une vive fusillade. Il donne aussitôt l'alarme ; c'était la première colonne de Soïmonoff, qui se portait sur la gauche, tandis que celle de Pawloff, ayant en tête les chasseurs de Borodino et de Tarontino, s'avançait à travers les ravins et gravissait déjà les rampes des mamelons du côté d'Inkermann ; la brume les couvrait encore de ses ténèbres : les postes de l'extrême droite de la 2ᵉ division anglaise, dès qu'ils se virent surpris, se

---

(1) Il paraît positif que les Anglais entendirent du bruit, mais qu'ils le crurent produit par des voitures entrant dans la place, ainsi que cela avait lieu fort souvent.

replièrent et vinrent prendre position sur la crête des hauteurs, disputant le terrain pied à pied. Tandis que cette attaque avait lieu sur la droite, les postes anglais de la 5e division, sur la gauche, étaient repliés par les avant-gardes de Soïmonoff.

Lord Raglan, les autres généraux anglais montaient à cheval et s'apprêtaient à prendre des dispositions ; mais, entendant sur leurs derrières les coups de canon des batteries du prince Gortschakoff chargé de la démonstration sur Sapoun, ils hésitèrent, ne pouvant découvrir encore de quel côté était la véritable attaque. A l'extrême gauche également le canon de la place avait commencé le feu : les divisions de l'armée anglaise, ralliées en toute hâte par leurs chefs, se bornèrent donc d'abord à se porter au devant des Russes pour défendre les positions et tâcher de les arrêter sur leur front.

Les premières troupes anglaises en ligne furent celles de la 2e division (Lacy Evans) dont le général Pennefather avait le commandement. Elles étaient les plus rapprochées du théâtre de l'action. La première brigade (41e, 47e et 49e, général Adams) se jeta à droite du mamelon qui dominait le ravin traversé par l'ancienne route : là se trouvait une espèce de redoute, ou plutôt de redan, à peine achevée et non armée. La seconde brigade (30e, 55e et 95e, général Pennefather) poussa à gauche du chemin, pour contenir l'avant-garde de Soïmonoff, près d'une seconde redoute, armée de canons à la Lancastre. Un troisième ouvrage existait un peu en arrière. Ces trois redoutes constituaient le faible système défensif de la droite de l'armée anglaise.

Bientôt la division légère du général Brown s'établit à la gauche de celle de Lacy Evans, ayant à droite la brigade Butler (33e, 77e et 88e), à gauche, au point de dépression du terrain, vers la ville, la brigade Codrington (7e, 19e et 23e).

Ces deux divisions furent successivement renforcées par toutes les autres troupes de nos alliés, à l'exception des Highlanders, chargés de la défense de Balaclava. La division Cathcart prit place ; sa première brigade (20e, 21e, 46e, général Goldin) à gauche de la route de poste, entre Pennefather et Butler ; sa seconde brigade (57e, 63e, 68e, général Torrens) à droite du chemin ; les gardes de la brigade Bentinck, commandés par le duc de Cambridge, à droite de la brigade Adams, et séparés d'elle par un ravin profond. Enfin, à l'extrême gauche vint se déployer la brigade Campbell (4e, 28e, 36e) de la division England, tandis que l'autre brigade (général Eyre) restait aux tranchées. Ainsi, une heure environ après les premiers coups de feu, la majeure partie de l'armée anglaise se trouvait en ligne, présentant un effectif de 10 à 12,000 combattants, tout au plus.

Les Russes, pendant que les Anglais couraient aux armes, se formant et s'intercalant dans les places vides de l'ordre de bataille, gagnaient du terrain. Soïmonoff s'était mis en marche avant le jour. Ne connaissant pas bien le pays dans lequel il devait agir, n'ayant pas de guide, imprévoyance incroyable, au lieu de suivre la gauche du ravin pour tomber sur le centre et sur l'aile gauche de l'armée anglaise, il longea le côté droit et vint donner sur l'aile droite de lord Raglan, contre lequel Pawloff avait ordre d'opérer. Il résulta de cette fausse manœuvre qu'arrivés sur un terrain étroit, les troupes de Soïmonoff gênèrent les mouvements de l'autre division russe, et que le corps de Dannenberg ne put se déployer entièrement, faute d'espace. Forcés à cause des nombreux ravins de marcher en colonne, les Russes, pour se former, eurent à souffrir du feu des Anglais, et dès lors l'avantage qui devait résulter pour eux de leur supériorité numérique, se trouva en partie annihilé. Le champ de bataille devenait donc trop rétréci pour les assaillants. Cependant les Russes, grâce à une attaque vigoureuse et à la surprise des avant-postes anglais, eurent d'abord l'avantage. Les trois premiers régiments de la division Soïmonoff (Romsk, Kolyvan et Catherinebourg), les deux régiments de chasseurs de la division Pawloff (Borodino et Tarontino) avaient pu seuls se déployer ; les autres, en colonnes faute de place, restèrent en réserve, ou se dirigèrent vers les hauteurs, marchant sur la route tracée par les pionniers. C'était donc vingt bataillons ou environ 15 à 16,000 fantassins contre lesquels les Anglais avaient à lutter. C'était beaucoup pour une armée aussi peu nombreuse que celle de nos alliés et surtout pour des troupes surprises. Les brigades Campbell, Codrington, Butler et Goldin étaient opposées à Soïmonoff ; les brigades Torrens, Pennefather, Adams et Bentinck, à Pawloff.

Vers huit heures du matin, cependant, l'attaque se dessinant d'une manière très sérieuse sur son front, lord Raglan fit avertir le général Canrobert que des masses russes avaient engagé un combat vigoureux sur sa droite, au-dessus d'Inkermann. Le général en chef français se porta aussitôt au télégraphe situé sur la route de Sébastopol à la vallée de Baïdar, et d'où l'œil découvre fort au loin les abords des positions depuis le fond de la vallée d'Inkermann jusqu'à Balaclava. Il avait donné ses ordres et pris les premières dispositions, car au même moment, le canon grondait en avant de nos propres troupes, et du côté de la place et du côté de la Tchernaïa.

Le brouillard, qui venait de se lever, permit alors de distinguer le corps du prince Gortschakoff, une cavalerie nombreuse et plusieurs batteries, quittant la position qu'ils occupaient depuis l'affaire de Balaclava et s'avançant vers les hauteurs de Sapoun.

Ces troupes, au lieu de continuer leur mouvement offensif, s'arrêtèrent bientôt et ouvrirent le feu à 2000 mètres de nos ouvrages qui ripostèrent faiblement, ne pouvant ni être atteints ni atteindre à cette distance.

Le général Canrobert vit bien que ce n'était là qu'une fausse attaque, une simple démonstration. Il se porta donc du côté des hauteurs d'Inkermann, vers lesquelles le général Bosquet venait de faire appuyer quelques troupes de sa gauche, afin d'être en mesure de porter secours à nos alliés Il rejoignit lord Raglan et fut légèrement blessé au bras, tandis qu'il causait avec le général anglais.

Il était neuf heures du matin, les Anglais résistaient avec le courage stoïque qui rend leurs troupes si difficiles à débusquer d'une position. Comme nous l'avons dit plus haut, ils étaient parvenus à former leurs lignes, malgré une attaque des plus violentes, et après avoir cédé du terrain, ils se maintenaient sur la crête des mamelons où un combat furieux ne tarda pas à s'engager. Les chasseurs de Borodino et de Tarontino de la division Pawloff à droite, ceux de Romsk et de Kolyvan ainsi que le régiment de Catherinebourg de la division Soïmonoff à gauche, étant parvenus à la hauteur de la première redoute, chargèrent à la baïonnette. Ne pouvant culbuter leurs ennemis, ils firent avancer les 38 bouches à feu de Soïmonoff. Lorsqu'ils virent les bataillons anglais ébranlés par les décharges à mitraille de cette formidable artillerie, ils lancèrent sur la seconde redoute, centre de la défense, trois bataillons de Romsk et de Kolyvan qui parvinrent à s'en emparer. Ces bataillons continuent alors leur marche et arrivent en face du camp anglais, au moment où deux autres bataillons de Catherinebourg, n'ayant pas l'espace pour agir, passent le ravin du Carénage et débouchent sur le mamelon par la gauche, dont ils sont rejetés avec perte par la division légère du général Brown. Le combat continue avec un acharnement sans égal. Le général Soïmonoff, le colonel commandant l'artillerie de la colonne, un autre officier général, presque tous les officiers supérieurs des cinq régiments russes engagés sont tués ou blessés. La résistance des Anglais devient telle que le découragement commence à se mettre dans les rangs de l'ennemi et que l'attaque perd de sa vigueur. Les troupes de lord Raglan redoublent de courage et reprennent du terrain. Elles sont à leur tour arrêtées par la mitraille des batteries russes placées dans une position avantageuse. Ceci se passait du côté du ravin, sur la gauche des Anglais. Sur la droite, les chasseurs de Borodino et de Tarontino, après s'être battus avec des chances à peu près égales, se dégoûtent aussi d'une action si longtemps prolongée. Ils s'étaient d'abord emparés de la première redoute, mais vers dix heures, les gardes de la brigade Bentinck, appuyés par deux bataillons français et quatre compagnies de chasseurs à pied, la leur enlèvent, et les Russes, au lieu de se reformer comme l'avaient fait les troupes de Soïmonoff, se replient jusque dans la vallée d'Inkermann.

C'était le premier acte de la bataille, le second ne tarda pas à commencer.

Les trois régiments de Pawloff avec leur artillerie, après avoir suivi la route tracée par les sapeurs, entrèrent en ligne au moment où les troupes de Soïmonoff se repliaient sur le ravin. Le général Dannenberg, placé sur un point élevé d'où il embrassait l'ensemble de la bataille, voyant faiblir la gauche, avait pressé la marche de ces régiments pour rétablir le combat. Ils opérèrent un passage de ligne en avant et gravirent le mamelon. La lutte recommença au milieu des halliers. Elle devint bientôt plus furieuse qu'auparavant. Le régiment d'Okhotzk se précipite à la baïonnette sur les Anglais qu'il fait plier et qu'il pousse jusqu'à la redoute située sur le flanc. Mais là se trouvent les Coldstreams, 700 hommes d'élite qui opposent une barrière infranchissable à l'ennemi. Quoique isolés et presque entourés, ces braves gens comprennent l'importance de leur position, et se font tuer plutôt que de céder l'ouvrage qu'il défendent. En vain les bataillons d'Okhotzk livrent plusieurs assauts successifs, ils échouent. Les soldats russes en viennent jusqu'à lancer contre les géants anglais des pierres et les baïonnettes de leurs camarades morts, ils sont repoussés quoique ayant tué deux cents de leurs adversaires. Cependant, ces derniers commençaient à craindre d'être écrasés par les masses sans cesse renouvelées de la division Pawloff, lorsque voyant passer un bataillon anglais, ils profitent de ce renfort pour faire une sortie vigoureuse et se frayer, à l'arme blanche, un passage sanglant.

Les régiments de Yakoutzk et de Seleghine avaient gravi également le mamelon, et le combat semblait tourner à l'avantage des Russes. Okhotzk était maître de la redoute.

Le général Cathcart, voyant la position critique dans laquelle se trouve l'armée anglaise, se met à la tête de sa division et charge sur la gauche. Les Coldstreams, soutenus par les Gardes, reprennent l'offensive et parviennent à réoccuper la redoute, centre de l'action principale. Ils en sont chassés de nouveau par le régiment d'Yakoutzk après avoir perdu 12 officiers et vu tomber leur chef, le brave général Bentinck. Cathcart n'a pas plus de succès. Espérant jeter les Russes dans le ravin et leur couper la retraite, il était descendu des mamelons, mais une résistance désespérée des Russes l'arrête court. Ses troupes manquaient de cartouches. Il charge à la baïonnette, une mêlée furieuse s'engage à l'arme blanche, le général de brigade Torrens est grièvement blessé, les Anglais sont repoussés, ils essaient de regagner le haut des mamelons, Cathcart tombe mort, frappé à la tête par une balle. Le général Goldin est atteint dangereusement; sa colonne se replie après une perte considérable.

L'artillerie avait fait tellement de décharges depuis le commencement de la bataille que le brouillard déchiré avait fini par se dissiper. La fumée de la poudre l'avait, pour ainsi dire, remplacé, enveloppant d'un épais nuage les combattants. Les Gardes, les divisions Cathcart et Lacy Evans, les deux bataillons français et les quatre compagnies de chasseurs à pied qui avaient pris part à l'action, se retiraient accablés par les masses de Pawloff. La seconde redoute était attaquée et emportée d'assaut après une lutte opiniâtre, et déjà les Russes touchaient au camp anglais. Leurs tirailleurs arrivaient jusque sur les pièces en batterie, deux canons étaient tombés entre leurs mains, une de leurs colonnes débouchait du côté de la route. Le moment était critique pour l'armée alliée. Les généraux Cathcart et Strangways étaient morts; Adams, Goldin, Torrens, Codrington, Bentinck et Georges Brown mis hors de combat. La bataille avait atteint son plus haut degré d'intensité, on se battait sur tous les points et avec tout ce dont on pouvait faire une arme; les Russes gagnaient de plus en plus, quatre de leurs régiments n'avaient pas encore donné, et s'apprêtaient à achever la défaite de l'armée anglaise, qui ne cédait le terrain que pas à pas et accablée par le nombre. Il était onze heures, on luttait depuis plus de cinq heures. Lord Raglan avait engagé toutes ses réserves, un instant encore et la victoire était à l'ennemi; mais en ce moment le bruit des clairons des zouaves, des chasseurs, des tirailleurs algériens, le bruit du tambour des troupes françaises du général Bosquet commençait à se faire entendre, nos soldats arrivaient au pas de course.

Le second acte de la bataille était fini, le troisième allait commencer, terrible et sanglant pour les Russes.

Longtemps les Anglais avaient espéré pouvoir contenir seuls les colonnes russes; mais lorsque toutes leurs réserves étant engagées ils virent se dessiner de nouvelles troupes ennemies, ils firent demander du secours au corps d'observation. Ce secours ne se fit pas attendre. Le général Bourbaki, envoyé d'abord avec trois bataillons du 3ᵉ de zouaves, 6ᵉ de ligne et chasseurs à pied, rétablit le combat en se lançant avec ses braves sur les Russes. Un instant après, le général Bosquet lui-même se présenta avec un bataillon du 3ᵉ de zouaves, avec le 7ᵉ léger et les tirailleurs algériens du colonel Wimpffen. A la voix vibrante du clairon les Russes sont frappés de stupeur, ils voient que le fruit de cinq heures d'efforts inouis va leur échapper, la démoralisation est bien près de se mettre dans leurs rangs. Ils résistent avec courage cependant. Les Anglais, rendus à l'espérance, saluent par des acclamations leurs libérateurs. Un immense *hurrah for the French!* retentit sur toute leur ligne.

Les troupes de la 2ᵉ division française culbutent les Russes, se forment en bataille à la droite des Anglais, tandis que le général Canrobert lui-même place en position, pour prendre l'ennemi d'écharpe, une batterie montée de la 2ᵉ division, et les deux batteries à cheval de la réserve. Le général de Monet, avec sa brigade, le 50ᵉ de ligne et deux régiments de chasseurs d'Afrique du général Morris, se tient en réserve à proximité du théâtre de l'action.

Le général Dannenberg a encore à nous opposer une artillerie formidable, quatre régiments intacts de la division Pawloff, et trois autres de cette même division fortement engagés. Quant aux chasseurs de Borodino et de Tarontino, et aux autres corps de la division Soïmonoff, les premiers se sont repliés dans la vallée d'Inkermann, les seconds se trouvent complétement désorganisés par les pertes nombreuses qu'ils ont essuyées, et par la mort de presque tous leurs chefs.

Ces braves troupes soutiennent la lutte pendant quelque temps, et opposent une résistance terrible au choc des Français, mais elles ne se battent plus pour la victoire. Le général russe voit bien qu'il ne doit songer qu'à opérer sa retraite le moins désastreusement possible. Il prend ses dispositions pour résister au choc furieux de soldats ardents et qui brûlent de faire briller leur valeur aux yeux d'une armée longtemps rivale. Il donne l'ordre à l'artillerie de se retirer lentement en continuant le feu, et aux régiments d'Okhotzk, de Yakoutzk et de Seleghine de suivre le mouvement en faisant de fréquents retours offensifs, et en alternant avec les régiments de la réserve de Pawloff. Il déploie ensuite sur le flanc gauche les deux régiments de Vladimir et de Sousdal, et lorsque ses troupes épuisées arrivent près de la vallée, il charge les bataillons de Vladimir de soutenir le combat, tandis que les autres bataillons défilent sous le feu des batteries anglo-françaises. Le régiment de Vladimir resté ferme à son poste protége la retraite et sauve l'armée russe, qui s'écoule du côté de la ville et du côté d'Inkermann, une partie traversant le ravin du Carénage, une autre le pont de la Tchernaïa.

La cavalerie ne pouvait agir sur ce terrain étroit, coupé, détrempé d'ailleurs par les pluies ; l'armée anglaise était harassée de fatigue, et deux vaisseaux russes, *le Chersonèse* et *le Vladimir*, étaient venus à ce moment de l'action (deux heures de l'après-midi) s'embosser dans le fond de la baie, pour balayer de leurs projectiles le champ de bataille. On arrêta donc la poursuite, et le combat ne fut plus continué qu'à coups de canon. L'artillerie alliée fit encore éprouver des pertes aux régiments russes qui se retirèrent par le pont d'Inkermann.

Les deux grands ducs, qui espéraient assister à une grande victoire, ne furent témoins que du courage inutile des soldats russes (1).

---

(1) Un officier du plus grand mérite, témoin et l'un des acteurs principaux dans la lutte d'Inkermann, auquel nous avions cru devoir communiquer notre travail, a bien voulu nous faire quelques observations. Ces observations, que nous plaçons ici, complètent, selon nous, le récit de cette héroïque journée.

« Mon cher ami, je trouve qu'au sujet de la bataille d'Inkermann, tes descriptions de la lutte soutenue par les Anglais ne laissent rien à désirer. Tu as eu sur cette partie de nombreux, de bons renseignements. Les opérations, les numéros des régiments, les noms des principaux officiers sont relatés de manière à bien faire saisir au lecteur les moindres incidents ; ce qui a été exécuté par les Français de neuf heures à deux heures me semble au contraire trop sobre de ces mêmes détails. Il n'est question d'eux que comme appoint brillant, opportun à la fin de la bataille, comme d'une dernière réserve fixant la victoire. On croirait, en te lisant, que cette seconde partie n'a duré qu'un instant, sans phases diverses.

» Les renseignements français ont dû te manquer ; ceux des Anglais et des Russes n'ont point su te préciser suffisamment notre rôle.

» J'ai remarqué que, dans la brochure Dannenberg, que je viens de parcourir, on s'étend avec complaisance sur le chiffre de nos forces. On y cherche le moyen d'amoindrir notre mérite, afin d'en exalter d'autant celui de nos adversaires. Cette brochure prétend que 9,000 Français ont apporté le poids de leurs efforts dans la lutte. Je constate que les brigades Bourbaki et d'Autemarre n'avaient point 3,000 combattants chacune. Elles avaient des bataillons de garde dans différents postes, et d'autres étaient restés en avant de leurs camps, pour parer aux éventualités d'une attaque, des monts Fediouchine à la plaine de Balaklava. Tu parles, dans ta narration, de deux bataillons français ayant combattu avant l'arrivée

Sur notre extrême droite, le corps du prince Gortschakoff s'était borné à la canonnade la plus insignifiante. Celles de nos troupes qui n'avaient pas

des brigades Bourbaki et d'Autemarre, ce que j'avais ignoré jusqu'à ce jour.

» Tu peux faire ressortir le mérite des généraux Canrobert et Bosquet, qui ont su promptement juger que l'attaque véritable était du côté des Anglais, et prendre la précaution (malgré le refus primitif de nos alliés de nous voir arriver à leur aide) de diriger des troupes vers ce point d'attaque, en gardant néanmoins sur toute la ligne ce qui était nécessaire pour faire face à toutes les obligations.

» C'est grâce à ces mesures, que notre concours, à peine sollicité, la brigade Bourbaki entrait en ligne et refoulait jusque près de la route les troupes russes. Cette brigade, trop peu nombreuse, se voyant débordée, malgré ses admirables efforts, et ne voulant pas être complétement prise de flanc et à revers, fut forcée de battre en retraite, mais au pas, pour attendre un prochain secours. C'est alors que survint la brigade d'Autemarre, lancée au pas de course depuis la route de Woronzoff. Ces troupes rencontrant à la poursuite des Anglais les tirailleurs russes, les ramenèrent en les poussant jusqu'au petit redan, théâtre déjà de tant de luttes.

» Là, s'engagea un combat terrible, à la suite duquel l'ennemi fut obligé de se retirer dans les ravins, opération non encore décisive cette fois, les Anglais épuisés n'ayant pu prendre part à ce mouvement offensif.

» Les Russes n'avaient pu être aussi vigoureusement poussés par notre gauche; ils la débordaient même. Une de nos pièces d'artillerie fut compromise; et, ce qui était bien plus grave, le brave général Bosquet, qui s'était beaucoup avancé dans cette direction, afin de mieux juger de ce qu'il y avait à faire, se trouva exposé à être pris ou tué. Il en résulta un deuxième mouvement de retraite. La droite, qui s'était portée jusqu'aux dernières pentes vers la Tchernaïa, pouvait être compromise; mais alors les troupes se rallièrent en arrière du petit redan, et ce qui est remarquable, en raison de l'énergie de la lutte qui venait d'avoir lieu, au pre-

été envoyées du côté d'Inkermann restèrent l'arme au pied. Cette singulière démonstration de la division Liprandi et de la cavelerie russe n'aida en rien l'armée du général Dannenberg à laquelle elle dut être plus nuisible qu'utile, si cet officier général avait compté sur son efficacité pour nous retenir dans nos lignes. Voici du reste, suivant le rapport du prince Gortschakoff, comment les choses se passèrent de son côté :

« Trois de ses bataillons avec huit bouches à feu mier appel de leurs officiers chaque homme s'empressa de rejoindre son corps et de reprendre sa place de bataille.

» Les Russes, croyant devoir encore tenter un nouvel effort, se reportaient en masse vers les hauteurs. Heureusement, leur marche lente, provenant surtout de leur manière d'opérer par masse, nous avait permis de reprendre haleine, de nous remettre en ordre, de recevoir de nouvelles instructions du général Bosquet.

» A peine leurs baïonnettes reparaissaient-elles à la crête de la montagne, au petit redan, que tous nous courûmes sus, pour engager une lutte corps à corps. Nous les repoussâmes si brusquement, qu'ils furent forcés de s'échapper par les pentes les plus abruptes.

» Cette fois encore, les corps français donnèrent seuls, et, pour gêner la retraite des Russes, s'étendirent sur les pentes à gauche de la route. Le feu des vaisseaux et de la place faisant craindre des pertes graves et inutiles, les généraux eurent le bon esprit d'arrêter tous mouvements qui pouvaient peut-être nous causer autant de préjudice que nous aurions pu en faire aux Russes.

» En résumé, la première période de la lutte française a lieu avec la brigade Bourbaki. Là, est tué le colonel de Camas. La deuxième, est opérée en grande partie par la brigade d'Autemarre, qui dégage la première et se porte sur les éperons de la montagne. La troisième a lieu par ces deux brigades, avec l'artillerie, qui, s'étant placée à 800 mètres de celle des Russes, obtient des avantages prompts et décisifs. »

» sous le commandement du général Lawontzki furent
» envoyés dans la direction des hauteurs de Sapoun,
» flanqués à gauche de huit pièces de gros calibre et
» à droite de huit d'un calibre inférieur. Sur un mame-
» lon voisin, furent placés trois autres bataillons avec
» une batterie légère sous les ordres du colonel Scu-
» déri. Trois autres bataillons encore avec six pièces
» durent marcher du côté de Kadikeuï pour prendre
» position au dessous du général Lavontzki. La cava-
» lerie forte de vingt-huit escadrons fut tenue en ar-
» rière, près de Tchorgoun à l'extrémité de la vallée.
» La position des Français près du télégraphe avait
» donc contre elle seulement neuf bataillons, trente-
» huit bouches à feu et vingt-huit escadrons. »

Le corps de Gortschakoff avait en outre quinze autres bataillons qui ne parurent même pas. Dès 9 heures du matin, tout rentra dans le silence de ce côté et vers 4 heures du soir la division Liprandi et la cavalerie firent leur retraite et rentrèrent dans leurs anciennes positions.

Au corps de siége il n'en fut pas ainsi. Vers neuf heures et demie du matin, au moment où l'action était fortement engagée sur les hauteurs d'Inkermann, une colonne russe, composée en partie du régiment de Minsk et que l'on jugea forte de 4 à 5,000 hommes (1), sortit de la place par le bastion de la Quarantaine, et, profitant du brouillard qui n'était pas complétement dissipé, se jeta sur l'extrême gauche de la première

(1) Les Russes prétendent qu'ils n'avaient là que 2,000 hommes.

parallèle où étaient les batteries nos 1, 2 et 3. On llait relever les gardes de tranchée. Les Russes essayèrent d'enclouer sept bouches à feu. La garde descendante prit les armes et contint l'ennemi. Aux premiers coups de fusil, le brave général de Lourmel sautant à cheval se précipita avec ce qu'il put réunir de sa brigade sur le point attaqué. Le général Forey fit prendre les armes au corps de siége, ne sachant si la principale affaire n'allait pas avoir lieu de son côté.

L'ennemi ne put tenir devant l'impétuosité du choc de la brigade de Lourmel, et fut poussé l'épée dans les reins jusque sous les murs de la place. A ce moment le général Forey, ne voulant pas engager trop sérieusement la 4e division, fit sonner la retraite. Les Russes se jetèrent dans leurs ouvrages, et dès que la brigade de Lourmel se trouva seule en avant d'eux, leur artillerie la couvrit de mitraille.

Cette brigade, protégée par celle du général d'Aurelle de Paladines, qui pendant l'action était venue s'établir sur sa gauche, se retira en bon ordre mais en rapportant son jeune et héroïque général qui avait eu le corps traversé de part en part par une balle, et qui, néanmoins, n'avait consenti à quitter son commandement qu'après avoir assuré la retraite de ses soldats (1).

La sanglante journée du 5 novembre 1854 coûta aux Russes de 9 à 10,000 hommes hors de combat (de leur aveu); aux Anglais près de 3,000 ; à nous,

---

(1) Le général de Lourmel, jeune, ardent et plein d'avenir

150 hommes tués et 1,530 blessés, total 1,680 dont 780 du corps de siége et 900 du corps d'observation. La perte en officiers fut hors de proportion avec celle éprouvée par la troupe, puisque 24 furent tués et 95 blessés. Le colonel de Camas du 6ᵉ de ligne, les chefs de bataillons Chenevrier et d'Hérail de Brisis du 26ᵉ furent du nombre des premiers (1).

*Du 6 au 31 novembre 1854.* — On conçoit qu'après une action aussi meurtrière, il y eut, le 6,

mourut deux jours après en héros chrétien. Voici ce que le général Forey écrivit de lui :

*Extrait d'un rapport de M. le général* FOREY, *commandant le corps de siége devant Sébastopol, au général commandant en chef l'armée d'Orient, en date du 7 novembre 1854.*

« J'ai l'honneur de vous rendre compte que, le 5 novembre, à neuf heures du matin, la gauche de nos attaques contre Sébastopol a été assaillie par une colonne russe......

» La brigade de Lourmel, conduite avec une ardeur indicible par son chef, culbuta en avant d'elle l'ennemi, aussitôt qu'elle se trouva en sa présence.

» Je ne saurais trop vous faire l'éloge des troupes engagées le 5. Je vous citerai d'une manière particulière M. le général de Lourmel, qui, blessé très grièvement, n'a remis son commandement que lorsque ses forces furent épuisées. Son courage chevaleresque a fait l'admiration de tous .....

» Au moment où je termine ce rapport, j'apprends la mort de M. le général de Lourmel, qui a succombé à sa blessure. »

(1) Nous ne donnons ici, pour l'armée russe, que les pertes accusées par leurs généraux. Il est certain, cependant, que 4,500 cadavres de leurs soldats furent enterrés le surlendemain par les alliés, que 900 blessés furent recueillis, et que 250 prisonniers furent conduits, le 6, à bord du *Vulcain*.

comme une sorte de suspension tacite des hostilités. Les travaux, cependant, ne furent pas complétement interrompus au corps de siége. En outre, une partie de l'armée fut employée à relever les blessés et à ensevelir les morts. On dut un instant interrompre ce triste et pieux devoir du côté du ravin, l'artillerie russe ayant continué son feu contre les hommes de corvée, ignorant sans doute la mission qu'ils avaient à remplir.

Jusqu'au 14 du même mois, il ne se passa rien de bien particulier. Le génie continua ses travaux d'attaque, élargissant et consolidant la troisième parallèle, cherchant à rendre les abris plus à même de couvrir les gardes. Trois sapeurs se glissèrent près du fossé du bastion du Mât pour le reconnaître et revinrent à travers une vive fusillade mais sans être touchés. Cinq chasseurs à pied tentèrent la même opération. On parvint ainsi à avoir quelques données sur les défenses de ce bastion. Les Russes travaillaient avec ardeur non-seulement à réparer chaque nuit les dégâts occasionnés le jour par notre tir, mais à établir des batteries nouvelles. Il y en avait une à laquelle ils semblaient attacher une grande importance, elle était située de façon à couvrir de mitraille les colonnes montant à l'assaut du bastion du Mât.

La sortie des Russes vers la gauche de nos attaques pendant la bataille du 5, avait attiré sur ce point l'attention du général en chef. On résolut de consolider cette partie des tranchées en élevant trois ouvrages, une redoute, un cavalier et un épaulement formant une espèce de ligne de contrevallation à la hauteur de la 1ʳᵉ parallèle. Deux bataillons du corps d'observation relevés matin et soir furent chargés d'établir des retranchements à la droite des Anglais. Ces travaux furent poussés si activement qu'en peu de jours ils furent achevés et armés. Les boyaux de communication entre les parallèles étaient également ouverts, élargis ou rectifiés au fur et à mesure que de nouvelles batteries de l'ennemi les enfilaient. Les francs-tireurs qui gênaient beaucoup la défense furent abrités derrière des sacs à terre le plus près possible de la place.

L'artillerie s'était approvisionnée de nouveau à Kamiesch : son feu avait suivi les phases de celui des Russes, et tout en construisant de nouvelles batteries, on réparait les anciennes.

Le 12, à la suite de quelques mouvements observés du côté des Russes, au corps de Liprandi, lord Raglan fit demander un demi-bataillon de renfort pour le col de Balaclava où se trouvaient établis les Higlanders et trois bataillons turcs. Le général Canrobert fit partir une colonne de deux bataillons et demi disposés de manière à faire croire à l'ennemi qu'une force beaucoup plus considérable allait occuper ce point. La nuit venue, ces troupes revinrent à l'exception du demi-bataillon du 1ᵉʳ zouaves destiné à rester avec les Anglais. Ce déploiement tint sur pied le corps russe de la Tchernaïa pendant la journée tout entière.

Vers la même époque, les premiers envois de vêtements chauds, capotes à capuchon, bas de laine,

arrivèrent de France et purent être mis en service.
Ce fut un grand adoucissement pour les troupes, car
depuis le 4, le temps était devenu tellement pluvieux
que les travaux en étaient souvent ralentis. La brigade
Mayran, composée du 23ᵉ léger et du 28ᵉ de ligne,
débarqua le 12; longtemps retenue au Pirée, cette
brigade, qui devait faire partie de la 6ᵉ division, fut
établie près du grand quartier-général (1).

*Ouragan du 15 novembre 1854.* — Dans la nuit
du 14 au 15, des bourrasques entremêlées de pluie
et de vent rendirent la mer très mauvaise. Au point
du jour, l'ouragan redoubla de furie au cap Chersonèse, s'étendant au loin sur presque tous les
points de la mer Noire. La force du vent devint
telle que la plupart des tentes furent enlevées. L'intensité de la pluie mêlée de neige fondue qui dé-
trempait la terre, les nuages épais qui rasaient le
sol et rétrécissaient l'horizon interrompirent forcément les opérations de l'ennemi et les nôtres. Deux
baraques d'ambulances furent détruites, mais heureusement sans causer d'accidents aux malades et
aux blessés qui purent être abrités aussitôt sous des
tentes restées debout. Une troisième baraque conte-

---

(1) Les dépôts restés en France des régiments ayant leurs bataillons de guerre en Orient commencèrent alors à envoyer des renforts ; l'armée française reçut ainsi, vers le milieu de novembre,
5,500 hommes. Les Russes, également, voyaient chaque jour augmenter leurs forces par des troupes dirigées même de la Bessarabie
sur Sébastopol par Pérékop, tandis que les vivres et les munitions
leur arrivaient par la mer d'Azof.

nant des vivres fut également bouleversée. La mer furieuse ballottait les vaisseaux qui chassaient sur leurs ancres. Cependant, les gros navires eurent peu d'avaries. Dans les moments où les nuages s'élevaient, on apercevait les transports anglais dérivant et jetés à la côte vers l'embouchure de la Katcha. La baie de Kamiesch protégea les nôtres. On ne tarda pas à connaître l'étendue du désastre causé par cette tourmente qui ne se calma que dans la journée.

Les Anglais perdirent à Balaclava treize transports de commerce, dont quelques-uns avaient à bord des vêtements pour la troupe et des fourrages. Vers la Katcha, d'autres grands transports de la même nation et deux frégates turques furent jetés à la côte. Le vaisseau le *Henri IV* et l'aviso à vapeur le *Pluton*, tous deux en ce moment près d'Eupatoria, eurent le même sort. Les équipages furent sauvés, et on parvint même plus tard à retirer une partie de leur armement. Les autres bâtiments français tinrent bon partout. Nous ne perdîmes que trois petits navires du commerce, dont l'un portait malheureusement un peloton du 4ᵉ de hussards avec ses chevaux. L'officier, six soldats et un cheval gagnèrent seuls la terre ferme.

Tandis que le sinistre concentrait sur la plage d'Eupatoria l'attention et les efforts de la garnison française, une division de cavalerie russe vint avec 14 bouches à feu attaquer la ville. L'attitude énergique de cette petite garnison, les bonnes dispositions de son commandant supérieur, le chef d'escadron d'état major Osmont, déterminèrent l'ennemi à se retirer après une canonnade d'une heure (1).

A Sébastopol, l'ouragan causa également d'assez notables dommages à la défense. Une partie des toitures en zinc des grands magasins de la marine fut emportée; la houle, pénétrant jusque dans le port, détruisit la passerelle du fort Saint-Paul, et plusieurs petits bâtiments vinrent s'échouer sur le rivage.

Quant aux tranchées, aux boyaux de communication, aux batteries, ils furent si complétement inondés qu'il fallut plusieurs jours de travaux pour faire écouler les eaux et les réparer. Le feu ne fut repris par l'attaque et par la défense que vers le 18.

Le temps était toujours à la pluie, en sorte que tous les travaux se trouvaient naturellement fort ralentis. Nos soldats souffraient beaucoup, une partie n'étant encore abrités que sous la tente. Les Anglais et les Turcs, dont les administrations étaient loin d'avoir une organisation aussi bonne que la nôtre, souffraient plus encore, et leur état sanitaire empirait

---

(1) Déjà, le 23 octobre au matin, la cavalerie russe, qui bloquait Eupatoria à distance, avait fait contre ce poste une tentative. 5 à 6,000 cavaliers s'étaient montrés sur les hauteurs qui bordent l'horizon de la ville; mais quelques fusées lancées au milieu d'eux les avaient éloignés. On comprend peu, du reste, que ce point n'ait pas été attaqué plus sérieusement, tandis qu'il était si facile encore aux Russes de diriger de ce côté des forces très supérieures aux nôtres. Eupatoria pouvait, dans un moment donné, à cause de sa situation sur la gauche de la ligne de Pérékop à Sébastopol, être d'un grand intérêt pour l'ennemi.

de jour en jour. D'après ce qu'on apprenait par les espions et les déserteurs, l'armée russe se trouvait dans une position beaucoup plus triste, bien que dans des forts et dans des casernes. Le choléra sévissait dans ses rangs, le souvenir récent de la bataille d'Inkermann agissait sur le moral des soldats, et cependant ils n'en continuaient pas moins, sous l'habile direction du général Totleben, à mettre tout en œuvre pour organiser leur résistance et repousser nos attaques. Les villages à vingt lieues sur la route de Pérékop étaient encombrés de leurs blessés et de leurs malades. Ceux des Anglais et les nôtres étaient dans des ambulances tenues avec tout le soin imaginable, puis dès que les hommes pouvaient supporter sans danger le trajet de Kamiesch ou de Balaclava à Constantinople, ils étaient embarqués et évacués sur les hôpitaux de Constantinople. Là, ils trouvaient les pieuses femmes que l'on rencontre partout où il y a du bien à faire.

Jusqu'aux derniers jours de novembre, à l'exception de la canonnade journalière, il y eut peu de faits dignes d'être signalés. Cependant, dans la nuit du 20 au 21, une centaine de tirailleurs anglais ou rifflemen nous rendirent le service de débusquer des tireurs russes qui, sur le versant oriental du grand ravin, gênaient nos travailleurs en prenant nos tranchées d'enfilade. Les braves rifflemen enlevèrent vivement les embuscades ennemies, et se logèrent derrière un petit mur, dans des trous de loups situés à 150 mètres environ en avant des ouvrages les plus avancés de leurs attaques. Le capitaine qui les commandait y fut tué.

On essaya contre la place des fusées incendiaires et détonnantes envoyées de Metz, et portant à 7000 mètres. Elles produisirent peu d'effet.

Quatre batteries, n°s 15, 16, 17 et 18, furent achevées, ainsi que celle à mi-côte, destinée à battre le fond du ravin.

Comme on commençait à manquer d'eau dans la place, des voitures essayèrent de venir à une fontaine située vers la partie plane et inférieure du débouché du grand ravin. Nos francs-tireurs les contraignirent à se retirer. Le redan du bastion du Mât, dont la défense avait eu soin d'abaisser les embrasures, ouvrit un feu des plus vifs, qui força à leur tour nos francs-tireurs à abandonner la place d'arme de la troisième parallèle. Ils se retirèrent aussitôt sur le revers du ravin avec ceux du 38e anglais, et firent tête aux Russes jusqu'à la nuit. A la faveur des ténèbres, l'ennemi se glissa au milieu de ruines d'où il avait vue sur les approches anglaises. Le jour venu, il essaya de tenir dans ce poste; mais, pris de flanc par les embuscades françaises et anglaises, préparées avec intelligence, il dut l'abandonner, et on ne revit plus ses tirailleurs que dans les fossés de la place ou dans l'intérieur des ouvrages.

Vers cette époque, les Russes commencèrent à construire de nouveaux ouvrages en arrière de leur enceinte et des approches, dans l'intérieur même de la place. De notre côté, on fit une opération importante et hardie. Le 25, un détachement du génie, appuyé par une centaine de zouaves, alla couper la chaussée qui conduit d'Inkermann à Sébastopol, en longeant la baie, et par où, jusqu'alors, les assiégés avaient pu faire entrer des vivres et des munitions dans la place.

La pluie avait redoublé. Jusqu'à la fin du mois on ne fut plus guère occupé qu'à réparer bien plus les dégâts causés par le mauvais temps que par le feu des Russes. Ces derniers en faisaient autant de leur côté. Ils essayèrent, mais inutilement, de former de nouvelles embuscades dans un cimetière situé sur la droite, vis-à-vis les Anglais, et ils placèrent de petits postes dans les maisons voisines. Leurs tirailleurs et ces petits postes furent délogés par le feu de l'artillerie anglaise et par celui de nos francs-tireurs. Ils réussirent mieux à palissader leurs ouvrages et à couvrir les approches de chevaux de frise. Néanmoins, l'on pouvait dire que, par le fait, les opérations du siége, retardées par les pluies, n'avançaient ni ne reculaient.

Au 1ᵉʳ décembre, les pertes de l'armée française, depuis l'ouverture de la tranchée, y compris la journée d'Inkermann, s'élevaient à 329 tués et 3,128 blessés.

*Décembre 1854.* — Le mois de décembre fut utilisé des deux côtés, malgré une température presque toujours froide et pluvieuse. Les travaux d'attaque et de défense prirent une extension considérable. Voyant notre persévérance à cheminer sur la capitale du bastion du Mât et sur les approches de ceux de la Tour (ou du Centre) et de la Quarantaine, les Russes mirent tous leurs soins à relier ces trois bastions par une enceinte ayant en arrière d'elle, dans la ville même, des ouvrages ou réduits très habilement disposés. Au-dessous du bastion du Mât, ils rasèrent les baraques, et construisirent sur le point culminant une batterie nommée de la *Terrasse*, qui, grâce à son relief, à la puissance de calibre de ses bouches à feu, put battre à la fois la gauche des attaques anglaises, au delà du ravin, la droite et la gauche de nos propres attaques.

Entre les bastions du Mât et de la Tour commençait un ravin se dirigeant vers le port sud, et séparant le mamelon du Mât et la batterie de la Terrasse de la partie principale de la ville en face de nous. L'ennemi construisit sur ces deux points deux enceintes, avec batteries s'appuyant à gauche au bastion de la Tour, et regagnant le port sud.

Enfin ils songèrent, dans les derniers jours du mois, à palissader le fossé et à le couvrir de chevaux de frise, ce à quoi ils parvinrent en abritant leurs travailleurs sous un feu des plus violents, et au moyen de sorties souvent réitérées pour détourner notre attention. Vers le 7, ils portèrent également leurs efforts sur Malakoff, dont ils augmentèrent les défenses.

Dans l'armée française, il avait été arrêté, à la fin de novembre, que le système des batteries d'attaque serait complétement modifié. On décida la création de 19 batteries de A en B et en C (voy. la planche III) portant les numéros de 1 à 23, plus une batterie dite mobile, et la suppression des numéros 5, 6, 8 et 9. On leur destina 132 bouches à feu de siége ou de marine, dont 85 canons, 18 obusiers et 20 mortiers.

Ces batteries furent construites et armées dans le courant du mois ; voici quels étaient leur armement et leur destination, en allant de la gauche à la droite :

N° 1 (sept canons de 30 et deux obusiers de 22 centimètres) tirant partie sur la porte existant entre les bastions de la Quarantaine et de la Tour, partie sur le redan à gauche.

N° 2 (six canons de 30 et deux obusiers de 22) agissant contre la batterie de la Tour, le retranchement à sa gauche, et celui fortement avancé situé à la droite.

N° 3 (quatre mortiers de 27 centimètres) tirant contre la batterie à la droite de la portion de la Tour.

N° 4 (six canons de 30) contre la batterie de la Tour, le bastion du Mât et les batteries élevées contre ces deux ouvrages.

N° 7 (six canons de 30) contre la batterie à la gorge du bastion du Mât et celle élevée au point culminant en arrière de la batterie de la Terrasse.

N° 10 (sept canons de 30) contre la face gauche du bastion du Mât et les flancs adjacents.

N° 11 (treize canons de 30 et deux obusiers de 22) même destination que la précédente.

N° 12 (quatre canons de 24, deux mortiers de 22,

deux obusiers de 22), contre les batteries à gauche du ravin central.

N° 13 (six canons de 16) contre la batterie à droite du ravin central.

N° 14 (quatre mortiers de 27) contre la batterie du Boulevard ou de la Terrasse.

N° 15 (huit canons de 24) contre la batterie à gauche du ravin central.

N° 16 (six canons de 30) destinée à faire brèche à la face droite du bastion du Mât.

N 17 (six canons de 30) tournée contre les vaisseaux du port et le ravin.

N° 18 (trois canons de 16 et trois obusiers de 22) devant agir contre la batterie à gauche du bastion du Mât, les batteries en arrière et les flancs à gauche.

N° 19 (quatre canons de 30) contre le bastion du Mât et les batteries voisines à gauche.

N° 20 (trois canons de 16 et trois obusiers de 22) même destination que le n° 18.

N° 21 (quatre mortiers turcs de 32) contre la parallèle entre les forts Saint-Paul et Saint-Nicolas et les batteries en arrière du bastion du Mât.

N° 22 (quatre mortiers turcs de 32) même destination que la précédente.

N° 23 (trois obusiers de 29 et trois mortiers turcs de 32) contre la batterie de la Terrasse.

Une batterie mobile de deux mortiers de 22 et de six de 15 pour lancer des grenades et des obus de 12 centimètres contre le fossé du bastion du Mât.

Les n°ˢ 1, 2, 4, 7, 10, 11, 16, 17, 19 appartenaient à la marine, les autres à l'artillerie de terre.

Cet armement, tout redoutable qu'il parût, n'était pas en rapport avec les moyens d'action dont la défense disposait. Jamais encore, dans aucune guerre, dans aucun siége, on n'avait vu l'artillerie déployer, de part et d'autre, autant d'engins terribles et destructeurs.

Les travaux des parallèles furent menés de front avec les travaux des batteries, on chemina lentement, mais avec une persévérance inouïe.

Au corps d'observation, on acheva la ligne de circonvallation qui devait mettre cette partie de l'armée à l'abri de tentatives pareilles à celle d'Inkermann. On donna aux ouvrages les noms suivants : en procédant de la droite à la gauche, 1° redoute turque; 2° vieille redoute russe ; 3° du Col (Balaclava); 4° du Télégraphe; 5° Canrobert. La redoute du camp de droite des Anglais fut nommée d'Inkermann ; les deux en avant de droite et de gauche, du Phare.

Les Russes tentèrent plusieurs petites sorties, principalement par la capitale du bastion du Mât, le point le plus rapproché de nos travaux ; mais ils furent toujours repoussés. Une fois cependant, le 11, deux colonnes ennemies s'étant ruées à l'improviste sur de jeunes soldats du 42ᵉ de ligne, eurent un court succès. Trois petits mortiers furent même encloués dans une batterie ; mais se ralliant à la voix de leurs chefs, ces braves jeunes gens coururent à la baïonnette sur les Russes, les chassèrent de la parallèle, et reprirent glorieusement leur poste de combat.

Le 20, les Russes essayèrent encore une opération du même genre. Ils s'avancèrent en silence. Un bataillon du 5ᵉ léger de garde les laissa approcher à quelques pas. Mais au moment où ils arrivaient à la tranchée, croyant avoir surpris les troupes françaises, un feu de bataillon à bout portant et une charge à la baïonnette les rejetèrent brusquement et avec perte dans la place.

Les sorties souvent répétées des Russes, la proximité de nos travaux et des ouvrages de la place firent juger utile au général en chef la création de trois compagnies de volontaires chargés d'éclairer perpétuellement le terrain en avant des tranchées. Le 18, ces trois compagnies, prises dans les deux divisions du corps de siége, furent constituées et installées près de la maison du Clocheton. Une d'elles était toujours aux parties les plus exposées des travaux. Poste périlleux et poste d'honneur. Les braves qui composaient ces compagnies rendirent d'immenses services, que la plupart payèrent de leur vie ou de blessures terribles.

Le corps d'observation du général Bosquet ne fut pas attaqué, mais à plusieurs reprises il reçut ordre de se tenir prêt à repousser l'ennemi. Le 9, les Anglais firent savoir au brave général qu'il y avait des probabilités pour que les Russes les attaquassent, attendu que des renforts considérables ennemis avaient traversé la rade en bateau pour entrer en ville.

Le 18, jour de la Saint-Nicolas, le général Canrobert crut également à une démonstration offensive des Russes, auxquels il supposa la pensée de vouloir fêter par une victoire le patron de leur empereur. Les ordres furent donnés, les précautions prises dès le 16, mais l'ennemi ne parut nulle part.

Le 6, le corps de Liprandi, craignant, sans doute, de rester trop isolé du reste de l'armée, et voulant se rapprocher de la place, abandonna ses positions de Kamara, après avoir incendié le village et ses abris, évacuant la plaine, les redoutes, et renonçant au système mamelonné, qui complétait l'ensemble de sa défense. Il vint s'établir sur la rive droite de la Tchernaïa, la gauche en amont du village de Tchorgoun, la droite à la route de Mackenzie, ne conservant sur la rive gauche qu'un poste avancé. Cette position était forte et bien choisie. Ces troupes ne tardèrent pas à la fortifier en cet endroit et du côté d'Inkermann, dans la crainte probablement que nous ne vinssions à franchir la rivière pour les attaquer à notre tour, en nous appuyant sur nos ouvrages de circonvallation.

Le 20, le général Canrobert, de concert avec lord Raglan, jugeant utile de se rendre compte de la force des Russes sur la Tchernaïa, prescrivit une forte reconnaissance. A onze heures du matin, le général d'Allonville à droite, avec le 4e de chasseurs d'Afrique, le 6e de dragons, le colonel anglais Cameron, du 42e écossais, avec son régiment, un bataillon de rifle et un demi-bataillon du 3e de zouaves à gauche, s'avancèrent pour fouiller le pâté montagneux en avant de l'extrémité droite des positions anglaises de Balaclava.

Les troupes alliées poussèrent jusqu'à Kamara, en refoulant quelques postes de Cosaques et d'infanterie légère russe. L'ennemi retira son faible rideau, soutenu à peine par quelques milliers d'hommes.

Quelques jours plus tard, le 30, une reconnaissance plus forte fut encore envoyée pour tâter les Russes et savoir ce qui se passait dans la vallée de Baïdar.

Au point du jour, le général Morris, avec les 1$^{er}$ et 4$^e$ de chasseurs d'Afrique, le 6$^e$ de dragons, et six bataillons sans sacs des 4$^{er}$, 7$^e$ et 61$^e$ de ligne, 1$^{er}$ de zouaves et 17$^e$ de chasseurs à pied, sous les ordres des généraux d'Allonville et Espinasse, appuyés d'une batterie à cheval, se porta du col de Balaclava sur la vallée de Baïdar. Le colonel Desaint et deux officiers de la brigade topographique suivirent les troupes pour lever le terrain.

Cette reconnaissance offensive se dirigea sur Kamara, la cavalerie en tête de colonne, ayant laissé le village sur sa droite. Le général Morris fut bientôt en face de trois sotnias de Cosaques, sur lesquels il lança deux escadrons du 1$^{er}$ de chasseurs, tandis que l'infanterie française tenait tête à 5 à 6,000 Russes appuyés à Tchorgoun.

L'artillerie s'étant mise en batterie, l'ennemi se replia, après avoir eu une pièce démontée.

Le général Morris rentra dans nos positions vers sept heures du soir. Pendant son opération il avait été garanti sur sa gauche par le général Espinasse, sur sa droite par l'infanterie du général Colin Campbell, qui couronnait les hauteurs en avant de Balaclava.

Après avoir traversé l'affluent de gauche de la Tchernaïa, le général Morris, chargé de cette reconnaissance, ayant envoyé son chef d'état-major, le colonel Pajol, avec deux escadrons, au village de Salsous, avait remonté avec le reste de sa cavalerie par la belle route d'Yalta. Débouchant ensuite dans la vallée de Soukoircichk, il avait gagné Vanoucska, abandonné par les Russes, et s'était étendu jusqu'au col voisin, près d'un château appartenant au ministre de l'intérieur de Russie, point d'où l'on découvre toute la vallée de Baïdar.

On avait pu constater que le terrain au delà de Kamara et du défilé de Tchorgoun est montagneux, entrecoupé de vallées accidentées à crêtes boisées et rocheuses. Il s'y trouve des parties fertiles et une belle route macadamisée.

La guerre prenait des proportions telles qu'il avait été urgent de créer deux nouvelles divisions; elles furent organisées en France avec rapidité, complétées, et partirent au mois de novembre pour l'Orient. Voici la composition des 6°, 7° et 8° divisions :

### 6° Division.

PATÉ, général de division, commandant.

Borel de Bretizel, colonel, chef d'état-major; Beaumont, chef d'escadron, Sumpt, Gatine, capitaines attachés à l'état-major; Pé-de-Arros, chef d'escadron, commandant l'artillerie; Janisson, chef de bataillon, commandant le génie..... Curnier de Lavalette, sous-intendant; l'abbé Orliac, aumônier.

### 1re *Brigade.*

*Mayran*, général de brigade, commandant.

6e bataillon de chasseurs à pied : Fauvart-Bastoul, commandant ; 23e léger et 28e de ligne : de Brégeot, Sencier, colonels.

### 2e *Brigade.*

*Bazaine*, général de brigade, commandant.

1er et 2e régiments de la légion étrangère : Vienot, de Caprez, colonels ; 7e et 8e batteries du 8e régiment d'artillerie monté ; 6e compagnie du 2e bataillon du 2e régiment du génie ; 4e compagnie du 2e escadron du train des équipages ; un détachement de gendarmerie.

### 7e **Division.**

DULAC, général de division, commandant.

Liron d'Ayroles, colonel, chef d'état-major ; Dupin, chef d'escadron ; Humbert et Gruizard, capitaines, attachés à l'état-major ; Joly-Frigola, chef d'escadron, commandant l'artillerie ; Masson, chef de bataillon, commandant le génie ; Seymour de Constant, sous-intendant.

### 1re *Brigade.*

*Boussingen*, général de brigade, commandant.

17e bataillon de chasseurs à pied : Douay, commandant ; 10e léger et 57e de ligne : Javel et Dupuis, colonels.

### 2e *Brigade.*

*Bisson*, général de brigade, commandant.

10e et 61e de ligne : De la Serre et Lefebvre, colonels ; 1re batterie du 7e régiment d'artillerie monté et 2e batterie du 4e régiment monté ; 3e compagnie du 1er bataillon du 3e régiment du génie ; 3e compagnie du 5e escadron du train des équipages.

### 8e **Division.**

DE SALLES, général de division, commandant.

Pissis, colonel, chef d'état-major ; Joinville, chef d'escadron, d'Ornant et Fourchault, capitaines, attachés à l'état-major; Pariset, chef d'escadron, commandant l'artillerie; Calop, chef de bataillon, commandant le génie; Heina, sous-intendant militaire.

### 1<sup>re</sup> Brigade.

*Faucheux*, général de brigade, commandant.

10<sup>e</sup> bataillon de chasseurs à pied : De la Bastide, commandant ; 4<sup>e</sup> léger et 18<sup>e</sup> de ligne : Grenier et Dantin, colonels.

### 2<sup>e</sup> Brigade.

*Duval*, général de brigade, commandant.

14<sup>e</sup> et 43<sup>e</sup> de ligne : de Négrier et Broutta, colonels; 13<sup>e</sup> et 14<sup>e</sup> batteries du 12<sup>e</sup> régiment d'artillerie monté ; 6<sup>e</sup> compagnie du 2<sup>e</sup> bataillon du 3<sup>e</sup> régiment du génie; 2<sup>e</sup> compagnie bis du 5<sup>e</sup> escadron du train des équipages militaires.

Afin d'égaliser les divisions, le 19<sup>e</sup> bataillon de chasseurs à pied passa de la 2<sup>e</sup> brigade de la 1<sup>re</sup> division à la 1<sup>re</sup> brigade de la 5<sup>e</sup> division.

La 7<sup>e</sup> division vint s'établir près du grand quartier-général français, de façon à former une réserve pour le corps de siége comme pour le corps d'observation. Elle commença à débarquer à Kamiesch vers le 13.

La 8<sup>e</sup> fut destinée à renforcer le corps de siége. Ses premières troupes atteignirent Kamiesch le 21.

*Du 1<sup>er</sup> janvier au 10 février 1855.* — Les travaux de siége, depuis l'ouverture de la tranchée, avaient présenté plusieurs périodes assez distinctes.

On avait cherché à atteindre des buts différents et bien déterminés.

Pendant la première période (du 9 au 18 octobre) on avait construit, sur le mamelon de la maison brûlée, à gauche des attaques, cinq batteries (n°* 1, 2, 3, 4, 5) pour battre la partie opposée de la place, et tenter, à la suite de la canonnade, une opération de vive force. Le succès n'ayant pas répondu à ce qu'on attendait du jeu de l'artillerie, on s'était empressé de modifier les projets, et une attaque régulière dirigée sur le saillant du bastion du Mât avait été résolue.

La seconde période (du 19 octobre au 5 novembre) avait été employée à l'établissement de trois parallèles : la première, allant de la batterie française n° 5 à la gauche de l'attaque anglaise, sur le grand ravin ; la seconde, embrassant les deux berges du ravin qui descend en ville, entre les bastions du Centre et du Mât, et s'étendant sur tout le contre-fort de ce dernier bastion ; la troisième, en face et à 150 mètres du saillant de l'ouvrage ennemi, dont elle tenait seulement la largeur du contre-fort.

Ces travaux terminés le jour de la bataille d'Inkermann, la troisième période commença, et l'on s'occupa d'une façon toute spéciale à renforcer la gauche des attaques françaises par des ouvrages de contrevallation, la droite des attaques anglaises par des ouvrages défensifs, de façon que l'armée alliée fût mise à l'abri d'une nouvelle tentative double, pareille à celle faite le 5 novembre par les Russes.

Ces dispositions forcèrent, sinon à abandonner complétement, du moins à ralentir beaucoup les travaux spéciaux du siége. Les alliés avaient reconnu que leur artillerie n'était pas en état de lutter avantageusement avec celle beaucoup plus nombreuse de l'ennemi. On dut songer à augmenter les batteries.

Pendant une quatrième période, qui nous mène à la fin de l'année 1854, dix-huit à vingt batteries furent construites. On les protégea par des tranchées avancées, que l'on finit par réunir à l'extrémité de la baie de la Quarantaine avec deux autres faisant partie de la contrevallation.

De ce nouveau système d'attaque, bien plus étendu que le précédent, il résulta un ensemble de travaux considérables pouvant, au 1er janvier 1855, se décomposer de la manière suivante :

1° Une première parallèle (ancienne première parallèle, comprenant les communications faites en arrière des batteries de 1 à 5, et finissant à droite, à la batterie anglaise du grand ravin).

2° Une seconde parallèle (formée de tranchées situées immédiatement en avant des batteries nos 1, 2, 3 et 4 de l'ancienne deuxième parallèle, prolongée à travers le petit vallon descendant sur le grand ravin du port sud).

3° Une troisième parallèle (encore incomplète au 1er janvier 1855, située en avant des batteries nos 1, 2, 3, 4, passant par le boyau d'attaque, qui se dirige sur le bastion central, traversant le ravin par une tranchée nouvelle).

4° Des tranchées et des ouvrages de contrevallation à gauche, vis-à-vis la baie de la Quarantaine; des communications et places d'armes intermédiaires, et enfin, outre les redoutes et le système définitif du corps d'observation, deux nouvelles batteries, nos 25 et 26, l'une en face du bastion du Mât, en arrière de la troisième parallèle, l'autre à la droite de la deuxième.

Ces deux batteries furent armées : le n° 25, de huit mortiers de 22 centimètres et de huit de 17, plus de deux mortiers à appareils; le n° 26, de huit canons de 30 de la marine, de huit obusiers de 22 centimètres, de six canons de 24 en bronze, et de six mortiers de 32 centimètres. La première était dirigée contre le bastion du Mât, la seconde contre les batteries russes à la gauche de ce bastion, contre les défenses du ravin du port, et contre les batteries des casernes.

A partir du 2 janvier, le mauvais temps retarda très souvent les travaux. La pluie, le vent, de fréquentes rafales de neige ravinaient les tranchées, les remplissaient d'eau, et forçaient à réparer les parapets. Plusieurs fois on fut obligé de renvoyer une partie et même la totalité des travailleurs, ou bien on les occupait à sécher les parallèles et les boyaux de communication. Le feu de la place se ralentit, et le nôtre suivit presque toujours les mêmes phases que celui de l'assiégé. Les hommes les plus engagés étaient nos francs-tireurs, qui nuit et jour cherchaient à abattre les canonniers russes dès qu'une circonstance quelconque forçait ces derniers à se montrer. Aussitôt que la température devenait moins rigoureuse, on reprenait l'élargissement des tranchées, la construction de nouvelles batteries, et les communications entre les parallèles, les batteries et les places d'armes. Mais un autre obstacle ne tarda pas à se produire. Le sol devint rocailleux. On fut obligé d'employer sur beaucoup de points le pétard. En outre, les transports de Kamiesch aux batteries, celui des munitions de Balaclava aux tranchées anglaises, hérissés de difficultés, se ralentirent à plusieurs reprises.

Les Russes, qui pendant les huit premiers jours de ce mois de janvier avaient presque cessé leurs travaux de défense, les reprirent vers le 9, aussitôt que le froid devint moins rigoureux. Ils les poussèrent activement derrière le bastion du Mât, à la batterie de la Terrasse et à celle du Théâtre. C'est à cette époque également qu'ils commencèrent à se fortifier sérieusement du côté de Malakoff. Leur camp retranché du Nord fut également l'objet de toute leur sollicitude.

Le mauvais temps eut une influence fâcheuse sur les hommes et sur les chevaux, principalement sur les derniers. Les entrées aux ambulances furent plus considérables. Des cas de fièvre et même de congélation partielle furent signalés. La cavalerie et l'artillerie firent des pertes sensibles en chevaux et mulets pendant les nuits. On construisit quelques abris, mais les matériaux manquaient. Vers le 12, ces accidents fâcheux diminuèrent, bien que la neige et le vent eussent remplacé les pluies des premiers jours du mois.

Les Russes reçurent à plusieurs reprises des convois qu'on voyait déboucher du plateau du Belbeck et entrer en ville. Ils essayèrent non-seulement de ruiner à coups de canon et par le tir des mortiers et des obusiers les travaux de circonvallation de la gauche, mais encore d'opérer quelques sorties qui ne leur réussirent pas. Le 7, une colonne de 800 hommes, choisis dans les marins des équipages de la flotte, se jeta sur la gauche du T, en avant du bastion du Mât. Les compagnies de garde sur ce point, appartenant au 46e de ligne, les attendirent de pied ferme, les reçurent par une décharge à bout portant, s'élancèrent ensuite à la baïonnette sur eux, en dehors de la tranchée, et les ramenèrent jusqu'aux premiers ouvrages de la place. Le 11, vers deux heures du matin, une autre colonne de 300 Russes tenta un coup de main à peu près sur le même point, menaçant les batteries n°s 20, 16, 17 et 18. Deux compagnies du 5e léger, dont une commandée par le lieutenant Espanet, se jetèrent sur l'ennemi et le contraignirent à la retraite. Le lendemain 12, après un feu de mousqueterie des plus vifs, après une attaque heureuse de deux sections de nos éclaireurs volontaires, qui avaient enlevé avec beaucoup d'audace une embuscade en avant de la face droite du bastion du Mât, les assiégés firent deux sorties simultanées par le grand ravin du port sud. Cette double attaque était dirigée contre l'extrême droite de nos tranchées et contre la gauche des Anglais, près de la batterie anglaise du ravin. Les Russes s'avancèrent avec résolution, et sautèrent dans la parallèle, malgré une fusillade à bout portant d'une compagnie de grenadiers du 20e léger. Une lutte corps à corps s'engagea aussitôt. Animés par l'exemple de ses officiers, et surtout du sous-lieutenant de la Jallet, qui sauva deux de ses hommes en tuant leurs adversaires, les grenadiers repoussèrent les assaillants, et ne revinrent à la tranchée, où accouraient les réserves, qu'après avoir forcé l'ennemi à rentrer dans la place. Trois jours plus tard, le 14, profitant d'une bourrasque qui fouettait la neige au visage de nos sentinelles, 500 hommes, soutenus par une seconde colonne d'égale force, tentèrent de pénétrer à l'extrême droite de la troisième parallèle. Trois compagnies du 74ᵉ de de ligne, une du 20ᵉ léger, une section de volontaires combattirent contre eux corps à corps pendant dix minutes, et les repoussèrent après leur avoir fait éprouver des pertes assez considérables. Trois officiers du 74ᵉ, le chef de bataillon de Roumejoux et les capitaines Bouton et Castelnau, furent blessés.

Tandis que la guerre de siége continuait devant Sébastopol, l'Empereur décidait à Paris l'envoi en Orient d'une partie de sa garde, nouvellement formée. Il chargeait le général de brigade Uhrich de se rendre en Crimée avec des compagnies tirées de tous les corps, pour compléter leur organisation en y amalgamant les plus braves soldats de son héroïque armée. La garde devait bientôt débarquer sur le territoire russe, et y faire ses premières armes de la manière la plus brillante.

La température, qui s'était un instant adoucie vers le 12 janvier, devint plus rude du 15 au 18. La neige tomba avec abondance, et ne tarda pas à encombrer les tranchées. Le sol rocailleux et la gelée rendirent encore une fois les travaux beaucoup plus lents et plus difficiles. On put cependant relever les éboulements causés par le feu de l'ennemi, placer des chevaux de frise sur les talus de sortie, menacés dans les gabionnades de revers de la droite et de la gauche de la troisième parallèle, et avancer le travail de la communication en arrière des murs du Lazaret. Le génie démolit les maisons situées près de ce point, et dont les bois lui furent bientôt d'une grande utilité. Lorsqu'à la fin du mois le dégel permit de remuer les terres, on commença le prolongement de la troisième parallèle à l'extrême droite, jusqu'au port du sud, de façon à réunir cette extrême droite de la parallèle avec la seconde et avec la partie de la communication se rendant au ravin. Malheureusement on trouva le roc à 30 centimètres au dessous du sol. Pendant les premiers jours de ce travail, l'ennemi, qui n'en comprenait peut-être pas encore toute l'importance, ne l'inquiéta, pour ainsi dire, point; mais le 31, comme s'il eût été éclairé soudainement, il dirigea sur les travailleurs un feu des plus vifs de mitraille et de bombes, ce qui n'empêcha pas pourtant de donner à la tranchée la profondeur nécessaire aux endroits où le roc n'affleurait pas le sol.

L'artillerie, de son côté, pressait l'achèvement et l'armement de ses batteries n°s 15, 26, 27 et 29. Elle répondait au feu incessant de l'artillerie russe, qui essaya d'un tir fort dangereux. Elle envoya par salves un grand nombre de projectiles creux. A l'heure où l'on relevait les gardes, vers neuf heures du matin principalement, l'assiégé dirigeait sur les endroits où il supposait des rassemblements de nos troupes, non-seulement des bombes et de la mitraille, mais des tonneaux d'obus et de grenades, qui couvraient de projectiles de grands espaces de terrain. Nos pertes cependant n'en furent pas sensiblement augmentées.

Le 27, on essaya, à la tombée de la nuit, plusieurs fusées explosives et incendiaires récemment envoyées de France. On en espérait de bons résultats, mais le tir ne fut pas très satisfaisant.

Vers le 30, les travaux des batteries n°ˢ 25, 26, 27, 28 et 29 étaient fort avancés, les emplacements de celles n°ˢ 30 et 31 déterminés, et l'armement du n° 26 presque achevé.

Le général en chef visitait très fréquemment les travaux et les batteries. Le 27, il alla recevoir à Kamiesch le premier détachement des voltigeurs de la garde impériale, débarqué ce jour-là même, sous les ordres du général Uhrich.

Les Russes, pendant cette seconde quinzaine de janvier, reçurent encore plusieurs convois par le Belbeck. Ils tentèrent, comme précédemment, quelques sorties, qui n'aboutirent qu'à des pertes assez considérables de part et d'autre, mais surtout de leur côté.

Dans la nuit du 19 au 20, ils se jetèrent sur deux endroits de nos travaux, en avant de la Quarantaine et contre la gauche du T.

L'opération de gauche eut lieu à minuit : 300 hommes se portèrent sur la ligne de contrevallation, et après un combat à la baïonnette de quelques minutes avec quatre compagnies du 2ᵉ régiment de la légion étrangère aux ordres du commandant L'Hériller, ils se retirèrent en désordre. Quelques instants plus tard, une colonne plus nombreuse se dirigea sur le T. Sa marche fut protégée par une obscurité profonde et par les carrières qui bordaient le ravin central. Elle put arriver très près des tranchées. Les Russes n'étaient plus qu'à quelques pas quand ils furent signalés par des éclaireurs postés en avant. Les soldats du 46ᵉ, de garde sur ce point, les accueillirent par une décharge générale, une sortie à la baïonnette, un combat vigoureux, et l'ennemi se retira rapidement, laissant beaucoup de morts sur le terrain. De notre côté, cette affaire nous coûta une quarantaine d'hommes tués ou blessés, dont trois officiers.

Soit qu'il fût dégoûté par le peu de succès qu'il obtenait dans ces engagements de nuit, soit que les nécessités de la défense n'exigeassent pas de sorties aussi fréquentes, l'assiégé resta jusqu'au 31 sans rien tenter de ce genre. Ce jour-là, une grande agitation, un mouvement général dans les camps du Belbeck, en avant des gourbis des Russes, avaient signalé le retour dans la ville des deux grands-ducs, témoins de la bataille d'Inkermann. On présuma dans le camp français qu'une tentative serait faite pendant la nuit, et on ne se trompait pas.

Vers une heure du matin, par un temps sombre et neigeux, une forte colonne ennemie marcha contre les nouveaux travaux en cours d'exécution de l'extrême droite de la troisième parallèle, travaux sur lesquels, ainsi que nous l'avons dit plus haut, l'ennemi avait pendant le jour, dirigé un feu très vif. La compagnie d'éclaireurs postée en avant des travaux engagea le feu, et parvint à retarder un instant la marche de cette colonne; cependant les Russes s'avancèrent jusque sur la parallèle. Là se trouvaient une compagnie de voltigeurs du 7ᵉ, d'autres du 42ᵉ et du 19ᵉ bataillon de chasseurs à pied. Ces braves soldats accueillirent les assaillants par un feu terrible, suivi, comme toujours, d'une vigoureuse charge à la baïonnette. Les Russes, qui redoutaient le combat à l'arme blanche avec nous, eurent le désavantage dans la lutte, et se replièrent sur la ville entraînant après eux leurs adversaires. Le trop d'ardeur des Français les ayant mis en prise aux boulets et à la mitraille de l'artillerie des remparts, nous éprouvâmes des pertes. Le commandant du génie Sarlat fut tué d'une balle à la tête, les capitaines Fourcade du 7ᵉ de ligne, Rémy du 42ᵉ, les lieutenants Wagner et Wuillemot des deux mêmes régiments furent blessés ou faits prisonniers.

A la fin de ce mois de janvier, pendant lequel l'attaque et la défense, contrariées par le temps, n'avaient pas fait de grands progrès, nos pertes s'élevaient à 505 tués et 4,258 blessés.

Le mois de février ne s'annonça pas sous des auspices plus favorables relativement à la température. Pour les Russes comme pour les alliés le mauvais temps, les pluies, les neiges étaient pernicieux par l'influence que toutes ces causes de maladies développaient sur des hommes mal abrités et occupés à de rudes travaux ; mais cela était plus fâcheux encore pour nous, puisque la défense profitait naturellement de ces retards indépendants de la volonté des généraux et des soldats.

Plus on cherchait à gagner du terrain sur la droite de la troisième parallèle, et plus on trouvait le roc à fleur de terre. On fut donc bientôt contraint d'organiser des ateliers de pétardiers pour faire sauter la pierre dans les tranchées et dans les batteries. Dans ceux de ces derniers ouvrages portant les n°s 25 et 27 il fallut quatre et six jours de mine pour obtenir un déblai convenable. La neige tombait à gros flocons, poussée par le vent du nord ; le thermomètre marquait quelquefois 8 degrés au-dessous de zéro ; les outils se brisaient en rencontrant le sol gelé à plusieurs pouces de profondeur. Tout cela n'éloignait ni les alliés de leurs travaux d'attaque, ni les Russes de leurs travaux de défense : tandis que les premiers ouvraient, le 6 février, en arrière de la droite de la troisième parallèle, trois nouveaux boyaux de communication ; tandis que le 7 ils commençaient une tranchée de 170 mètres en avant de cette parallèle, vers sa droite, pour envelopper les postes russes construits sur le contre-fort à gauche du bastion du Mât ; tandis que l'artillerie terminait et armait ses batteries, amenant les bouches à feu de gros calibre à grand renfort de bras et de chevaux, l'ennemi travaillait avec ardeur et de son mieux à organiser la défense en arrière de Malakoff.

Toutefois les rudes leçons que les Russes avaient reçues pendant le courant du mois de janvier, lors de leurs tentatives souvent réitérées, la nuit, sur nos tranchées, semblaient les avoir dégoûtés de ce genre d'attaque. Malgré des temps favorables aux surprises, ils mirent beaucoup plus de circonspection dans leurs sorties. Le 6 et le 8 février ils firent mine de s'élancer de la ville; mais à la sonnerie du *garde à vous* de nos clairons, sonnerie répétée sur toute notre ligne, ils s'arrêtèrent prudemment et rentrèrent.

On était arrivé à une époque où le siége allait prendre des proportions plus considérables par l'attaque dirigée en même temps et sur la gauche et sur la droite vers la tour Malakoff.

## LIVRE V.

### EUPATORIA ET KAMIESCH.

Du 10 février au 20 mai 1855. — Modifications dans la conduite du siége. — Nouvelle organisation de l'armée française. — Attaque de gauche et attaque de droite de Malakoff. — Défense d'Eupatoria, le 17 février. — Affaire de nuit (du 23 au 24 février). — Mars. — Lignes de Kamiesch. — Continuation des travaux d'attaque et de défense. — Affaire de nuit (du 22 au 23 mars). — Avril. — Tableau des batteries françaises et anglaises. — Ouverture du feu le 9 avril. — Affaires d'embuscades. — Mai. — Attaque du cimetière (le 1er mai). — Du 1er au 20 mai.

L'on était arrivé au 10 février. Jusqu'alors l'armée alliée s'était bornée à un front d'attaque, et ses principaux efforts avaient porté sur le bastion du Mât. Les trois parallèles étaient dirigées dans le but de s'approcher de la capitale de ce bastion, les batteries d'attaque dans celui d'en foudroyer les faces, de faire brèche, et de donner l'assaut dès qu'on aurait pu éteindre le feu des défenseurs.

A cette même époque, plusieurs considérations vinrent modifier ou plutôt changer complétement les conditions du siége. Déjà depuis quelque temps on avait reconnu l'urgence de diriger une attaque sérieuse sur le mamelon de Malakoff (1), point dominant, et

(1) Nous croyons devoir nous abstenir de donner les raisons qui avaient empêché jusqu'alors de commencer cette attaque, reconnue nécessaire par les généraux.

qui commandait à l'est la partie sud de la ville. Les Anglais, affaiblis par leurs pertes et les maladies, peu habitués à la guerre de siége, n'étaient plus en état de faire de grands travaux, et s'ils savaient mourir courageusement, stoïquement à leur poste, ils avançaient peu dans l'établissement de leurs parallèles et de leurs batteries. Enfin le général Pélissier était arrivé la veille à Kamiesch, et l'Empereur avait arrêté la formation de deux corps d'armée et d'une réserve.

Ces diverses considérations firent modifier la distribution des troupes, l'organisation de l'armée, et les travaux du siége.

On forma, le 10 février, deux corps et une réserve. Le premier fut chargé de l'ancienne attaque, celle de gauche, et composé des 4e, 5e, 6e et 8e divisions ; le second eut pour mission de former, avec la réserve, l'armée d'observation, et d'attaquer le côté droit, Malakoff ; il fut composé des 1re, 2e, 3e et 7e divisions.

A partir de ce jour l'armée française fut donc fractionnée de la manière suivante :

### COMMANDANT EN CHEF :

Le général de division **CERTAIN CANROBERT**.

De Martimprey, général de brigade, chef d'état-major général ; Thiry, général de division, commandant de l'artillerie ; Bizot, général de brigade, commandant du génie ; Blanchot, intendant militaire, intendant général.

### PREMIER CORPS.

#### COMMANDANT EN CHEF :

Le général de division, **PÉLISSIER**.

Rivet, général de brigade, chef d'état-major ; Lebœuf, général de brigade, commandant de l'artillerie ; Dalesme, général de brigade, commandant du génie ; Bondurand, sous-intendant militaire.

### 1re Division.

FOREY, général de division, commandant.

#### 1re Brigade.

Niol, général de brigade, commandant.
3e bataillon de chasseurs à pied ; 19e et 26e de ligne.

#### 2e Brigade.

D'Aurelles de Paladines, général de brigade, commandant.
39e et 74e de ligne. — Force de la 1re division : 234 officiers et 6,287 hommes de troupe.

### 2e Division.

LEVAILLANT, général de brigade, commandant.

#### 1re Brigade.

De la Motterouge, général de brigade, commandant.
9e bataillon de chasseurs à pied ; 21e et 42e de ligne.

#### 2e Brigade.

Couston, général de brigade, commandant.
46e et 80e de ligne. — Force de la 2e division : 235 officiers et 5,984 hommes de troupe.

### 3e Division.

PATÉ, général de division, commandant.

#### 1re Brigade.

Beuret, général de brigade, commandant.
6e bataillon de chasseurs à pied ; 28e et 98e de ligne.

#### 2e Brigade.

Bazaine, général de brigade, commandant.
1er et 2e régiments de la légion étrangère. — Force de la 3e division : 234 officiers et 7,774 hommes de troupe.

### 4ᵉ Division.

De Salles, général de division, commandant.

#### 1ʳᵉ Brigade.

*Faucheux*, général de brigade, commandant.
10ᵉ bataillon de chasseurs à pied ; 18ᵉ et 79ᵉ de ligne.

#### 2ᵉ Brigade.

*Duval*, général de brigade, commandant.
14ᵉ et 43ᵉ de ligne. — Force de la 4ᵉ division : 233 officiers et 7,573 hommes de troupe.

## DEUXIÈME CORPS.

### COMMANDANT EN CHEF :

Le général de division BOSQUET.

Trochu, général de brigade, chef d'état-major; Beuret, général de brigade, commandant de l'artillerie; Frossard, colonel, commandant du génie; de Molines, sous-intendant militaire.

### 1ʳᵉ Division.

Bouat, général de division, commandant.

#### 1ʳᵉ Brigade.

*Espinasse*, général de brigade, commandant.
1ᵉʳ bataillon de chasseurs à pied ; 7ᵉ de ligne ; 1ᵉʳ de zouaves.

#### 2ᵉ Brigade.

*Vinoy*, général de brigade, commandant.
20ᵉ et 27ᵉ de ligne. — Force de la 1ʳᵉ division : 271 officiers et 8,679 hommes de troupe.

### 2ᵉ Division.

Camou, général de division, commandant.

#### 1ʳᵉ Brigade.

*D'Autemarre*, général de brigade, commandant.
50ᵉ de ligne ; 3ᵉ de zouaves ; tirailleurs algériens.

### 2ᵉ Brigade.

Vergé, général de brigade, commandant.
3ᵉ bataillon de chasseurs à pied; 6ᵉ et 82ᵉ de ligne. — Force de la 2ᵉ division : 325 officiers et 10,825 hommes de troupe.

### 3ᵉ Division.

MAYRAN, général de division, commandant.

### 1ʳᵉ Brigade.

De Monet, général de brigade, commandant.
19ᵉ bataillon de chasseurs à pied; 2ᵉ de zouaves; 3ᵉ d'infanterie de marine.

### 2ᵉ Brigade.

De Failly, général de brigade, commandant.
95ᵉ et 97ᵉ de ligne. — Force de la 3ᵉ division : 243 officiers et 8,512 hommes de troupe.

### 4ᵉ Division.

DULAC, général de division, commandant.

### 1ʳᵉ Brigade.

....., général de brigade, commandant.
17ᵉ bataillon de chasseurs à pied; 57ᵉ et 85ᵉ de ligne.

### 2ᵉ Brigade.

Bisson, général de brigade, commandant.
10ᵉ et 71ᵉ de ligne. — Force de la 4ᵉ division : 249 officiers et 7,115 hommes de troupe.

## RÉSERVE DE L'ARMÉE.

SOUS LE COMMANDEMENT DU GÉNÉRAL EN CHEF.

### Division d'infanterie.

BRUNET, général de division, commandant.

### 1ʳᵉ Brigade.

Cœur, général de brigade, commandant.
4ᵉ bataillon de chasseurs à pied; 86ᵉ et 100ᵉ de ligne.

2ᵉ *Brigade.*

*Lafont de Villiers*, général de brigade, commandant.

49ᵉ et 91ᵉ de ligne. — Force de la division : 102 officiers et 3,984 hommes de troupe arrivés, le reste embarqué.

*Brigade de la garde impériale (en formation).*

*Uhrich*, général de brigade, commandant.

Grenadiers, voltigeurs, chasseurs et zouaves de la garde : 80 officiers et 1,825 hommes de troupe.

### Division de cavalerie.

Morris, général de division, commandant.

4ᵉ régiment de hussards; 1ᵉʳ et 4ᵉ régiments de chasseurs d'Afrique; 6ᵉ régiment de dragons : 140 officiers et 2,585 hommes de troupe.

*Artillerie*, réserves et parcs : 9 officiers et 4,020 hommes de troupe.

*Génie*, réserve et parcs : 9 officiers et 444 hommes de troupe.

*Administration :* 177 officiers et 1,321 hommes de troupe.

A cette époque, le total général de l'armée de Crimée était de 80 à 81,000 hommes.

Le 1ᵉʳ corps, ainsi que nous l'avons dit, formé des anciennes divisions 4, 5, 6, 8, conserva sa position et son rôle à l'attaque de gauche.

Le 2ᵉ corps, formé des anciennes divisions 1, 2, 3, 7, s'établit : les divisions Bouat et Camou sur leurs positions précédentes; la division Mayran en arrière, près du Moulin des Anglais, où se trouvait déjà la brigade de Monet. Enfin la division Dulac quitta son camp près du grand quartier-général pour s'établir en arrière des ouvrages de circonvallation, entre la division Camou et la division Mayran.

Ce nouveau dispositif des troupes était la conséquence de l'arrivée de la garde impériale de ce que la division Brunet, devant prendre la place de la division Dulac au centre, ainsi que cela convenait à une réserve, et aussi de la nouvelle attaque décidée contre Malakoff.

La tour de Malakoff, placée en flèche, en avant du faubourg est de la ville ou faubourg Karabelnaïa, était élevée sur un contre-fort du plateau de Chersonèse, qui du Moulin des Anglais descendait en s'épanouissant sur le grand port, entre la baie du Carénage et le bassin de réparation, près du fort Saint-Paul. Ce contre-fort était longé à l'est par le grand ravin de Kilène-Balka, ayant son origine près du Moulin des Anglais, et se terminant à la baie du Carénage.

Cette tour de Malakoff, dont le nom est à jamais célèbre, et les ouvrages qui en dépendaient étaient devenus la clef de la défense de la place dans toute la partie sud-est de l'enceinte, surtout depuis que les ouvrages construits par les alliés sur les hauteurs d'Inkermann les avaient rendus maîtres du terrain compris entre la Tchernaïa et la rade de Sébastopol.

Les Anglais étaient trop faibles en effectif pour pouvoir se charger de l'attaque de Malakoff; longtemps néanmoins ils avaient hésité à nous céder l'honneur de cette attaque. Les généraux Canrobert et Niel étant parvenus à les y décider, il fut convenu que le général Bosquet, avec une partie du 2e corps et la réserve, dirigerait le siège de ce côté. On donna pour commander le génie, au général Bosquet, le chef de bataillon de Saint-Laurent ; pour commander l'artillerie, le lieutenant-colonel de la Boussinière, et pour major de tranchée le chef d'escadron d'état-major Besson.

L'armée française, à dater du 10 février, eut donc à effectuer deux grandes attaques contre Sébastopol : l'une s'étendant de la baie de la Quarantaine au ravin du port sud, touchant à la gauche des Anglais ; l'autre devant la tour Malakoff, depuis la droite des Anglais jusqu'au bastion du Carénage.

A partir de cette époque aussi les opérations se multiplièrent à tel point qu'il serait difficile d'en embrasser le récit par grandes masses, et que nous serons obligé de suivre un ordre chronologique plus régulier.

Les changements furent opérés avec promptitude, malgré la neige tombée pendant la nuit. Le 11, vers deux heures du matin, une colonne russe parut vouloir s'avancer sur l'attaque de gauche, afin de s'emparer de deux pièces de campagne amenées depuis peu ; mais la garde de tranchée ayant ouvert le feu, ainsi que les deux pièces, l'ennemi se retira en tiraillant.

Dès que les défenseurs virent que l'armée française se préparait à ouvrir la tranchée du côté de Malakoff, ils commencèrent à raser cette tour, afin de pouvoir y établir des ouvrages plus résistants et mieux défilés que n'eût été une maçonnerie élevée.

Le 11, tandis que le 1er corps continuait et poussait ses travaux, pétardant le roc et activant la construction des batteries, l'armement de celles n°ˢ 27, 28 et 28 (*bis*), le 2ᵉ corps organisait ses dépôts de tranchée pour le génie et l'artillerie, près du Moulin des Anglais, commençait le chemin du dépôt de tranchée à l'amorce de la parallèle de droite des Anglais, et transportait des projectiles aux redoutes de droite et de gauche du Phare. Il élargissait, en outre, la parallèle du Carénage amorcée par les Anglais. L'artillerie faisait arriver un mortier dans la batterie du Phare, et épaississait le coffre de celle construite en avant de la redoute de gauche.

Les travaux furent alors poussés avec la même activité et à l'attaque de gauche et à l'attaque de droite.

Le 12, on arrêta le tracé d'une batterie de 15 pièces vers le centre de la parallèle du Carénage, contre les ouvrages à notre droite de Malakoff; puis 300 zouaves furent chargés, pendant la nuit, de reconnaître les postes russes observant la droite de cette parallèle du Carénage. L'ennemi se retira avec tant de précipitation qu'on ne put lui faire de prisonniers. On s'aperçut seulement que les Russes démolissaient beaucoup de maisons en arrière de la tour. Le jour suivant on ouvrit la grande communication destinée à joindre l'extrême gauche de la place d'armes anglo-française avec les travaux entrepris, et l'on perfectionna la batterie construite pour battre le fond du port. Chaque nuit des reconnaissances étaient tentées du côté de Malakoff, mais l'ennemi se retirait immédiatement dans les fossés des ouvrages.

Le 15, à l'attaque de droite, on acheva de réunir

la partie isolée de la parallèle des Anglais avec celle du Carénage, et on reconnut là une position excellente pour l'établissement d'une batterie de mortiers destinée à agir contre les vaisseaux à l'ancre dans le grand port.

Les 16 et 17 février, les travaux continuèrent ; le temps s'était un peu amélioré, on put pousser activement la batterie des Anglais, construire deux magasins à poudre à la redoute Victoria, et terminer l'armement de la batterie du port, à l'exception de deux pièces de 18 destinées à battre la chaussée d'Inkermann.

L'assiégé, de son côté, travailla comme d'habitude, principalement du côté de Malakoff. Un bateau à vapeur russe vint, dans la matinée du 17, prendre en remorque le vaisseau à deux ponts qui, depuis six semaines, était dans la baie, pour lui faire doubler le fort Paul et le conduire au mouillage du fond de la rade.

Ce même jour, 17 février, une affaire des plus chaudes eut lieu à Eupatoria.

La ville était défendue par les troupes ottomanes du Danube, aux ordres d'Omer-Pacha, et par un petit corps français commandé par le chef d'escadron d'état-major Osmont, et composé d'un détachement du 3ᵉ régiment d'infanterie de marine et d'un autre de canonniers de la flotte.

Les Russes, rassemblant toutes les réserves qu'ils purent réunir à Pérékop et dans la Crimée, portèrent 25,000 fantassins, 400 chevaux et 80 pièces de campagne, de grand matin, sur Eupatoria. Ces troupes essayèrent d'abord un déploiement d'artillerie contre la partie de l'enceinte la moins protégée par le canon. Ils dirigèrent sur ce point, après un feu des plus vifs, des colonnes d'assaut. Repoussés dans cette première tentative, les Russes revinrent à l'attaque une seconde fois ; mais alors une colonne turque sortit de la place avec résolution, chargea les assaillants à la baïonnette, et les repoussa loin de la place. Après quatre heures d'efforts superflus, l'ennemi se mit en pleine retraite, ayant perdu beaucoup de monde. La petite troupe française, habilement dirigée par son chef, le commandant Osmont, concourut puissamment à la défense de la position, et soutint d'une manière brillante l'honneur de nos armes.

Le 19, les défenseurs de Sébastopol ayant creusé une mine en avant du bastion du Mât, simulèrent une sortie, afin d'attirer la garde de tranchée de la troisième parallèle, et de la faire sauter ; mais des ordres avaient été donnés en conséquence, ainsi que pour empêcher l'ennemi de couronner l'entonnoir si l'explosion avait lieu. Il n'y eut ni sortie ni explosion.

Chaque jour, et souvent aussi pendant la nuit, les assiégés faisaient un feu plus ou moins vif sur nos batteries en construction, sur les parallèles, en un mot, sur tous les travaux d'attaque, et les batteries alliées répondaient sans désavantage. Le 19, le feu de la place devint extrêmement violent, les vaisseaux même y prirent part. L'ennemi semblait vouloir régler son tir. Il diminua vers le soir, et s'éteignit à peu près complétement vers minuit, heure à laquelle la neige commença à tomber abondante et épaisse.

La même nuit avait été choisie par le général en chef pour une tentative d'enlèvement du corps de 7 à 8,000 Russes dont le centre, posté au village de Tchorgoun, observait la rive droite de la Tchernaïa et les débouchés de Balaclava. Le général Bosquet avait ordre de partir de ses positions avec la division Bouat, une brigade de la division Camou, 4 bataillons de la division Dulac, la cavalerie du général d'Allonville, et 4 batteries, dont une à cheval, de façon à se trouver au point du jour en mesure de tourner l'ennemi et de couper sa ligne de retraite.

Les troupes, pleines d'ardeur, bien qu'elles ne connussent pas le but de cette expédition, allaient s'ébranler lorsque la neige venant à tomber, et une bourrasque des plus violentes s'élevant tout à coup, l'opération fut jugée inexécutable, et contre-ordre fut donné.

Ce mauvais temps dura plus de vingt-quatre heures, en sorte que les journées suivantes furent employées par une partie des travailleurs au déblaiement des neiges. Le 20, on fut même obligé de ne conserver dans les tranchées que les hommes de garde.

L'assiégé, qui attachait avec raison la plus grande importance à la défense du mamelon de Malakoff, et multipliait ses ouvrages de ce côté, était parvenu à élever une gabionnade en avant de la parallèle du Carénage. Une attaque fut résolue pour l'en déloger. A une heure du matin, dans la nuit du 23 au

24 février, le général commandant le 2ᵉ corps réunit dans la parallèle, sous la direction du général de division Mayran, deux bataillons du 2ᵉ de zouaves (colonel Cler), un bataillon du 4ᵉ régiment de marine. Deux autres bataillons, un du 6ᵉ et un du 10ᵉ de ligne, furent mis en réserve sous les ordres du lieutenant-colonel Dubos.

Le général de Monet se porta sur l'ennemi avec le 2ᵉ de zouaves et le 4ᵉ de marine. Les zouaves, passant sans s'arrêter sur de fortes embuscades de l'assiégé, arrivèrent sur la gabionnade, et, après un vigoureux combat à la baïonnette, rejetèrent les Russes sur les pentes du plateau. L'ennemi éclairant alors le lieu de l'action au moyen de feux de Bengale, put reconnaître sur quel point il devait diriger ses coups. Une grêle de projectiles tombant de toutes parts sur les troupes engagées, le général Bosquet prescrivit la retraite, qui s'effectua en bon ordre et sans poursuite des Russes.

Cette affaire fut des plus meurtrières. L'ennemi perdit beaucoup de monde. De notre côté, le général de Monet reçut trois blessures, ce qui ne l'empêcha pas de vouloir conserver son commandement tant que dura l'action. 4 officiers furent tués, 15 blessés, 3 faits prisonniers, 200 hommes mis hors de combat.

Le reste de la nuit fut calme ; mais au jour les Russes reprirent leurs travaux de réparation, surtout à la batterie de la Terrasse de l'arsenal, tandis que leur armée de secours s'efforçait d'élever la batterie de la Rade. Afin de protéger la construction des ouvrages du Carénage, 5 de leurs bateaux à vapeur et 2 vaisseaux s'embossèrent, le 24, dans la rade.

Presque toutes les nuits l'assiégé faisait mine de diriger des sorties sur divers points; mais la sonnerie du *garde à vous* les arrêtait habituellement, et ils s'empressaient de rentrer dans leurs ouvrages. Ils ne perdirent pas un instant, dès que la tour Malakoff fut à peu près rasée, pour porter leur activité habituelle du côté de la baie du Carénage, afin de relier ces deux points importants.

Dans la nuit du 26 au 27, l'artillerie essaya contre la place 32 fusées d'un modèle nouveau, 17 incendiaires et 15 explosives. Ces fusées parurent réussir assez bien. Le même jour, 27, les troupes des camps russes du plateau du Belbeck, que l'on distinguait parfaitement de notre droite, prirent les armes comme pour faire un mouvement offensif. Vers neuf heures du matin, elles rentrèrent dans leurs positions. On présuma que leur intention avait été de protéger l'entrée en ville, par les routes du Belbeck et de Mackenzie, de convois nombreux. Une nouvelle expérience fut faite avec 55 fusées en présence du général en chef. On les tira de la redoute Victoria, en les dirigeant sur le port du sud. L'une d'elles alluma un incendie promptement éteint, sept autres éclatèrent dans la place.

A la fin de ce mois de février, l'armée française comptait 666 morts et près de 5,000 blessés.

*Mars. Lignes de Kamiesch.* — Au début du siége, la baie de Kamiesch, en raison de sa proximité de nos lignes, avait été choisie pour le débarquement des approvisionnements de l'armée.

Dès lors il devint important de nous en assurer la libre possession. Du côté de la mer, une forte estacade et la présence des flottes combinées devaient ôter toute inquiétude. Mais il restait à couvrir nos vaisseaux et nos établissements du côté de terre, et bien que les travaux de tranchée déjà entrepris parussent un moyen de défense de quelque efficacité, le maréchal Vaillant, vers le mois de mars 1855, conseilla au général Canrobert d'établir à bonne distance de la côte un système de cinq grandes et fortes redoutes espacées d'environ 1500 mètres, et reliées plus tard, lorsque le nombre de travailleurs disponibles le permettrait, par un épaulement continu, se rapprochant, autant que possible, de la ligne droite, et précédé d'un bon fossé.

La création de cette ligne de défense devait marcher de front avec les travaux de siége, et bien qu'il dût en résulter pour l'armée un surcroît de fatigues, l'établissement d'un camp retranché sur ce point de la Chersonèse était justifié par de sérieuses considérations.

D'abord il pouvait arriver qu'un changement dans les plans de campagne fît du siége de Sébastopol une opération secondaire, nos troupes devant opérer à distance et en rase campagne contre l'armée de secours. Mais, dans cette hypothèse, l'on ne pouvait songer à prendre l'offensive sans mettre complétement à couvert la baie que le soldat avait si justement nommée *baie de la Providence*. Y laisser beaucoup de troupes c'était affaiblir d'autant l'armée d'opération, et peut-être compromettre l'issue d'une bataille ! Par la création des lignes de Kamiesch on levait cette difficulté, car alors le nombre des hommes à laisser au siége pouvait être réduit sans inconvénient pour la défense.

Enfin, il fallait tout prévoir : dans le cas d'un rembarquement, ces lignes à l'abri desquelles la dangereuse opération du transbordement des troupes et du matériel pouvait s'exécuter sans précipitation et sans trouble, devenaient d'une immense ressource.

Ce fut sans doute sous l'influence de cette dernière considération que le maréchal Vaillant prescrivit, au mois de juin suivant, la construction de plusieurs coupures en arrière de la ligne principale, coupures dont il indiqua l'emplacement et le tracé, et qui devaient, en diminuant l'espace à défendre, suppléer à la réduction que le rembarquement successif des troupes amènerait forcément dans le nombre des défenseurs, si le rembarquement s'effectuait avant la conclusion d'une paix alors bien loin de toutes les espérances.

Les retranchements de Kamiesch formèrent donc une ligne continue, dont l'extrémité nord s'appuyait à la baie de Stréletska, et qui, suivant à peu près la direction de la méridienne, rejoignait les bords de la mer Noire à 7700 mètres du phare de la pointe Janari. Leur développement était d'environ 8 kilomètres ; la surface qu'ils protégeaient, y compris les baies de Peschana, de Kamiesch et de Kasach, avait près de 3000 hectares d'étendue ; l'épaisseur du parapet était de 4 mètres, son relief de 1<sup>m</sup>,80 ; le fossé qui le couvrait avait 3 mètres de largeur sur 2 de profondeur.

Cette première ligne fut renforcée par huit redoutes de 800 à 1500 mètres les unes des autres. L'épaisseur de leur parapet était de 6 mètres, son relief de 2<sup>m</sup>,50. Le fossé avait 4 mètres de largeur sur 3 de profondeur.

Trois coupures intérieures complétèrent le système de défense ; la plus importante partait du saillant qui partage en deux anses le fond de la baie de Kasach, longe l'anse orientale, et vient s'appuyer à la mer à 4 kilomètres de la pointe de Janari. Il parut possible, au moyen d'une tranchée de 8 à 9 mètres de profondeur, de relier la baie de Kasach à la mer, et de couvrir ainsi par un sérieux obstacle tout le front du retranchement.

Les travaux prirent une grande extension pendant le mois de mars. La température s'étant adoucie, il fut possible de pousser la construction des batteries, des parallèles et des boyaux de communication aux deux attaques. De leur côté, les Russes déployèrent la plus grande activité.

La batterie du Carénage, à laquelle nous attachions la plus grande importance, offrait des difficultés considérables ; il fallut la faire tout entière en relief, et employer une immense quantité de sacs à terre. Plus on avançait vers la place, et plus on trouvait le roc.

Il était donc indispensable d'employer à chaque instant la mine.

Dès que l'ennemi s'aperçut de nos efforts de ce côté, il commença sur le contre-fort du Carénage un nouvel ouvrage en forme de redan ; en avant et sur la gauche de la redoute gabionnée, à environ 400 mètres de cette redoute et à 300 de notre parallèle, en quelques nuits les Russes parvinrent à préparer l'emplacement de dix embrasures dans chacun de ces deux ouvrages nouveaux. Ils les relièrent par une demi-caponnière en pierres sèches. Cette communication était vue par l'ancienne batterie anglaise de Lancastre.

Le 3 et le 4 ils firent jouer deux mines en avant du bastion du Mât, pendant la nuit, formèrent ainsi des entonnoirs nouveaux, qu'ils couronnèrent. Ces opérations s'exécutèrent sous la protection d'un feu d'artillerie des plus vifs.

Pendant ce temps, leur armée de secours travaillait près du fort du Nord, principalement à une batterie couronnant un petit mamelon situé entre la tour Maximilien et la batterie Constantin, à l'entrée de la rade.

A la même date, les Anglais commencèrent la construction d'une batterie à l'extrémité gauche de leur troisième parallèle. Cette batterie, placée dans une position hardie, devait aider à l'action de notre batterie n° 26, dirigée contre les défenses du port du sud. Le 6 (1), deux vapeurs russes ayant cherché à con-

---

(1) Ce fut le même jour, 6 mars, dans l'après-midi, qu'on reçut,

trarier les travaux de ce côté, la batterie du fond du port, construite par nous et servie par les Anglais, leur envoya quelques boulets rouges et une trentaine d'obus, ce qui amena les défenseurs à riposter vivement. Toutefois les deux bâtiments quittèrent leur mouillage.

Jusqu'au 12 on n'entama pas de nouveaux travaux, mais dans la nuit du 12 au 13 on ouvrit sur le contre-fort de la redoute Victoria une parallèle destinée à couper le contre-fort du ravin de Kilène à celui de Karabelnaïa, et à servir de base aux travaux d'attaque de la partie de la place dont Malakoff formait le saillant. La droite de cette parallèle s'appuyait au premier ravin, en avant de l'ancienne batterie de Lancastre. On la traça à 500 mètres de l'ouvrage de contre-approche commencé dans les premiers jours du mois par les Russes, et couvrant Malakoff et le Redan. Au jour, 400 mètres de cette parallèle étaient en état de couvrir les travailleurs, et 800 mètres de communications se trouvaient amorcés en arrière, vers la batterie de Lancastre et la redoute Victoria. Les Russes, occupés de leur côté, n'avaient pas inquiété le travail. Le lendemain on prolongea la tranchée de 380 mètres, et on établit une embuscade en avant d'elle.

L'ennemi avait également placé trois embuscades en avant de la parallèle Malakoff. L'ordre de les enlever fut donné à six heures du soir, le 14, à deux

dans l'armée alliée, la nouvelle de la mort de S. M. l'Empereur Nicolas.

compagnies d'élite du 100ᵉ de ligne. Ces braves soldats s'en rendirent maîtres à la baïonnette. A dix heures, deux des trois postes ennemis furent repris, et le troisième donna lieu, au point du jour, à un combat des plus vifs. Les Russes, quoique fort nombreux, furent repoussés par la compagnie de grenadiers du 100ᵉ, soutenue par 300 tirailleurs algériens.

La nuit suivante, cinq petits détachements du 3ᵉ de zouaves, commandés par un officier, prirent et détruisirent les deux embuscades réoccupées par l'ennemi.

A l'attaque principale les travaux ne se ralentissaient pas non plus, mais les Russes faisaient moins de sorties. Cependant le 15, vers dix heures du soir, une colonne de 500 fantassins, soutenue par des réserves, essaya de se porter de la Quarantaine sur la gauche de notre contrevallation. Une compagnie du 10ᵉ bataillon de chasseurs et une du 2ᵉ régiment de la légion étrangère reçurent si rudement cette colonne qu'elle se replia précipitamment, laissant une vingtaine de morts sur le terrain.

Dans la nuit du 17 au 18, le 3ᵉ de zouaves eut du côté de Malakoff un beau combat. Les efforts principaux de l'ennemi portant principalement sur les ouvrages voisins de la tour rasée, et qui devaient recevoir du canon, on résolut d'enlever de vive force deux embuscades établies en arrière de celles prises trois jours auparavant, et situées à 150 mètres de notre parallèle. Deux compagnies du 3ᵉ de zouaves, lancées sur ces postes, s'en emparèrent. Quelques instants après, les Russes descendirent en forces supérieures du mamelon Malakoff, ces deux compagnies durent se replier et se retirer dans la parallèle. Le bataillon de garde du même régiment défendit si vigoureusement les ouvrages qu'après de nombreuses et inutiles tentatives l'ennemi découragé, ayant perdu beaucoup de monde, regagna sa gabionnade. Nous eûmes deux officiers tués dans cette affaire, le lieutenant-colonel Vaissier, du 82e de ligne, et le capitaine Bonin, du 3e de zouaves, sept officiers blessés, dont un d'état-major, et une soixantaine d'hommes de troupe hors de combat.

Dans la nuit du 18 au 19, les Russes crurent probablement à une attaque sérieuse, car après un combat en avant du T, à l'attaque principale, pour la destruction de quelques embuscades, un feu violent ayant été ouvert à nos batteries, la générale se fit entendre en ville et les cloches sonnèrent à toute volée.

La possession ou la destruction de ces embuscades donnait lieu très souvent à des combats de nuit, qui, commencés par un petit nombre d'hommes, prenaient ensuite fort souvent des proportions beaucoup plus considérables.

Ainsi, pendant la seconde quinzaine du mois, outre ceux dont nous avons parlé déjà, il y en eut deux de cette nature les 21 et 23.

La nuit du 22 au 23 fut marquée par une affaire sérieuse. Tandis que l'on continuait à la sape la parallèle de Malakoff, deux fortes colonnes russes, débouchant par la droite et par la gauche du mamelon, se précipitèrent sur les deux extrémités des travaux. A la droite, l'ennemi fut maintenu à distance, et n'osa nous aborder avec résolution ; à la gauche la colonne ennemie se rua à trois reprises différentes sur le 3ᵉ de zouaves, qui défendait cette partie de la parallèle. Les Russes ne purent forcer ce point ; mais débordant par leur propre gauche, de l'autre côté du ravin de Karabelnaïa, ils s'avancèrent contre la droite de la parallèle anglaise, assez mal gardée. Ils l'envahirent, en écrasant ses défenseurs par leur supériorité numérique. Des pentes du ravin et de la droite de la parallèle anglaise, qui était en retraite sur notre gauche, l'ennemi ouvrit alors un feu des plus violents d'enfilade et de revers sur nous. Les zouaves, malgré le désavantage de leur position, ripostèrent sans lâcher pied.

En ce moment, le général d'Autemarre, de tranchée, ayant appelé à lui le 4ᵉ bataillon de chasseurs, le lança au pas de course, par le ravin, sur le flanc droit des Russes, qui furent abordés franchement à la baïonnette.

Les réserves anglaises arrivaient à gauche, l'ennemi crut prudent de vider le terrain en entretenant encore la fusillade, pour se donner le temps d'emporter ses morts et ses blessés. Vers une heure du matin les Russes avaient disparu, abandonnant 600 cadavres derrière eux.

15,000 ennemis avaient pris part à cette attaque, 5,000 contre notre droite, 10,000 contre notre gauche. On évalua leurs pertes à 2,000 hommes hors de combat. La nôtre fut de 600 tués ou blessés. Parmi les premiers on compta 13 officiers, parmi les seconds, 12. Deux officiers, les capitaines de Crécy, des zouaves, et Malafaye, du 82ᵉ, blessés, furent faits prisonniers (1). Les commandants Dumas, du génie, Banon, du 3ᵉ de zouaves, furent tués ; le colonel Jamin, du 1ᵉʳ de zouaves, blessé.

Le 24, sur la demande du général Osten-Sacken, une suspension d'armes de trois heures fut convenue pour enterrer les morts.

Le mois de mars s'écoulait, les travaux d'attaque approchaient de la place et prenaient des proportions inconnues jusqu'alors dans les siéges ; mais la défense ne tendait à rien moins qu'à créer une place forte, tout en faisant elle-même des travaux de contre-approche, afin d'enfermer, pour ainsi dire, les assaillants sur l'étroit plateau de Chersonèse. Nos travaux et ceux de nos alliés avaient été poussés très activement aux batteries ; quelques jours encore, et tout allait être prêt pour une nouvelle ouverture du feu.

*Avril.* Les premiers jours du mois d'avril furent employés par l'armée alliée à perfectionner les travaux, à relier les tranchées de la troisième parallèle de Malakoff avec les batteries et les communications, et à les mettre en rapport avec les ouvrages anglais. C'est en surveillant et en dirigeant les attaques du côté du mamelon que le commandant du génie Masson fut blessé, et son remplaçant, le commandant de Saint-Laurent, tué le 1ᵉʳ du mois.

(1) M. de Crécy fut amputé et succomba, malgré les soins qui lui furent prodigués par les Russes. M. de Malafaye, blessé sept ois se rétablit.

Les Russes élevaient au Redan, à Malakoff et en avant de ces points batteries sur batteries, ouvrages sur ouvrages. Ils firent deux tentatives dans la nuit du 3 au 4 et dans celle du 5 au 6. L'attitude de nos gardes de tranchées fit échouer leurs projets.

A partir du 7 avril, une pluie incessante vint inonder les tranchées, en sorte qu'on fut obligé d'employer en partie des travailleurs du génie, jusqu'au 12, à les assainir.

Une place d'armes avait été construite au centre de l'attaque (Malakoff) vers le saillant ; on la relia à un autre ouvrage du même genre élevé du côté de l'éperon du mouvement du terrain.

Le 10, le feu des batteries alliées, entretenu modérément pendant la nuit, prit au point du jour plus d'intensité. La place répondit plus vivement que la veille et sur un plus grand nombre de points ; cependant, Malakoff et le Redan n'étaient pas encore entièrement prêts, car ils tirèrent peu. Notre n° 35, chargé de battre une des passerelles, coula un des bateaux. Les Russes furent obligés de rétablir la circulation à l'aide d'un radeau, et ce moyen offrait de grands dangers, puisqu'on voyait courir les hommes forcés de passer d'une rive à l'autre.

Vers le milieu du jour, on reconnut que le bastion Central et la face droite de celui du Mât ainsi que les ouvrages n°° 23 à 27 (*Ouvrages blancs* du contrefort du Carénage) avaient beaucoup souffert. Le feu de l'ennemi, de ces divers côtés, était éteint.

Tandis que la canonnade se faisait entendre, et que

notre batterie n° 38 suspendait son feu, ayant souffert de celui des Russes, dix vaisseaux français et anglais et dix frégates ou vapeurs venaient prendre, parallèlement à la côte, une ligne d'embossage à la hauteur de la baie de Strélitza.

Le soir, vers sept heures, les batteries du centre cessèrent de tirer; les pièces qui avaient des vues sur les embuscades continuèrent leur feu, dans le but de protéger le travail ordonné au génie en avant de la troisième parallèle. Ce travail était destiné à envelopper les postes russes placés sur la crête qui précède le ravin de l'enceinte crénelée.

Les embuscades, au nombre de huit, furent enlevées et occupées le soir, mais une demi-heure après, la place envoya sur ce point des volées de mitraille, des paniers de grenades, de balles à feu, et l'on ne put commencer le travail que vers dix heures et demie. De fréquentes alertes interrompirent ce travail jusqu'à trois heures et demie. En ce moment, une forte colonne ennemie se présenta vers la droite, les troupes et les travailleurs entrèrent dans la parallèle. 300 gabions avaient été placés et remplis de terre.

Le 8 avril, toutes les batteries françaises et anglaises étaient arrivées et prêtes à commencer le feu. L'ordre fut donné de dégorger les embrasures dans la nuit du 8 au 9, afin d'être en mesure de tirer le 9 à la pointe du jour.

Les batteries d'attaque de l'armée alliée étaient formidables, ainsi qu'on va le voir par les tableaux ci-dessous :

## Attaque principale.

| Nos des batter. | DÉTAIL de l'armement. | | Total par batt. | BUTS PRINCIPAUX. |
|---|---|---|---|---|
| 1 | Canons de 30 . . . . | 7 | 9 | Bastion central, face gauche du bastion de la Quarantaine. |
|   | Obusiers de 80 . . . | 2 |   |   |
| 2 | Canons de 30 . . . . | 8 | 10 | Le saillant du bastion central et la face gauche. |
|   | Obusiers de 80 . . . | 2 |   |   |
| 3 | Mortiers de 27 . . . | 6 | 6 | Bastion central. |
| 3 bis. | Canons de 30 . . . . | 2 | 4 | Bastion central et batterie de la porte. |
|   | Mortiers de 33 . . . | 2 |   |   |
| 4 | Canons de 30 . . . . | 5 | 5 | Depuis la lunette jusqu'au saillant du bastion. |
| 7 | Canons de 30 . . . . | 7 | 7 | Bastion du Mât, batterie de la gorge, retranchement intérieur. |
| 10 | Canons de 30 . . . . | 7 | 7 | Bastion du Mât, batterie de 8 pièces avec traverses. |
| 11 | Canons de 30 . . . . | 8 | 13 | Bastion du Mât, batterie du boulevard, batterie traversée de 8 pièces. |
|   | Obusiers de 80 . . . | 5 |   |   |
| 12 | Obusiers de 22 . . . | 3 | 9 | Face gauche du bastion du Mât, fossés et défenses accessoires. |
|   | Mortiers de 22 . . . | 1 |   |   |
|   | Mortiers de 22 . . . | 5 |   |   |
| 12 bis. | Canons de 24 . . . . | 4 | 7 | Même but. |
|   | Canons de 22 . . . . | 3 |   |   |
| 13 | Canons de 16 . . . . | 6 | 8 | Batterie de la gorge du bastion du Mât. |
|   | Mortiers de 27 . . . | 2 |   |   |
| 14 | Obusiers de 22 . . . | 2 | 4 | Bastion central. — Lunette. — Batterie au sommet de la berge gauche du ravin centr. |
|   | Mortiers de 27 . . . | 2 |   |   |
| 15 | Canons de 24 . . . . | 8 | 10 | La lunette. — Les batt. en avant de la maison ruinée. — Batt. basses du magasin à poudre. |
|   | Obusiers de 22 . . . | 2 |   |   |
| 16 | Canons de 30 . . . . | 6 | 6 | Du cavalier au tournant. |
| 17 | Canons de 30 . . . . | 6 | 6 | Depuis la lunette jusqu'au cavalier. |
| 18 | Canons de 24 . . . . | 3 | 6 | Enceinte intérieure à droite de la gorge du bastion du Mât. |
|   | Obusiers de 22 . . . | 3 |   |   |
| 19 | Canons de 30 . . . . | 4 | 4 | La lunette droite du bastion. — Le saillant de la face droite du bastion central. |
| 20 | Canons de 16 . . . . | 3 | 6 | Bastion du Mât. |
|   | Obusiers de 22 . . . | 3 |   |   |
| 21 | Mortiers de 33 . . . | 4 | 4 | Batteries des casernes, batterie basse, queue du port. |
| 22 | Mortiers de 22 . . . | 2 | 3 | Face droite du bastion du Mât enfile la face gauche. |
|   | Mortiers de 22 . . . | 1 |   |   |
| 23 | Obusiers de 80 . . . | 6 | 9 | Batteries des casernes. |
|   | Mortiers de 33 . . . | 3 |   |   |
| 24 | Canons de 24 . . . | 4 | 4 | De la lunette à la maison ruinée. |
| 25 | Mortiers de 22 . . . | 8 | 17 | Bastion du Mât. — Retranchement intérieur. |
|   | Mortiers de 22 . . . | 1 |   |   |
|   | Mortiers de 17 . . . | 8 |   |   |
| 25 bis. | Obusiers de 22 . . . | 4 | 4 | Deux faces du bastion du Mât et retranchement intérieur. |
| 26 | Canons de 24 . . . . | 6 | 11 | Batteries des casernes, bastion du Mât. |
|   | Mortiers de 32 . . . | 5 |   |   |
| 26 bis. | Canons de 30 . . . . | 9 | 10 | Batterie des casernes, arsenal, batterie basse. |
|   | Obusiers de 80 . . . | 1 |   |   |
| 27 | Canons de 30 . . . | 8 | 8 | Bastion central, batterie de la porte. |
| 28 | Canons de 30 . . . . | 14 | 14 | Bastion central.—Une portion du mur crénelé. |

*A reporter*. . . 211

| Nos des Batter. | DÉTAIL de l'armement. | | Total par batt. | BUTS PRINCIPAUX. |
|---|---|---|---|---|
| | Report.... | | 214 | |
| 28 bis | Mortiers de 27... | 3 | 7 | Batterie de la porte. — Face droite du bastion central. |
| | Mortiers de 22... | 4 | | |
| 29 | Canons de camp.. | 2 | 2 | Contre les sorties. |
| 29 bis | Obusiers de 22... | 2 | 2 | Batterie de 4 pièces, annexe du bastion du Mât. — Batterie de l'enceinte. |
| 30 | Obusiers de 16... | 10 | 10 | Bastion de la Quarantaine. |
| 31 | Mortiers de 25... | 10 | 10 | Place d'armes de la Quarantaine. |
| 32 | Mortiers de 27... | 6 | 6 | Bastion de la Quarantaine. |
| 32 bis | Canons de camp.. | 2 | 2 | Contre les sorties, flanque la parallèle. |
| 33 | Canons de camp.. | 2 | 2 | Contre les sorties. |
| 34 | Canons de camp.. | 2 | 2 | Contre les sorties et les rassemblements dans le ravin central. |
| 35 | Obusiers de 80... | 2 | 3 | Batteries des casernes. — Arsenal. |
| | Mortiers de 32... | 1 | | |
| 36 | Obusiers de 22... | 2 | 2 | Bastion du Mât. |
| 37 | Canons de 30.... | 6 | 12 | Bastion de la Quarantaine. |
| | Obusiers de 80... | 2 | | |
| | Mortiers de 8... | 2 | | |
| | Mortiers de 27.... | 2 | | |
| 38 | Canons de 30.... | 8 | 10 | Bastion et place d'armes de la Quarantaine. |
| | Obusiers de 80... | 2 | | |
| 39 | Obusiers de 22... | 2 | 2 | Contre le ravin de la ville et les sorties. |
| Batter. mobile. | Mortiers de 22... | 2 | 18 | Contre les fossés, les défenses accessoires, les rassemblements. |
| | Mortiers de 15... | 4 | | |
| | Mortiers de 14... | 12 | | |
| Mortier à plaque à la baie de Strelitza....... | | 1 | 1 | Contre la Quarantaine. |
| Total des bouches à feu de l'attaque principale.... | | | 302 | |

## Attaque de Malakoff.

| | | | | |
|---|---|---|---|---|
| 1 | Canons de 32.... | 13 | 15 | Mamelon vert en avant de la tour Malakoff. — Redan du Carénage. — Batterie de la pointe de la rade, ouvrage blanc du 23 février. |
| | Canons de 68.... | 2 | | |
| 2 | Mortiers de 27... | 6 | 6 | Tous les ouvrages en avant, depuis le mamelon vert jusqu'à l'ouvrage blanc du 27 février. — Ville et rade. |
| 3 | Canons de 32.... | 4 | 8 | Ouvrage blanc du 23 février. |
| | Obusiers de 22... | 4 | | |
| 4 | Canons de 32.... | 4 | 4 | Ouvrage blanc du 27 février. |
| 5 | Obusiers de 22... | 4 | 6 | Ouvrage blanc du 27 février et tout le terrain en avant. |
| | Mortiers de 32... | 2 | | |
| 6 | Mortiers de 32... | 2 | 9 | Rade en l'enfilant de toute sa longueur. |
| | Mortiers de 13... | 2 | | |
| | Obusiers de 80... | 5 | | |
| Batterie du fond du port. | Canons de 32.... | 7 | 9 | Rade, batterie russe du Phare, chaussée d'Inkermann. Cette batterie est desservie par les Anglais. |
| | Canons de 24.... | 2 | | |
| Batterie de la redoute du Phare. | Canons de 30.... | 4 | 4 | Batterie russe du Phare. |
| A reporter.... | | | 61 | |

| Nos des Batter. | DÉTAIL de l'armement. | Total par batt. | | BUTS PRINCIPAUX. |
|---|---|---|---|---|
| | Report.... | 61 | | |
| Batter. n° 7 | Obusiers de 22... | 6 | 6 | Mamelon vert. |
| Batter. de camp. | Obusiers de 12... | 8 | 8 | Disposés par groupes de deux contre les sorties et les embuscades. |
| Batter. mob. | Obusiers de montagne de 12..... | 3 | 3 | Terrain de nuit sur les embuscades russes et sur le mamelon Vert. |
| Total des bouches à feu à l'attaque Malakoff....... | | 78 (1) | | |

La guerre des embuscades, interrompue depuis la fin de mars, reprit tout à coup avec plus d'acharnement. Le 11, à huit heures du soir, trois de ces postes russes qui gênaient les travaux entrepris en avant du T, furent enlevés. En vain les défenseurs cherchèrent à le reprendre, ils échouèrent laissant une trentaine d'hommes sur le terrain. Le jour suivant, d'autres embuscades se trouvant sur le prolongement du tracé de la nouvelle tranchée à la gauche du T, devant la tour Centrale, furent encore prises, puis abandonnées devant des forces trop supérieures. Près du Cimetière on put tracer et ouvrir une tranchée destinée à relier cette partie de l'attaque avec la troisième parallèle.

La canonnade, assez modérée, devint plus violente le 12 à cinq heures du matin. La place y répondit progressivement et finit par tirer autant que le premier jour. On remarqua que son feu était plus également réparti. Toutefois la supériorité de notre artillerie paraissait évidente. La première enceinte

(1) Les 380 bouches à feu des deux attaques françaises, jointes aux 120 des batteries anglaises, donnaient un total général de 500 pièces en position contre la place.

tirait moins que les batteries intérieures. Une de nos bombes produisit une explosion considérable dans le bastion de la Quarantaine ; d'autres projectiles coulèrent quatre des bateaux de la passerelle du fort Paul et l'assiégé fut contraint de rétablir la communication avec des planches et des cordes, encore cette communication ne pouvait-elle être praticable que pour des hommes isolés.

Dans la nuit, deux attaques contre les embuscades russes placées en avant du T et du Cimetière furent faites. L'une, par le général Rivet, avait pour but de raser quatre postes ennemis et de permettre au génie d'exécuter le tracé de la parallèle à ouvrir. Une compagnie du 5e bataillon de chasseurs, trois du 46e formèrent la colonne d'attaque, enlevèrent les embuscades, se replièrent ensuite devant des forces trop considérables, puis, soutenues par deux compagnies d'élite du 42e et par le 2e bataillon du 2e régiment de la légion étrangère, reprirent l'offensive et restèrent maîtresses du terrain. La seconde attaque, dirigée par le général Breton, enleva six autres embuscades près du Cimetière. Dix compagnies du 98e furent chargées de ce coup de main audacieux.

Vers onze heures, l'ennemi tenta, sans succès, un retour offensif. Le génie put alors accomplir sa tâche sur les deux points. 775 gabions furent placés et remplis de terre.

Ces deux brillants faits d'armes nous coûtèrent 5 officiers tués et 12 blessés.

Dans la journée, une division turque et une division égyptienne de l'armée d'Omer-Pacha (15,000 hommes et 30 bouches à feu), transportées d'Eupatoria à Kamiesch, vinrent s'installer au col de Balaclava. Le généralissime s'y établit de sa personne.

Le 14, on déboucha de la droite de la troisième parallèle près du bastion du Mât par une tranchée en sacs à terre de 30 mètres. Le lieutenant-colonel Dubois-Fresnay, chef d'attaque, fut blessé ; on continua la parallèle vers le Cimetière.

La passerelle russe souffrit encore beaucoup de notre tir et le passage devint presque impossible.

Afin de relier la troisième à la quatrième parallèle, on fit jouer le 15 des fourneaux de mine. Dès que les entonnoirs eurent été produits, deux compagnies d'élite du 39$^e$, appuyées à gauche par deux du 26$^e$, à droite par deux du 14$^e$, s'élancèrent malgré un feu des plus vifs de la place.

L'armée fit dans la soirée une perte très vivement sentie, dans la personne du général Bizot, qui mourut des suites d'une blessure reçue à la tête en visitant les tranchées anglaises. 3 officiers furent tués et 11 blessés.

Dans la nuit du 17 au 18, l'ennemi fit deux tentatives contre nos embuscades près du bastion du Mât; elles furent repoussées les deux fois par des compagnies du 74$^e$, et ce double combat nous coûta 3 officiers tués et 10 blessés.

Jusqu'au 24 avril il ne se passa rien à signaler : le génie continuait ses travaux, le feu ne cessait qu'à de rares intervalles ; mais ce jour-là, vers huit heures du soir, quatre compagnies du 80$^e$, soutenues par une compagnie d'élite du 21$^e$, précédant 120 travailleurs du 43ᵉ, enlevèrent des embuscades russes en avant du T sous le feu le plus vif, les détruisirent, et rentrèrent dans la parallèle. Dix officiers furent blessés, parmi lesquels le chef de bataillon Leverdier; un fut tué, le capitaine d'artillerie Garin.

Le 25 l'ennemi se décida à abandonner la passerelle, et à la remplacer par un pont de radeaux.

A la fin du mois d'avril le total de nos pertes s'élevait à 1,353 tués et 8,446 blessés.

Ce siége, véritablement extraordinaire par les moyens d'attaque et de défense, par le nombre des troupes employées de part et d'autre, et par la nombreuse et formidable artillerie dont on disposait, principalement du côté des Russes, allait entrer dans une phase nouvelle et plus meurtrière encore. Les grandes attaques allaient succéder aux attaques partielles.

L'armée alliée était arrivée si près de la place qu'il devenait indispensable d'enlever à l'assiégé les ouvrages redoutables qu'il était parvenu, avec beaucoup d'art, à élever en avant de l'enceinte continue. A notre gauche les lignes de contre-approche du Cimetière, à notre droite les ouvrages près de Malakoff. La lutte se préparait terrible, héroïque.

La seconde période du siége peut être considérée comme terminée à la fin du mois d'avril, la troisième allait commencer avec plus d'acharnement.

*Attaque du Cimetière, le 1ᵉʳ mai.* — Le 1ᵉʳ mai, la double ligne de contre-approches russes était presque entièrement terminée. Cet ouvrage avait pour but d'écraser par des feux d'artillerie la batterie n° 40 et les travaux qui l'entouraient, de battre les deux gorges qui séparaient cette batterie du bastion du Mât. Déjà ces lignes avaient reçu un armement de huit mortiers mobiles. Elles étaient défendues par plusieurs bataillons, flanquées par les feux croisés des bastions du Mât et de la Quarantaine, protégées par le tir de la face gauche du bastion Central et de la flèche qui couvrait cette face. Elles avaient donc une importance considérable. Aussi le général en chef décida qu'elles seraient enlevées à l'ennemi.

Le général commandant le 1<sup>er</sup> corps fit ses dispositions en conséquence. Le général de division de Salles fut chargé de l'attaque, ayant sous ses ordres les généraux de brigade de la Motterouge et Bazaine. Les gardes de tranchées reçurent un renfort de cinq bataillons.

Le général Bazaine, avec la colonne de gauche (six compagnies du 1<sup>er</sup> régiment de la légion étrangère, huit du 43<sup>e</sup> et dix du 79<sup>e</sup>), devait tourner l'ouvrage ennemi par sa droite. Le général de la Motterouge, avec les deux bataillons du 46<sup>e</sup>, devait l'aborder de front, pendant qu'une troisième colonne (6<sup>e</sup> de chasseurs à pied et deux compagnies du 42<sup>e</sup>) tournerait le même ouvrage par sa gauche, en se reliant avec le 46<sup>e</sup>.

A dix heures un quart du soir, au signal donné par le général de Salles, ces troupes s'élancèrent, sans tirer un coup de fusil, sur l'ouvrage russe, et abordèrent l'ennemi à la baïonnette avec leur vigueur habituelle.

Les Russes, malgré leurs efforts désespérés, furent rejetés au delà de la deuxième ligne et jusque dans les fossés du bastion Central, abandonnant sur le terrain huit mortiers mobiles, armement des redans, beaucoup de tués et de blessés, des armes, des décorations.

Le tout n'était pas de s'emparer de ces ouvrages si rapidement et si bravement conquis ; il fallait encore les conserver et les retourner contre l'ennemi.

Les troupes qui les avaient enlevés se placèrent derrière le parapet de la ligne de redans, tandis que le 98e, qui avait participé à l'action, se portait en réserve dans la première ligne d'embuscades, soutenu plus en arrière, dans nos tranchées menacées, par d'autres réserves prêtes à marcher. De nombreux travailleurs, presque tous du 14e de ligne, entreprirent de défiler la position des vues de la place et de la relier aux boyaux qui débouchaient dans la batterie n° 40.

Ces travaux, dirigés avec habileté et bravoure par les officiers du génie, marchèrent rapidement. L'ennemi fit les plus grands efforts pour les arrêter et reconquérir sa position : il n'y parvint pas. En vain les Russes tentèrent, avec des forces considérables, trois retours offensifs opiniâtres ; en vain les batteries de la place ouvrirent contre nous un feu terrible, les colonnes d'attaque furent, à chaque tentative, forcées de se replier. Notre artillerie, dominant enfin le feu des batteries ennemies, permit à nos travailleurs de continuer leur périlleuse entreprise sous sa puissante protection. Nous restâmes dans les ouvrages. Au point du jour ils étaient organisés de façon à ce qu'on pût s'y maintenir. Un bataillon du 46ᵉ, un du 98ᵉ, deux compagnies de la légion étrangère, une de voltigeurs du 43ᵉ, furent chargés de les garder en protégeant les travailleurs.

Ces combats avaient été meurtriers pour les Russes, mais nous-mêmes nous eûmes des pertes considérables et cruelles. Le colonel Viénot du 1ᵉʳ régiment de la légion étrangère, le commandant Julien du 46ᵉ, deux capitaines, trois lieutenants des 42ᵉ, 46ᵉ, 79ᵉ, furent tués. Un officier du génie, un capitaine d'artillerie, M. Nayral, chef de bataillon à la légion étrangère, et 22 officiers de divers grades, furent blessés.

L'enlèvement de ces lignes de contre-approche était un pas important fait dans les opérations du siége; cependant là ne devaient pas avoir lieu les affaires principales. Bientôt la position de Malakoff allait devenir le point saillant de l'attaque.

Malgré les pertes considérables qu'ils avaient éprouvées la veille, les Russes voulurent, dans la nuit du 2 au 3 mai, essayer de nouveau de reprendre leurs lignes de contre-approche. Une colonne de 2,000 hommes, soutenue par des réserves, se précipita tête baissée sur ces ouvrages, à trois heures du matin. 5 compagnies de la légion étrangère, du 43ᵉ et du 80ᵉ, un bataillon du 46ᵉ, un du 98ᵉ, reçurent l'ennemi de façon à lui ôter pour quelque temps l'envie d'entreprendre de pareilles luttes. Nous perdîmes encore là 4 officiers et nous en eûmes 21 de blessés, parmi lesquels le chef de bataillon du génie Martin, le commandant Gremion du 98ᵉ et le lieutenant-colonel Martineau Deschesnez du 28ᵉ.

*Du 2 au 20 mai.* L'ennemi cessa pendant quelques jours ses attaques, se bornant à nous envoyer des coups de canon et d'obusier. Le général Beuret fut blessé le 4 par un de ces projectiles, étant dans la tranchée.

Le 5, on fit une découverte de la plus haute importance. Le travail de tranchée ayant été poussé à l'attaque de gauche jusqu'au pied du parapet des embuscades russes, on trouva du côté gauche, une espèce de fougasse, avec augets et saucissons, dont les dispositions semblaient indiquer que tout un système de ce genre avait été préparé sous le terrain que l'on venait d'occuper. L'ennemi, surpris par notre brusque arrivée, n'avait pas eu le temps de mettre le feu.

Cette circonstance ayant donné l'éveil, on chercha, le 6, les fougasses qui avaient pu être préparées par l'ennemi. On en découvrit sur trois points différents. Des barils de poudre enterrés à 1 mètre 50, communiquant par des saucissons courant dans un auget, devaient produire une explosion formidable et terrible, si l'ennemi avait eu le loisir d'exécuter ses desseins.

Jusqu'au 13 mai, à l'exception d'une sortie faite par les Russes, sur la gauche des Anglais dans la nuit du 9 au 10, rien de remarquable n'eut lieu de part et d'autre.

Le 13, les Russes firent deux attaques sur nos tranchées de gauche, dans le but de protéger leurs travailleurs chargés d'ouvrir à la sape simple, dans le ravin de la ville, à droite de son talweg, une communication qui permît d'arriver à ses batteries basses, sans être en vue de nos tirailleurs.

Ainsi, dans ce siége extraordinaire, non-seulement l'ennemi défendait ses positions et fortifiait au fur et à mesure que nous nous en approchions, les points les plus exposés à nos coups, mais encore lui-même, intervertissant les rôles, faisait des travaux d'attaque, comme si d'assiégé il devait devenir bientôt assiégeant.

Pendant ces combats de nuit, le capitaine du génie Lulé-Dejardin fut tué, six officiers d'infanterie furent blessés.

La guerre souterraine commençait à prendre plus d'extension. Les Russes employant volontiers la mine, on était fréquemment dans la nécessité de donner le camouflet, ce qui réussissait généralement bien. Les 14, 15, 16, 18, le génie fit jouer plusieurs fourneaux.

Le 19 mai, l'armée alliée apprit tout à coup par deux ordres du jour le remplacement volontaire du général Canrobert, dans le commandement en chef des troupes françaises, par le général de division Pélissier.

# LIVRE VI.

## MALAKOFF (DU 20 MAI AU 18 JUIN 1855).

Le général Pélissier remplace le général Canrobert dans le commandement en chef de l'armée française en Orient. — Nouveau fractionnement de cette armée en deux corps et une réserve. — Du 20 mai au 1ᵉʳ juin. — Expédition de Kertch (24 mai). — Affaires des 22 et 23 mai à l'attaque de gauche. — Occupation de la ligne de la Tchernaïa (25 mai). — Attaque et prise du Mamelon vert et des ouvrages Blancs (7 juin).—Du 9 au 18 juin. — Dispositions pour l'affaire du 18 juin. — Attaque de Malakoff, du Carénage et du Grand Redan.

Par suite de nouvelles dispositions, l'armée française devant Sébastopol se trouva définitivement organisée, le 20 mai, de la manière suivante :

### COMMANDANT EN CHEF :

Le général de division **PÉLISSIER**.

*Grand quartier-général.*

De Martimprey, général de brigade, chef d'état-major général ; Jarras, colonel d'état-major, sous-chef d'état-major général ; Thiry, général de division, commandant l'artillerie de l'armée ; Niel, général de division, commandant le génie de l'armée ; Blanchot, intendant militaire, intendant général de l'armée ; Girard de Charbonnière, lieutenant-colonel, grand prévôt de l'armée.

## PREMIER CORPS.

#### COMMANDANT EN CHEF :

Le général de division DE SALLES.

Rivet, général de brigade, chef d'état-major; Lebœuf, général de brigade, commandant de l'artillerie; Dalesme, général de division, commandant du génie; Bondurand, intendant militaire.

### 1<sup>re</sup> Division.

D'AUTEMARRE, général de division, commandant.

#### 1<sup>re</sup> *Brigade.*

*Niol*, général de brigade, commandant.
5<sup>e</sup> bataillon de chasseurs à pied ; 19<sup>e</sup> et 26<sup>e</sup> de ligne.

#### 2<sup>e</sup> *Brigade.*

*Breton*, général de brigade, commandant.
39<sup>e</sup> et 74<sup>e</sup> de ligne.
Artillerie, génie, équipages militaires.

### 2<sup>e</sup> Division.

LEVAILLANT, général de division, commandant.

#### 1<sup>re</sup> *Brigade.*

*De la Motterouge*, général de brigade, commandant.
9<sup>e</sup> bataillon de chasseurs à pied; 21<sup>e</sup> et 42<sup>e</sup> de ligne.

#### 2<sup>e</sup> *Brigade.*

*Couston*, général de brigade, commandant.
46<sup>e</sup> et 80<sup>e</sup> de ligne.
Artillerie, génie, équipages militaires.

### 3ᵉ Division.

PATÉ, général de division, commandant.

#### 1ʳᵉ *Brigade.*

*Beuret*, général de brigade, commandant.
6ᵉ bataillon de chasseurs à pied ; 28ᵉ et 98ᵉ de ligne.

#### 2ᵉ *Brigade.*

*Bazaine*, général de brigade, commandant.
1ᵉʳ et 2ᵉ régiments de la légion étrangère.
Artillerie, génie, équipages militaires.

### 4ᵉ Division.

BOUAT, général de division, commandant.

#### 1ʳᵉ *Brigade.*

*Faucheux*, général de brigade, commandant.
10ᵉ bataillon de chasseurs à pied ; 18ᵉ et 79ᵉ de ligne.

#### 2ᵉ *Brigade.*

*Duval*, général de brigade, commandant.
14ᵉ et 43ᵉ de ligne.
Artillerie, génie, équipages militaires.

### Division de cavalerie.

MORRIS, général de division, commandant.

#### 1ʳᵉ *Brigade.*

*Cassaignolles*, général de brigade, commandant.
1ᵉʳ et 3ᵉ régiments de chasseurs d'Afrique.

#### 2ᵉ *Brigade.*

*Feray*, général de brigade, commandant.
2ᵉ et 4ᵉ régiments de chasseurs d'Afrique.
Artillerie, réserve et parcs de l'artillerie et du génie.

## DEUXIÈME CORPS.

**COMMANDANT EN CHEF :**

Le général de division BOSQUET.

Courtot de Cissey, général de brigade, chef d'état-major; Beuret, général de brigade, commandant de l'artillerie; Frossard, général de brigade, commandant du génie; de Molines, sous-intendant militaire.

### 1<sup>re</sup> Division.

CERTAIN CANROBERT, général de division, commandant.

#### 1<sup>re</sup> *Brigade.*

*Espinasse*, général de brigade, commandant.
1<sup>er</sup> bataillon de chasseurs à pied; 7<sup>e</sup> de ligne; 1<sup>er</sup> de zouaves.

#### 2<sup>e</sup> *Brigade.*

*Vinoy*, général de brigade, commandant.
20<sup>e</sup> et 27<sup>e</sup> de ligne.
Artillerie, génie, équipages militaires.

### 2<sup>e</sup> Division.

CAMOU, général de division, commandant.

#### 1<sup>re</sup> *Brigade.*

*Wimpffen*, général de brigade, commandant.
50<sup>e</sup> de ligne; 3<sup>e</sup> de zouaves; régim. de tirailleurs algériens.

#### 2<sup>e</sup> *Brigade.*

*Vergé*, général de brigade, commandant.
3<sup>e</sup> bataillon de chasseurs à pied; 6<sup>e</sup> et 82<sup>e</sup> de ligne.
Artillerie, génie, équipages militaires.

### 3<sup>e</sup> Division.

MAYRAN, général de division, commandant.

#### 1<sup>re</sup> *Brigade.*

*De Lavarande*, général de brigade, commandant.

19ᵉ bataillon de chasseurs à pied; 2ᵉ régiment de zouaves; 4ᵉ régiment d'infanterie de marine.

### 2ᵉ *Brigade.*

*De Failly*, général de brigade, commandant.
95ᵉ et 97ᵉ de ligne.
Artillerie, génie, équipages militaires.

### 4ᵉ Division.

DULAC, général de division, commandant.

### 1ʳᵉ *Brigade.*

*De Saint-Pol*, général de brigade, commandant.
17ᵉ bataillon de chasseurs à pied; 57ᵉ et 85ᵉ de ligne.

### 2ᵉ *Brigade.*

*Bisson*, général de brigade, commandant.
10ᵉ et 61ᵉ de ligne.
Artillerie, génie, équipages militaires.

### 5ᵉ Division.

BRUNET, général de division, commandant.

### 1ʳᵉ *Brigade.*

*Cœur*, général de brigade, commandant.
4ᵉ bataillon de chasseurs à pied; 86ᵉ et 100ᵉ de ligne.

### 2ᵉ *Brigade.*

*Lafont de Villiers*, général de brigade, commandant.
49ᵉ et 91ᵉ de ligne.
Artillerie, génie, équipages militaires.

### Division de cavalerie.

D'ALLONVILLE, général de division, commandant.

### 1ʳᵉ *Brigade.*

....., général de brigade, commandant.
1ᵉʳ et 4ᵉ régiments de hussards.

## 2ᵉ *Brigade.*

*De Champéron*, général de brigade, commandant. ;
6ᵉ et 7ᵉ régiments de dragons.
Artillerie. ....
Réserve et parcs de l'artillerie et du génie.

## CORPS DE RÉSERVE.

### COMMANDANT EN CHEF :

Le général de division REGNAUD DE Sᵗ-JEAN D'ANGELY.

*De Vandrimey-Davout*, colonel, chef d'état-major; Soleille, général de brigade, commandant de l'artillerie ; ....., commandant du génie ; Paris, intendant militaire.

### 1ʳᵉ Division.

HERBILLON, général de division, commandant.

#### 1ʳᵉ *Brigade.*

*De Marguenat*, général de brigade, commandant.
14ᵉ bataillon de chasseurs à pied ; 47ᵉ et 52ᵉ de ligne.

#### 2ᵉ *Brigade.*

*Cler*, général de brigade, commandant.
62ᵉ et 73ᵉ de ligne.
Artillerie, génie, équipages militaires.

### 2ᵉ Division.

D'AURELLES DE PALADINES, général de division, commandant.

#### 1ʳᵉ *Brigade.*

*Montenard*, général de brigade, commandant.
7ᵉ bataillon de chasseurs à pied ; 9ᵉ et 32ᵉ de ligne.

#### 2ᵉ *Brigade.*

*Perrin-Jonquières*, général de brigade, commandant.
15ᵉ et 96ᵉ de ligne.
Artillerie, génie, équipages militaires.

### Division de la garde impériale.

MELLINET, général de brigade, commandant.

#### 1<sup>re</sup> Brigade.

*Uhrich*, général de brigade, commandant.
Zouaves ; 1<sup>er</sup> et 2<sup>e</sup> régiments de voltigeurs.

#### 2<sup>e</sup> Brigade.

*Pontevès*, général de brigade, commandant.
Chasseurs ; 1<sup>er</sup> et 2<sup>e</sup> régiments de grenadiers ; gendarmes.
Artillerie, génie, équipages militaires.

#### Brigade de cavalerie de réserve.

*De Forton*, général de brigade, commandant.
6<sup>e</sup> et 9<sup>e</sup> régiments de cuirassiers.
Réserve et parcs de l'artillerie et du génie.

*Du 20 mai au 1<sup>er</sup> juin.* — Dès que le nouveau général en chef de l'armée française eut pris le commandement, il fit résoudre par les généraux et amiraux des puissances alliées une opération contre Kertch et Yénikalé (1). Le but de cette expédition était de se rendre maître du détroit, et de lancer une escadre de vapeurs légers dans la mer d'Azoff. On avait ainsi l'espoir de s'emparer des points principaux du littoral, et de couper les transports maritimes de l'armée russe de Crimée. Ces résultats furent, en effet, obtenus en très peu de temps, et cela contribua à avancer les opérations du siége en diminuant les ressources de l'ennemi à Sébastopol. Ce dernier tirait une grande partie de ses approvisionnements de l'Asie, par le détroit de Kertch.

(1) Voir la note relative à cette expédition.

Dans la nuit du 21 au 22 mai, le génie ouvrit une nouvelle tranchée partant de la droite de la batterie n° 44, et se dirigeant sur les embuscades russes placées en avant du mur crénelé. Cette tranchée, d'un développement de 150 mètres, occupait l'arête qui descendait du bastion Central à la baie de la Quarantaine, à l'extrémité gauche de nos attaques, près du cimetière. Au point du jour, on reconnut que, pendant qu'on exécutait ces travaux, les Russes, par un effort digne d'éloge, avaient, de leur côté, construit en avant de leurs embuscades, à 80 mètres du mur du cimetière, une gabionnade rattachée au corps de place par un long boyau aboutissant à la flèche de droite du bastion Central. Leur intention était de se ménager, sous la protection de cette nouvelle ligne, une vaste place d'armes qui aurait reçu des batteries, et à la faveur de laquelle ils eussent pu opérer impunément des rassemblements de troupes menaçants pour notre gauche.

*Affaires des 22 et 23 mai.* — Ces considérations déterminèrent le général en chef à faire enlever le soir même ces positions. Il donna des ordres en conséquence, et prescrivit de tourner ces travaux de l'ennemi contre la place.

Le général Paté, commandant la 3ᵉ division du 1ᵉʳ corps, fut chargé de l'exécution de cette opération périlleuse. Il eut sous ses ordres les généraux de brigade de la Motterouge, de service de tranchée, et Beuret, commandant une des brigades de sa division. Deux attaques simultanées furent résolues : l'une, sur les embuscades de gauche, à l'extrémité de la petite baie ; l'autre, partant de l'angle sud-est du cimetière, sur la ligne des embuscades de la croupe. Ces deux attaques ne devaient pas dépasser le côté nord du cimetière.

Huit bataillons de 400 hommes chacun, les compagnies d'élite du 1er régiment de la légion étrangère, trois compagnies du 10e bataillon de chasseurs à pied, furent mis à la disposition du général Paté. Des réserves se tinrent prêtes à soutenir les colonnes d'attaque.

A neuf heures du soir, au signal du général Paté, les troupes s'élancèrent des deux côtés à la fois. L'attaque de gauche (général Beuret) était faite par les trois compagnies du 10e de chasseurs, soutenues par deux bataillons du 2e régiment de la légion étrangère et un bataillon du 98e ; l'attaque de droite (général de la Motterouge) était faite par les compagnies d'élite de la légion étrangère (1er régiment), deux bataillons du 28e et deux bataillons des voltigeurs de la garde.

Les points indiqués furent couronnés rapidement par les têtes de colonne de ces braves troupes ; et l'ennemi culbuté. Soit que les Russes se fussent préparés, de leur côté, à exécuter sur nous un mouvement offensif, soit qu'ils eussent voulu assurer une défense vigoureuse à leurs travaux, à peine ces premières lignes eurent-elles commencé leur retraite que des masses considérables leur succédèrent. Nos soldats se trouvèrent donc aux prises avec des forces imposantes.

A l'attaque de gauche, la disposition du terrain avait permis de tourner les embuscades des deux côtés, et de faire 25 prisonniers. Malgré de fréquents retours offensifs, cette partie des embuscades russes resta en notre pouvoir, et au bout de deux heures d'un combat acharné l'ennemi, découragé, cessa la lutte. Le génie s'empressa de commencer les travaux d'établissement. Une seule embuscade, située en avant, dut être négligée.

A droite et au centre le combat dura toute la nuit. Les Russes avaient engagé sur ces deux points des masses très fortes. Cinq fois, à la suite d'assauts successifs, de luttes corps à corps, la gabionnade avait été prise et reprise. Elle finit par rester entre nos mains ; mais le jour commençait à poindre, le génie n'avait pas eu le temps de défiler les embuscades de la batterie de la Quarantaine, on dut abandonner ces travaux, en se bornant à les rendre intenables pour l'ennemi. Nos troupes, après cette affaire meurtrière et glorieuse, rentrèrent en bon ordre dans les tranchées, laissant le sol jonché de cadavres russes. Pendant toute la nuit, le feu des batteries n°˙ 45 et 46, dirigé habilement par le général Lebœuf, avait causé aux Russes qui se déployaient dans le grand ravin des pertes considérables. De notre côté, nous eûmes 19 officiers tués, 59 blessés, dont 25 légèrement, 493 hommes de troupes tués et 1,205 blessés. Au nombre des officiers tués, on compta le capitaine du génie Vaullegeard, le chef de bataillon du 18ᵉ de ligne de Cargouët, 3 officiers du 80ᵉ, 4 du 18ᵉ, 1 du 28ᵉ,

5 de la légion étrangère, et 4 des voltigeurs de la garde ; parmi les blessés, le général Paté, le lieutenant-colonel d'état-major Raoult, les chefs de bataillon des voltigeurs de la garde D'Anthès et Boulatigny, qui tous deux succombèrent à leurs blessures, le commandant du 28° Trilhard.

Le 23 mai, les deux divisions d'infanterie Herbillon et d'Aurelles, du corps de réserve, arrivèrent de Constantinople, et furent chargées des lignes de Kamiesch, dont les travaux purent être poussés avec la plus grande activité. Nous avons fait connaître en quoi consistaient ces lignes, et quel était leur but.

Le beau combat de la nuit précédente, d'après les idées du général en chef, devait produire un résultat avantageux, celui de nous faire profiter de l'ouvrage construit par la défense. Pour cela, il était indispensable de compléter ce qui avait été si bien commencé. Ordre fut envoyé au général Couston de résister, avec quatre bataillons, à toutes les tentatives de l'ennemi sur l'emplacement des embuscades conquises. Puis, à neuf heures et demie du soir, le 1$^{er}$ bataillon du 1$^{er}$ régiment de la légion étrangère et le 2$^e$ du 80$^e$ se mirent en mouvement, appuyés par le 2$^e$ bataillon de la légion (1$^{er}$ régiment) et par les voltigeurs de la garde. Ces troupes rejetèrent les Russes. Le génie put alors perfectionner la place d'armes commencée la nuit précédente, ainsi que la communication destinée à relier cette place d'armes à la baie de la Quarantaine. Pendant que ceci s'exécutait à gauche, le général Duval, de service à la tranchée, sur la droite, avec six bataillons, tentait de reprendre les embuscades de la croupe en avant du cimetière, et de contenir l'ennemi, de façon à permettre au génie d'exécuter en arrière les travaux nécessaires pour assurer notre établissement définitif sur cette importante position.

Le général Duval commença son attaque en même temps que le général Couston. Les deux bataillons du 46°, conduits par le colonel Gault, se jetèrent sur la gauche de l'ennemi. Un bataillon du 98° et un du 14° (lieutenant-colonel Guignard) appuyèrent ce mouvement, tandis qu'un bataillon du 80° contournait le cimetière et se rabattait sur la droite des Russes. Ces derniers firent de vains efforts pour tenir contre l'élan des troupes, ils se retirèrent lentement, en entretenant une fusillade qui cessa cependant bientôt. Impressionnés par leurs pertes de la veille, les défenseurs ne reparurent plus de la nuit, en sorte que, malgré le feu de l'artillerie de la place entretenu jusqu'au jour, le lieutenant-colonel du génie Guérin put faire organiser, au profit de l'attaque, la gabionnade conquise, en la transformant en une crémaillère dont les branches successives furent défilées de la batterie de la Quarantaine.

Au point du jour, nous étions solidement établis sur toute la ligne conquise. Nous avions eu 4 officiers tués, tous du 80°, dont le chef de bataillon Mathys, 20 officiers blessés, et 400 hommes de troupes mis hors de combat

Le lendemain eut lieu une suspension d'armes pour

enlever et enterrer les morts. Les Russes emportèrent 1,200 cadavres, nous relevâmes 385 morts.

Jusqu'à la fin du mois il n'y eut plus d'affaires bien sérieuses, les travaux du siége continuèrent et furent poussés avec vigueur; les défenseurs, de leur côté, ne se laissèrent pas abattre par nos succès.

Sur la droite, à l'attaque du Carénage, 500 travailleurs d'infanterie, divisés en deux colonnes conduites par des officiers du génie, ouvrirent, dans la nuit du 26 au 27 mai, une seconde parallèle s'appuyant aux cheminements de droite et de gauche. Cette parallèle était à 250 mètres de la première. Les embuscades russes, situées à 110 mètres environ des travailleurs, commencèrent, vers dix heures du soir, un feu des plus vifs, auquel l'artillerie de la place vint bientôt mêler la voix de son canon. A une heure du matin, une seconde démonstration semblable eut également lieu, mais déjà les gabions étaient remplis.

Les Russes semblaient, cette nuit-là, craindre une attaque générale contre les ouvrages des 22 et 27 février, car le tir de leur artillerie fut dirigé contre nos batteries en arrière du nouveau travail. Puis, afin d'éventer une surprise, ils allumèrent, au saillant de l'ouvrage le plus avancé, deux feux jointifs produisant une lumière blanche très vive et des plus intenses.

L'assiégé, pendant les derniers jours de mai, fit jouer plusieurs mines; elles produisirent peu d'effet; de notre côté, le génie essaya quelques travaux souterrains.

Un fait très important se produisit le 30. En faisant

une reconnaissance en avant du ravin du Carénage, on découvrit une ligne de vingt-quatre caisses de poudre avec appareil explosif. Cette machine infernale, destinée à faire sauter une colonne d'attaque, était enterrée à fleur de sol, de façon que le feu devait nécessairement être mis par le passage même des troupes d'attaque.

A la fin du mois de mai, les travaux, à l'attaque principale, étaient fort avancés. La tranchée était praticable sur tout son parcours; on y avait construit un grand nombre de créneaux, établi des traverses pour se garantir des feux de la batterie russe de la Quarantaine; sept mortiers de 25 avaient été envoyés à l'attaque Malakoff; les batteries 33 et 43, armées précédemment de bouches à feu de campagne, avaient été supprimées, attendu qu'elles ne pouvaient plus découvrir le terrain qu'elles étaient destinées à battre.

Les Russes, refoulés dans toute cette partie de leur défense, avaient établi un pont de bois et une chaussée consolidée par un talus de pierre conduisant de la lunette de droite du bastion Central à la batterie de quatre pièces nouvellement construite à la droite de cette lunette; mais le pont restait en place la nuit seulement, notre batterie 41 y interceptant la circulation par son feu.

Pendant toute cette période du siége, le 2ᵉ corps, armée d'observation, avait occupé les hauteurs sur la rive gauche de la Tchernaya; le général Pélissier, croyant le moment venu de se porter plus en avant et d'agrandir son centre d'action, prescrivit aux deux divisions Canrobert et Brunet, à la cavalerie du général Morris, moins le 4ᵉ de hussards, et à cinq batteries à cheval de la réserve de campagne, de descendre de leurs positions pour franchir la rivière. Toutes ces troupes furent placées sous les ordres supérieurs du général Canrobert.

Ce petit corps d'armée quitta ses bivouacs à minuit, et se trouva le 25, à la pointe du jour, au pont de Tractir, dont il s'empara aussitôt. Les Russes n'avaient au delà de la rivière que quelques troupes avancées : deux bataillons, des escadrons de hulans et de cosaques, plus une batterie légère. Ces troupes battirent en retraite après un rapide combat d'avant-garde, dans lequel elles laissèrent 60 à 80 prisonniers entre nos mains.

Ce mouvement fut appuyé à droite par les Piémontais (1) et la cavalerie anglaise, au centre par les troupes d'Omer-Pacha, en arrière par la garde impériale, prête à descendre du col de Balaclava.

Vers neuf heures du matin, l'ennemi ne s'étant pas présenté, le général Canrobert fit repasser la Tchernaïa à son corps d'armée, et l'établit sur la rive gauche : en première ligne, les deux divisions sur le

---

(1) La Sardaigne nous avait envoyé en Orient un corps d'armée de 15 à 16 mille hommes d'excellentes troupes commandées par le ministre de la guerre en personne, le général de la Marmora. Ces braves soldats nous furent très utiles en plusieurs occasions. Ils étaient fiers de combattre à nos côtés, et nous étions heureux de les avoir près de nous. On verra leur belle conduite à la bataille de Tractir.

système mamelonné qui de Tchorgoun au télégraphe dominait le pont de Tractir ; la cavalerie et l'artillerie en seconde ligne ; les Piémontais et la cavalerie anglaise, se liant avec notre droite, occupèrent les hauteurs au-dessous de Tchorgoun et le plateau de Kamara ; enfin Omer-Pacha se plaça sur la ligne des redoutes du 25 octobre, prêt à soutenir au besoin la gauche et le centre.

Ces dispositions prises, le général Canrobert fit tellement d'instances auprès du général Pélissier pour se borner au commandement de sa division, que le général Morris fut chargé de celui de toutes les troupes établies sur la ligne de la Tchernaïa.

*Du 1ᵉʳ au 7 juin.* — Dans les premiers jours de juin, le général Morris jugea utile de faire une grande reconnaissance dans la vallée de Varnoutka et de Baïdar. En conséquence, quatre mille fantassins sous les ordres du général Canrobert, et dix escadrons sous ceux du général d'Allonville, plus deux batteries à cheval et une de montagne, quittèrent leurs positions le 3 juin, et vinrent jusqu'à Baïdar. Quelques escadrons, passant par Ourkousta, pénétrèrent jusqu'au passage de Phoros, sur la route d'Yalta. Quelques sotnias de Cosaques placées sur la haute Tchernaïa se replièrent sans résistance, nous laissant quatre prisonniers. Pendant ce temps-là, une petite colonne piémontaise, conduite par le général de la Marmora (1)

---

(1) Il ne faut pas confondre le général de la Marmora avec son frère aîné, mort quelques jours auparavant du choléra, en Crimée. Ce dernier, connu dans l'armée piémontaise sous le surnom du

en personne, suivait les hauteurs situées à l'est de la route d'Yalta, et rejoignait nos troupes à Baïdar.

Toute cette contrée ayant été explorée sans que l'ennemi y mît le moindre obstacle, la reconnaissance se replia vers le milieu du jour, et rentra le soir dans ses bivouacs.

Les Russes commençaient à devenir inquiétants du côté du mamelon Vert et des ouvrages Blancs, à l'attaque de droite. Le 4 juin, les batteries de la première de ces deux positions firent, à plusieurs reprises, un feu des plus vifs ; on résolut d'enlever ces deux points importants, dont l'un protégeait la position de Malakoff, et l'autre la rade et le ravin de Kilène-Balka. Le 6, au moment où les batteries n°˚ 12, 21, 23, 25, 25 (*bis*), 26 et 35 de l'attaque de gauche, qui avaient des vues sur le bastion du Mât, ouvraient leur feu, afin de soutenir celui des batteries anglaises, commencé à la même heure (trois heures de l'après-midi), toutes les batteries pouvant lancer des projectiles sur le mamelon Vert et les ouvrages Blancs, à l'attaque de droite, tirèrent avec la plus grande vigueur.

*Attaque et prise du mamelon Vert et des ouvrages Blancs.* — Le 7, en vue de l'opération dont nous venons de parler, et pour la préparer efficacement, les batteries qui avaient déjà tiré la veille recommencèrent au point du jour. A trois heures de l'après-

---

vieux *Bersaglieri*, parce qu'il avait organisé ces beaux bataillons de chasseurs, était remarquable par les nobles blessures qui sillonnaient son visage, blessures reçues en combattant dans les campagnes de 1848 et 1849. Il commandait à Gênes.

midi, toutes celles de l'attaque principale, de la droite à la gauche, ouvrirent leur feu. Les Russes semblaient s'y attendre, car ils répondirent immédiatement. A sept heures, le feu de l'ennemi, qui avait d'abord contre-balancé le nôtre avec avantage, perdait de sa vivacité, et un bon nombre de pièces se trouvaient réduites au silence.

A onze heures du soir, l'action engagée vers Malakoff ayant cessé entièrement, notre feu cessa également. Cependant, à une heure du matin, un bruit de voitures ayant été entendu au bastion du Mât, on y fit diriger un feu très vif.

A deux heures, les Russes firent une sortie contre les Anglais. Nos batteries ayant vue sur les ouvrages de gauche du bastion du Mât et sur la batterie des Casernes tirèrent de nouveau très vivement jusqu'à trois heures. Les Anglais repoussèrent les Russes dans la place.

Pendant cette nuit, nos batteries avaient allumé en ville deux incendies du côté de la Quarantaine.

Il avait été résolu, de concert avec les généraux alliés, que l'on s'emparerait dans la soirée des ouvrages Blancs du Carénage (des 22 et 27 février), du mamelon Vert, en avant de la tour Malakoff, et de l'ouvrage russe des Carrières, en avant du grand Redan. Les Anglais étaient chargés de cette dernière attaque, les Français des deux premières. Chacune de ces attaques était séparée de l'autre par un ravin aux berges escarpées et souvent rocheuses; celle du Carénage l'était de l'attaque Malakoff par le ravin même du Carénage, et cette dernière attaque de l'attaque anglaise par le ravin de Karabelnaïa. Ces ravins avaient un inconvénient, celui d'isoler les attaques; mais nous fîmes tourner à notre avantage leurs parties défilées en y plaçant à proximité de nombreuses et puissantes réserves.

Les 2$^e$, 3$^e$, 4$^e$ et 5$^e$ divisions du 2$^e$ corps furent désignées pour l'attaque. A quatre heures et demie du soir, ces quatre divisions prenaient leur position de combat : les division Mayran (3$^e$) et Dulac (4$^e$) du côté du Carénage, et la division Camou (2$^e$) et Brunet (5$^e$) à l'attaque du centre.

Le général Mayran devait diriger sur le plateau du Carénage des attaques simultanées contre les ouvrages Blancs. La 1$^{re}$ brigade de sa division, commandée par le général de Lavarande, et composée d'une partie du 19$^e$ bataillon de chasseurs à pied (commandant Caubert), du 2$^e$ de zouaves (colonel Saurin) et du 4$^e$ régiment de marine (lieutenant-colonel de Cendrecourt), occupait nos tranchées du Carénage. Cette colonne était chargée d'attaquer l'ouvrage du 27 février.

A gauche de la brigade de Lavarande était la 2$^e$ brigade de la division Mayran, sous les ordres du général de Failly, et composée du reste du 19$^e$ bataillon de chasseurs à pied, du 95$^e$ de ligne (colonel Danner), du 1$^{er}$ bataillon du 97$^e$ et d'un bataillon de la gendarmerie de la garde (1). Cette colonne devait enlever l'ouvrage du 22 février.

(1) Arrivée en Crimée depuis peu, cette troupe d'élite voyait le

La division Dulac formait les réserves de ces deux attaques : la 1re brigade de cette division, sous les ordres du général de Saint-Pol, devait se placer dans les parallèles du Carénage, après le mouvement offensif des deux premières colonnes ; et la 2e brigade de la même division, commandée par le général Bisson, rester en seconde réserve.

En outre, le 2e bataillon du 97e de ligne et un bataillon du 61e, sous le commandement du lieutenant-colonel Larrouy d'Orion, du 97e, avaient été massés dans le ravin du Carénage, afin de tourner l'ennemi et de lui couper la retraite après l'enlèvement des ouvrages Blancs.

Au centre, les opérations étaient confiées au brave général Camou. La 1re brigade de sa division, sous les ordres du général de Wimpffen, occupait les parallèles au contrefort Malakoff : à droite, les tirailleurs algériens (colonel Rose) ; au centre, le 50e de ligne (colonel de Brancion) ; à gauche, le 3e de zouaves (colonel de Polhès).

La 2e brigade de la division Camou, commandée

---

feu pour la première fois dans une affaire sérieuse. Non-seulement ce brave bataillon contribua puissamment au succès de l'enlèvement des ouvrages Blancs, en se précipitant sur les deux redoutes, mais encore, il resta pendant trente-six heures, après la prise de la position, chargé de l'occuper et de s'y maintenir, en but aux feux croisés des Russes qui ne cessèrent de tirer. C'est là que le général de Lavarande eut la tête broyée par un obus, à côté du lieutenant-colonel Baudinet, le 8 au matin. Le bataillon de gendarmerie perdit dans l'affaire du 7, 1 capitaine, 2 lieutenants et 17 gendarmes. 3 autres capitaines et 119 hommes y furent blessés.

par le général Vergé, était en réserve dans le ravin de Karabelnaïa, prête à remplacer la 1re brigade dans les parallèles.

La division Brunet, massée sous les ordres de son chef, également dans le ravin de Karabelnaïa, devait fournir les mêmes réserves.

Deux bataillons de la garde impériale, l'un de grenadiers et l'autre de gendarmes, avaient été mis pour cette attaque à la disposition du général Camou.

Cet ensemble était complété par la division turque d'Osman-Pacha, que le généralissime Omer-Pacha avait détachée de son armée de la Tchernaïa, et qui était venue prendre position sur les hauteurs d'Inkermann.

A six heures et demie, lord Raglan était près de l'observatoire anglais; de son côté, le général en chef arrivait au retranchement en avant de la redoute Victoria, d'où, ainsi qu'il en était convenu avec le général anglais, il faisait partir les fusées, signal de l'attaque. Le général Bosquet, qui de sa personne était à la batterie voisine de Lancastre, venait de recevoir les derniers rapports : tout était prêt, les troupes étaient frémissantes d'ardeur et animées d'une confiance entière dans le succès.

Au départ de la première fusée, la brigade de Lavarande, son général en tête, s'élance de la deuxième parallèle du Carénage, et enlève au pas de course l'ouvrage du 27 février. Malgré les feux de mitraille et de mousqueterie qui pendant les 200 mètres qu'elle a à parcourir lui font perdre un grand nombre d'hommes, la colonne pénètre dans la batterie par les embrasures et par les brèches. Une lutte corps à corps à la baïonnette s'engage sur tous les points, bon nombre de défenseurs sont tués sur place, et bientôt nous restons maîtres du retranchement.

Au même signal, et avec le même élan, la brigade de Failly s'est précipitée sur l'ouvrage du 22 février. La distance est double, le trajet plus difficile, les feux de flanc du premier ouvrage très meurtriers, rien n'arrête cette intrépide brigade. Elle arrive en masse compacte sur la batterie, escalade le parapet sous un feu roulant, et brise jusque dans l'intérieur de l'ouvrage la résistance désespérée de l'ennemi.

Forcés sur ces deux points et serrés de près par les nôtres, les Russes fuient en désordre, et se précipitent soit sur une petite batterie construite depuis le 2 mai pour défendre l'embouchure du ravin du Carénage, soit vers le pont qui traverse la baie par laquelle ce ravin débouche dans la rade de Sébastopol.

Une partie de nos soldats, entraînés à la poursuite de l'ennemi, s'emparent de la batterie du 2 mai, dont les pièces sont aussitôt enclouées. Toutefois, comme elle est à 500 mètres de l'ouvrage du 22 février, le plus éloigné de nos lignes, et sous la double protection des batteries de l'enceinte et des batteries du nord de la rade, il est impossible de songer à l'occuper encore.

Le général Mayran voyant une colonne russe s'avancer pour reprendre la batterie du 2 mai, ordonne une charge à la baïonnette qui refoule cette colonne dans la place, et nous donne 60 prisonniers, parmi lesquels 3 officiers. Il rallie ensuite ses troupes avancées, et les ramène dans les ouvrages des 22 et 27 février, qui restent définitivement en notre pouvoir.

Cependant les deux bataillons massés dans le ravin du Carénage, et commandés par le lieutenant-colonel Larrouy d'Orion, étaient loin de rester inactifs. Descendant le ravin au moment où l'offensive se dessinait sur la crête, ils poussent jusqu'à la hauteur du pont-aqueduc, gravissent les escarpements de la rive droite, et coupent la retraite à l'ennemi chassé des deux premiers ouvrages. Ce mouvement tournant, conduit avec bravoure, prudence, et un remarquable coup d'œil, nous donne 400 prisonniers, dont 12 officiers.

Pendant que ces faits se passent du côté du Carénage, l'action s'engage et se poursuit autour du mamelon Vert avec des péripéties plus émouvantes encore.

Au même signal de fusées, partant de la redoute Victoria, l'attaque a également lieu sur ce point.

Le brave général de Wimpffen sort avec sa brigade des tranchées, qui, de notre côté, entourent la base du mamelon Vert, c'est-à-dire de la place d'armes de gauche et de la troisième parallèle Victoria.

Trois colonnes s'élancent à la fois sur l'ouvrage ennemi, enlevant deux coupures avancées et de fortes embuscades intermédiaires. La mitraille de la redoute, les feux convergents du grand Redan situé vis-à-vis des Anglais et des batteries qui sont à gauche de la tour Malakoff, ne ralentissent pas leur marche.

A droite, le colonel Rose, à la tête des tirailleurs algériens, s'empare d'une batterie de quatre pièces annexe de la redoute.

Le colonel de Brancion au centre avec le 50ᵉ, et le colonel de Polhès à la gauche, conduisant le 3ᵉ de zouaves, abordent résolûment la redoute elle-même, se jettent dans le fossé, escaladent les parapets, et frappent les canonniers russes sur leurs pièces.

Le colonel de Brancion, qui a l'honneur de planter le premier son aigle sur la redoute, tombe dans cette attaque sous la mitraille ennemie, glorieusement enseveli dans son triomphe.

L'ordre formel avait été donné de ne pas dépasser la gorge de l'ouvrage, et de s'y créer aussitôt un logement contre les feux et les tentatives de la place.

Entraînés par leur ardeur, nos soldats poursuivent les Russes jusqu'au fossé de la batterie Malakoff, à 400 mètres environ de la redoute, et cherchent à pénétrer avec eux dans l'enceinte; mais, ainsi que cela devait être, ils sont forcés de se replier sous le feu violent et à bout portant des réserves ennemies garnissant leurs remparts (1).

Les deux ailes de la ligne française se rejettent en arrière pendant que l'assiégé fait sortir de la place

---

(1) Beaucoup de généraux avaient prévu, qu'entraînés par l'ardeur du combat, nos intrépides fantassins ne sauraient pas s'arrêter dans leur premier succès. Des ordres, des instructions, des recommandations avaient été donnés par les généraux de brigade et de division; mais, ainsi qu'on le voit, tout avait été inutile. Cette ardeur intempestive nous fit malheureusement perdre beaucoup de monde.

une forte colonne de troupes fraîches qui marche droit sur notre centre.

La redoute du mamelon Vert ne pouvait en ce moment offrir aucun abri. Le feu avait fait sauter, soit une fougasse préparée par l'ennemi, soit un magasin à poudre qui avait gravement brûlé le commandant Tixier du 3ᵉ chasseurs à pied et un certain nombre d'hommes. Des planches, des poudres, des cordages enflammés, faisaient craindre des explosions : l'intérieur de l'ouvrage n'était pas tenable encore. Au lieu de s'appuyer sur la redoute, notre ligne dépasse le sommet, et forme un demi-cercle autour du mamelon.

Il n'y avait pas un instant à perdre. Le général Camou donne l'ordre au général Vergé de sortir des tranchées, et au même instant, le général Brunet reçoit celui de porter sa division en avant.

Le mouvement de cette division se fait avec un aplomb et un ensemble imposants : la 1ʳᵉ brigade, commandée par le colonel Duprat de la Roquette, du 100ᵉ de ligne, vient occuper les parallèles, et la 2ᵉ brigade (général Lafont de Villiers) se porte en arrière et à gauche de la parallèle, défilée par un pli de terrain, près d'un bataillon de grenadiers de la garde impériale qui occupe la première parallèle.

La brigade Vergé se formait au même moment en colonne sous le feu de l'ennemi, gravissait la pente en battant la charge et en ralliant les troupes de la brigade de Wimpffen. Le mamelon fut enlevé, l'ennemi refoulé une seconde fois dans la place, et le 4ᵉ bataillon de chasseurs à pied (commandant de

Fontanges) se porta dans la coupure située à demi-distance de la redoute aux batteries Malakoff. Nous étions définitivement maîtres du mamelon Vert, et nos troupes l'occupaient triomphalement aux cris enthousiastes et mille fois répétés de : *Vive l'Empereur!*

Le jour finissait ; nous étions établis sur les positions conquises au moment où l'obscurité allait permettre au génie de commencer les travaux qui devaient nous y consolider.

L'ensemble de ces travaux était dirigé par le général Frossard, ayant pour chef d'attaque au Carénage le chef de bataillon du génie Chareton, et au mamelon Vert le chef de bataillon de Préserville. Exécutés pendant toute la nuit avec une grande audace, avec une intelligence et un sang-froid remarquables, ces travaux étaient au jour solidement établis, et nous permettaient dès ce moment de résister vigoureusement aux tentatives de l'ennemi.

L'artillerie, dont le rôle est si important dans ce siége, avait concouru d'une manière très efficace au succès de la journée. Après le départ des colonnes d'assaut, le tir de toutes les batteries du Carénage et de la parallèle Victoria fut changé et dirigé sur le corps de la place. Pendant la nuit, une grande partie des embrasures de ces batteries furent refaites.

En outre, six détachements, composés chacun de quinze canonniers commandés par des capitaines d'artillerie, marchèrent avec les premiers bataillons des colonnes, afin de tourner contre l'ennemi les pièces des ouvrages et de reconnaître les travaux à effectuer. Toutes ces opérations se firent sous la direction immédiate du lieutenant-colonel de la Boussinière.

Les pièces de la batterie du 2 mai furent enclouées, sous le feu de l'ennemi, par un détachement de canonniers commandé par le capitaine Melchior. L'armement des ouvrages Blancs et du mamelon Vert resta en notre pouvoir ; il constituait un ensemble de 73 bouches à feu enlevées à l'ennemi, savoir :

Dans l'ouvrage du mamelon Vert, 31 pièces de gros calibre ;

Dans l'ouvrage du 27 février, 12 canons de gros calibre, 2 mortiers de 13 pouces et 6 petits mortiers.

Dans celui du 22 février, 22 canons de gros calibre.

Tandis que nous nous rendions maîtres des ouvrages Blancs du Carénage et du mamelon Vert, les Anglais s'emparaient avec intrépidité de l'ouvrage des Carrières et s'y établissaient solidement.

Pendant la nuit, on fit dans la redoute du mamelon Vert un épaulement du côté de la place et une entrée dans la face de l'ouvrage qui regarde la parallèle Victoria. On ferma de même les ouvrages des 22 et 27 février, et l'on assura leur communication avec la parallèle du Carénage.

L'artillerie reconnut l'emplacement de nouvelles batteries à construire dans les ouvrages enlevés aux Russes ; savoir : dans la redoute du mamelon Vert, les batteries 15, 15 *bis*, 16 et 17 ; dans l'ouvrage du 22 février, les batteries 18 et 19 ; dans l'ouvrage du 27, la batterie 20.

Au point du jour, le jeune et intrépide général de Lavarande fut tué dans ce dernier ouvrage (1).

Ces brillants résultats n'avaient pas été obtenus sans des pertes cruelles. Ainsi nous avions eu 69 officiers tués, 203 blessés dont 111 légèrement, 628 hommes de troupes tués, 4,160 blessés dont 2,480 légèrement. Les Russes perdirent quatre fois plus de monde. Parmi les officiers tués se trouvaient les chefs de bataillon Dutrochet du 6ᵉ de ligne, Klein du 57ᵉ, Moussette du 28ᵉ, Tigé du 25ᵉ ; les capitaines d'artillerie Decasse, Tribouillard, le capitaine du génie Laboissière. Parmi les officiers blessés, le général de Saint-Pol tué depuis ; les colonels Danner du 95ᵉ, Goze du 6ᵉ ; Adam, lieutenant-colonel au 82ᵉ ; les chefs de bataillon Chaunac de Lanzac du 82ᵉ, Dumoulin du 3ᵉ de zouaves, Douay du 17ᵉ bataillon de chasseurs, Fontanges du 4ᵉ, Gibon des tirailleurs algériens, Lecomte du 95ᵉ, de Narbonne Lara du 3ᵉ de zouaves, Signorino du 50ᵉ de ligne ; les officiers de santé Hounau, Lambert, Vansteenkiste ; plusieurs officiers d'état-major parmi lesquels les capitaines Mancel et de Conigliano ; enfin un grand nombre d'officiers du génie et de l'artillerie.

Après cette chaude affaire, le premier soin du général en chef fut de faire consolider les ouvrages

---

(1) On voulut lui faire observer qu'il était en prise au feu d'une batterie russe. — Bah! dit-il, il y a quinze ans que je fais la guerre, il ne m'est jamais rien arrivé.— Un instant après, il était partagé en deux par un boulet.

conquis d'une façon si admirable. On fit deux communications pour relier nos tranchées avec la ligne de contre-approche enlevée aux Russes. On épaissit le parapet destiné à fermer la gorge de l'ouvrage du mamelon Vert dans lequel on fit plusieurs traverses pour préserver les troupes des éclats des projectiles creux.

Au Carénage, on continua l'installation des deux ouvrages Blancs; on travailla à droite à la communication de l'ouvrage du 27 février avec le ravin de Karabelnaïa; on établit un poste entre les deux ouvrages, sur la direction de la communication droite allant de l'un à l'autre. Puis l'artillerie, la nuit venue, poussa activement la construction de ses batteries sur ces points.

Les Russes s'empressèrent de désarmer leur batterie du 2 mai qui, après nos succès de la veille, ne pouvait plus tenir contre nous. Le 9, au matin, cet ouvrage se trouvait évacué, et une partie de la passerelle établie dans la baie du Carénage repliée. Les vaisseaux ennemis qui mouillaient dans la rade en vue des ouvrages Blancs, devenant le but des projectiles des mortiers de 13 pouces que nous avions pris dans ces ouvrages, furent contraints d'aller s'abriter dans le port du Sud.

Le succès que nous venions d'obtenir, un des plus importants de tous ceux dont nos armes avaient été couronnés depuis le commencement de ce mémorable siége, en faisait espérer un plus décisif encore, celui de la prise de Malakoff. Le général en chef résolut de tout disposer pour arriver enfin à ce résultat si impatiemment attendu.

Avant de parler de l'affaire du 18, un mot encore des différentes opérations secondaires qui eurent lieu, en suivant pas à pas les péripéties de l'attaque et de la défense.

*Du 9 au 18 juin.* — Le 9, dans la matinée, le 1er de hussards, les 6e et 7e de dragons, les 6e et 9e de cuirassiers, avec deux batteries à cheval et un bataillon de la 1re division, se rendirent dans la vallée de Varnoutka, sous le commandement du général d'Allonville, pour y opérer un fourrage au vert sur place. Les Russes n'inquiétèrent pas ce fort détachement.

Ce même jour, ils réunirent des masses assez considérables derrière la Quarantaine, comme pour les lancer sur notre attaque de gauche, mais ils n'osèrent tenter une démonstration. Pendant ce temps-là, l'artillerie complétait ses approvisionnements de notre côté, et réparait les dégâts causés à ses batteries. A l'attaque Malakoff, les lignes de contre-approche enlevées devinrent nos troisième et quatrième parallèles; on s'occupa à les relier avec l'ouvrage du mamelon Vert et avec nos anciens travaux. Au Carénage, on ouvrit de nuit la communication entre les ouvrages Blancs des 22 et 27 février restés en notre pouvoir et nos précédentes tranchées sur ce point.

Pendant plusieurs jours, on travailla avec ardeur dans les trois directions que nous venons d'indiquer.

Le 9, une nouvelle suspension d'armes de quelques

heures eut lieu, comme cela arrivait après chaque affaire sérieuse, pour l'enlèvement des morts et leur inhumation. Cette triste opération, commencée à midi, fut achevée à quatre heures et demie. 350 cadavres furent rendus aux Russes ; on recueillit ceux de 380 Français.

A partir du jour de la prise des ouvrages situés entre nos tranchées et Malakoff, les Russes furent continuellement sur le qui vive. Chaque nuit, ils semblaient craindre une attaque générale, et comme pour nous avertir qu'ils étaient sur leurs gardes, ils se livraient très fréquemment à une fusillade, à une canonnade des plus violentes. Dans la nuit du 9 au 10, une vive lueur éclaira tout à coup le bastion Central et la porte du mur crénelé : c'était un feu de fascines goudronnées allumé par les défenseurs pour se préserver d'une surprise. Cette espèce d'alerte ralentit quelque temps les travaux du génie et de l'artillerie ; néanmoins, la batterie n° 52 put être entièrement terminée et armée.

Du côté de Malakoff, on construisit en avant et à droite du mamelon Vert, au delà d'un ravin transversal, une place d'armes de 200 mètres d'étendue, parallèle aux fronts de la place, avec un retour à l'extrémité de droite descendant vers le ravin. Ce travail, par lequel nous gagnions 150 mètres en avant, fut fait à la sape volante, et au jour nos troupes purent l'occuper et s'y maintenir.

Le 11, les hussards et les dragons du général d'Allonville firent, dans la matinée, une reconnaissance de Varnoutka sur Buyuk-Miskomia. Ils chassèrent devant eux, jusqu'au delà du pont de Teulé, quelques partis de cosaques auxquels ils tuèrent quelques hommes. On s'assura de cette façon que la haute vallée de la Tchernaïa était occupée seulement par un petit nombre de sotnias dont les postes principaux se trouvaient à Baga et à Ourkousta.

Les travaux continuèrent aux attaques de gauche et de droite vers Malakoff et le Carénage ; les places d'armes furent agrandies, les batteries nouvelles construites et armées; l'ouvrage du mamelon Vert fut entouré par une parallèle courbe que l'on poussa jusqu'à une grande tranchée russe descendant du mamelon à la tour. Cette parallèle prit le n° 5. Elle avait 350 mètres de développement, non compris la place d'armes à laquelle elle faisait suite.

Au Carénage, on découvrit encore des boîtes de poudre placées par les Russes en avant de la communication de la deuxième parallèle à l'ouvrage du 27 février.

Tous les travaux faits par le génie et par l'artillerie ne s'obtenaient pas sans des pertes regrettables. Il ne se passait guère de jour que ces deux armes n'eussent à déplorer la perte de quelque officier de mérite. Ainsi, dans l'artillerie, les capitaines Prévost, de Bellegarde, de Crusy, furent tués, beaucoup furent blessés. Le 13, le lieutenant-colonel du génie Guérin, chef d'état-major de son arme au 1er corps, officier du plus grand mérite, reçut un coup de feu à la tête, et expira dans l'ouvrage du 2 mai.

Afin d'honorer la mémoire des braves morts au champ d'honneur, le général en chef, par un ordre du jour, fit connaître que la redoute du mamelon Vert serait désignée sous le nom de redoute de Brancion, et les ouvrages Blancs sous celui d'ouvrages Lavarande.

Les Russes, soutenus dans leur belle défense par l'habileté et la ténacité de leurs officiers, dès qu'ils eurent perdu les ouvrages avancés de Malakoff, se mirent avec ardeur à fermer tous les passages qui existaient de ce côté avant le 7 juin, et à ouvrir des embrasures sur la branche qui descendait de la batterie de la Pointe à la baie du Carénage.

Le 12, le corps français en position sur la Tchernaïa détruisit les épaulements des batteries russes situées en avant de la gorge de Tchorgoun, et qui battaient le gué de la rivière. L'ennemi, dont les vedettes avaient été refoulées, ne montra qu'un seul bataillon et quatre escadrons sur des crêtes éloignées. Il n'essaya pas d'inquiéter cette opération.

L'instant approchait où le général en chef allait tenter un effort vigoureux pour s'emparer de Malakoff, point dominant qui devait, selon toute apparence, nous rendre maîtres de la partie sud de la ville. On fit toutes les dispositions pour cette grande et terrible opération. Elle devait, en cas de succès, être suivie immédiatement d'un mouvement offensif général sur la Tchernaïa. Les préparatifs nécessités et la rentrée de la division d'Autemarre, revenue le 15 juin de

Kertch et Iénikalé (1), firent apporter les modifications suivantes dans l'emplacement des troupes :

Le 16, la division d'Autemarre (1re du 1er corps) se rendit des attaques de gauche aux attaques de droite, à Inkermann.

Les divisions Camou et Dulac (2e et 4e du 2e corps) descendirent sur la ligne de la Tchernaïa.

Les divisions Herbillon et d'Aurelles (1re et 2e du corps de réserve) quittèrent Kamiesch pour aller, la première sur la Tchernaïa, la seconde à Inkermann.

Le général Bosquet transporta son quartier-général sur la Tchernaïa, et y prit le commandement des troupes qui s'y trouvaient réunies (1re, 2e, 4e divisions du 2e corps, 1re division de la réserve, les deux divisions de cavalerie, quatre batteries d'artillerie à cheval de la réserve).

Le général Regnaud de Saint-Jean-d'Angely, remplaçant le général Bosquet à Inkermann, prit la direction des attaques de Malakoff.

Ce même jour, 16, les vapeurs français et anglais s'approchèrent de la ville, et tirèrent d'heure en heure. Les Russes, au nombre de 5 à 600, tentèrent une

---

(1) Quelques troupes de renfort avaient été envoyées à Kertch au général d'Autemarre pour qu'il pût faire une expédition contre Anapa, mais les Russes ayant eu vent de ce projet, abandonnèrent la ville, le 5 juin, après avoir fait sauter leurs établissements militaires. Dès lors, cette opération devenait sans but, et le corps envoyé dans la mer d'Azow revint, à l'exception du 7e de ligne et de trois mille hommes qui restèrent à la batterie de la pointe Saint-Paul, qui commande la passe.

sortie par le petit redan du Carénage; mais, reçus par le feu de deux pièces de 24 de la batterie 17, ils rentrèrent immédiatement dans la place.

Le lendemain 17, tous les ordres furent préparés pour la lutte du 18. Comme il était urgent de connaître les forces dont l'ennemi disposait près de la vallée du Chouliou, dans la prévision d'une attaque sur les plateaux de Makensie, l'armée sarde poussa une grande reconnaissance de ce côté. La brigade de chasseurs d'Afrique appuya cette démonstration sur la gauche. Les postes russes se replièrent à l'approche des troupes alliées, et l'on put constater que la vallée n'était, pour ainsi dire, pas occupée.

*Attaque de Malakoff, le 18.* — Le feu fut ouvert, dès le point du jour, sur le bastion du Mât, particulièrement sur les faces qui voyaient les attaques anglaises. L'ennemi y répondit vigoureusement d'abord, puis bientôt il ralentit son tir. Vers deux heures, par suite de nouveaux ordres, notre feu prit sur toute la ligne une très grande vivacité; la place riposta très activement, mais son feu, tout en se maintenant jusqu'au soir, perdit néanmoins de sa force. Pendant la nuit, on jeta de toutes nos batteries et des batteries anglaises une grande quantité de bombes dans la place, et les flottes alliées envoyèrent quelques bordées contre la Quarantaine. Toutes les batteries des attaques Malakoff et du Carénage ouvrirent également leur feu contre la place, de grand matin. Au même moment, les batteries anglaises commencèrent le leur.

Dans la nuit, les troupes prirent, dans les tranchées, leur poste de combat.

*Affaire du 18 juin.* — A l'attaque principale, une compagnie du 10ᵉ chasseurs à pied enleva l'embuscade russe du cimetière du ravin du port sud, afin de protéger sur la gauche la marche d'une colonne anglaise qui devait déboucher au fond du port par le ravin Voronzoff. Cinq Russes furent faits prisonniers.

A trois heures du matin, l'artillerie ayant terminé toutes ses réparations urgentes, le feu fut repris sur toute la ligne avec la plus grande énergie. Il se soutint ainsi jusqu'à trois heures, où l'ordre fut donné de ne répondre que coup pour coup.

Les troupes de l'attaque principale étaient prêtes à agir, mais aucune attaque n'eut lieu de ce côté. Le général Faucheux, avec sa brigade (18ᵉ et 79ᵉ de ligne) et la brigade Monténard (7ᵉ chasseurs à pied et 32ᵉ de ligne), en tout huit bataillons, se porta à deux heures du matin au delà du grand quartier-général, en avant du ravin du port sud. Il fut appelé plus tard au Moulin ; ses bataillons ne donnèrent pas, et rentrèrent dans l'après-midi à leurs camps.

Du côté de la tour Malakoff, où devait se passer l'affaire capitale, le tir de nuit de notre artillerie fut successivement vif jusqu'à l'heure fixée (trois heures du matin) pour l'attaque générale. L'ennemi répondit à peine à ce feu par quelques bombes.

Voici quelles étaient les dispositions adoptées :

Nous devions assaillir Malakoff, le redan du Carénage, la pointe de la batterie, ainsi que les courtines qui relient ces ouvrages; les Anglais devaient s'emparer du grand Redan à notre gauche.

La division Mayran avait la droite des attaques, et devait emporter les retranchements qui s'étendent de la batterie de la Pointe au redan du Carénage. La 1re brigade, commandée par le colonel Saurin, du 3e de zouaves, devait sortir du ravin du Carénage au point où se trouve l'aqueduc, longer la berge gauche du ravin en se défilant autant que possible, et tourner par la gorge la batterie de la Pointe. La 2e brigade, aux ordres du général de Failly, devait faire effort sur la droite du redan du Carénage; elle était pourvue de tous les moyens d'escalade. La réserve spéciale de cette division comptait deux bataillons du 1er régiment de voltigeurs de la garde.

La division Brunet avait une de ses brigades en avant et à droite de la redoute Brancion, l'autre dans la parallèle en arrière et à droite de cette redoute.

La division d'Autemarre devait prendre une disposition analogue. La brigade Niol en avant et à gauche de la redoute Brancion; la brigade Lebreton dans la parallèle en arrière.

Deux batteries d'artillerie pouvant se manœuvrer à la bricole étaient placées en arrière du mamelon Vert, prêtes à être portées au besoin sur les positions de l'ennemi; quatre autres pièces de campagne disposées de même étaient dans le ravin du Carénage à la disposition du général Mayran.

La division de la garde impériale, formant réserve

générale des trois attaques, était massée en arrière de la redoute Victoria.

Les troupes avaient pris pendant la nuit ces positions de combat. Des fusées à étoiles tirées de la batterie de Lancastre, où s'était établi le général en chef, étaient le signal général indiqué pour les attaques, qui devaient être simultanées.

Un peu avant trois heures, le général Mayran, croyant voir le signal convenu dans des bombes à trace fusante lancées de la redoute Brancion, donne l'ordre de commencer l'attaque. Les colonnes Saurin et de Failly s'élancent aussitôt ; mais à peine ces têtes de colonne sont-elles en marche qu'elles reçoivent une pluie de balles et de mitraille. Cette mitraille partait non-seulement des ouvrages à enlever, mais même des vapeurs ennemis, qui manœuvraient et tiraient avec une grande habileté. Ce feu prodigieux arrêta l'effort de nos troupes ; elles ne reculèrent pas, mais il leur devint impossible d'avancer. En ce moment, le brave général Mayran, déjà atteint deux fois, fut abattu par un coup de mitraille, et dut quitter le commandement de sa division. Cette division, un instant désunie par la perte de son général, se rallie promptement à la voix du général de Failly, et, soutenue par le 2ᵉ bataillon du 95ᵉ et un des bataillons des voltigeurs de la garde aux ordres du colonel Boudeville, elle tient ferme dans un pli de terrain, où le général de Failly établit les troupes et se maintient avec intrépidité. Le général en chef donne l'ordre au général Regnaud de Saint-Jean-d'Angély d'envoyer quatre bataillons de voltigeurs de la garde, pris à la réserve générale, au secours de cette division. Les généraux Mellinet et Uhrich marchent avec cette belle troupe, rallient ce qui est épars dans le ravin du Carénage, font occuper par un bataillon et demi les ouvrages Lavarande, et donnent ainsi un solide appui au général de Failly, avec un bataillon posté depuis la veille à la garde du ravin, de façon à assurer sa droite.

Au centre, les dispositions n'étaient pas encore complétement terminées lorsque parut, vingt à vingt-cinq minutes après l'attaque prématurée de la droite, la gerbe de fusées qui devait servir de signal. Toutefois, les troupes de la division Brunet marchent avec résolution, mais leur valeur vient échouer contre le feu nourri des Russes et contre des obstacles imprévus. Dès le début, le général Brunet est mortellement frappé d'une balle en pleine poitrine; le général Lafont de Villiers prend le commandement de la division, et confie celui des troupes engagées au colonel Lorencez; elles se maintiennent vigoureusement en position, pendant que le reste de la division occupe la tranchée pour parer aux éventualités du combat.

A la gauche, le général d'Autemarre n'a pu s'engager avant la division Brunet; en même temps que cette division s'ébranle, il lance le 5ᶜ bataillon de chasseurs à pied et le 1ᵉʳ bataillon du 19ᵉ de ligne. Cette colonne, en suivant la crête du ravin de Karabelnaïa, parvient jusqu'au retranchement qui le relie à la tour Malakoff. Elle franchit ce retranchement, et entre ainsi dans l'enceinte ennemie. Déjà les sapeurs du génie disposaient les échelles pour le surplus du 19ᵉ et pour le 26ᵉ, dont le général d'Autemarre précipitait le mouvement à la suite de sa tête de colonne. Un instant on put croire au succès. Nos aigles avaient été arborées sur les ouvrages russes; malheureusement cet espoir dut promptement disparaître. D'une part, les Anglais avaient rencontré de tels obstacles et un tel feu devant le Redan, que, malgré leur ténacité bien connue, ils avaient été contraints déjà de prononcer leur mouvement de retraite. D'une autre, les divisions Mayran et Brunet, à droite, n'avaient pu aborder l'enceinte; l'ennemi eut donc alors la facilité de diriger toutes ses réserves et ses feux du Redan et de Malakoff contre la tête de la division d'Autemarre. Dans cette grave situation, le commandant Garnier, du 5ᵉ bataillon, déjà frappé de cinq coups de feu, cherche, mais en vain, à conserver le terrain conquis. Obligé de plier sous le nombre, il repasse le retranchement, et rallie avec le 19ᵉ sa brigade (général Niol), que l'on venait de renforcer du 39ᵉ. Pendant quelques instants, on songe à tenter un second mouvement offensif, et les zouaves de la garde sont, dans ce but, envoyés au général d'Autemarre. Mais cette division seule était en mesure de donner; elle n'avait plus pour cette attaque d'appui efficace ni à droite ni à gauche. Le général en chef jugea que toute chance favorable était épuisée, et il envoya l'ordre partout de rentrer dans les tranchées. Il était huit heures et demie. Cette dernière opération s'effectua fièrement, et sans nulle poursuite de l'ennemi sur aucun point.

A minuit, une reconnaissance russe remonta le ravin de Karabelnaïa, et engagea une fusillade assez vive avec nos troupes placées aux abords de ce ravin ; le feu cessa après trois quarts d'heure de durée, et le reste de la nuit fut calme.

Ainsi se termina cette opération meurtrière, la première, de quelque importance, dans laquelle nous n'avions pas eu le dessus depuis le commencement du siége. Nous nous sommes bornés à rapporter scrupuleusement les faits, nous ne chercherons pas à apprécier les causes qui firent échouer cette tentative. Si elle eût réussi, elle eût épargné beaucoup de sang précieux, et nous eût probablement rendus maîtres de Sébastopol trois mois plus tôt. Quoi qu'il en soit, nous pouvons constater ici avec orgueil, sans crainte d'être démenti par personne, même par nos adversaires, que généraux et soldats firent preuve du courage le plus admirable et de l'abnégation la plus sublime.

33 officiers furent tués, parmi eux les généraux Mayran, Brunet; les colonels de la Boussinière de l'artillerie, Malher du 97$^e$, Boudeville des voltigeurs de la garde ; les chefs de bataillon Leverdier du 91$^e$, Lebrun du 86$^e$, Farine des voltigeurs ; Larrouy d'Orion, lieutenant-colonel du 97$^e$. 249 furent blessés, parmi lesquels les généraux Lafont de Villiers, de Saint-Pol, Niol ; les colonels Picard du 91$^e$, Granchette du 49$^e$ ; les lieutenants-colonels de Cendrecourt du 4$^e$ de marine, Paulze d'Yvoy du 95$^e$ ; les chefs de

bataillon Eterlin du 39ᵉ, Garnier du 5ᵉ bataillon de chasseurs, de Morgan du 97ᵉ, Boissié du même régiment, Darbois du 2ᵉ de zouaves, de Lorencez du 49ᵉ, Noël du 19ᵉ, Hardouin Duparc du 91ᵉ, Pouget du 39ᵉ; les officiers de santé Gouget et Hounau; les officiers d'état-major de Colson, chef d'escadron, Mancel, capitaine, Hitschler, lieutenant; les capitaines du génie Salanson et Schœnnagel, qui moururent de leurs blessures.

En outre, 1,337 hommes de troupes furent tués, et 1,517 blessés.

# LIVRE VII.

### TRACTIR.

Travaux du génie, de l'artillerie aux deux attaques du 18 juin au 1ᵉʳ juillet. — Sorties.—Mines. — Reconnaissances sur la Tchernaïa. — Du 1ᵉʳ juillet au 1ᵉʳ août. — Du 1ᵉʳ au 16 août. — Bataille de Tractir.

*Du 19 au 30 juin.* — L'assaut contre Malakoff n'ayant pas réussi, l'attaque des plateaux de Makensie, qui devait être la conséquence du succès, ne fut pas tentée, bien que tout eût été disposé pour cela. Les avant-postes de l'armée sarde, touchant au village de Chouliou, ne bougèrent pas. Les Turcs, en marche sur Aï-Tudor, prirent position en arrière, leur tête de colonne à Ouzenbach, leur gauche vers Rutschka, leur droite à Kemer-Tchesmé. Les divisions françaises aux ordres du général Bosquet ne firent aucun mouvement; la division Dulac, appelée le 17 à Inkermann, resta sur le plateau. L'ennemi, dont quelques bataillons grecs occupaient Aï-Tudor, replia ses avant-postes.

Au siége, nos troupes, sans se laisser abattre par leur échec du 18 et par les pertes qu'elles avaient faites, reprirent avec plus d'ardeur la pelle et la pioche, afin de pousser plus vigoureusement encore leurs travaux d'approche. Dès le 19, on commença, au Carénage, une communication à crochets destinée à relier la pointe du contre-fort avec la tranchée qui descendait de l'ouvrage Lavarande.

Le même jour, à quatre heures et demie du soir, il y eut suspension d'armes, jusqu'à neuf heures, pour l'enlèvement et l'inhumation des morts. 300 cadavres furent trouvés dans le ravin du Carénage, 890 dans celui de Karabelnaïa : total, 1,190. La nuit, l'artillerie répara les embrasures de ses batteries fortement endommagées.

Le 20, les Russes mirent le feu aux maisons situées vers le fond du port sud, au pied du mamelon du cimetière, du côté de l'attaque de gauche, en avant des Anglais ; mais cela n'empêcha pas ces derniers d'occuper les deux parallèles à gauche du ravin de Karabélnaïa.

Le 21, le corps de la Tchernaïa poussa une reconnaissance d'infanterie et de cavalerie du côté de Baïdar. L'ennemi ne fit aucun mouvement ; on l'aperçut de l'observatoire de Kamara occupé à travailler pour organiser la défense des passages du plateau de Makensie et d'Inkermann ; car les tentatives audacieuses faites depuis peu par les armées alliées commençaient à lui donner la crainte d'une expédition en rase campagne vers le Belbeck. Toutefois, ces craintes n'étaient pas fondées, aucune opération importante ne devait être tentée en ce moment à l'extérieur. Le général Bosquet, remontant sur le plateau du Moulin, vint prendre la direction des opérations du siége, et le général Regnaud de Saint-Jean-d'Angély rentra à son quartier-général, au camp de la garde impériale. La ligne de la Tchernaïa resta commandée par le général Herbillon, le plus ancien des divisionnaires sur cette ligne.

Le 22, l'armée piémontaise fit un mouvement en vue d'Aï-Tudor, de Koralès et du débouché de Dikistach. Il n'y eut pas d'engagement, les Russes s'étant bornés à envoyer quelques coups de canon des hauteurs. Après cette marche en avant, les troupes sardes reprirent leurs anciennes positions sur la rive gauche de la Tchernaïa, laissant sur la rive droite les forces nécessaires pour occuper Tchorgoun.

Omer-Pacha établit son quartier-général à Baïdar, et fit occuper les vallées de Baïdar et de Varnoutka par son armée.

La division de la garde quitta ses bivouacs du plateau du Moulin où elle s'était placée pour servir de réserve générale dans la grande attaque du 18, ainsi que nous l'avons dit plus haut. Elle reprit son ancien camp, laissant quatre bataillons aux attaques de Malakoff et du Carénage. Ces bataillons furent relevés toutes les vingt-quatre heures. La division d'Autemarre rentra au 1er corps, la division d'Aurelles passa aux attaques de droite. Par suite de ces mutations, l'infanterie de l'armée française se trouva répartie de la manière suivante : Les 1re, 2e, 3e, 4e divisions du

1ᵉʳ corps aux attaques de gauche ; les 3ᵉ, 4ᵉ, 5ᵉ du 2ᵉ corps, la 2ᵉ de la réserve, aux attaques de droite ; les 1ʳᵉ, 2ᵉ du 2ᵉ corps, et 1ʳᵉ du corps de réserve, sur la Tchernaïa.

La nuit, vers une heure, les Russes envoyèrent une reconnaissance par le ravin de Karabelnaïa. Reçu par les hommes placés dans nos embuscades, l'ennemi se rejeta immédiatement dans Malakoff.

Le 24, les Piémontais essayèrent encore de découvrir les Russes dans la vallée du Chouliou ; ils ne rencontrèrent personne ; ils les aperçurent seulement construisant des ouvrages près des deux batteries nommées par nos soldats batteries *Bilboquet* et *Gringalet*, non loin de la route de Makensie. Ce jour-là, à partir de quatre heures de l'après-midi, le feu devint très vif à la suite de deux explosions de mines, l'une produite par nous, l'autre par l'ennemi, à l'attaque de gauche. Il y eut ensuite un feu d'herbes sèches qui dura toute la nuit, et permit aux défenseurs de la ville de régler leur tir. De notre côté, nos batteries, ayant des vues sur le bastion Central, lancèrent une grande quantité de bombes sur cet ouvrage où l'on soupçonnait une réunion de travailleurs.

Les combats de nuit, les sorties des assiégés, commençaient à devenir plus rares que dans les premiers mois du siége ; on se trouvait tellement rapproché, nous resserrions si fortement la place, que toute tentative de ce genre devenait des plus dangereuses pour les Russes, mais le feu de l'artillerie ennemie sur nos tranchées, par suite de ce rapprochement même, était aussi beaucoup plus meurtrier de jour en jour. Il ne se passait pas de nuit que nous n'ayons des pertes à déplorer.

A l'attaque du ravin Central, une nouvelle tranchée, débouchant dans la carrière inférieure de droite de l'ouvrage du 2 mai, avait été ouverte et complétée, en sorte que cet ouvrage se trouva réuni à l'attaque du bastion du Mât. On y fit des traverses. Ces travaux étaient fortement inquiétés et faisaient peu de progrès, malgré le dévouement des soldats du génie et des travailleurs de l'infanterie.

On se rappelle que le 18, à la pointe du jour, une compagnie du 10ᵉ de chasseurs à pied avait enlevé des embuscades russes situées au fond du port Sud vers un petit mamelon. Le 27 juin, une brigade de sapeurs du génie, commandée par un officier et des travailleurs anglais, organisèrent complétement ces postes en les retournant contre l'ennemi, malgré un feu très vif et très meurtrier des batteries de la place.

Du côté du Carénage, en descendant vers l'aqueduc, les Russes avaient occupé, par une flèche en pierres sèches, la tête de pont à gauche, et tiraient de là sur tout ce qui paraissait au-dessus des tranchées du contre-fort. Un détachement des grenadiers de la garde impériale, de garde dans le ravin, enleva ce poste à dix heures du soir, s'y établit et le conserva.

Le 28, une reconnaissance de cavalerie russe descendit de Makensie dans la plaine ; on l'aperçut au point du jour. Elle se composait de cinq escadrons de uhlans couverts par une sotnia de cosaques en éclaireurs. Dès que ces cavaliers furent en vue de nos postes, ils se replièrent.

Les efforts principaux du corps de siége étaient tournés vers le point de Malakoff. Il existait, même après les travaux faits autour du mamelon Vert, une distance assez considérable entre nos tranchées et la tour, ou plutôt l'ouvrage russe construit sur l'emplacement de l'ancienne tour. Immédiatement après l'attaque infructueuse du 18, on songea à ouvrir une cinquième parallèle de ce côté. Le 30 juin, elle était à peu près terminée et reliée avec une grande place d'armes ayant devant elle un fossé formé par des carrières, d'où elle prit le nom de *Place d'armes des currières* (1).

L'attaque du 18, le feu incesssant et très rapproché de l'ennemi sur nos tranchées, nous avaient fait éprouver des pertes plus considérables. A la fin de juin, le chiffre des morts s'était accru considérablement, celui des blessés montait à 20,600.

*Mois de juillet.* — Les travaux, malgré tout ce

(1) Un fait que nous ne devons pas passer sous silence, parce qu'il fut un des traits distinctifs de ce siége, c'est qu'au fur et à mesure que l'assiégeant ouvrait une communication, un boyau, une tranchée, l'assiégé trouvait moyen de l'enfiler soit par de l'artillerie, soit par de la mousqueterie, en sorte qu'on ne pouvait marcher aux attaques, sans se défiler constamment au moyen de traverses.

qu'on pouvait faire pour les pousser le plus activement possible, afin d'arriver au corps de place à l'attaque de gauche, aux retranchements de Malakoff à l'attaque de droite, ne marchaient pas aussi vite qu'on le désirait. On était tellement près de l'ennemi, le feu des ouvrages russes était si terrible à petite distance, que l'on avançait avec lenteur. L'artillerie de l'attaque et celle de la défense luttaient chaque jour, chaque nuit, pour ainsi dire à chaque instant : c'était sous une grêle de bombes, d'obus, de boulets, de mitraille, sous une fusillade continuelle, que le génie plaçait ses gabions, que l'artillerie achevait et armait ses batteries.

Nous allons continuer à suivre pas à pas les progrès du siége. Une nouvelle parallèle, dite de la Fontaine, avait été ouverte à l'attaque de gauche. Le 1er juillet, on en termina l'organisation, et on la mit en communication avec la carrière inférieure de droite de l'ouvrage du 2 mai. L'ennemi, chassé de tous ses ouvrages de contre-approche, essayait de continuer la lutte en établissant de nouvelles batteries ; il en éleva une dans le fond du port Sud, vers la droite de celle dite du Zouave. On tenta de l'inquiéter par le tir à bombes de la batterie 29 *bis*. Mais ce qui paraissait occuper le plus sérieusement les Russes, c'était l'amélioration du réduit de Malakoff et le creusement de leurs fossés.

Sur notre droite, la grande place d'armes des Carrières étant complétée, on commença son couronnement en sacs à terre. On ouvrit ensuite un passage oblique et défilé des ouvrages russes, permettant de descendre en plein jour dans les carrières situées immédiatement en avant de cette place d'armes. Sur la gauche, on ouvrit de nuit un boyau de 90 mètres pour marcher en avant sur Malakoff. Enfin, on organisa d'une manière défensive la gauche de la cinquième parallèle.

Partout on poussait les constructions des batteries nouvelles.

Le 2, on ouvrit deux nouveaux boyaux de cheminement dirigés sur Malakoff; on atteignit ainsi les carrières dans lesquelles on put descendre, ce qui permettait d'avancer sensiblement. Au Carénage, on ouvrit une communication pour se rendre de la batterie n° 21 à la batterie n° 22 (ouvrage russe du 2 mai) en construction sur le flanc droit du contrefort. Cette communication était défilée des batteries du côté nord de la rade, et faite en tranchée simple.

Le 3, à l'attaque de gauche, on déboucha en sape demi-pleine d'un des crochets de la quatrième parallèle, pour gagner une carrière située entre la batterie n° 53 et le saillant de la lunette de gauche du bastion Central.

A l'attaque Malakoff, on continua le perfectionnement de la place d'armes des Carrières, ainsi que la portion de gauche de la cinquième parallèle, et les communications menant aux batteries 24 et 25 que l'artillerie construisait. On améliora le cheminement dirigé sur l'ouvrage russe en le masquant des vues du grand Redan, et l'on fit à son extrémité un débouché dans la carrière. On améliora également le cheminement ouvert la nuit précédente dans les carrières du Centre, et l'on organisa à la tête une place d'armes solide découvrant bien le terrain en avant. En arrière de cette place d'armes, on prépara un débouché pour donner accès dans la partie droite des carrières. La partie gauche de la grande place d'armes avancée de droite fut prolongée jusqu'à une route aboutissant à la porte ménagée dans le front d'enceinte de Malakoff.

Le 4, on n'entreprit pas de nouveaux travaux.

Le 5, la division Canrobert (1re du 2e corps) vint remplacer aux attaques Malakoff la division Faucheux (3e du 2e corps) qui descendit sur la Tchernaïa. A onze heures et demie du soir, une reconnaissance de trente à quarante Russes fut signalée vers la face droite du bastion Central. Les petits postes du 80e de ligne, placés dans le boyau qui s'avançait vers la tranchée du Cimetière, reçurent cette reconnaissance à bout portant, et la forcèrent à rentrer précipitamment dans la place. A l'attaque de droite, les travailleurs prirent pied dans les carrières du Centre, sur un terrain de roc et au delà de ces carrières. Le travail fut vivement inquiété par le feu de l'ennemi. Cependant on ouvrit trois passages pour les voitures, afin d'arriver à l'armement des batteries.

Ainsi que nous l'avons dit déjà, chaque nuit, les projectiles des assiégeants et des assiégés se croisaient sans discontinuer ; le canon ne cessait pas un seul instant de faire entendre sa voix imposante.

Le 6, l'armée turque d'Omer-Pacha se replia et vint prendre position sur les contreforts qui, des hauteurs de Balaclava, descendent sur Kreutzen et sur la vallée de Varnoutka.

A sept heures du soir, un violent combat d'artillerie, provoqué par nos batteries 10 et 11 qui apercevaient des troupes en ville, s'engagea avec celles de l'ennemi établies au bastion du Mât, et dura une heure. On distinguait les Russes travaillant avec ardeur, du côté de la Quarantaine, à un ouvrage qui s'étendait de la gorge du bastion au delà et en arrière de la place d'armes avancée. Nos mortiers lancèrent des bombes, et l'assiégé, inquiété par ce tir, riposta vigoureusement.

A l'attaque de droite, on prolongea de 130 gabions la gauche de la cinquième parallèle, et on assura, par des travaux importants, la possession des carrières.

Le 7, au point du jour, la division de cavalerie du général d'Allonville (1ᵉʳ et 4ᵉ de hussards, 6ᵉ et 7ᵉ de dragons), renforcée de la brigade Forton (6ᵉ et 9ᵉ de cuirassiers) et de deux bataillons (3ᵉ de chasseurs à pied, 1ᵉʳ bataillon du 3ᵉ de zouaves), partit avec ses deux batteries à cheval pour se rendre dans la vallée de Baïdar. Elle avait pour mission de protéger les fourrages qui devaient être faits sur la haute Tchernaïa, et d'observer les débouchés de l'ennemi dans cette partie de la vallée par Phoros, le col de Cardon Bel et Ouzenbach. L'armée piémontaise se replia sur la gauche de la Tchernaïa, observant, par des postes avancés, les débouchés d'Alsou et du Chouliou.

Les travaux continuèrent aux attaques de gauche et de droite ; à cette dernière, on couronna avec des sacs à terre le parapet de la sixième parallèle. Au Carénage, on établit un poste en gabionnade sur le ressaut du terrain existant au-dessus du débouché du pont aqueduc.

L'artillerie travailla activement. Les batteries nouvelles de l'attaque Victoria étaient très avancées ; celles n$^{os}$ 21 et 22 de la pointe du Carénage situées sur un terrain très difficile, étant d'ailleurs fort inquiétées par le feu de l'ennemi, l'étaient beaucoup moins.

Le 8, on perça la chaussée russe dite du Sapeur, près du pont aqueduc, et l'on disposa en avant une gabionnade pour arriver à couvert à la maison avancée servant de poste. La place tira avec une grande violence pendant toute la nuit ; nos batteries répondirent avec vivacité.

Le 9, on fut obligé, à l'attaque de gauche, de travailler à épaissir les parapets dans les parallèles avancées en face des bastions du Mât, Central et de la Quarantaine, l'artillerie ennemie ayant complétement bouleversé les gabions posés les nuits précédentes pour former le crochet de la tranchée nouvelle à gauche de la batterie n° 53. On essaya en vain de placer de nouveaux gabions ; à peine posés, les boulets et les obus les renversaient. On dut se borner à élargir la tranchée en arrière, et à réparer la quatrième parallèle.

Le 10, les Russes mirent le feu aux maisons situées sur la croupe gauche du ravin du port Sud, en face de la pente du bastion du Mât. Leurs travailleurs restèrent longtemps en but aux bombes de la batterie n° 29 *bis*. Pendant cette journée, les Anglais firent un feu très vigoureux de toutes leurs batteries contre le grand Redan dont le tir les empêchait de cheminer. Les batteries françaises voisines des leurs les soutinrent.

Le 11, on aperçut l'ennemi élevant entre la batterie Bilboquet et la route de Makensie, sur un pli de terrain au fond de la plaine, une redoute ayant pour but de protéger cette route. Vers les huit heures et demie du soir, quarante à cinquante Russes essayèrent d'occuper une petite carrière à la gauche de notre parallèle avancée de Victoria, afin de gêner de là nos travailleurs. Une section de voltigeurs du 86°, placée dans cette embuscade, laissa approcher ce détachement à bonne portée et le repoussa. L'assiégé ayant envoyé du renfort, il partit de Malakoff une fusillade qui fit perdre du monde à nos travailleurs de gauche.

Le 12, la cavalerie poussa des reconnaissances sur toutes les directions ouvertes en avant d'elle. On s'assura que jusqu'au Belbeck supérieur, il n'existait que des postes de cavalerie, des Cosaques et de l'infanterie légère.

Le 13, à l'attaque de droite, on termina la communication entre la gauche de la cinquième parallèle et le fond du ravin de Karabelnaïa, sur l'arête même du glacis de Malakoff, en avant des carrières de l'extrême gauche, au point où ce glacis est coupé en déblai par une route. On y prit pied par un poste de soixante gabions. On continuait toujours l'épaississement des parapets de la sixième parallèle et des diverses parties du cheminement entamées sur le Redan.

Le 14, le général d'Allonville fit surprendre et enlever par les dragons du 6ᵉ un poste de Cosaques sur la route d'Ouzenbach. Vers minuit, un incendie se déclara dans la partie ruinée de la ville, en arrière du grand Redan. Cet incendie dura trois heures ; on ne put savoir s'il avait été allumé par une bombe anglaise ou par les Russes eux-mêmes. A une heure, l'ennemi tenta une sortie assez considérable contre la droite des Anglais, mais sans résultat. Une demi-heure après, une colonne de cinq à six bataillons russes s'avança dans le fond du ravin de Karabelnaïa, et chercha à déboucher par notre gauche pour enlever un poste établi l'avant-veille sur le glacis de Malakoff. Cette colonne s'épuisa en efforts inutiles pour enlever cet ouvrage et tourner notre gauche ; écrasée par le feu combiné des défenseurs (86ᵉ et 91ᵉ de ligne) et des batteries 15 et 16, il dut se retirer en emportant beaucoup de blessés et de morts.

Le 15, une reconnaissance russe composée de quelques escadrons descendit par Aï-Tudor dans la vallée du Chouliou, puis elle se replia sans s'être arrêtée nulle part. Le soir, on découvrit sur le côté droit de la route, dans le glacis de Malakoff, une nouvelle fougasse, dont on put couper le saucisson placé dans un auget de bois.

Le 16, vers onze heures du soir, une sortie eut lieu du côté de Malakoff. La fusillade devint plus vive qu'à l'ordinaire aux attaques de la ville, le feu des batteries dura la nuit entière. Sur la droite, on éleva deux masques pour se défiler des vues du grand Redan. De ce côté, les Russes tentèrent également, à onze heures du soir, une sortie par le petit Redan, sur trois embuscades où se trouvaient des travailleurs du 52$^e$, une compagnie de grenadiers du 20$^e$ et des zouaves de la garde. Ils avaient d'abord fait une fausse démonstration sur nos postes avancés de gauche. Arrivés à portée, les assiégés furent reçus par le feu de mousqueterie des gardes de tranchées, par le tir à balle de deux pièces de la batterie n° 30, et ils rentrèrent dans la place. Un quart d'heure après l'ennemi s'élança de nouveau, arriva près de nos gabionnades, fut reçu aussi chaudement, et se retira encore. Une troisième attaque ne lui réussit pas mieux (1).

Dans la journée du 18, deux frégates à vapeur mouillées dans la rade furent remorquées dans les docks par des barques à avirons.

---

(1) C'est dans une de ces attaques furieuses de l'ennemi, que fut tué, à la tête de sa troupe, un jeune sous-lieutenant du 27$^e$, M. Davesiès de Pontès, à peine sorti de l'école militaire, et dont le frère, quelques mois auparavant, engagé volontaire dans un bataillon de chasseurs à pied, avait également payé de sa vie sa dette à la France.

Le 20, l'ennemi creusa et pétarda son fossé du petit Redan en face de notre cheminement, malgré un feu plongeant très vif de nos tireurs.

Le 21, quelques cavaliers russes descendirent du plateau dans la plaine de la Tchernaïa pour y faire du fourrage, mais la vue de nos tirailleurs suffit pour les replier.

Le 22, vers minuit et demi, les cris de quelques blessés russes atteints par nos tirailleurs en avant de l'ouvrage du 2 mai causèrent une alerte chez l'ennemi. Il s'ensuivit une fusillade et une canonnade des plus vives. Les gabionnades à droite et à gauche de la place d'armes avancée sur le glacis de Malakoff furent tellement bouleversées, pendant la nuit, par le canon de la place, qu'il fallut les refaire en entier. Du côté de Malakoff il y eut aussi, vers dix heures et demie du soir, une fausse alerte dans la place. Des vapeurs russes vinrent joindre leur feu à celui des batteries de terre.

Le 24, l'ennemi tenta sur notre droite, à minuit, une sortie par la gauche du petit Redan. Reçu avec vigueur par les postes des chasseurs à pied de la garde impériale et par le 10ᵉ de ligne, il fut obligé de se retirer en laissant quelques morts sur le terrain.

Le 25, les Russes commencèrent à mi-côte, sur la croupe située en arrière de la batterie Bilboquet, une petite batterie destinée à défendre la gorge qui donne, de ce côté, accès sur le plateau de Makensie.

A l'attaque principale, les sapes pleines de l'ouvrage du 2 mai furent prolongées souterrainement. On fit un mur reliant la maison brûlée à la maison du balcon, mur destiné à remplacer la tranchée entre ces deux points.

Sur les onze heures du matin, les défenseurs firent sauter, en avant du bastion du Mât, un fourneau de mine qui produisit peu d'effet. A l'attaque de droite, on travailla avec ardeur à la sixième parallèle, au cheminement et à la place d'armes du ravin.

Le 27, le génie fit jouer, vers quatre heures du soir, deux fourneaux de mine qui produisirent un bon effet à l'attaque de gauche. On trouva beaucoup de matériaux des galeries russes dans les entonnoirs formés par l'explosion.

Dans les derniers jours de juillet, les travaux d'attaque, bien qu'ayant marché avec lenteur, par suite des raisons que nous avons données, se trouvaient beaucoup plus avancés vers Malakoff, le Carénage et les bastions du Mât et du Centre que dans les tranchées faites par les Anglais. Ces derniers étaient encore à plus de 250 mètres de l'enceinte, tandis que nous approchions du corps de place. Nous n'en étions plus qu'à une cinquantaine de mètres. Cela tenait, en grande partie, au terrain rocailleux et aux difficultés que nos braves alliés avaient rencontrés sur leur route.

Nous avions depuis le commencement de ce mois fait des pertes assez fortes en officiers.

17 avaient été tués pendant le mois dans les tranchées et aux batteries; parmi eux, le colonel David du 86°, le lieutenant du génie Dreyssé, et le

capitaine Lecucq de la même arme. 96 avaient été blessés : les colonels Dupuy du 57ᵉ, et Adam du 27ᵉ; de Chabran, lieutenant-colonel au 86ᵉ; les chefs de bataillon Abattucci du 18ᵉ, D'Aubeterre du 46ᵉ, Kléber du 15ᵉ, Joinville du 79ᵉ, de Courson du 80ᵉ; les officiers du génie Hinoting, Hennequin, Bezard, lieutenants; Brunon, Boissonnet, capitaines; les officiers d'artillerie de Novion, Beauvallet, Morlot, lieutenants; Fournier, capitaine; le médecin aide-major Goureau, du 57ᵉ.

Le chiffre des morts s'élevait à 5,100 hommes, celui des blessés à 24,000.

*Du 1ᵉʳ au 16 août.* — Les travaux des batteries et des parallèles furent continués pendant la première quinzaine d'août et poussés le plus vigoureusement possible, malgré des pertes qui augmentaient en raison du rapprochement des distances.

Le 1ᵉʳ, par suite d'une convention faite par les généraux commandant les armées anglaises et turques, la vallée de Baïdar fut répartie pour la défense et pour le fourrage à faire, de la manière suivante : Les Anglais, de Saktik à la route de Woronzoff jusqu'au col, occupant Baïdar. Les Turcs, de la limite des Anglais à la ligne passant par Buyuk, Miskonia et Kalendé. Les Français, dans le reste du terrain, observant les cols de Cardon-Bel et d'Ouzenbach.

Le 2, une fusillade des plus vives s'engagea aux attaques anglaises et à nos embuscades de droite, dans le but d'empêcher l'ennemi de réparer les dégâts causés par les batteries d'attaques au petit Redan (1).

Le 3, quelques escarmouches, quelques engagements sans importance eurent lieu sur la Tchernaïa. La rivière grossie par les pluies ne permit pas d'atteindre les Cosaques qui vinrent tirailler sur les bivouacs du 6ᵉ de ligne. Les grand-gardes des Piémontais ayant été placées en avant de Tchorgoun, on retira les postes français de ce côté.

Le commencement du mois d'août avait été très pluvieux, on fut obligé de travailler le 3, à l'écoulement des eaux près de l'ouvrage du 23 mai et dans plusieurs batteries, ainsi qu'aux tranchées du côté du ravin de Karabelnaïa.

Le 5, un incendie allumé par des fusées anglaises se déclara dans les maisons de la ville, derrière les casernes et dura toute la nuit. Vers une heure du matin, un second incendie se manifesta derrière le mur crénelé.

Jusqu'au 16 août, il ne se passa de part et d'autre, à l'attaque et à la défense, rien de particulier, car il est difficile sans tomber dans des redites, de s'étendre bien longuement sur des travaux offrant un cachet d'uniformité qui se comprend. Le 14, seulement, il se produisit à huit heures du matin un fait dont nous

---

(1) Ce jour-là un Russe fit un acte de témérité qui lui coûta la vie. Sortant des embuscades, il vint ajuster nos sapeurs par-dessus le parapet. Le sergent du génie qui commandait les travailleurs, le coucha en joue et le tua. Deux des camarades de cet intrépide ennemi, non moins intrépides eux-mêmes, ne craignirent pas d'enlever son corps sous le feu le plus vif.

voulons parler ici. Une explosion eut lieu en avant de la batterie n° 53. C'était un fourneau russe qui trahit ainsi, fort heureusement, l'existence de travaux de pierre exécutés pour faire sauter cette batterie. On s'empressa de prendre des mesures contre les mineurs russes. On ouvrit dans le terre-plein de la batterie deux puits distants de 30 mètres l'un de l'autre. Du fond de ces puits, on dirigea deux rameaux d'écoute vers le saillant de la flèche gauche du bastion Central, d'où partait la galère ennemie. Un troisième puits fut ouvert au fond du passage souterrain de la première carrière. Le génie fit lui-même sauter des fourneaux en avant du bastion du Mât, vers sept heures du soir, et à dix heures et demie, le lendemain matin ; les Russes, à leur tour, firent jouer deux mines. La première ouvrit un entonnoir pouvant se relier avec les nôtres. Le même jour, l'assaillant se décida à abandonner à notre extrême gauche l'embuscade la plus voisine de notre tranchée.

Le lendemain 15, à huit heures du matin, le génie mit le feu à deux mines pour contrebattre et ruiner les travaux souterrains des Russes à l'attaque de gauche. L'ennemi donna un camouflet qui ne produisit rien, quelques heures plus tard.

*Bataille de Tractir, 16 août.* — La position de l'armée russe, depuis les derniers jours de juillet devenait de plus en plus critique à Sébastopol. Malgré tout le mal que leur artillerie nous faisait, nos travaux les resserraient de jour en jour davantage. Il était évident que sous peu nous allions nous trouver en mesure de sauter, pour ainsi dire, de nos tranchées dans leurs ouvrages et alors la terrible baïonnette française devait venir à bout de leur héroïque résistance. Le général en chef russe le comprit. Il résolut de tenter un effort suprême pour nous jeter à la mer avant l'entier achèvement des lignes de Kamiesch, ou, au moins, pour faire une diversion et retarder les opérations de siège, ainsi que déjà cela avait eu lieu le 5 novembre à Inkermann. Le prince Gortschakoff ne dissimulait plus à Saint-Pétersbourg ses impressions sur la chute prochaine de Sébastopol. Il écrivait : *Les ouvrages souffrent*, et depuis le jour où cette phrase se trouva dans ses lettres, il ne se fit plus illusion. Le boulevard de la Crimée devait tomber devant les persévérants efforts d'un ennemi habile et décidé à tout pour arriver à son but. Le prince espérait bien pouvoir défendre la partie Nord de la place, mais cette partie était d'une importance fort secondaire. La ville Sud renfermait au contraire tout ce qu'il eût été si urgent de sauver : les docks, les magasins, la flotte, d'immenses établissements militaires et maritimes. Voilà pour le côté matériel. L'inviolabilité de la puissance russe, son prestige ; voilà pour le côté moral.

Le généralissime russe ayant décidé qu'une attaque générale aurait lieu le 16 août, sur la Tchernaïa, prit toutes ses dispositions pour en assurer le succès. La droite de son armée, forte de 25 bataillons, d'une compagnie du génie, de 8 escadrons, 6 sotnias et de 62 bouches à feu, fut placée sous les ordres du général aide-de-camp Read.

La gauche, aux ordres du général Liprandi, avait un nombre de bataillons à peu près égal, mais une cavalerie beaucoup plus considérable et près de 100 pièces de canon, en y comprenant la cavalerie et l'artillerie de la réserve.

Les troupes des généraux Read et Liprandi se liaient par les 12e et 5e divisions d'infanterie.

Ces deux officiers généraux, sous la haute direction eux-mêmes du prince Gortschakoff, reçurent l'ordre de quitter leur camp des hauteurs de Makensie à l'entrée de la nuit du 15 au 16 août, avec toutes leurs troupes, pour se porter en colonne sur les hauteurs des deux côtés de la grande route de Makensie à Tractir, de façon à se placer à cheval sur cette route. Les bagages furent laissés au camp, les sacs placés sur des voitures formées en parc. L'infanterie prit pour quatre jours de vivres, la cavalerie et l'artillerie autant de fourrage qu'il fut possible d'en transporter. Le quartier général fut indiqué sur les hauteurs de Makensie.

La gauche eut pour mission de se concentrer pendant la nuit en avant des camps près d'une redoute nouvellement élevée par les Russes, de se former en bataille en dehors de la portée de nos bouches à feu, ayant en réserve son régiment de lanciers et ses cosaques ; de s'avancer ensuite dans cet ordre, par bataillons en masses déployés, vers la Tchernaïa en se maintenant à la hauteur de Liprandi. Ce dernier eut ordre de former sur les quatre heures du matin la 17e division en colonne d'attaque, la cavalerie restant massée sur son extrême gauche.

Les deux généraux russes devaient marcher dans cet ordre, précédés de détachements de sapeurs chargés de jeter des ponts volants sur la Tchernaïa de concert avec des détachements d'infanterie exercés à cette opération. Une fois ses troupes sur la rive gauche de la rivière, Read avait ordre d'appuyer à gauche, Liprandi à droite, pour couronner les monts Fédiouchine et en chasser l'armée alliée. Le premier devait se former en bataille sur les montagnes de gauche et du centre, ayant son front tourné en partie vers le mont Sapoun en partie vers les troupes françaises, se couvrant de son artillerie dans ces deux directions; le second ayant terminé son opération sur la gauche devait se former également à côté de son collègue, se liant avec lui, et tous deux commencer immédiatement à se retrancher sur les monts Fédiouchine (1).

Telles étaient en substance les instructions données par le général en chef russe à ses deux lieutenants.

Dans l'armée alliée, depuis quelques jours déjà, bien que l'ennemi s'abstînt de tout mouvement apparent, certains indices faisaient penser qu'on serait attaqué sur la ligne de la Tchernaïa. Les positions étaient excellentes et couvertes dans tout leur développement par la rivière même et par un canal de dérivation qui formait un second obstacle. L'armée sarde occupait toute la droite vis-à-vis de Tchorgoun; les troupes

---

(1) Cette dernière partie des instructions données aux généraux russes ferait croire que l'intention du prince Gortschakoff n'était pas de se porter tout de suite sur nos tranchées pour les prendre à revers, mais seulement de s'établir fortement en face et près de nos lignes.

françaises gardaient le centre et la gauche, qui se reliaient après une dépression avec les plateaux d'Inkermann. Indépendamment de quelques gués assez mauvais, deux ponts permettaient de passer la Tchernaïa et le petit canal ; l'un un peu en aval de Tchorgoun, sous le canon des Piémontais, l'autre appelé pont de Tractir au-dessous et presque au centre des positions françaises.

Lorsque de ces positions, on regarde devant soi, on voit vers la droite, de l'autre côté de la rivière, les hauteurs du Chouliou qui, après s'être développées en plateaux ondulés, tombent assez brusquement sur la Tchernaïa au-dessous de Tchorgoun. Ces hauteurs s'abaissent vis-à-vis du point où était établi notre centre. A partir de ce point, jusqu'aux flancs rocheux des plateaux de Mackensie s'étend une plaine de 3 à 4 kilomètres de largeur. C'est sur cette plaine que court la route de Mackensie. Elle franchit la Tchernaïa au pont de Tractir et débouche dans la plaine de Balaclava. Elle traversait nos positions.

On faisait bonne garde sur toute notre ligne (1). Les Turcs, qui occupaient tout le pâté montueux de Balaclava, étaient en éveil et observaient Alsou. Le général d'Allonville, prévenu également, redoublait de vigilance dans la haute vallée de Baïdar: on pouvait être tranquille du reste pour cette extrême droite.

(1) Néanmoins, grâce au brouillard, les Russes purent arriver jusque sur le pont de Tractir, le passer et s'avancer près des grand'gardes françaises.

C'est une de ces régions montagneuses, où il est impossible de faire manœuvrer des masses ; l'ennemi ne pouvait y faire que de fausses démonstrations.

Ce fut en effet ce qui arriva. Dans la nuit du 15 au 16, le général d'Allonville prévint qu'il avait du monde devant lui. Il sut par sa contenance, imposer à l'ennemi qui ne tenta rien de ce côté et n'osa pas l'aborder.

Les Russes descendirent des hauteurs de Mackensie et débouchèrent par Aï-Tudor sur la Tchernaïa à la faveur de la nuit ; la droite, formée des 5°, 7° et 12° divisions par la plaine, et la gauche, composée de la 17° division, d'une partie de la 6° et de la 4° en réserve par les plateaux du Chouliou. Une cavalerie fort nombreuse et 160 pièces de canon soutenaient toute cette infanterie.

Un peu avant le jour, les postes avancés de l'armée sarde, placés en éclaireurs jusque sur les hauteurs du Chouliou, se replièrent et vinrent annoncer que l'ennemi s'avançait par masses considérables. Peu d'instants après en effet, les Russes garnissaient de leurs pièces les hauteurs de la rive droite de la Tchernaïa et ouvraient le feu contre nous.

Le général La Marmora avait déjà fait prendre à l'armée sarde ses dispositions pour résister à l'ennemi, et le général Herbillon avait placé les troupes de sa ligne sur leurs positions de combat (1). A droite de la

---

(1) Voir à la note relative à cette bataille, les instructions données par le général Herbillon, en cas d'attaque.

route de Tractir, la division Faucheux avec la 3ᵉ batterie du 12ᵉ d'artillerie ; au centre, sa propre division avec la 6ᵉ batterie du 13ᵉ ; à gauche, la division Camou avec la 4ᵉ batterie du 13ᵉ.

En même temps, la division de chasseurs d'Afrique du général Morris (brigade Cassaignolles, 1ᵉʳ et 3ᵉ chasseurs. — Brigade Feray, 2ᵉ et 4ᵉ chasseurs), rapidement ralliée par la belle cavalerie anglaise du général Scarlett, se plaçait en arrière des mamelons de Kamara et de Tractir. Cette cavalerie était destinée à tomber sur le flanc de l'ennemi dans le cas où il parviendrait à faire une trouée par l'un des trois débouchés de Tchorgoun, de Tractir ou de la dépression existant à la gauche du général Camou.

Le colonel Forgeot, commandant l'artillerie de la ligne de la Tchernaïa, tenait prête à agir une réserve de 5 batteries à cheval, dont 2 (3ᵉ et 4ᵉ) du régiment à cheval de la garde impériale ; 3ᵉ du 15ᵉ, 4ᵉ du 17ᵉ de la division de cavalerie et 2ᵉ du 14ᵉ de la réserve d'artillerie de l'armée.

6 bataillons turcs, amenés par Sefer-Pacha, marchaient à l'extrême gauche.

Enfin le général en chef mettait en marche la division Levaillant du 1ᵉʳ corps, la division Dulac du 2ᵉ corps et la garde impériale, réserves imposantes capables de parer à toute éventualité.

La brume épaisse qui couvrait les fonds de la Tchernaïa, augmentée par la fumée de la canonnade qui commençait à s'engager, empêcha d'abord de distinguer le point vers lequel l'ennemi comptait faire effort, mais bientôt à notre extrême gauche, la 7ᵉ division russe vint donner contre la division Camou (1). Reçues par le 50ᵉ et le 3ᵉ de zouaves, qui les abordent à la baïonnette et par le 82ᵉ qui les prend en flanc, ces colonnes ennemies sont forcées de repasser le canal, et ne peuvent, pour échapper aux coups de notre artillerie, se rallier que fort loin : cette division ne reparut plus de la journée.

Au centre, la lutte fut plus longue et plus acharnée. L'ennemi avait lancé deux divisions (la 12ᵉ soutenue par la 5ᵉ) contre le pont de Tractir. Plusieurs colonnes se ruent à la fois et sur le pont et sur les passages improvisés à l'aide d'échelles, de ponts volants, de madriers. Elles dépassent la Tchernaïa d'abord, puis le fossé de dérivation ensuite, et enfin s'avancent très bravement sur nos positions. Mais un mouvement offensif, que dirigent les généraux Faucheux et de Failly, les culbute. Obligées de repasser le pont, qu'occupe alors le 95ᵉ, de franchir la rivière au delà de laquelle les poursuivent le 2ᵉ de zouaves et le 97ᵉ de ligne, ainsi

---

(1) Aux premiers coups de feu la brigade de Wimpfen de la division Camou, déjà sur le qui vive, dont les grand'gardes avaient été doublées le long de la Tchernaïa, et qui avait deux compagnies de chaque régiment sur le canal, se précipita pour soutenir la gauche du général Herbillon. Le 50ᵉ (colonel Douay), le 3ᵉ de zouaves (colonel de Polhès) prirent en flanc les Russes qui commençaient à déborder la gauche du général de Failly. Cette brigade de Wimpfen, là comme un peu plus tard à Malakoff, comme le 7 juin au mamelon Vert, eut à soutenir une partie des efforts de l'ennemi, et contribua puissamment au succès de ces trois opérations glorieuses et décisives.

qu'une partie du 19ᵉ de chasseurs à pied, les deux divisions russes perdent un monde énorme. Tandis que le canon continuait de tonner de part et d'autre, les Russes reformaient leurs colonnes d'attaque. La brume s'était dissipée et il était facile de distinguer les mouvements. Leur 5ᵉ division renforçait la 12ᵉ qui venait de donner. La 17ᵉ s'apprêtait à descendre des hauteurs du Chouliou pour les appuyer.

Le général Herbillon fit alors soutenir le général Faucheux par la brigade du général Cler (62ᵉ de ligne et un bataillon du 73ᵉ) et donna le 73ᵉ comme réserve au général de Failly. En outre, le colonel Forgeot faisant mettre quatre batteries à cheval en position couvrit le front de nos troupes par une ligne de feu.

Les pièces reçurent ordre de tirer à mitraille sur les masses russes. Ces dispositions furent si bien prises que le second effort de l'ennemi, quelque énergique qu'il fût, vint, comme le premier, se briser devant nous. Il se retira essuyant des pertes considérables.

La 17ᵉ division russe, qui s'était précipitée des hauteurs du Chouliou jetant des tirailleurs en grandes bandes sur son front, n'eut pas plus de succès. Accueillie très résolument par la brigade du général Cler, et par une 1/2 batterie de la garde, inquiétée sur sa gauche par les troupes de la division Trotti (sardes), qui la serraient de près, cette division fut obligée de repasser la Tchernaïa et de se replier derrière la batterie de position qui garnissait les hauteurs d'où elle était descendue.

A dater de ce moment (neuf heures du matin), le mouvement de retraite de l'ennemi se dessina d'une manière positive ; ses longues colonnes s'écoulèrent le plus rapidement possible sous la protection des masses profondes de cavalerie et d'une nombreuse artillerie.

D'après les ordres qu'il avait reçus, le général Morris avait fait disposer entre les Sardes et la droite du général Faucheux, pour charger au delà de la Tchernaïa, quelques escadrons de chasseurs d'Afrique auxquels s'étaient joints des escadrons sardes et l'un des régiments du général Scarlett (le 12e lanciers de l'Inde), mais la retraite des Russes fut si prompte, qu'on ne jugea pas à propos de lancer cette belle cavalerie. Les résultats qu'on eût obtenu n'eussent pas compensé les pertes qu'on eût éprouvées. On serait peut-être venu se heurter contre des batteries nombreuses. On dut contenir l'ardeur des cavaliers et se borner à faire avec le canon des trouées profondes dans les épaisses colonnes russes. On n'avait pu oublier la brillante et fatale affaire de cavalerie de Balaclava.

Le général La Marmora, qui avait cédé le terrain pied à pied, fit reprendre hardiment les positions avancées que ses petits postes occupaient sur les hauteurs du Chouliou avant la bataille.

A trois heures, toute l'armée ennemie avait disparu. La division de la garde et la division Dulac relevèrent dans leurs positions les divisions engagées auxquelles on voulut donner quelque repos. Ces troupes de réserve, malgré toute la diligence qu'elles firent, n'arrivèrent pas à temps pour prendre part à la lutte.

La division Levaillant fut renvoyée au 1ᵉʳ corps et la cavalerie rentra dans ses bivouacs habituels.

Nous eûmes dans cette journée 8 officiers supérieurs blessés, parmi lesquels le colonel de Polhès; 9 officiers subalternes tués, 53 blessés ; 172 sous-officiers et soldats tués, et 1,163 blessés.

Les Russes laissèrent entre nos mains 400 prisonniers. Le nombre de leurs tués peut être évalué à 2,000, et à 5,000 celui de leurs blessés, dont 1,600 furent recueillis dans nos ambulances. Parmi les morts relevés par nous se trouvaient les corps de deux généraux ; l'un d'eux était celui du général Read.

L'armée sarde, qui combattit si vaillamment à nos côtés, eut environ 250 hommes hors de combat. Elle fit éprouver des pertes très considérables à l'armée ennemie à laquelle elle prit une centaine d'hommes et dont elle recueillit environ 150 blessés.

Cette glorieuse et grande affaire dans laquelle l'artillerie joua, de notre côté, un rôle immense et des plus brillants, peut se résumer de la manière suivante pour ce qui a rapport à cette arme.

Trois périodes distinctes. Première : attaque du pont de Tractir par les Russes. Leur tête de colonne monte jusqu'aux tentes des grands'gardes françaises à droite et à gauche du pont. La batterie de la division Faucheux, sous la direction du chef d'escadron Baudouin, est un instant enveloppée par les tirailleurs ennemis. Cette batterie tire à mitraille, parvient à arrêter les premiers efforts et donne le temps aux zouaves de la brigade de Failly de repousser les Russes qui, refoulés sur le pont, cherchent à s'y maintenir (1). Trois batteries de la réserve arrivent successivement. La première (3ᵉ du 15ᵉ) vient soutenir la batterie Baudouin sur le même mamelon, à la division Faucheux. Ses trois pièces de droite tirent sur les colonnes aux mains avec les Piémontais, ses trois pièces de gauche sur les troupes agglomérées aux alentours du pont. La seconde batterie (de la garde, commandant Gagneur) s'établit sur la hauteur de gauche, non loin de Tractir, et prend le pont d'écharpe par un tir à mitraille des plus habiles. La troisième, placée d'abord à la gauche de la deuxième pour tirer sur les colonnes qui s'avancent dans la plaine au-dessus de la Tchernaïa, est menée, une demi-heure après, par le commandant Liégeard, au bas du ravin, à l'extrême gauche, entre la division Camou et la division Herbillon, les mouvements de l'ennemi ayant fait pressentir au colonel Forgeot, chargé du commandement de l'artillerie, que les Russes vont faire effort sur la division Camou.

Seconde période : Retour offensif des Russes au centre. L'attaque de gauche devient plus molle, l'ennemi paraît vouloir percer notre ligne par le centre. La seconde batterie de la réserve est amenée plus près de Tractir. Le colonel Forgeot la fait placer en avant de la division Herbillon.

(1) Chacune des divisions d'infanterie de l'armée française n'avait ce jour-là avec elle qu'une de ses batteries, l'autre se trouvant détachée au corps du siége.

Ces batteries en prise au feu des nombreuses bouches à feu de l'ennemi, ne répondant pas à leur tir, et envoyant tous leurs projectiles aux colonnes d'attaque, perdent elles-même beaucoup de monde, mais elles font un mal affreux aux Russes.

Troisième période : Retraite des Russes. L'ennemi ayant échoué à la gauche et au centre devant les troupes françaises, à droite devant les troupes sardes, regagne les hauteurs, restant en prise, pendant toute sa marche rétrograde, au tir habilement exécuté des batteries du colonel Forgeot et du commandant Liégeard. C'est ce qui explique les pertes qu'il fait. Pertes hors de toute proportion avec celles des armées alliées.

# LIVRE VIII.

## SÉBASTOPOL.

Du 17 août au 8 septembre. — Affaires des 23 et 24 août. — Attaque et prise de Malakoff (8 septembre). — Les Russes évacuent la partie sud de la ville et se replient sur la rive droite de la Tchernaïa, dans les forts du Nord. — Ils font sauter les établissements de la rive gauche. — Du 8 au 30 septembre.

*Du 17 août au 8 septembre.* — La bataille de Traktir commença à jeter le découragement parmi les Russes. Leur armée, dont les pertes avaient été considérables (1) à cette grande affaire, s'affaiblissait de jour en jour par suite des maladies et des fatigues. Les effectifs se réduisaient d'une façon effrayante. Le prince Gortschakoff ne pouvait se faire plus longtemps illusion. Le moment arrivait où la défense devait plier devant une attaque conduite avec cette vigueur dont les troupes alliées avaient donné déjà tant de preuves à leurs adversaires. Toutefois, le général en chef russe voulut tenter jusqu'au bout le sort des armes, et plus les travaux d'approches avançaient, plus les travaux de défense prenaient d'inten-

---

(1) Le 18 eut lieu l'armistice pour l'enterrement des morts; 3,400 cadavres russes furent enlevés dans la plaine de la Tchernaïa.

sité. Sur tous les points le terrain était miné, et des fils électriques communiquant à des fougasses se reliaient aux forts du Nord. Sébastopol et les ouvrages principaux pouvaient en un instant sauter, en entraînant dans leurs ruines des colonnes entières. L'armée alliée devait donc avoir bientôt, non-seulement à livrer un assaut terrible et des plus meurtriers, mais encore à se garer, si la chose était possible, des effets de la défense souterraine.

Dès que leurs divisions furent rentrées dans les forts ou dans leurs camps, les Russes reprirent leurs travaux, tandis que nous poussions les nôtres avec l'ardeur que donnait à nos soldats l'espoir d'un assaut prochain. Nous en étions à notre 57$^e$ batterie. A chaque instant nos bombes, nos obus faisaient sauter des parties de batteries de la défense ; à chaque instant des incendies brillaient dans la ville. En vain l'ennemi faisait mine d'opérer des sorties, il était enserré de trop près pour pouvoir compter sur un succès même éphémère. Il en était réduit à une guerre de chicane, et surtout à une guerre d'artillerie continuelle. Jour et nuit ses bouches à feu répondaient aux nôtres. On le pressait principalement du côté de Malakoff, reconnu le point capital. Là on en était à la sixième parallèle, et à 40 ou 50 mètres des ouvrages. Le feu des Russes ne nous causait pas autant de pertes que le nôtre leur en faisait éprouver. Ils en étaient arrivés au point d'avoir beaucoup de peine à faire les réparations indispensables dans leurs lignes, et à ne pouvoir se tenir souvent dans leurs propres batteries.

Les reconnaissances se renouvelaient sans cesse dans la vallée de Baïdar. Le général d'Allonville, éclairant l'armée d'observation de la Tchernaïa, lançait fréquemment ses braves escadrons sur les sotnias de Cosaques et sur la cavalerie régulière du prince Gortschakoff. Le 20, le col d'Ozenbach fut occupé, dès le matin, par le 3ᵉ bataillon de chasseurs à pied, tandis qu'un bataillon de zouaves s'emparait d'un piton dominant le col de Cardone-Bell. Par suite de cette opération du général d'Allonville, tous les cols, tous les passages aboutissant à la Tchernaïa et à nos positions se trouvèrent occupés par les troupes des armées alliées. On mit alors à exécution les ordres du général en chef, en construisant trois batteries de position pour défendre les abords du pont de Traktir, endroit par où l'ennemi pouvait le plus facilement nous attaquer. La première batterie fut indiquée sur le mamelon de droite, à la division Faucheux. On y plaça six pièces de 16 et six de 12. On la nomma batterie *Raglan*. La seconde fut placée à gauche du pont, sur les pentes des bivouacs de la division Herbillon. Elle prenait d'écharpe la route de Makensie. Elle eut le même armement que la première, et prit le nom de batterie *La Boussinière*. Enfin la troisième, sur la route de Traktir, sur le flanc droit de cette route, qu'elle enfilait jusqu'au pont, reçut douze pièces de 12, et reçut le nom de batterie *Bizot*.

Plusieurs fois on fut obligé, après des travaux préliminaires, de rectifier des parties de parallèles ou de boyaux de communication que l'ennemi trouvait moyen d'enfiler avec ses batteries ; alors il était indispensable de protéger le travail ou de le faire précéder d'un feu des plus intenses pour tenir quelque temps les défenseurs à l'écart. C'est ce que l'on fut obligé de faire le 20 août, à l'attaque de gauche, pour la rectification d'un boyau placé en arrière de la batterie 29 (*bis*). Le 22, à l'attaque Malakoff, on fut aussi obligé de réparer des brèches assez considérables faites à la sixième parallèle et aux tranchées adjacentes par le canon de la place. On marchait en avant, en débouchant de la place d'armes avancée, par un boyau dirigé sur le saillant du bastion ennemi, et les travailleurs cheminaient mal couverts par un gabion farci que chaque projectile ennemi faisait dévier. La sixième parallèle était perfectionnée de jour en jour, malgré le feu des Russes sur ce point, et des mines étaient creusées en grand nombre jusque sous les glacis de Malakoff.

Le feu de notre artillerie prenait de jour en jour plus de supériorité sur celui de l'ennemi, quoique ce dernier disposât encore de beaucoup plus de ressources matérielles que nous ; mais nous avions, toute proportion gardée, plus d'hommes valides que lui. Les soins donnés à nos soldats portaient leurs fruits, comme la mauvaise administration de son armée portait les siens.

Au fur et à mesure que les assaillants et les défenseurs se rapprochaient, la guerre souterraine prenait plus d'extension. Elle devint telle qu'il ne se passait, pour ainsi dire, pas d'heure où l'on ne fît sauter, de part et d'autre, quelque mine, quelque fougasse, où l'on ne donnât le camouflet (1).

Bien que les rencontres à l'arme blanche fussent plus rares, il y en eut deux assez sérieuses dans les derniers jours de ce mois, le 23 et le 24. Dans la journée du 23, un détachement du 1er de zouaves fit une communication conduisant de notre tranchée avancée à l'embuscade russe du glacis de Malakoff. A l'approche de la nuit, cette embuscade fut occupée par les voltigeurs du 3e bataillon du 7e de ligne; mais quelques instants après les Russes, au nombre de 500, sortirent de leurs ouvrages et se précipitèrent sur les voltigeurs. Après une vive fusillade, ces derniers se replièrent; mais bientôt soutenus par deux autres compagnies du même régiment, ils revinrent à la charge, et enlevèrent de nouveau l'obstacle à la baïonnette. 200 Russes attaquaient au même instant, et sans succès, la gauche des Carrières, défendue par une compagnie de chasseurs à pied et par une autre

---

(1) On conçoit que notre cadre est trop restreint pour qu'il nous soit possible d'entrer dans des détails à cet égard. Il faudrait, pour décrire ces combats et ces travaux souterrains, un volume entier et des cartes à l'appui. Il est probable, du reste, que cette partie toute spéciale et savante de ce siège mémorable sera traitée un jour par un homme compétent.

du 7ᵉ de ligne. Ils perdirent une centaine d'hommes.

Le lendemain 24, comme il était devenu indispensable de s'emparer de toutes les embuscades ennemies en avant de Malakoff, afin de pouvoir continuer à cheminer sur la capitale de l'ouvrage, on les occupa à la nuit. Les Russes y revinrent avec des forces considérables ; on les abandonna, mais vers neuf heures une compagnie du 10ᵉ de ligne sur la gauche, et deux du même régiment sur la droite, coururent sur les embuscades et en chassèrent les défenseurs. Ces derniers se replièrent avec leurs réserves dans les fossés. On couronna immédiatement les embuscades, tout en cheminant et en continuant les travaux de prolongation des travaux, et cela malgré un feu violent de la place. Au point du jour, les postes enlevés à l'ennemi étaient reliés en entier à notre propre cheminement par une sape double. Un autre engagement avait également lieu, à la même heure, sur la tête de notre petite place d'armes avancée, à l'attaque de droite ; mais les Russes, de ce côté, ne purent dépasser la tête de cet ouvrage.

Ces deux affaires nous coûtèrent 3 officiers tués et 18 blessés des 1ᵉʳ de zouaves, 7ᵉ, 10ᵉ, 20ᵉ, 57ᵉ et 85ᵉ de ligne, 50 sous-officiers et soldats tués, 300 blessés.

Le 25 août, par suite de cette double opération, nous nous trouvions à 30 mètres du saillant de Malakoff.

La fin du mois d'août fut signalée par l'arrivée du

35ᵉ de ligne, de la brigade Sol, à Kamiesch (1), par le départ pour Constantinople et le camp de Malask des gendarmes de la garde impériale; par le changement de bivouacs des brigades de dragons et de cuirassiers, qui de la vallée de Baïdar vinrent s'établir, la première sur la Tchernaïa, derrière les chasseurs d'Afrique, la seconde sur le plateau, du côté du monastère de Saint-Georges ; puis par un événement malheureux, l'explosion d'un magasin à poudre situé dans la redoute Brancion, sous une traverse faite par les Russes. Une bombe tombée le 28, vers une heure du matin sur cette traverse, détermina cette explosion de 7,000 kilogrammes de poudre, dont une partie en munitions confectionnées. Les effets en furent graves : deux batteries (nᵒˢ 15 et 15 *bis*) voisines souffrirent, surtout la dernière, qui fut mise hors de service. Les matériaux, projetés avec une violence extrême dans le ravin de Karabelnaïa et sur la gauche de la cinquième parallèle, blessèrent ou tuèrent 150 hommes. Il y avait à craindre, en outre, que l'ennemi ne cherchât à profiter de cette circonstance fatale pour tenter une sortie : aussi prescrivit-on d'ouvrir immédiatement un feu des plus vifs à l'attaque de gauche. Les Russes ne se montrèrent pas.

Chaque jour l'attaque de droite nous coûtait quelques officiers tués ou blessés, pendant la tranchée, par les projectiles ennemis. C'est ainsi que furent atteints

(1) Le 30ᵉ de ligne, faisant partie de cette brigade, et le général lui-même, débarquèrent le 1ᵉʳ septembre.

grièvement, entre autres, le chef d'escadron d'artillerie Clapier et le capitaine d'état-major de Villermont, aide-de-camp du général de Failly.

*Du 1ᵉʳ au 8 septembre.* — Les sept premiers jours de septembre furent employés par l'attaque et la défense à peu près comme les derniers jours d'août. De notre côté, on travaillait avec la plus grande ardeur pour compléter les travaux de la sixième parallèle et des batteries du côté de Malakoff. On essaya, le 1ᵉʳ, de reconnaître le fossé de l'ouvrage russe, mais les embuscades ennemies de la contrescarpe ne permirent pas à la reconnaissance de s'approcher à plus de 5 mètres de ce fossé.

Il était facile de juger que l'ennemi commençait à prendre ses précautions contre un assaut malheureux pour lui, car le pont qu'il avait établi, en faisant communiquer la partie sud de la ville avec celle du nord, était livré à la circulation, et l'on voyait les habitants transporter déjà beaucoup de leurs meubles dans les forts. Les incendies devenaient fréquents dans la ville, presque chaque nuit nos bombes et nos obus en allumaient plusieurs sur divers points. Il s'y joignait fréquemment des explosions.

Le 3 septembre, on prolongea à l'attaque de droite l'amorce de la septième parallèle, et l'on consolida le travail de défense de toutes les tranchées avancées du cheminement contre Malakoff. On fit des travaux analogues sur le petit Redan, et enfin on ouvrit une voie de 20 mètres de largeur pour le passage des colonnes d'attaque. Cette voie de communication partait de l'ancienne place d'armes russe à droite de la redoute Brancion. L'ennemi employa alors contre nos têtes de sape de petites fusées terminées par une boîte à balles dont l'enveloppe éclatait en touchant le sol. Le 5, il fit entrer beaucoup de troupes dans la ville; on remarqua aussi de grands mouvements du côté des camps de Makensie. Des deux côtés on attendait une lutte prochaine et décisive. On s'y préparait.

*Attaque et prise de Malakoff, 8 septembre.* — En vertu des résolutions prises de concert par les généraux en chef des armées alliées, l'assaut devait être livré à Sébastopol le 8, à midi. Le moment de cet assaut semblait être en effet arrivé. A la gauche, les travaux du génie étaient parvenus depuis quelque temps à 30 et 40 mètres du bastion du Mât et du bastion Central. A la droite, nos cheminements, poussés très activement sous la protection du feu soutenu de l'artillerie, n'étaient plus qu'à 25 mètres du saillant de Malakoff et du petit Redan du Carénage. L'artillerie avait achevé près de cent batteries en bon état, parfaitement approvisionnées et présentant un ensemble de 350 bouches à feu aux attaques de gauche et de 250 aux attaques de droite. De leur côté les Anglais, bien qu'arrêtés par les difficultés du terrain, étaient arrivés à environ 200 mètres du grand Redan sur lequel ils se dirigeaient, et ils avaient environ 200 bouches à feu en batterie. Les Russes mettant le temps à profit, élevaient du côté de Malakoff une deuxième enceinte qu'il importait de ne pas laisser terminer. Enfin, l'armée de secours venait d'être battue complétement le 16 août sur la Tchernaïa; elle y avait fait des pertes considérables, et il n'était pas probable qu'elle vînt de nouveau, pour dégager la place, se jeter sur ces positions que nous avions rendues plus fortes et où nous étions en mesure de repousser tous ses efforts.

Il fut donc décidé qu'on tenterait une attaque décisive. Les généraux commandant le génie et l'artillerie des deux armées se rangèrent unanimement à cette opinion.

L'ennemi devait être abordé sur les points principaux de la vaste enceinte, afin de l'empêcher de diriger toutes ses réserves contre une même attaque et aussi pour lui donner des inquiétudes sur la ville où aboutit le pont par lequel il pouvait faire sa retraite.

Le général de Salles, avec le 1ᵉʳ corps renforcé d'une brigade sarde, dont le général de la Marmora avait offert le concours, devait, à gauche, attaquer la ville; au centre les Anglais avaient mission de s'emparer du grand Redan; enfin, à notre droite, le général Bosquet devait attaquer Malakoff et le petit Redan du Carénage, points saillants de l'enceinte de Karabelnaïa.

Les dispositions suivantes furent prises sur chacune de ces attaques.

1° A la gauche, la division LEVAILLANT (brigade

46ᵉ de ligne, lieutenant-colonel *Lebanneur;* 80ᵉ de ligne, colonel *Laterrade* : brigade *Trochu,* 21ᵉ de ligne, lieutenant-colonel *Villeret;* 42ᵉ de ligne, lieutenant-colonel de *Mallet*), chargée de l'attaque du bastion Central et de ses lunettes, fut placée dans les parallèles les plus avancées. A sa droite, la division d'Autemarre (brigade *Niol,* 5ᵉ bataillon de chasseurs à pied, commandant *Garnier;* 19ᵉ de ligne, colonel *Guignard;* 26ᵉ de ligne, colonel de *Sorbiers* : brigade *Breton,* 39ᵉ de ligne, colonel *Comignan;* 74ᵉ de ligne, colonel *Guyot de Lespart*), qui devait pénétrer sur les traces de la division Levaillant et s'emparer de la gorge du bastion du Mât et des batteries qui y ont été élevées. La brigade sarde du général *Cialdini,* placée à côté de la division d'Autemarre, devait attaquer le flanc droit du même bastion. Enfin la division Bouat (brigade *Lefèvre*, 10ᵉ chasseurs à pied, commandant *Guiomar;* 18ᵉ de ligne, colonel *Dantin;* 79ᵉ de ligne, colonel *Grenier* : brigade *Duprat de Larroquette,* 14ᵉ de ligne, colonel de *Négrier;* 43ᵉ de ligne, colonel *Broutta*), dont quelques troupes s'étaient jointes aux Piémontais, en réserve derrière la division d'Autemarre. La division Paté (brigade *Beuret,* 6ᵉ chasseurs à pied, commandant de la *Provotais;* 28ᵉ de ligne, colonel *Lartigue;* 98ᵉ de ligne, colonel *Conseil Dumesnil* : brigade *Bazaine,* 1ᵉʳ régiment de la légion étrangère, lieutenant-colonel *Martenot de Cordoue;* 2ᵉ régiment de la légion étrangère, colonel ............ nt de réserve à la division Le-

VAILLANT. En outre, et pour parer de ce côté aux éventualités qui pouvaient se produire, le général en chef fit venir de Kamiesch et mit sous les ordres du général DE SALLES, les 30° et 35° de ligne qui furent placés à l'extrême gauche de façon à assurer fortement de ce côté la possession de nos lignes.

2° Devant Karabelnaïa, notre attaque devait se faire sur trois directions. A gauche, sur Malakoff et son réduit ; à droite, sur le petit Redan du Carénage ; au centre, sur la courtine qui unit ces deux ouvrages.

Le système de Malakoff était évidemment le point le plus important de l'enceinte ; la prise devait entraîner forcément la ruine successive des défenses de la place, et à cet effet, aux troupes dont disposait le général BOSQUET, on ajouta toute l'infanterie de la garde impériale, plus la belle brigade du général de *Wimpffen*.

L'attaque de gauche sur Malakoff fut confiée au général de MAC-MAHON (1re brigade, colonel *Decaen ;* 1er de zouaves, colonel *Collineau ;* 7° de ligne, colonel *Decaen :* 2° brigade, général *Vinoy ;* 1er de chasseurs à pied, commandant *Gambier ;* 20° de ligne, colonel *Orianne ;* 27° de ligne, colonel *Adam*), ayant en réserve la brigade de *Vimpffen*, arrivée la veille de la division CAMOU (3° de zouaves, colonel *de Polhes ;* 50° de ligne, lieutenant-colonel *Nicolas ;* tirailleurs algériens, colonel *Rose ;* et les 2 bataillons de zouaves de la garde, colonel *Jamin*). L'attaque de droite sur le Redan fut donnée au général DULAC (brigade *Saint-*

Pol; 17ᵉ chasseurs à pied, commandant *de Férussac;* 57ᵉ de ligne, colonel *Dupuis;* 85ᵉ de ligne, colonel *Javel :* brigade *Bisson*, 10ᵉ de ligne, lieutenant-colonel *D'Agon de la Conterie;* 61ᵉ de ligne, colonel *de Taxis*) ayant en réserve la brigade de *Marolles* (15ᵉ de ligne, colonel *Guérin;* 96ᵉ de ligne, colonel *Malherbe*, de la division d'AURELLES) et le bataillon de chasseurs à pied de la garde impériale, commandant *de Cornulier de Lucinière*.

3° Enfin, le général de la MOTTEROUGE (brigade *Bourbaki*, 4ᵉ chasseurs à pied, commandant *Clinchant;* 80ᵉ de ligne, colonel *de Berthier;* 100ᵉ de ligne, colonel *Mathieu :* 2ᵉ brigade, colonel *Picard;* 91ᵉ de ligne, colonel *Picard;* 49ᵉ de ligne, colonel *de Kerguern*) commandait l'attaque du Centre par le milieu de la Courtine, ayant en réserve les voltigeurs, colonels *Montéra* et *Douay*, et les grenadiers, colonels *Blanchard* et *D'Alton* de la garde, sous le commandement direct du général de division de la garde MELLINET, ayant sous lui les généraux de brigade *de Pontevès* et *de Failly*.

Pour le placement de ces troupes, nos tranchées avaient été décomposées en trois quartiers, dont chacun devait contenir dans sa partie avancée la presque totalité de la division d'attaque. Les réserves avaient ordre de se former, tant dans les anciennes tranchées, bien calculées pour les contenir, que dans les ravins de Karabelnaïa et du Carénage. Il était essentiel, pour mieux tromper l'ennemi, que le rassemblement de

toutes les lignes de communication conduisant à nos places d'armes avancées furent-elles suivies avec grand soin, et partout où l'on pouvait être vu, les crêtes furent relevées pour donner un défilement suffisant. Aux attaques de gauche, comme à celles de droite, des détachements du génie et de l'artillerie, munis d'outils, furent désignés pour être placés en tête de chaque colonne d'attaque. Les sapeurs du génie, devaient avec les auxiliaires d'avant-garde de chaque attaque, être prêts à jeter des ponts dont ils avaient appris la manœuvre et dont les matériaux étaient disposés à l'avance dans les premières lignes. Les canonniers furent munis de tout ce qui est nécessaire, marteaux, dégorgeoirs, étoupilles, pour être en mesure d'enclouer où de désenclouer les pièces selon le cas, et de retourner, si cela était possible, contre l'ennemi, celles que nous aurions conquises. De plus, dans les premiers bataillons de chaque attaque, un certain nombre d'hommes furent munis d'outils à manches courts, pouvant se porter au ceinturon de cartouchières, afin d'ouvrir des passages, de combler les fossés, de retourner les traverses, d'accomplir en un mot les travaux urgents et si importants du premier moment.

Des réserves de batterie de campagne furent commandées pour pouvoir rapidement prendre part à l'action. Aux attaques de gauche, une batterie de campagne fut placée dans une carrière voisine de l'enceinte avec ses chevaux à portée, ses canonniers pourvus de bricoles pour déboucher au besoin ; deux autres batteries de la 1ʳᵉ division se tinrent au Clocheton ; enfin une 4ᵉ se porta à l'extrême gauche du Lazaret. Aux attaques de droite, on plaça une réserve de 24 bouches à feu divisionnaires à l'ancienne batterie de Lancastre et 12 bouches à feu de la garde à la redoute Victoria. Des travailleurs postés en des points désignés devaient en temps opportun préparer les voies à cette artillerie.

Afin d'être prête à tout, la brigade non engagée de la division d'Aurelles fut postée de manière à repousser avec l'aide des batteries et des redoutes existant dans cette direction toute entreprise de l'ennemi sur les contre-forts d'Inkermann. Du côté de nos lignes, le général Herbillon eut l'ordre de garnir les positions de la Tchernaïa, en faisant prendre les armes à son infanterie, monter à cheval sa cavalerie et atteler son artillerie, à l'heure fixée pour l'attaque. Le général en chef fit en outre descendre dans la plaine la brigade de cuirassiers du général de Forton. Quant au général d'Allonville, il devait, dans la nuit du 8 au 9, se replier de la vallée de Baïdar pour se concentrer près du pont de Kreutzen, dans le cas où l'armée de secours aurait voulu nous menacer à l'extérieur. D'un commun accord, le général Simpson et le général en chef avaient arrêté l'heure de midi pour donner l'assaut. Cette heure avait plusieurs avantages : elle nous donnait des chances favorables pour espérer surprendre l'ennemi ; et dans le cas où l'armée russe de secours aurait voulu faire une tentative désespérée afin de dégager la place, il lui eût été impossible de prononcer avant la fin du jour un mouvement vigoureux contre nos lignes : quel que fût le résultat de notre attaque, nous avions jusqu'au lendemain matin pour aviser.

Dans la matinée du 8, l'artillerie de nos attaques de gauche, qui depuis le 5 au point du jour avait entretenu un feu violent, continua d'écraser l'ennemi de ses projectiles. Aux attaques de droite, nos batteries tirèrent vivement aussi, mais en continuant soigneusement les allures qu'elles avaient prises quelques jours auparavant en vue de ce qui devait se passer. Vers huit heures, le génie lança sur le bastion Central deux mines de projection, chargées chacune de 100 kilogrammes de poudre, et à la même heure, il fit jouer en avant de nos cheminements sur le front de Malakoff, trois fourneaux chargés ensemble de 1500 kilogrammes de poudre, afin de rompre les galeries inférieures du mineur russe.

La possession du système Malakoff devant décider du gain de la journée, les autres attaques lui avaient été subordonnées, et il était entendu avec le général Simpson que les Anglais ne se porteraient sur le grand Redan qu'au signal par lequel ils reconnaîtraient que nous étions maîtres de Malakoff. De même le général de Salles ne devait lancer ses troupes qu'au moment indiqué par un autre signal du général en chef.

Un peu avant midi, toutes les troupes étaient parfaitement en ordre sur les points désignés, et les autres dispositions se trouvaient ponctuellement exécutées. Le général de Salles était prêt, le général Bosquet était à son poste de combat dans la sixième parallèle, et le général en chef lui-même s'établissait, avec les généraux Thiry de l'artillerie, Niel du génie, et de Martimprey, chef d'état-major général, à la redoute de Brancion, choisie pour le quartier général.

A midi précis, toutes nos batteries cessèrent de tonner pour reprendre un tir plus allongé sur les réserves de l'ennemi (1). A la voix de leurs chefs, les divisions Mac-Mahon, Dulac et de la Motterouge, sortent des tranchées, les tambours et les clairons battent et sonnent la charge, et au cri de *Vive l'Empe-*

---

(1) Dans les tranchées se trouvaient le général de Mac-Mahon, son aide-de-camp, le commandant Borel, les officiers de son état-major et le colonel Lebrun, chef d'état-major de la division. Ce dernier, sa montre à la main, était chargé d'indiquer l'heure précise de midi. Autour de ce groupe, calme, impassible, les zouaves silencieux, mais frémissants d'impatience, les yeux fixés sur la montre du colonel, comptaient les secondes. C'était un tableau solennel et grandiose, digne du pinceau d'un grand peintre. A côté de l'intrépide général, on voyait aussi un caporal de zouaves tenant un drapeau de marine en guise de fanion, afin que tout le monde pût l'apercevoir plus facilement.

Lorsque la montre marque deux minutes avant midi, le général ordonne à voix basse d'apprêter les armes, puis, quand les deux aiguilles sont réunies, un immense cri de vive l'Empereur part de la tranchée, les clairons sonnent, les tambours battent la charge, et les zouaves s'élancent rapidement, se dirigeant droit sur Malakoff. Le général laisse filer deux pelotons, et saute à son tour par-dessus le parapet avec les officiers de son état-major pour suivre son avant-garde. Une seule échelle se trouve appliquée contre le retranchement ennemi, quand il descend au fond du fossé; il n'hésite pas, monte le premier, et bientôt son drapeau flotte sur l'ouvrage ennemi.

*reur* mille fois répété sur toute la ligne, nos intrépides soldats se précipitent sur les défenses de l'ennemi. Ce fut un moment solennel.

La 1re brigade de la division de **Mac-Mahon**, le 1er de zouaves en tête, suivi du 7e de ligne ayant à sa gauche le 4e chasseurs à pied, s'élance contre la face gauche du saillant de Malakoff. La largeur et la profondeur du fossé, la hauteur et l'escarpement des talus rendent l'ascension extrêmement difficile pour nos hommes ; néanmoins ils se hissent sur le parapet garni de Russes qui se font tuer sur place, et qui, à défaut de fusils, se font arme de pioches, de pierres, d'écouvillons, de tout ce qu'ils trouvent sous leur main. Il s'engage là une lutte corps à corps, un de ces combats terribles dans lequel l'intrépidité de nos soldats et de leurs chefs pouvait seule leur donner le dessus. Ils sautent dans l'ouvrage, refoulent les Russes qui continuent leur résistance. Peu d'instants après le drapeau français flottait définitivement sur Malakoff.

A droite et au centre, avec le même élan qui avait renversé tous les obstacles et refoulé au loin l'ennemi, les divisions **Dulac** et **de la Motterouge**, guidées par leurs chefs, s'étaient emparées du petit Redan et de la Courtine, en poussant même jusqu'à la deuxième enceinte en construction. Partout nous étions en possession des ouvrages attaqués, mais ce premier et éclatant succès avait failli nous coûter bien cher ; frappé d'un éclat de bombe au côté droit, le général Bosquet avait dû quitter le champ de bataille. Le général en chef confia alors le commandement au général Dulac. Le génie qui avait marché avec les colonnes d'assaut était déjà à l'œuvre, comblant les fossés, ouvrant des passages, jetant les ponts. La 2ᵉ brigade du général de Mac-Mahon s'avançait rapidement pour le renforcer dans Malakoff. Le général en chef fit le signal convenu avec le général Simpson pour l'attaque du grand Redan et un peu plus tard pour l'attaque de la ville. Les Anglais avaient 200 mètres à franchir sous un terrible feu de mitraille, cet espace fut bientôt jonché de morts; néanmoins ces pertes n'arrêtaient pas la marche de la colonne d'attaque qui se dirigea sur la capitale de l'ouvrage.

Après un premier engagement, qui coûta cher aux Russes, les soldats anglais ne trouvèrent devant eux qu'un vaste espace libre criblé par les balles de l'ennemi abrité derrière des traverses éloignées. Ceux qui arrivaient remplaçaient à peine ceux qui étaient mis hors de combat. Ce n'est qu'après avoir soutenu pendant près de deux heures ce combat inégal, que nos braves alliés se décidèrent à se replier; leur contenance fut telle, que l'ennemi n'osa pas s'avancer sur leurs pas.

Cependant, à la gauche, au signal convenu, les colonnes de la division Levaillant, commandées par les généraux Couston et Trochu, se précipitaient tête baissée sur le flanc gauche du bastion Central et sur la lunette de gauche. Malgré une grêle de balles et de projectiles et après une lutte très vive, l'élan et la vigueur de ces braves troupes triomphèrent d'abord de la résistance de l'ennemi. Surmontant les difficultés accumulées devant elles, elles pénétrèrent dans les deux ouvrages; mais l'ennemi, replié derrière des traverses successives, tenait ferme partout. Une fusillade meurtrière partait de toutes les crêtes ; des pièces démasquées au moment même, des bouches à feu de campagne amenées sur plusieurs points, vomissaient la mitraille et décimaient les nôtres. Les généraux Couston et Trochu, qui venaient d'être blessés, avaient dû remettre leur commandement ; les généraux Rivet et Breton étaient tués ; plusieurs fougasses que l'ennemi fit jouer produisirent un moment d'hésitation ; enfin un retour offensif fait par de nombreuses colonnes russes força nos troupes à abandonner les ouvrages qu'elles avaient enlevés et à se retirer dans nos places d'armes avancées.

Nos batteries de cette partie des attaques, habilement dirigées par le général Lebœuf auquel le contre-amiral Rigault de Genouilly prêtait son concours, modifièrent leur tir en l'activant et forcèrent l'ennemi à se retirer derrière ses parapets. Le général de Salles faisant avancer la division d'Autemarre préparait pendant ce temps une seconde et redoutable attaque; mais nous étions assurés de la possession de Malakoff, le général en chef lui fit dire de ne pas lancer cette colonne.

La possession de ce dernier ouvrage nous était cependant énergiquement disputée. Au moyen des batteries de la Maison en croix, de l'artillerie de ses vapeurs, de ses pièces de campagne amenées sur des points favorables, et des batteries du nord de la rade, l'ennemi nous couvrait de mitraille, de projectiles de toute nature, et portait le ravage dans nos rangs. Le magasin à poudre de la batterie russe de la Poterne venait de faire explosion en augmentant nos pertes et en faisant disparaître un moment l'aigle du 91e. Bon nombre d'officiers supérieurs et autres étaient ou tués ou blessés : les généraux de Saint-Pol et de Marolles étaient morts glorieusement ; les généraux Mellinet, de Pontevès, Bourbaki, avaient été blessés à la tête de leurs troupes. Trois fois les divisions Dulac et de la Motterouge s'emparent du Redan et de la courtine, trois fois elles sont obligées de se retirer devant un feu terrible d'artillerie et devant les masses profondes qu'elles trouvent devant elles. Cependant les deux batteries de campagne en réserve à l'ouvrage Lancastre descendent au trot, franchissent les tranchées, et se formant audacieusement à demi-portée de canon, parviennent à éloigner les colonnes ennemies et les vapeurs. Une partie de ces deux divisions, soutenues dans cette lutte héroïque par les troupes de la garde, qui se couvrent de gloire dans cette journée, s'établissent alors sur toute la gauche de la courtine, d'où l'ennemi ne les chassera plus.

Durant ces combats renouvelés de la droite et du centre, les Russes redoublaient d'efforts pour reconquérir Malakoff. Cet ouvrage était une sorte de citadelle en terre de 350 mètres de longueur, sur 150 mètres de largeur, armée de 62 pièces de divers calibres. Il couronnait un mamelon dominant tout l'intérieur du faubourg de Karabelnaïa, prenait des revers sur le Redan attaqué par les Anglais, et n'était qu'à 1200 mètres du port sud. Il menaçait non-seulement le seul mouillage resté aux vaisseaux russes, mais encore la seule voie de retraite de l'ennemi, le pont jeté par eux d'une rive à l'autre de la rade. Aussi, pendant les premières heures de cette lutte des deux armées, les Russes renouvelèrent-ils constamment leurs tentatives. Mais le général de Mac-Mahon avait reçu successivement pour résister à ces combats incessants la brigade Vinoy, de sa division, les zouaves de la garde, la réserve du général de Wimpffen (1), et une partie des voltigeurs de la garde. Partout il fit tête à l'ennemi, qui fut toujours repoussé. Les Russes voulurent faire cependant une tentative dernière et désespérée. Formés en colonne profonde, ils attaquèrent par trois fois la gorge de l'ouvrage. Trois fois

(1) Le général de Wimpffen, qui était venu en Orient avec le beau régiment de tirailleurs algériens organisé par ses soins en Afrique, et qui avait assisté à toutes les grandes affaires de cette immortelle campagne, s'était porté, sur l'ordre du général de Mac-Mahon, droit sur Malakoff, sans suivre les tranchées. Le colonel Rose, commandant son régiment de tirailleurs algériens, avait pris le pas de course pour arriver plus vite au secours des troupes engagées dans l'ouvrage russe. Cette brigade put alors coordonner les efforts des braves encore debout de la division de Mac-Mahon, et remplacer ceux morts au champ d'honneur. Le général fit placer des gabions pour fermer deux ouvertures. Ce fut là que le brave lieutenant-colonel Roques fut tué d'une balle, au moment où il posait le premier gabion pour montrer l'exemple à ses troupes. Le 3ᵉ de zouaves, le 50ᵉ de ligne, les tirailleurs algériens, perdirent beaucoup de monde.

ils furent obligés de se retirer avec des pertes énormes devant la solidité de nos troupes (1).

Après cette dernière lutte, qui se termina vers cinq heures du soir, l'ennemi parut décidé à abandonner la partie. Ses batteries seules continuèrent jusqu'à la nuit à nous envoyer quelques projectiles, qui ne nous firent pas beaucoup de mal.

Les détachements du génie et de l'artillerie, qui pendant le combat s'étaient ou bravement battus ou activement employés à leur mission spéciale, se mirent aussitôt à l'œuvre, sous la direction de leurs officiers, pour exécuter les travaux urgents dans l'intérieur de l'ouvrage.

D'après les ordres du général en chef, les généraux Thiry et Niel firent prendre par les généraux Beuret et Frossard, commandant l'artillerie et le génie du 2ᵉ corps, toutes les dispositions propres à nous con-

(1) Après ces tentatives infructueuses des Russes, l'ennemi s'étant retiré définitivement, les explosions commencèrent sur plusieurs points. Le général de Mac-Mahon jugeant une brigade suffisante pour garder Malakoff, et voulant exposer le moins de monde possible, fit retirer la brigade du colonel Decaen en donnant pour instruction à cet officier supérieur de reprendre dans la tranchée la position où il se trouvait avant l'attaque, et, dans le cas où la brigade Vinoy, destinée à occuper l'ouvrage, viendrait à sauter, de s'élancer pour la remplacer. S'adressant ensuite au général Vinoy : — Il est possible, lui dit-il, avec la plus grande simplicité, que votre brigade saute ; dans ce cas, la brigade Decaen vous remplacera immédiatement, et Malakoff nous restera.

L'intrépide de Mac-Mahon n'oubliait qu'une chose en parlant ainsi, c'est de dire que lui aussi demeurait dans Malakoff avec la brigade Vinoy.

solider définitivement dans Malakoff et sur la partie de la courtine restée en notre pouvoir, de manière à résister au besoin à une attaque nocturne de la part de l'ennemi, et à être en mesure de lui faire évacuer le lendemain le petit redan du Carénage, la Maison en croix et toute cette partie de ces défenses.

Ces sages dispositions devinrent inutiles : l'ennemi, désespérant de rentrer en possession de Malakoff, venait de prendre une grande détermination, il évacuait la ville.

Vers la fin du jour, de longues files de troupes et de bagages commencèrent à défiler sur le pont, se rendant sur la rive nord. Bientôt des incendies se manifestant sur tous les points levèrent tous les doutes.

Le plan du général en chef était de pousser en avant, de gagner le pont, et de fermer la retraite à l'ennemi; mais l'assiégé faisait à tout moment sauter ses défenses, ses magasins à poudre, ses édifices, ses établissements. Ces explosions nous auraient détruits en détail, et rendirent la pensée du général Pélissier inexécutable. Nous restâmes donc en position, attendant que le jour se fît sur cette scène de désolation.

Le soleil en se levant éclaira cette œuvre de destruction, qui était bien plus grande encore qu'on ne pouvait d'abord se l'imaginer : les derniers vaisseaux russes mouillés dans la rade étaient coulés ; le pont était replié, l'ennemi n'avait conservé que ses vapeurs, qui enlevaient les derniers hommes et quelques

Russes exaltés cherchant encore à promener l'incendie dans cette malheureuse ville. Mais bientôt ces quelques hommes, ainsi que les vapeurs, furent contraints de s'éloigner et de chercher un refuge dans les anses de la rive nord de la rade : Sébastopol était aux armées alliées.

Ainsi se termina ce siége mémorable, pendant lequel l'armée de secours fut battue deux fois en bataille rangée, et dont les moyens de défense et d'attaque avaient atteint des proportions colossales. L'armée assiégeante avait eu en batterie, dans les diverses attaques, environ 800 bouches à feu, qui tirèrent plus de 1,600,000 coups.

Les cheminements, creusés pendant trois cent trente-six jours de tranchée ouverte, en terrain de roc, présentaient un développement de plus de 80 kilomètres (20 lieues), exécutés sous le feu constant de la place, et malgré des combats incessants de jour et de nuit.

La journée du 8 septembre, dans laquelle les armées alliées eurent raison d'une armée presque égale en nombre, non investie, retranchée derrière des défenses formidables pourvues de plus de 1,100 bouches à feu, protégée par les canons de sa flotte et des batteries du nord de la rade, disposant encore de ressources immenses, restera comme un exemple de ce que l'on peut attendre d'une armée brave, disciplinée et aguerrie.

Les flottes des amiraux Lyons et Bruat devaient venir s'embosser devant l'entrée de la rade de Sébastopol, et opérer une diversion puissante ; mais il faisait un vent violent du nord-est, qui, déjà très gênant pour nous à terre, rendait la mer furieuse, et empêchait de songer à quitter le mouillage. Les bombardes françaises et anglaises purent néanmoins agir, et tirèrent avec grand succès sur la rade, sur la ville et sur les différents forts maritimes.

Nos pertes, dans cette journée, furent de 5 généraux tués, 4 blessés et 6 contusionnés ; de 24 officiers supérieurs tués et 20 blessés ; de 116 officiers tués, 224 blessés ; de 1,489 sous-officiers et soldats tués, et 4,259 blessés. Ce qui fait un total de près de 6,000 hommes atteints par le feu de l'ennemi.

Parmi les officiers généraux et supérieurs tués se trouvaient : les généraux Breton, de Marolles, de Pontevès et Rivet ; les colonels d'infanterie Javel du 85$^e$, de Kerguern du 49$^e$, Lebanneur du 46$^e$, Villeret du 21$^e$, Roques des tirailleurs indigènes ; les chefs de bataillon Bourgoing du 21$^e$, de Cornulier de Lucinière des chasseurs de la garde, Caminade du 86$^e$, Champanhet du 100$^e$, Du Gardin du 50$^e$, D'Agon de la Contrie du 10$^e$, Despessailles du 96$^e$, Guyot du 2$^e$ voltigeurs de la garde, Iratsoquy du 27$^e$, de Lavoyrie du 62$^e$, Lauer du 1$^{er}$ de zouaves, Lamarque du 15$^e$, Mallet du 85$^e$, Poncet du 80$^e$, de Saint-Marsault du 96$^e$, Théologue du 91$^e$.

Au nombre des blessés, on comptait les généraux Bosquet, Bisson, Bourbaki, Couston, de la Motterouge, Mellinet ; les colonels et lieutenants-colonels d'infanterie : Blanchard du 1$^{er}$ grenadiers de la garde,

Berthier du 86ᵉ, Becquet de Sonnay du 91ᵉ, Cailloux de la Forgerie du 39ᵉ, Collineau du 1ᵉʳ de zouaves, Cavaroz du 32ᵉ, de Chabron du 86ᵉ, Montera du 1ᵉʳ de voltigeurs de la garde, de Montmarie, lieutenant-colonel au même régiment, Mermet du 20ᵉ, de Malherbe du 96ᵉ, Mathieu du 100ᵉ, Nayral des zouaves de la garde, Orianne du 20ᵉ, Picard du 91ᵉ, Véron de Bellecourt du 85ᵉ; les chefs de bataillon Aubry du 42ᵉ, Beschart du 100ᵉ, Champion du 2ᵉ de voltigeurs de la garde, de Camas du 7ᵉ, de Courson du 80ᵉ, Clinchant du 4ᵉ bataillon de chasseurs, Gérard du 1ᵉʳ de voltigeurs de la garde, Grémion du même régiment, Gambier du 1ᵉʳ de chasseurs, Herment du 39ᵉ, Houëbre du 49ᵉ, Lebrun du même régiment, de Montfort du 2ᵉ de grenadiers de la garde, Mena du 96ᵉ, de Nivet du 98ᵉ, Ponsard du 2ᵉ de grenadiers, Poupard du 7ᵉ, Pradier du 61ᵉ, Rivière du 7ᵉ, Schobert du 27ᵉ, Valentin du 100ᵉ, Wirbel du 27ᵉ.

Les armes spéciales furent rudement éprouvées; le corps d'état-major principalement perdit les lieutenants-colonels Cassaigne, aide-de camp du général en chef, tué à côté de cet officier général, de Laville et Magnan; le commandant Lefebvre de Rumfort; les capitaines de La Hitte et de Laboissière. Il eut de blessés les lieutenants-colonels Besson, Raoult et de Latour du Pin; les capitaines Royer, Déaddé; les lieutenants Merlin, Goursaud, de Creny, Colle et Servier.

Dans l'artillerie, le lieutenant-colonel Huguenet;

le commandant Souty; les capitaines Caremel, Goury, Jaumard, Michel; les lieutenants de Farcy, Renaud furent tués. Les colonels Vernhet de Laumière et du Ligondès; les commandants Aubac et Vertelle; les capitaines Guillemin, Rapatel, Chappe, Crouzat, Dumas, Dumont, Faye, Frentzel; les lieutenants Delaistre, Marsal, Grisey, Hellot, Pachon furent blessés.

Le génie eut parmi ses blessés le capitaine Salanson; les lieutenants Damarey, Fournier, Regad, Pradelle, Joyeux et Hennequin.

Enfin le corps de santé eut plusieurs blessés, MM. Courbet du 61$^e$, Didiot du 49$^e$, Daga du 86$^e$, Darcy du 1$^{er}$ de voltigeurs, Huart du même régiment, et Goinard du 10$^e$.

*Du 9 au 30 septembre.* — Après le succès obtenu par les armées alliées le 8, succès chèrement acheté, sans doute, mais qui devenait décisif et terminait le siége, par suite de la résolution prise par les Russes d'évacuer toute la partie sud de la place, on dut prendre les plus grandes précautions pour qu'il ne se produisît pas de redoutables accidents. En effet, les explosions se succédaient dans la ville, pour ainsi dire, sans interruption. On s'empressa d'envoyer aux abords des détachements chargés de maintenir l'ordre et d'empêcher l'accès de Sébastopol. Un cordon de sentinelles fut établi sur toute l'étendue de l'enceinte fortifiée.

Vers midi, les Russes coupèrent le pont faisant communiquer entre elles les deux rives, et l'on vit sauter les poudrières de la Quarantaine et du fort Alexandre. Des deux côtés on enlevait les blessés et les morts.

Le génie et l'artillerie, dont le rôle n'était pas achevé, construisirent des rampes pour donner accès dans Malakoff et dans les principaux ouvrages, et recherchèrent les dépôts de munitions, les machines explosives, les fils électriques. On procéda à l'enlèvement des poudres. On réunit l'immense matériel trouvé dans le grand ouvrage de l'attaque de droite.

Dès le lendemain, 10 septembre, le commandant en chef de l'armée française nomma le général Bazaine commandant supérieur de la ville, et lui confia une brigade tout entière. A chaque instant on découvrait des poudres, des munitions, des machines explosives et incendiaires. Pendant le combat de l'avant-veille plusieurs fils avaient été trouvés et brisés. L'attaque avait été sans doute trop brusque, trop impétueuse pour permettre à l'ennemi de faire usage de ce moyen de destruction, contre lequel il n'y a pas de sauvegarde. L'incendie de la ville sud continuait toujours, favorisé par un vent assez vif, et nos troupes en observation étaient occupées à éloigner les incendiaires, à les empêcher de débarquer. C'était une sorte de répétition de la catastrophe de Moscou; mais cette fois cet immense incendie ne devait être funeste qu'à l'empire russe, auquel il coûtait des sommes incalculables.

Une fois sur la rive droite de la Tchernaïa, le prince Gortschakoff agita la question de battre en retraite avec tout ce qui lui restait d'une armée bien affaiblie, ou d'occuper les plateaux de Makensie, et de s'y maintenir coûte que coûte (1). Il se décida pour ce dernier parti, jusqu'à plus amples instructions de Saint-Pétersbourg. Il établit, en conséquence, les troupes qui avaient formé la garnison de Sébastopol entre le Belbeck et la Tchernaïa, sur le plateau d'Inkermann, vers Tchalmatach et Kotcheret. Le reste de son infanterie conserva ses positions, la cavalerie bivouaqua sur le Belbeck. Puis, il songea à construire de nouvelles batteries en avant des forts de la partie nord. L'artillerie française, de son côté, commença à étudier le terrain pour rechercher les emplacements les plus convenables à l'établissement des batteries de mortiers et d'obusiers sur la pointe du fort Saint-Paul, qui ne tarda pas à faire explosion, comme les autres parties fortifiées de la place.

Jusqu'au 11 septembre, aucun mouvement n'avait été remarqué sur la Tchernaïa, et les reconnaissances du général d'Allonville ne rencontraient personne; mais ce jour-là, vers trois heures et demie du matin, il y eut une alerte causée par un détachement russe. Le général en chef prescrivit aussitôt au général

(1) On assure que tandis que les Russes mettaient le feu même à leurs approvisionnements de fourrage, tandis que leurs soldats restaient consignés dans leurs camps respectifs, tandis que les vapeurs se tenaient en mouillage dans la petite crique à l'ouest du fort de Savernaïa, et que les autres bateaux se groupaient au fond d'une autre petite baie voisine, le généralissime russe convoquait un conseil de guerre où assistaient tous les généraux, pour aviser une détermination à prendre.

Morris de se porter, avec les 2ᵉ, 3ᵉ et 4ᵉ chasseurs d'Afrique, et la cavalerie piémontaise, sur le village de Chouliou. Cette colonne, partie à cinq heures et demie, suivit le chemin de Tchorgoun, atteignit Chouliou, et ne vit pas d'autres troupes qu'un groupe de Cosaques observant notre mouvement. Quelques coups de fusil furent échangés au retour entre l'arrière-garde et l'ennemi. Le même jour, la division d'Autemarre (1ʳᵉ du 1ᵉʳ corps) se rendit dans la vallée de Baïdar avec un des régiments de chasseurs d'Afrique, qui devait être relevé tous les quatre jours. La garde impériale reprit, avec ses quatre batteries à cheval, son campement en arrière du grand quartier-général.

Une des batteries françaises établie dans l'intérieur de la ville, et celles nᵒˢ 21 et 22, commencèrent à tirer contre les vapeurs russes. De son côté, l'ennemi répondit avec ses bouches à feu placées dans un ouvrage à crémaillère et dans un ouvrage circulaire.

Jusqu'alors les Russes n'avaient cherché à faire sauter que les ouvrages élevés par eux avec tant de fatigue, de soins et de peine pendant le siége; mais, le 12, ils étendirent leur œuvre de destruction à leurs vapeurs, qu'ils incendièrent. Il ne resta bientôt plus dans la rade qu'une frégate fortement avariée et à moitié échouée.

La prise de la ville n'avait pas clos les travaux et les fatigues de nos braves soldats. Non-seulement, après la glorieuse affaire du 8, ils ne purent encore goûter un repos auquel près d'une année de dangers et de combats leur donnait de justes droits, mais ils durent même reprendre la pelle et la pioche pour construire des batteries nouvelles, pour améliorer la route de Kamiesch, point sur lequel on allait évacuer le matériel russe, enfin pour rendre à leurs camarades morts au champ d'honneur les derniers devoirs. Cette dernière et pénible tâche ne fut achevée complétement que le 13.

Naturellement, après la victoire de l'armée alliée, le 8, les Russes pouvaient craindre que nos colonnes, une fois remises de cette action capitale, ne cherchassent à entrer immédiatement en campagne en passant sur la rive droite de la Tchernaïa et en poussant au Belbeck. Aussi, une fois leur détermination prise de défendre la partie nord de la place et la Crimée jusqu'à ce que de nouveaux ordres leur fussent parvenus, ils s'occupèrent sans relâche à fortifier leurs positions d'Inkermann en face des nôtres, tout en construisant sur le bord de la grande baie un nombre considérable de batteries. Ils avaient dans les forts du nord d'immenses ressources en matériel. Ce qui devait confirmer l'ennemi dans la persuasion qu'il ne tarderait probablement pas à être attaqué en rase campagne, c'est qu'outre la reconnaissance faite le 11 par le général Morris, le 14, le général d'Autemarre se porta sur le col de Kesner-Tchesmé et sur le village d'Aï-Tudor pour travailler aux routes, et que la division Espinasse (3º du 2ᵉ corps), qui occupait un mamelon sur la droite, défendant la route de Traktir, vint renforcer le général d'Autemarre. La division d'Aurelles descendit des plateaux d'Inkermann pour relever la division Espinasse.

Les premiers travaux de guerre terminés, on songea à déblayer la ville de Sébastopol, à rendre les rues praticables, à détruire les barricades nombreuses qui gênaient la circulation.

L'ennemi cependant commençait à se remettre, à revenir de sa stupeur et à reprendre avec une grande activité et sur tous les points ses travaux de défense de Severnaïa. Le 16 septembre, il avait armé ses batteries en construction et en entreprenait de nouvelles. L'artillerie et le génie, de notre côté, ne restaient pas inactifs, et tout faisait présumer que la guerre allait avoir incessamment une intensité nouvelle. Outre qu'on arma les lignes de Kamiesch avec les bouches à feu russes, on construisit en ville 6 batteries et 2 à Malakoff, pour tirer sur la rade et les forts du Nord.

Le général Pélissier, nommé maréchal, en récompense des succès qu'il avait obtenus et du service immense qu'il avait rendu aux puissances alliées, fit le 17 septembre une nouvelle répartition de son armée, en vue des éventualités qui devaient, selon toute apparence, se produire sous peu.

Le 1er corps, sous les ordres du général de Salles, quitta ses positions dans la vallée de Balaclava, et les divisions Paté et Bouat (3e et 4e) rejoignirent à Baïdar la division d'Autemarre, tandis que la division Levaillant (Charles) restait dans sa position.

Le 2e corps (général Bosquet), passé sous le commandement provisoire du général Camou, vint sur la ligne de la Tchernaïa, sa droite aux Piémontais, sa gauche sur le plateau d'Inkermann : la 1<sup>re</sup> (ancienne division de Mac-Mahon) occupait le mamelon de droite du pont de Traktir; la troisième (Espinasse), rentrée de Baïdar, occupait le mamelon de gauche ; la division Camou (2°) fut chargée de défendre le passage de la vallée de la Tchernaïa à celle de Balaclava, au pied des hauteurs ; la 4° (ancienne Dulac) les pentes d'Inkermann et le plateau ; la 5° (de la Motterouge) l'accès d'Inkermann.

Le corps de réserve (divisions Herbillon et d'Aurelles), sous les ordres du général de Mac-Mahon qui prit en même temps le commandement de la ligne de la Tchernaïa, vint occuper en seconde ligne le bivouac du général de Salles. La garde impériale resta sur le plateau près du quartier général. La cavalerie ne fit aucun mouvement. Le grand parc de campagne se porta au col de Balaclava avec 4 batteries montées.

Par suite de ces dispositions, l'armée française eut dans la vallée de Baïdar son extrême droite, formée par le 1<sup>er</sup> corps (31,000 hommes d'infanterie, 2,000 de cavalerie et 54 bouches à feu); son centre et sa gauche sur la Tchernaïa et Inkermann (2° corps, 35,000 fantassins, 2,000 chevaux et 66 pièces).

En seconde ligne, 21,000 hommes d'infanterie, 800 cuirassiers et 48 pièces formant réserve.

Elle avait en outre une réserve de 54 bouches à feu campée avec le parc près du col de Balaclava.

Le 18 septembre, le général d'Allonville s'embarqua avec le 7ᵉ de dragons pour Eupatoria, le reste de sa division reçut ordre d'opérer les jours suivants le même mouvement, et le corps ottoman, alors dans cette ville, passa sous le commandement du général français.

Lorsque les principaux travaux préparatoires furent terminés dans la partie conquise de Sébastopol, on décida que la répartition aurait lieu de la manière suivante pour les troupes alliées. Les Français eurent tout ce qui s'étendait du fort du Nord au fort du Sud, c'est-à-dire la ville proprement dite, les Anglais la moitié du faubourg de Karabelnaïa, occupant tout l'espace compris en arrière du grand Redan et comprenant les docks, les casernes, les établissements de la marine. Tout ce qui se trouvait entre la grande rue du faubourg de Karabelnaïa et la baie du Carénage, en arrière du bastion de Malakoff et du petit Redan, fut encore affecté à l'armée française.

L'embarquement de la division de cavalerie d'Allonville pour Eupatoria, terminé le 18 septembre, commença à faire admettre la possibilité de mouvements de ce côté. Cette démonstration ne laissait pas que d'inquiéter les Russes qui pouvaient se trouver pris à revers. L'attention générale se trouva bientôt fixée sur ce point, sur Iénikalé et sur Kinburn (1). Cela avait d'autant plus raison d'être, en effet, que le 18, les flottes alliées quittèrent le mouillage pour aller explorer la côte nord près et au delà du premier

---

(1) Voir les Notes relatives à l'expédition de Kinburn.

de ces trois points. On remarqua de la part des Russes des signaux faits sur toute cette côte, à l'instant où l'escadre se mit en marche.

Le 25 et le 29, il y eut à Eupatoria deux affaires importantes par lesquelles nous terminerons ce précis historique entrepris dans le but de poser des jalons, d'offrir un guide aux hommes qui voudront par la suite lire ou écrire cette page si glorieuse de nos annales, plutôt qu'avec l'intention de traiter à fond une histoire d'ailleurs trop rapprochée de nous encore pour pouvoir être dite avec toute l'impartialité désirable.

Le général d'Allonville trouva les troupes turques en bon état et très bien disposées : d'accord avec Ahmed Muchir Pacha, il résolut de faire lever l'espèce de blocus dans lequel les Russes tenaient la place.

Deux attaques furent préparées, l'une sous les ordres d'Ahmed Pacha, au nord de la ville, à l'extrême droite des positions russes ; l'autre, sous les ordres du général d'Allonville, eut pour but de chasser les Russes du village de Sak situé entre le lac Sasik et le lac de Touzla.

Le 24, à minuit, le général d'Allonville se mit en marche par l'isthme qui sépare le lac de la mer ; ses troupes turques se composaient de 8 bataillons turcs ou égyptiens, d'un effectif de 3,000 hommes, de 16 escadrons présentant 1,600 chevaux et de 2 batteries dont une à cheval.

Les troupes françaises consistaient en 8 escadrons de dragons, 2 pelotons de hussards et la batterie à cheval de la division de cavalerie.

A cinq heures du matin, la colonne était en vue du village de Sak et les vedettes russes la signalèrent immédiatement ; mais le brouillard s'étant élevé, on ne put attaquer qu'à huit heures, au moment où la brume se dissipa.

2 bataillons égyptiens soutenus par 2 bataillons turcs et par les dragons se portèrent en avant, appuyés par le feu de la batterie à cheval turque et par celui de la batterie du général d'Allonville. Les Russes, forts de 2,000 chevaux réguliers, de 1,000 Cosaques et de 2 batteries, ne purent tenir devant cette marche résolue de nos troupes et durent se retirer.

Nous entrâmes alors dans le village, et l'on y incendia toutes les meules de foin et les amas de grains et de tourbe qui s'y trouvaient.

A midi, le général d'Allonville se remit en route pour regagner Eupatoria, et le mouvement de retraite ne fut nullement inquiété : à quatre heures et demie il rentrait en ville.

De son côté Ahmed Pacha força l'ennemi à se retirer, et les Russes se replièrent du côté de Sak sur la route de Simphéropol.

Après l'affaire du 25, où les Russes avaient été contraints d'évacuer le village de Sak, le général d'Allonville, de concert avec Ahmed Muchir-Pacha, résolut de forcer l'ennemi à abandonner la rive nord du lac et de le rejeter sur la route de Simphéropol.

A cet effet, le 29, à trois heures du matin, trois colonnes partirent d'Eupatoria. La première se dirigea sur l'extrémité de l'isthme où elle prit position sur les hauteurs qui dominent Sak. La seconde, sous les ordres d'Amed-Pacha, avait son itinéraire tracé par Troz Atschin et Teesch, pour arriver à Djolchack, après avoir incendié tous les approvisionnements de l'ennemi sur son passage. La troisième était commandée par le général d'Allonville, et se composait de 12 escadrons de sa division avec sa batterie à cheval, de 200 cavaliers irréguliers et de six bataillons égyptiens.

La première colonne, soutenue par le feu de deux canonnières, n'eut affaire qu'à quelques escadrons ennemis qui n'osèrent rien entreprendre contre elle, et se tinrent hors de portée du canon.

La seconde, à dix heures du matin, était à Djolchack, et elle poussait devant elle quelques centaines de Cosaques.

La troisième passa le petit pont du lac Sasik en avant d'Eupatoria et se dirigea sur Djolchack, où elle était à huit heures et demie. 8 escadrons réguliers, soutenus par quelques centaines de Cosaques, se retirèrent en bon ordre devant nous, mais en même temps 10 escadrons réguliers et 2 ou 300 Cosaques observaient notre flanc droit. Toute cette cavalerie était sous les ordres du général Korff.

Arrivé au village de Djolchack, le général d'Allonville s'arrêta, et à dix heures, ayant été rejoint par le Muchir, il observa l'ennemi qui cherchait à le tourner par sa droite et le laissa s'engager entre lui et le lac.

A dix heures et demie, il se dirigea sur la pointe du lac du côté de Goughil, pour envelopper les escadrons russes. Le Muchir fit soutenir ce mouvement par deux régiments de cavalerie turque et les 6 bataillons égyptiens.

A une heure de l'après-midi, ordre fut donné au général Walsin-d'Esterhazy d'aborder l'ennemi avec le 4ᵉ de hussards, qui s'engagea franchement à l'arme blanche.

Le 6ᵉ de dragons en deuxième ligne et le 7ᵉ en troisième ligne soutinrent l'attaque des hussards, et pendant deux lieues l'ennemi fut vigoureusement poussé par notre cavalerie. Il s'enfuit alors dans toutes les directions, et nous pûmes commencer notre mouvement de retraite sans être inquiétés.

A six heures du soir, le général d'Allonville rentrait à Eupatoria. Dans cette affaire, nos pertes s'élevèrent à 6 hussards du 4ᵉ tués et 27 blessés, ainsi que l'aide-de-camp et l'officier d'ordonnance du général Walsin-d'Esterhazy, MM. Pujade, capitaine d'état-major, et Sibert, sous-lieutenant au 6ᵉ dragons.

On fit à l'ennemi 169 prisonniers parmi lesquels un lieutenant du 18ᵉ de hulans; les Russes laissèrent 50 hommes tués sur le champ de bataille. Parmi les morts se trouvait le colonel Andreowski du 18ᵉ hulans. La brigade d'Esterhazy prit 3 canons, 3 obusiers, 12 caissons et une forge de campagne, beaucoup d'armes, d'effets de harnachement, d'équipement, ainsi que 250 chevaux.

Ce mouvement du général d'Allonville débloqua la place d'Eupatoria.

Cette brillante affaire de cavalerie fut la dernière

de quelque importance qui eut lieu dans cette campagne, si l'on en excepte l'expédition de Kinburn.

Nous nous sommes bornés à raconter les faits avec toute l'impartialité possible, et en étant très sobres de réflexions sur les hommes et sur les choses.

Nous dirons seulement, en terminant ce récit, que nous avons entendu souvent discuter devant nous le fait de la possibilité, de la probabilité même, de l'enlèvement de Sébastopol par un coup de main hardi, si le maréchal de Saint-Arnaud eût existé quelques jours de plus. Sans apprécier nous-mêmes ce que cela peut avoir de vraisemblable, et en laissant aux lecteurs qui ont sous les yeux le précis des faits dont ils peuvent tirer telle ou telle conséquence le soin de juger, nous ajouterons que sans nul doute, si Sébastopol fût tombé brusquement en nos mains par suite d'une attaque heureuse au commencement d'octobre 1854, l'effet moral n'eût pas été le même. Nous aurions eu à donner des regrets et des larmes à moins de braves officiers, à moins d'héroïques soldats, mais notre armée n'eût pas montré à l'univers entier, ainsi qu'elle l'a fait, ce qu'on peut attendre de ses vertus militaires, mais la guerre n'eût pas été terminée par la destruction du boulevard de la Russie en Crimée. Une campagne peut-être longue et aussi meurtrière que ce siége mémorable eût dû probablement être entreprise pour arriver à la paix glorieuse conquise par nos armes.

## NOTES ET OBSERVATIONS.

*Note sur la retraite du maréchal Paskiewitch* (juin 1854.)

Plusieurs causes déterminèrent le maréchal Paskiewitch à prononcer sa retraite : d'abord, la magnifique résistance des Turcs à Silistrie ; ensuite, le nombre considérable des hommes atteints de maladies graves dans l'armée russe ; puis, la concentration de toutes les forces françaises, anglaises et turques à Varna, concentration qui mettait les Russes dans une position désavantageuse, puisqu'ils se trouvaient alors adossés à un fleuve large et profond, sans communications autres que celles établies au fond de la Dobrutscha ; enfin, le rassemblement des Autrichiens sur les frontières de la Moldavie.

*Note sur le débarquement en Crimée et sur la bataille de l'Alma* (septembre 1854).

Les amiraux français et anglais n'étaient pas sans quelques appréhensions pour le débarquement des troupes alliées. Cependant, le 14 et le 15 septembre, grâce à un temps admirable, cette opération délicate s'effectua parfaitement sur une plage magnifique, où ne se trouvaient pas d'ennemis ; mais les deux jours suivants, une grosse mer créa des difficultés qui firent comprendre et apprécier les craintes des amiraux.

La victoire de l'Alma, due principalement à la vigueur de nos soldats, eut encore pour cause la triple persuasion dans laquelle resta jusqu'au dernier moment le prince Menschikoff, que nous chercherions à tourner son aile droite, que son aile gauche était inaccessible, et que son centre était difficilement abordable. Or, au lieu d'opérer ainsi que l'avait supposé le général russe, l'aile gauche de l'ennemi fut tournée, le général Bosquet s'établit sur le flanc de la position défensive de nos adversaires, et le centre fut abordé et enlevé avec une audace à laquelle les Russes ne purent résister.

*Note sur la pointe faite dans la Dobrutscha et quelques mots sur les Bachi-Bouzouk* (juillet 1854).

Les principales causes qui firent entreprendre la marche si fatale dans la Dobrutscha, sont les suivantes : on voulait occuper les troupes pour empêcher leur moral de s'affecter par l'inaction; on croyait utile de déplacer des divisions où le choléra commençait à sévir avec force ; les médecins étaient d'avis que cela pouvait avoir un bon effet; seulement il est juste de dire qu'ils étaient loin d'indiquer la Dobrutscha comme devant être choisie pour cette pointe. On n'était pas fâché d'utiliser le corps des Bachi-Bouzouk nouvellement organisés, et de se rendre compte de ce qu'on pouvait attendre de ces hommes. En outre, en poussant les Russes jusqu'aux bouches du Danube et en les inquiétant, on devait espérer détourner leur attention des préparatifs que l'on faisait déjà pour l'expédition de Crimée.

Malheureusement, au choléra qui exerçait des ravages dans les rangs de nos troupes, vint se joindre une maladie terrible nommée *Hava-Vourouchon*, qui règne dans la Dobrutscha et qui est causée par les miasmes s'exhalant des marais voisins du Danube. Ces miasmes sont tellement à craindre, que les étrangers qui les respirent succombent souvent en moins de quelques heures.

Les Bachi-Bouzouk, formés en quatre régiments par le général Yusuf, se portèrent en avant, et les deux premières divisions les suivirent pour les soutenir. Ce mouvement fut bien exécuté ; mais bientôt la première division ayant fait une pointe au delà de Kustendjé où on l'avait d'abord concentrée, fut soumise à l'influence délétère des miasmes pestilentiels. Ses pertes furent plus considérables que si elle eût eu à lutter avec l'ennemi. En moins de vingt-quatre heures, un millier de soldats et plusieurs officiers succombèrent. La moitié de la colonne tomba malade. La deuxième division, arrêtée à une journée en deçà, à Mangalia, eut bien aussi des malades et des morts, mais en beaucoup moins grande quantité.

Ce deux divisions, si rudement éprouvées en quelques heures, étant rentrées dans leurs anciens bivouacs autour de Varna, se remirent assez promptement. Quant aux Bachi-Bouzouk, connus aussi sous le nom de spahis d'Orient, ils perdirent plus de monde que les autres troupes, mais on acquit la conviction de l'impossibilité de les placer sous le commandement d'officiers français. On s'en tint donc à l'expérience qu'on venait de faire, et on les licencia.

---

*Note sur le combat de Balaclava et sur la bataille d'Inkermann*
(octobre et novembre 1854).

Les deux affaires les plus importantes de la première partie du siége de Sébastopol sont le combat de Balaclava et la bataille d'Inkermann.

La cause du combat de Balaclava fut l'observation faite par les Russes de la faiblesse de la ligne anglaise de ce côté. Cette ligne n'était couverte, en effet, que par trois redoutes en très mauvais état, gardées par les Turcs. Ces ouvrages de campagne étaient si mal faits, qu'ils ne pouvaient avoir aucune utilité. Ils compromettaient plutôt qu'ils ne protégeaient leurs défenseurs.

Les Russes, décidés à tenter une attaque, se dirigèrent sur Balaclava, après s'être emparés des redoutes, qui furent très vigoureusement défendues par les Turcs, contrairement à ce qu'on crut à cette époque. Quelques régiments anglais arrivèrent juste à temps pour repousser l'ennemi, dont le but était, dans le principe, d'attirer l'attention des alliés de ce côté, pour opérer un mouvement plus sérieux vers la ville. Un succès à Balaclava les mettait en possession des magasins des troupes anglaises.

Le 5 novembre, les Russes, au nombre de 40,000, favorisés par un brouillard intense, vinrent déployer une nombreuse artillerie sur des points élevés, dominant ceux occupés par les Anglais. Ils abordèrent ensuite par bataillons en masse, plusieurs éperons avançant dans la plaine, et ayant leurs sommets couronnés par de petits ouvrages de campagne, mal construits, et gardés par trop peu de monde.

Les points les plus rapprochés et couvrant les batteries de siége des Anglais, furent bien défendus par eux; l'ennemi ne put les enlever; mais nos alliés, obligés d'y consacrer la majeure partie de leurs forces, durent laisser sans renfort les points les plus éloignés. Après une lutte terrible, les troupes qui s'y trouvaient, écrasées par le nombre des assaillants, furent contraintes de se replier. L'ennemi gagnait du terrain, quand trois bataillons français, conduits par le général Bourbaki, arrivèrent au pas de course. Les Russes s'étendirent alors à gauche pour nous déborder. Les trois bataillons commencèrent lentement leur retraite. L'armée ennemie approchait du camp anglais. Quelques hommes même atteignaient les premières tentes, lorsque deux bataillons de zouaves et de tirailleurs algériens se précipitèrent sur eux. Ce ne fut qu'après deux attaques des troupes françaises que les Russes abandonnèrent leurs projets sur les lignes anglaises. Leur but, s'ils étaient parvenus à s'emparer de ces lignes, était de s'y établir, de s'y retrancher et de prendre à revers une grande partie de nos points d'attaque.

*Note sur l'expédition de Kertch* (mai 1855).

Le général en chef ayant prescrit une expédition sur Kertch, dans le but de priver les Russes des ressources qu'ils tiraient de l'Asie, le général d'Autemarre reçut l'ordre, le 20 mai 1855, de se rendre le lendemain 21, après la soupe du soir, à Kamiesch, pour s'y embarquer avec les troupes de sa division, renforcées du 14e bataillon de chasseurs à pied.

Voici quelle était la composition de cette division expéditionnaire : 1re brigade (5e bataillon de chasseurs, 19e et 26e de ligne, général Niol); 2e brigade (14e bataillon de chasseurs, 39e et 74e de ligne, général Breton); une section du génie; trois batteries d'artillerie, 4e et 15e du 8e, et 9e du 11e; une demi-section de fuséens; un peloton du 4e de chasseurs d'Afrique; une compagnie du train des équipages; quelques officiers des services administratifs. Le génie était dirigé par le chef de bataillon Dubost, l'artillerie commandée par le chef d'escadron Tryon, l'intendance et les services administratifs avaient à leur tête le sous-intendant Geoffroy. Ce petit corps présentait une force de 250 officiers, 6,820 hommes de troupes, et 617 chevaux ou mulets.

Le 21 mai, les troupes étaient réunies sur la plage de Kamiesch, et le 22, à quatre heures du matin, l'embarquement commença, pour être achevé le même jour à deux heures après midi.

Le personnel et le matériel furent répartis sur vingt-deux bâtiments de guerre à vapeur, aux ordres du vice-amiral Bruat, commandant en chef de l'escadre de la mer Noire. On donna aux soldats quatre jours de vivres de campagne, dix de vivres ordinaires, 60 cartouches, et 80 aux chasseurs à pied.

Le 24, l'expédition étant arrivée à deux lieues et demie au sud de Kertch, au cap Kamiesch-Bouroum, le débarquement fut à l'instant commencé. Il était une heure de l'après-midi. Un premier voyage conduisit à terre le 5e bataillon de chasseurs et quatre compagnies du 14e. A deux heures, la 1re brigade étant complétement débarquée, ainsi que la section du génie et quatre bouches à feu, avec leurs caissons, ces troupes se formèrent sur la plage sans que l'ennemi cherchât à s'opposer à l'opération. Les Russes avaient pris position sur la route de Kertch à Arabat, pour protéger les convois et une émigration considérable.

La plaine de Kamiesch-Bouroum, sur laquelle la 1re brigade avait pris pied, étant dominée au nord par des hauteurs assez escarpées, les premiers pelotons débarqués s'y établirent. Bientôt les deux brigades se rangèrent en arrière des chasseurs à pied, dans une plaine au centre de laquelle se trouvait un lac. Les Anglais se formèrent à notre gauche, les Turcs en arrière.

Le commandant du 5e bataillon de chasseurs prévint qu'il avait devant lui de la cavalerie et de l'infanterie dont il ne pouvait apprécier la force. Le général d'Autemarre, prenant aussitôt les 19e et 26e de ligne, se porta sur la position avec les quatre bouches à feu débarquées. L'ordre de marcher en avant fut donné. Les chasseurs couvrirent le mouvement. Les 19e et 26e se formèrent par bataillons en masse. A quatre heures du soir, la 2e brigade rejoignit la 1re.

Les Russes, cependant, commençaient à faire sauter les batteries qui défendaient l'entrée du port de Kertch au sud. Les explosions se succédèrent rapidement sur ces points et au lazaret.

La division expéditionnaire se mit en mouvement dans l'ordre suivant : la 1re brigade en échelons, par bataillons, à quatre-vingts pas, le bataillon de droite s'appuyant aux escarpements de la côte; l'artillerie au centre; les chasseurs à pied sur le flanc gauche et en avant de l'ordre de marche.

Le 74e seul resta sur la plage pour aider au débarquement du matériel de l'artillerie et de l'ambulance. L'ennemi, sans attaquer, longeait le flanc gauche de la colonne. On arriva ainsi, à six heures et demie du soir, au village nommé Vieille-Quarantaine. Kertch et les batteries étaient abandonnés. On s'établit au bivouac.

La nuit, des incendies considérables allumés par les Russes se déclarèrent sur plusieurs points, tout autour de la ville; des détonations se firent entendre dans la direction de Iénikalé. Le lendemain 25, le débarquement du personnel et du matérel étant achevé, la division se porta sur la route de Iénikalé, place à la hauteur de laquelle elle arriva vers midi, après une marche pénible sous une température élevée.

Le bivouac fut tracé, les troupes tournant le dos à la ville. On avait trouvé au lazaret des munitions et dix-huit pièces enclouées. Là comme à Kertch, comme à Iénikalé, les Russes avaient procédé avec précipitation à leur acte de destruction. Les troupes alliées furent employées à éteindre et à concentrer les incendies, qui menaçaient de prendre des proportions considérables. Le 26, on était maître du feu. On organisa un état-major de place et une garnison pour entrer à Iénikalé.

Dans les premiers jours du mois suivant, le 9° de ligne, envoyé de Kamiesch comme renfort à la division d'Autemarre, débarqua. On s'occupa immédiatement à réparer les désastres causés par les Russes, et à mettre le détroit en état de défense. Le 10, on était prêt à marcher sur Anapa, quand on apprit la destruction de cette place par l'ennemi. L'expédition devenant sans but, les troupes s'embarquèrent le 11 pour rentrer au corps du siége devant Sébastopol.

---

*Note sur la bataille de Traktir. Dispositions ordonnées en cas d'attaque* (août 1855).

L'attaque des lignes de la Tchernaïa peut avoir lieu de jour ou de nuit. Il est probable que l'ennemi commencera son attaque de nuit, afin de chasser nos avant-postes loin de la rivière pour y jeter des ponts, et avoir des débouchés qui lui permettent de commencer l'attaque à la pointe du jour.

Dès que les coups de feu répétés des avant-postes indiqueront qu'une attaque est imminente, MM. les généraux Camou et Faucheux feront prendre immédiatement les armes aux bataillons qu'ils auront désignés à l'avance, et les porteront sur le canal pour soutenir les avant-postes placés sur la Tchernaïa. Ceux-ci, renforcés, pourront tenir en arrière de cette rivière, et retarder autant que possible l'établissement des ponts.

Les autres troupes prendront les armes sans bruit, plieront les tentes, et se porteront sur le terrain reconnu à l'avance le plus favorable pour défendre les positions où elles sont campées. Les batteries divisionnaires se placeront également sur les points reconnus à l'avance les plus propices pour battre les débouchés.

M. le général commandant la 2e brigade de la 1re division de réserve se portera de sa personne, avec un de ses régiments et sa batterie, sur la position occupée par la 1re brigade de la division Faucheux, pour lui servir de réserve ; le second régiment, avec la batterie de la 1re brigade, prendra position en arrière de la 2e brigade de la division Faucheux, et se placera sous les ordres de M. le général commandant cette brigade.

La 1re brigade de la division Herbillon descendra du plateau d'Inkermann, et prendra position à mi-côte, sur l'emplacement que lui indiquera à l'avance M. le général Camou, où elle servira de réserve.

L'artillerie de réserve attellera, et sera prête à se porter où besoin sera.

La cavalerie montera immédiatement à cheval, et se placera de manière à être défilée des feux de l'ennemi.

Dans cette position, on attendra que le jour se fasse et qu'on puisse connaître le mouvement de l'ennemi. Cependant, avant que le jour soit complétement fait, MM. les généraux de division jugeront s'ils doivent faire rentrer leurs avant-postes, ainsi que les bataillons de soutien, et leur faire prendre leur place de bataille. Ils recommanderont que, pendant la nuit, ces bataillons, et surtout ceux qui sont en arrière, n'ouvrent leur feu que si l'ennemi est à très faible distance.

Le jour fait, MM. les généraux de division agiront suivant les circonstances et d'après les mouvements de l'ennemi.

*Attaque de jour.* — Si l'ennemi attaque nos avant-postes en plein jour, les divisions prendront les armes, les tentes, grandes et petites, abattues. Si les hommes n'ont pas le temps de mettre ces dernières sur les sacs, ils les laisseront à terre.

Les avant-postes se replieront sur la position au fur et à mesure qu'ils ne pourront plus rester dans les postes qu'ils occupaient. MM. les généraux de division jugeront d'ailleurs du moment opportun pour les faire rentrer. Les avant-postes ne devront pas faire une fusillade inutile. *Tirez peu et à coup sûr.*

Les divisions, formées sur deux rangs, attendront en silence et avec calme le moment d'agir.

Aucune troupe ne se portera en avant sans en avoir reçu l'ordre du général sous les ordres duquel elle se trouve.

Si l'ennemi attaque le pont de Traktir, les deux batteries de la division Faucheux se porteront sur les points les plus avantageux pour battre les approches du pont; ces points seront reconnus à l'avance.

Une batterie de la division de réserve, celle qui est attachée à la 1re brigade, se portera sur le plateau occupé par le quartier-général pour remplacer la batterie du général de Failly.

Les batteries de réserve se tiendront prêtes à se porter au point où besoin serait, et resteront sous les ordres du général commandant la Tchernaïa.

Un régiment, et même la brigade qui se trouve à gauche de la brigade de Failly, appuiera cette brigade si cela devient nécessaire; si un régiment seul appuyait sur la droite, il se mettrait sous les ordres du général chargé de la défense du pont.

La brigade Cler, de la division Herbillon, servira de réserve à la division Faucheux, et se dirigera sur les plateaux occupés par cette division dans le cas où celle-ci se porterait en avant.

La brigade Sencier, de la division Herbillon, descendra du plateau, et se placera au point le plus avantageux que lui indiquera M. le général de division Camou pour lui servir de réserve.

Le général de division Camou désignera aussi les points de son plateau où ses deux batteries pourront tirer avec avantage sur l'ennemi, dans le cas où il descendrait par la route de Mackensie pour se porter sur le pont de Traktir.

M. le général de division Morris enverra de suite un régiment en arrière du défilé du pont de Traktir, en se défilant des feux de l'ennemi. Ce régiment ainsi placé aura pour mission de charger sur une tête de colonne qui aurait pu arriver dans la plaine en forçant le passage du pont. Toute la cavalerie se portera en arrière de la position qu'elle occupe en ce moment, pour avoir du champ afin de charger si l'ennemi forçait la position, et sera placée de manière à pouvoir se porter où besoins seront.

Les mêmes dispositions seraient prises si l'ennemi attaquait le gué de la cavalerie.

Dans ce cas, toutefois, la division Faucheux serait réunie sur le plateau occupé par la 1re brigade de cette division, artillerie comprise, et l'emplacement occupé par la 2e brigade serait pris par une brigade de la division Camou.

Si l'ennemi faisait un mouvement offensif sur le plateau occupé par la division Camou, attaque qui, je crois, est impossible, la 1re brigade enverrait immédiatement un régiment sur le plateau où campe la division. Ce régiment serait remplacé par un régiment de la division Faucheux. Cependant ce mouvement n'aurait lieu que quand on aurait la certitude que l'ennemi ne se montre pas en avant de la position occupée par l'armée sarde.

Aussitôt que l'attaque de l'ennemi sera connue, M. le général commandant en chef l'armée sarde enverra deux brigades en réserve derrière nos lignes. Cette armée, ayant d'ailleurs ses avant-postes sur la rive droite de la Tchernaïa, appuie naturellement de ce côté la division Faucheux.

Les Turcs coordonneront leurs mouvements sur celui des Piémontais. MM. les généraux de division s'assureront s'il ne serait pas nécessaire de faire établir des rampes, soit en avant, soit en arrière de leurs positions, pour que l'artillerie puisse se porter rapidement sur tous les points, selon les incidents qui se présenteront.

Les positions que nous occupons étant très favorables pour la défensive, il ne faut pas perdre cet avantage par trop de précipitation. Il est nécessaire d'étudier les mouvements que l'ennemi pourrait faire, et de profiter du moment qui paraîtra le plus opportun pour attaquer vigoureusement.

MM. les généraux de division qui se trouvent sur des positions qu'ils connaissent seront à même de juger de cette opportunité ; ils seront soutenus par le général commandant la ligne de la Tchernaïa.

Que l'attaque ait lieu de jour ou de nuit, les compagnies du génie prendront les armes et se réuniront au quartier-général.

*Note sur l'expédition de Kinburn* (octobre 1855).

Le 2 octobre, en vertu des ordres du maréchal Pélissier, commandant en chef de l'armée française en Crimée, une division expéditionnaire anglo-française fut constituée et placée sous les ordres du général de division Bazaine. On la forma de : 1366 hommes du 95e, 1257 des tirailleurs algériens, 847 du 14e bataillon de chasseurs à pied, et d'une brigade anglaise composée de 4310 hommes des 17e, 20e, 21e, 57e régiments, et 1200 marins. Cette brigade anglaise avait une batterie de campagne ; elle avait pour chef le général Spencer. La brigade française, commandée par le général de Wimpffen, avait, outre ses troupes d'infanterie, 3 compagnies du 6e régiment d'artillerie (pontonniers, 133 hommes); la 12e batterie du 9e régiment (153 canonniers); la 7e compagnie du 1er bataillon du 1er régiment du génie (142 hommes) ; 20 hussards, un détachement du train et d'ouvriers d'administration.

L'état-major était composé du commandant Faure, du commandant du génie Codart, du commandant d'artillerie Robinet-Marcy, du sous-intendant Préval et du médecin aide-major Baradon.

Cette division présentait un effectif de 8560 hommes. Le général Bazaine s'étant assuré, le 3 octobre, à Kamiesch, que tout était prêt pour l'embarquement, cette opération commença le 4. Les troupes françaises furent mises à bord des quatre vaisseaux, *le Montebello, le Wagram, le Jean-Bart* et *l'Ulm*. Un navire anglais, le *Monarch*, fut chargé du transport du personnel et du matériel de l'artillerie et du génie et des chevaux des officiers. L'intendance, les services administratifs, le train, les vivres, furent placés sur plusieurs transports remorqués par les vapeurs de la flotte.

Le 5, la brigade anglaise était embarquée; le 6, la brigade française se trouvait également à bord. Le 7, à dix heures du matin, l'ordre d'appareiller fut donné; l'escadre française, précédée d'une heure par l'escadre anglaise, était en marche à midi, portant sur Odessa, dont la rade avait été indiquée comme point de réunion. Le 8, la flotte se trouva en vue d'Odessa, à trois heures de l'après-midi, et tous les bâtiments mouillaient à cinq heures sous cette ville. Une escadre légère avait précédé les bâtiments de vingt-quatre heures. Le 9, dans la matinée, après le rapport des chaloupes canonnières qui avaient reconnu les forteresses de Kinburn, la côte et l'embouchure du Dnieper, un conseil eut lieu entre les généraux et l'amiral, à bord du *Montebello*, pour arrêter l'ordre de débarquement des troupes et les dispositions à prendre sur le point même choisi pour ce débarquement, point situé à environ 5000 mètres de Kinburn.

Les dispositions étant prises, le débarquement devait s'opérer le 10, mais la mer devint si mauvaise qu'il ne put commencer avant le 15.

Ce jour-là, de très grand matin, les troupes passèrent à bord des chaloupes canonnières où étaient placés, dans des chalands, les canots tambours et les canots des vaisseaux. Le général Bazaine, accompagné du chef d'état-major de la marine, se rendit à bord de la *Grenade*.

Tous les gros bagages furent laissés à bord des bâtiments, les hommes emportèrent, outre quatre jours de vivres de réserve, deux rations de lard cuit, fournies par la marine, et une provision d'eau pour faire le café.

A huit heures et demie, l'escadrille de transport, remorquée par les chaloupes canonnières, se mit en marche. On n'apercevait personne sur la plage, et l'ennemi ne paraissait pas vouloir s'opposer au débarquement, qui s'effectua sans difficulté. A dix heures, le général Bazaine, suivi des premières troupes, descendit à terre. Déjà les Anglais nous avaient précédés, et leur drapeau flottait depuis une demi-heure sur le sol ennemi.

A peine débarqué, le général fit une reconnaissance pour préparer l'installation des troupes qui prirent position au fur et à mesure de leur débarquement.

Toute l'infanterie était débarquée à trois heures de l'après-midi.

Vers le soir, l'état de la mer rendit l'opération difficile ; on eut beaucoup de peine à mettre deux pièces d'artillerie à terre avec leurs attelages. On ne put pas débarquer de vivres.

A midi, les bombardes et les chaloupes canonnières, embossées à 2400 mètres, avaient ouvert leur feu contre la place, qui répondit vivement, sans que ce bombardement amenât aucun résultat.

On trouva des puits dans les environs du bivouac; les ressources en eau furent assurées, ce qui était un immense avantage.

Dans la nuit du 15 au 16, les troupes débarquées construisirent un ouvrage à cornes, qui devait servir de réduit.

La mer continuait cependant à être très mauvaise et le débarquement était par cela même fort difficile. On parvint cependant avec beaucoup d'efforts à débarquer le reste de l'artillerie et quelques vivres.

Les flottes ne pouvaient commencer l'attaque contre les forts tant que le temps ne serait pas meilleur.

Dans la journée, des travaux de défense furent exécutés sur le front des Anglais et en avant de la droite de la ligne française occupée par les tirailleurs indigènes.

Des reconnaissances furent poussées à trois ou quatre lieues dans l'intérieur de la presqu'île. Deux douaniers gardes-côtes furent faits prisonniers et donnèrent des renseignements assez importants.

Les villages des environs avaient été abandonnés par les habitants ; celui de Kinburn, au premier coup de canon de la flotte dans la journée du 15, avait été incendié par les Russes.

Le général fit occuper par deux compagnies de chasseurs quelques maisons isolées, situées entre le village et le camp; on y trouva des meules de foin.

Dans la nuit du 16 au 17, une tranchée d'investissement fut ouverte à 1000 mètres de la forteresse, à travers le village incendié; l'ennemi tira quelques coups de canon qui n'empêchèrent pas le travail.

Le lendemain, 17, deux bataillons du 95e furent poussés en avant et prirent position à 1500 mètres environ de la ligne de circonvallation qu'ils étaient chargés de garder; deux pièces d'artillerie et deux compagnies de chasseurs à pied furent mises à la disposition du colonel pour assurer la défense de la tranchée.

Le temps était devenu beau, la mer calme ; l'amiral prévint de très bonne heure le général Bazaine que les flottes se disposaient à commencer l'attaque. Il sollicita le concours du tir de nos chasseurs.

A huit heures du matin, nos trois batteries flottantes vinrent s'embosser à 600 mètres de la forteresse et ouvrirent sur elle un feu très vif, auquel l'ennemi répondit d'abord très vigoureusement.

A dix heures, les chaloupes canonnières s'avancèrent et ouvrirent également leur feu.

A midi, les vaisseaux embossés à 15 ou 1600 mètres prirent part aussi à l'action.

Deux compagnies de chasseurs à pied, embusquées à bonne portée dans les maisons du village, contrarièrent beaucoup le tir des pièces à barbette en prêtant au feu des flottes un concours très efficace.

A partir de dix heures du matin, le feu de l'ennemi diminua sensiblement; il cessa tout à fait à une heure et demie. Des incendies se manifestèrent dans l'intérieur de la forteresse, et bien que la garnison n'eût pas arboré le drapeau blanc, il devenait évident qu'elle voulait entrer en composition.

Le feu de la place une fois éteint, la flotte cessa le sien.

La garnison, sommée de se rendre, hésitait; les soldats, qui ne voulaient plus combattre, se révoltèrent contre leurs officiers, décidés à tenir encore ; enfin, quelques hommes sortirent sans armes de la forteresse ; ils furent bientôt suivis par la garnison tout entière ; les chefs, entraînés, cédèrent, et les conditions de la reddition furent acceptées.

Le général Kokhanowitz, gouverneur, 40 officiers et 1380 soldats furent prisonniers de guerre. Il y avait eu dans la place une quarantaine d'hommes tués ou blessés.

Le général Bazaine fit aussitôt reconnaître l'intérieur de la forteresse ; les casernes étaient en feu et l'incendie menaçait de s'étendre aux poudrières. On fit retirer tout le monde, dans la crainte des explosions qui pouvaient avoir lieu, et l'entrée de la forteresse fut interdite jusqu'au lendemain matin.

Une commission fut chargée de constater l'état de la forteresse et de faire l'inventaire de ce qu'elle renfermait en approvisionnements de toute nature.

# ORDRES

## DU MARÉCHAL DE SAINT-ARNAUD.

Soldats ! Dans quelques jours vous partirez pour l'Orient ; vous allez défendre des alliés injustement attaqués et relever le défi que le Czar a jeté aux nations de l'Occident.

De la Baltique à la Méditerranée, l'Europe applaudira à vos efforts et à vos succès.

Vous combattrez côte à côte avec les Anglais, les Turcs, les Égyptiens ; vous savez ce qu'on doit à des compagnons d'armes : union et cordialité dans la vie des camps, dévouement absolu à la cause commune dans l'action.

La France et l'Angleterre, autrefois rivales, sont aujourd'hui amies et alliées ; elles ont appris à s'estimer en se combattant ; ensemble, elles sont maîtresses des mers ; les flottes approvisionneront l'armée pendant que la disette sera dans le camp ennemi.

Les Turcs, les Égyptiens ont su tenir tête aux Russes depuis le commencement de la guerre ; seuls ils les ont battus dans plusieurs rencontres ; que ne feront-ils pas secondés par vos bataillons !

Soldats ! Les aigles de l'Empire reprennent leur vol, non pour menacer l'Europe, mais pour la défendre. Portez-les encore une fois comme vos pères les ont portées avant vous ; comme eux, répétons tous, avant de quitter la France, le cri qui les conduisit tant de fois à la victoire : Vive l'Empereur !

Varna, 8 août 1854.

Au milieu des pénibles épreuves que nous venons de traverser, j'ai puisé des consolations dans les actes de dévouement que le péril commun a fait naître, et dans la vigueur morale qu'ont montrée, pendant la durée de l'épidémie, ceux qui obéissent et ceux qui commandent dans cette armée.

La première division, surprise pendant ses marches, par l'invasion du fléau, s'est trouvée dans la situation la plus douloureuse, mais l'ordre, l'espérance et le calme n'ont pas cessé d'y régner, comme dans les meilleurs jours, et elle a renouvelé sous ce rapport les beaux exemples qu'avait donnés avant elle la garnison de Gallipoli.

Je loue comme ils le méritent et je remercie avec effusion les officiers généraux, les officiers, les sous-officiers, les soldats qui viennent de s'honorer ainsi aux yeux de toute l'armée, en combattant avec une énergie que rien n'a pu vaincre, les difficultés d'une situation qui aurait pu étonner, à certains moments, des courages moins éprouvés.

Je dois des éloges particuliers à l'ardent dévouement que les fonctionnaires de l'intendance, les officiers de santé et ceux des différentes administrations ont déployé avec des ressources en personnel et des moyens matériels que les circonstances ont trop souvent rendus insuffisants. Ils se sont multipliés à l'envi pour remplir de si grands devoirs et se sont toujours trouvés au-dessus de leur tâche.

Les regrets que je donne à ceux de nos camarades que nous avons perdus et qui sont morts dignement à leur poste de combat, sont tempérés par la satisfaction que j'éprouve à me voir entouré de tant de braves gens. Je sais que je puis tout attendre d'eux et j'envisage avec une sécurité profonde les efforts qu'il me reste à leur demander pour mettre fin à notre grande entreprise.

Varna, 25 août 1854.

Soldats ! Vous venez de donner de beaux exemples de persévérance, de calme et d'énergie au milieu de circonstances douloureuses qu'il faut oublier. L'heure est venue de combattre et de vaincre.

L'ennemi ne vous a pas attendu sur le Danube ; ses colonnes démoralisées, détruites par la maladie, s'en éloignent péniblement, et c'est la Providence, peut-être, qui a voulu nous épargner l'épreuve de ces contrées malsaines. C'est elle aussi qui nous appelle en Crimée, pays salubre comme le nôtre, et à Sébastopol, siége de la puissance russe dans ces mers, où nous allons chercher ensemble le gage de la paix et de notre retour dans nos foyers.

L'entreprise est grande et digne de vous. Vous la réaliserez à l'aide du plus formidable appareil militaire et maritime qui se vît jamais. Les flottes alliées, avec leurs trois mille canons et leurs vingt-cinq mille braves matelots, vos émules et vos compagnons d'armes, porteront sur la terre de Crimée une armée anglaise dont nos pères ont appris à respecter la haute valeur, une division choisie de ces braves Ottomans qui viennent de faire leurs preuves sous vos yeux, une armée française que j'ai le droit et l'orgueil d'appeler l'élite de notre armée tout entière.

Je vois là plus que des gages de succès ; j'y vois le succès lui-même. Généraux, chefs de corps, officiers de toutes armes, vous partagerez et vous ferez passer dans l'âme de vos soldats la confiance dont la mienne est remplie. Bientôt nous saluerons ensemble les trois drapeaux réunis, flottant sur les remparts de Sébastopol, de notre cri national : Vive l'Empereur !

---

Le 14 septembre 1854, pendant le débarquement sur les côtes de Crimée.

Soldats! Vous cherchez l'ennemi depuis cinq mois. Il est enfin devant vous, et nous allons lui montrer nos Aigles. Préparez-vous à subir les fatigues et les privations, à une campagne qui sera difficile, mais courte, et qui élèvera devant l'Europe la réputation de l'Armée d'Orient au niveau des plus hautes gloires militaires de l'histoire.

Vous ne permettrez pas que les soldats des armées alliées, vos compagnons d'armes, vous dépassent en vigueur et en solidité devant l'ennemi ; en constance devant les épreuves qui nous attendent.

Vous vous rappellerez que nous ne faisons pas la guerre aux paisibles habitants de la Crimée, dont les dispositions nous sont favorables, et qui, rassurés par notre excellente discipline, par le respect que nous montrerons pour leur religion, leurs mœurs et leurs personnes, ne tarderont pas à venir à nous.

Soldats, à ce moment où vous plantez vos drapeaux sur la terre de Crimée, vous êtes l'espoir de la France ; dans quelques jours vous en serez l'orgueil. VIVE L'EMPEREUR !

---

Alma, 20 septembre 1854.

La France et l'Empereur seront contents de vous. A Alma vous venez de prouver à l'armée russe que vous étiez les dignes fils des vainqueurs d'Eylau et de la Moskowa. Vous avez rivalisé de bravoure avec vos alliés, qui ont montré sous vos yeux l'intrépidité la plus rare, et vos baïonnettes ont enlevé des positions formidables et bien défendues.

Soldats, vous rencontrerez encore l'ennemi sur votre chemin ; vous le battrez encore au cri de Vive l'Empereur, et vous ne vous arrêterez qu'à Sébastopol. C'est là que vous jouirez d'un repos que vous aurez bien mérité.

---

Sur la Tschernaïa, 26 septembre 1854.

SOLDATS ! La Providence refuse à votre chef la satisfaction de continuer à vous conduire dans la voie glorieuse qui s'ouvre devant vous. Vaincu par une cruelle maladie, avec laquelle il a lutté vainement, il envisage avec une profonde douleur, mais il saura remplir l'impérieux devoir que les circonstances lui imposent, celui de résilier le commandement, dont une santé à jamais détruite ne lui permet plus de supporter le poids.

Soldats, vous me plaindrez, car le malheur qui me frappe est immense, irréparable, et peut-être sans exemple.

Je remets le commandement au général de division Canrobert, que, dans sa prévoyante sollicitude pour cette armée et pour les grands intérêts qu'elle représente, l'Empereur a investi des pouvoirs nécessaires, par une lettre close que j'ai sous les yeux. C'est un adoucissement à ma douleur que d'avoir à déposer en de si dignes mains le drapeau que la France m'avait confié.

Vous entourerez de vos respects, de votre confiance, cet officier général, auquel une brillante carrière militaire et l'éclat des services rendus ont valu la notoriété la plus honorable dans le pays et dans l'armée. Il continuera la victoire d'Alma et aura le bonheur que j'avais rêvé pour moi-même et que je lui envie, de vous conduire à Sébastopol.

# ORDRES

## DU GÉNÉRAL CANROBERT.

Sur la Tschernaïa, 26 septembre 1854.

Soldats ! Les graves circonstances dans lesquelles m'échoie l'insigne honneur d'être votre général en chef augmenteraient pour moi le poids de cette tâche, si le concours de vous tous ne m'était assuré au nom de la patrie, au nom de l'Empereur!

Pénétrés, comme je le suis, de la grandeur de la mission historique que nous accomplissons sur cette terre lointaine, vous y apporterez, chacun dans votre sphère, et avec le dévouement le plus absolu, la part d'action qui m'est indispensable pour l'amener à bonne fin.

Encore quelques jours de souffrances et d'épreuves, et vous aurez fait tomber à vos pieds le boulevard menaçant d'un vaste empire qui naguère bravait l'Europe.

Les succès que vous avez remportés sont les garants de ceux qui vous attendent; mais n'oubliez pas que l'intrépide maréchal, qui fut votre général en chef, les a préparés par sa persévérance à organiser la grande opération que nous exécutons, par la brillante victoire de l'Alma.

Devant Sébastopol, 16 octobre 1854.

Demain matin, 17 du courant, vers six heures et demie, au signal de trois bombes qui seront tirées coup sur coup de la batterie de mortiers, le feu de toutes les batteries de terre des armées alliées et de tous les vaisseaux des trois flottes sera ouvert contre la place de Sébastopol.

Comme il importe d'être en mesure de profiter des accidents favorables que cette foudroyante canonnade peut nous présenter, et qu'il importe en outre d'être prêt à faire face aux éventualités qui pourraient survenir de l'extérieur, le général commandant en chef prescrit les mesures suivantes :

Au moment où le feu commencera, toutes les troupes devront être sous les armes. Dans chacune des trois divisions du corps de siége, les compagnies du centre, ou celles désignées pour les corps qui n'en ont pas, resteront en bataille. Les compagnies d'élite, parmi lesquelles sont compris les zouaves et les chasseurs à pied de 1re classe, seront formées en colonne par peloton à la droite de chaque brigade.

Les tentes resteront debout, et les sacs seront prêts à être placés sur les épaules des hommes. La soupe du matin aura dû être mangée et les petits bidons remplis d'eau ; la cuisine des escouades continuera à se faire.

M. le général commandant le génie de l'armée fera préparer des échelles, des madriers, des planches, des fascines et quelques pétards qui seront destinés à suivre les compagnies de sapeurs du génie, qui marcheront au besoin en tête des compagnies d'élite de chaque colonne d'attaque.

M. le général commandant l'artillerie de l'armée fera préparer un détachement de pontonniers, munis des outils et accessoires nécessaires pour franchir les obstacles, et qui marchera avec les sapeurs du génie.

Les troupes du corps de siége, ainsi disposées, attendront les ordres du général en chef.

Le général de division commandant le corps de siége se tiendra de sa personne un peu en avant de son quartier général actuel.

Les troupes du corps d'observation seront également sous les armes. Le général de division commandant ce corps fera occuper les retranchements principaux, surtout ceux armés déjà d'artillerie. Il renforcera, dès le premier bruit de la canonnade, ses grand'gardes et se tiendra habituellement de sa personne sur la crête, entre le col de la route de Balaklava et le télégraphe.

La 1re division d'infanterie, détachée momentanément au corps de siége, aura sa 1re brigade en arrière de la droite de ce corps et sa 2e brigade entre la maison du quartier général anglais et le camp de la cavalerie, prête à se porter au besoin, soit sur la place, soit sur l'ennemi extérieur. Cette division emportera, par exception, ses tentes et bagages.

La cavalerie aura ses chevaux sellés et prêts à être bridés; hommes et chevaux devront avoir pris leur repas avant l'ouverture du feu.

M. le général en chef se tiendra habituellement de sa personne à la maison dite du Ravin, située en avant de la droite du corps de siége.

M. l'intendant de l'armée prendra les dispositions convenables pour qu'une ambulance soit établie près de la maison dite du Génie.

Les mesures concernant l'armée de terre étant ainsi réglées, les dispositions suivantes seront prises par M. Rigaud de Genouilly pour les marins sous ses ordres.

Tous les marins canonniers seront naturellement à leurs batteries, et les marins ou troupes de marine destinés à protéger les travaux, seront sous les armes à leur camp, prêts à prendre leur part des attaques qu'auraient à faire leurs camarades de l'armée de terre.

---

Devant Sébastopol, 23 octobre 1854.

En visitant la tranchée, les batteries et les travaux dirigés contre l'ennemi extérieur, j'ai constaté que de grands efforts ont été faits, que d'importants résultats ont été obtenus et que déjà nous apercevons de très près les abords de la place.

Partout j'ai trouvé du courage et de l'ordre dans le travail.

Partout j'ai recueilli des preuves de l'excellent esprit qui anime les troupes.

Je les en remercie au nom du Pays et de l'Empereur, auquel je signale la vigoureuse attitude de son armée de Crimée, en lui demandant pour elle des témoignages particuliers de sa bienveillance.

Dans la guerre de siége, une énergique et patiente persévérance est le gage assuré du succès. La vôtre a vivement impressionné le moral de la garnison russe, déjà si profondément atteint par la victoire d'Alma. Il s'affaiblit tous les jours. Elle a perdu son commandant en chef, tué par un de vos boulets, et un très grand nombre d'officiers et de soldats. Plusieurs de ses magasins ont sauté ou sont devenus la proie des flammes, et des renseignements précis témoignent du peu de confiance qu'elle a dans le résultat final de la défense. Nous profiterons de ces avantages pour lui montrer nos aigles de plus près, quand j'aurai jugé que le moment est venu.

Après avoir loué l'attitude générale de l'armée, je ne suis que juste en rendant un hommage particulier à la bravoure et à l'habileté des troupes de l'artillerie et du génie, dont le siége de Sébastopol est plus particulièrement le champ de bataille. Les compagnies de francs-tireurs, empruntées aux chasseurs à pied et aux zouaves, et organisées par le général de division commandant le siége, ont aussi rendu de grands services, qu'elles tiendront à honneur de continuer. Enfin, je signale à l'armée la conduite des détachements de marins que la flotte nous a donnés pour auxiliaires. On ne saurait montrer plus d'ardeur, plus de vrai courage, et je suis heureux de proclamer ici les droits que ces braves, qui nous ont déjà rendu tant de services à la mer, acquièrent dans nos rangs à notre estime et à nos sympathies.

Devant Sébastopol, 5 novembre 1854.

Soldats ! Vous avez eu aujourd'hui une autre glorieuse journée.

Une grande partie de l'armée russe, à la faveur de la nuit et du brouillard, a pu venir s'établir, avec une puissante artillerie, sur les hauteurs qui forment l'extrême droite de nos positions. Deux divisions anglaises ont soutenu un combat inégal avec l'inébranlable solidité que nous connaissons à nos alliés, pendant qu'une partie de la division Bosquet, conduite par son digne chef, et l'artillerie à cheval, arrivaient à leur appui et se lançaient sur l'ennemi avec une intelligence et une audace auxquelles je rends ici un éclatant hommage.

Définitivement rejeté dans la vallée de la Tschernaya, l'ennemi a laissé sur le terrain plus de 4,000 des siens, tués ou blessés.

Pendant que ces événements s'accomplissaient, la garnison de Sébastopol faisait sur la gauche de nos attaques une sortie, qui a fourni aux troupes du corps de siége, et particulièrement à la 4ᵉ division, conduite avec la plus grande vigueur par le général Forey, l'occasion de donner à l'ennemi une sévère leçon. Les troupes appelées à repousser cette sortie ont fait preuve d'une énergie qui ajoute beaucoup aux titres que leur a déjà mérités la constance avec laquelle elles ont supporté les rudes et glorieux travaux du siége.

J'aurais à citer des corps, des militaires de toutes armes et de tout grade qui se sont hautement signalés dans cette journée. Je les erai connaître à la France, à l'Empereur et à l'Armée ! Mais j'ai voulu dès aujourd'hui vous remercier en leur nom, et vous dire que vous venez d'ajouter une grande page à l'histoire de cette campagne difficile.

---

Devant Sébastopol, 21 novembre 1854.

Dans la nuit du 20 au 21, sur la demande de concours que j'avais adressée au commandant en chef de l'armée anglaise, en lui faisant observer que les tirailleurs russes s'établissaient à couvert en avant de ses lignes pour prendre à revers nos travailleurs, cent rifflemen, conduits par le capitaine Tryon, sont sortis des tranchées anglaises, ont tourné par la gauche les positions occupées par l'ennemi, et les ont enlevées après l'avoir débusqué. Les Russes, formés en colonnes profondes, ont tenté trois fois de les reprendre à la baïonnette, après avoir fait pleuvoir la mitraille sur le détachement anglais. Nos alliés ont tenu ferme avec l'énergie que nous leur connaissons, et sont restés maîtres de la position, où nous pouvons les apercevoir ce matin.

J'ai voulu rendre hommage devant vous à la vigueur avec laquelle s'est accompli ce hardi coup de main, qui a malheureusement coûté la vie au vaillant capitaine Tryon. Nous lui donnerons les regrets dus à sa fin glorieuse. Elle resserrera les liens de loyale confraternité d'armes qui nous unissent à nos alliés.

————

Devant Sébastopol, 6 décembre 1854.

Soldats et Marins! L'ennemi, après avoir dirigé contre vous le feu des batteries de la place et celui des réserves, tirées d'un arsenal considérable, épuise aujourd'hui sur vos tranchées le feu des canons de sa flotte, qu'il a débarqués. En même temps, l'armée russe, venue au secours de la garnison et grossie par l'arrivée de ses renforts, vous a attaqués le 5 novembre dans vos positions avec la pensée hautement exprimée de vous acculer à la mer.

Le corps de siége lui a répondu en refoulant dans la place la garnison qui en était sortie, et en la poursuivant à outrance jusqu'au pied de ses remparts.

Le corps d'observation, marchant à l'aide de nos braves alliés de l'armée anglaise, a battu avec eux à Inkermann l'armée russe quatre fois plus nombreuse, et l'a rejetée violemment dans la Tschernaya en lui tuant cinq mille hommes, restés sur le terrain, et en l'obligeant à rentrer dans la défensive absolue, où elle se renferme depuis ce jour.

Ces luttes avec l'ennemi, auxquelles sont venues se joindre les épreuves d'un temps froid ou pluvieux, n'ont pas un seul instant arrêté vos travaux. Vous avez serré la place de plus près et construit de nouvelles batteries, sur lesquelles vous aurez développé dans quelques jours cent quarante bouches à feu. Vous avez bordé vos positions, de Balaklava à Inkermann, sur une étendue de plusieurs lieues, d'une série non interrompue d'ouvrages qui assurent la sécurité de nos opérations devant la place, et qui interdiront à l'ennemi, le jour de l'assaut, l'accès des plateaux où nous sommes établis.

Ainsi, depuis leur débarquement en Crimée, les soldats et marins de l'armée d'Orient, le fusil ou la pioche à la main, ont accompli assez de glorieux travaux pour que cette armée ait déjà mérité d'être comptée parmi celles qui ont autrefois fixé l'attention du monde et honoré l'histoire militaire de leur pays.

Pour vous aider à supporter les épreuves d'une situation qui vous a imposé et qui vous imposera encore des difficultés, mais qui est aussi pleine de grandeur, votre général en chef, interprète des volontés de l'Empereur, a appliqué toute sa sollicitude à prévoir vos besoins et à leur assurer satisfaction. Vous serez avant peu abrités sous de grandes tentes, vous recevrez tous des vêtements chauds; et, à partir de ce jour, une ration quotidienne de vin ou d'eau-de-vie vous sera distribuée. Nos approvisionnements sont considérables et l'abondance règnera dans nos camps, même quand nous aurons reçu les quarante mille hommes que la France nous envoie. L'ennemi, au contraire, qui ne peut s'approvisionner que par voitures, sur des chemins presqu'impraticables, manque de vivres, et des renseignements précis nous annoncent qu'il est, sous ce rapport, dans une position de plus en plus critique.

Le succès de nos armes est préparé par tant de causes différentes qu'il est certain. Aucun effort ne nous coûtera pour l'atteindre, de concert avec nos alliés, qui, animés du même esprit que nous, ont montré à l'Alma et à Inkermann qu'ils sont les plus vaillants compagnons qu'une armée française ait jamais eus. A cette lutte se rattachent les plus grands intérêts, peut-être l'avenir de notre patrie, et rappelez-vous tous, officiers, soldats et marins, qu'avoir appartenu à une armée qui représente si dignement la France, sera le plus haut titre d'honneur que vous puissiez emporter dans vos foyers!

Le présent ordre sera lu aux troupes à trois appels consécutifs.

---

Devant Sébastopol, 12 décembre 1854.

Le général en chef porte à la connaissance de l'armée une lettre où Sa Majesté l'Empereur lui exprime, en des termes dont la chaleur et l'élévation seront vivement appréciées, sa satisfaction pour le courage dont elle fait preuve et pour les grands services qu'elle rend au pays.

L'Empereur adresse à l'armée des récompenses qu'il laisse au général en chef le soin de distribuer aux plus méritants.

J'acquitterai cette dette glorieuse dès que j'aurai été assuré que ces récompenses ne feraient pas double emploi avec celles qui auraient été accordées quand sont parvenues en France les propositions faites, après le 5 novembre, pour tous les corps de l'armée.

*L'Empereur au général en chef de l'armée d'Orient.*

Palais de Saint-Cloud, 24 novembre 1854.

« GÉNÉRAL, votre rapport sur la bataille d'Inkermann m'a
» profondément ému. Exprimez en mon nom à l'armée toute
» ma satisfaction pour le courage qu'elle a déployé, pour son
» énergie à supporter les fatigues et les privations, pour sa
» chaleureuse cordialité envers nos alliés. Remerciez les géné-
» raux, les officiers, les soldats de leur vaillante conduite.
» Dites-leur que je sympathise vivement à leurs maux, aux
» pertes cruelles qu'ils ont faites, et que ma sollicitude la plus
» constante sera d'en adoucir l'amertume.

» Après la brillante victoire de l'Alma, j'avais espéré un
» moment que l'armée ennemie, en déroute, n'aurait pas réparé
» si promptement ses pertes et que Sébastopol serait bientôt
» tombé sous nos coups; mais la défense opiniâtre de cette ville
» et les renforts arrivés à l'armée russe arrêtent un moment le
» cours de nos succès. Je vous applaudis d'avoir résisté à l'im-
» patience de nos troupes, demandant l'assaut dans des condi-
» tions qui auraient entraîné des pertes trop considérables.

» Les gouvernements anglais et français veillent avec une
» ardente attention sur leur armée d'Orient. Déjà des bateaux
» à vapeur franchissent les mers pour vous porter des renforts
» considérables. Ce surcroît de secours va doubler vos forces
» et vous permettre de prendre l'offensive. Une diversion puis-
» sante va s'opérer en Bessarabie, et je reçois l'assurance que,
» de jour en jour à l'étranger, l'opinion publique nous est de
» plus en plus favorable. Si l'Europe a vu sans crainte nos aigles,
» si longtemps bannies, se déployer avec tant d'éclat, c'est
» qu'elle sait bien que nous combattons seulement pour son
» indépendance. Si la France a repris le rang qui lui est dû et
» si la victoire est encore venue illustrer nos drapeaux, c'est, je
» le déclare avec fierté, au patriotisme et à l'indomptable bra-
» voure de l'armée que je le dois.

» J'envoie le général de Montebello, l'un de mes aides-de-
» camp, pour porter à l'armée les récompenses qu'elle a si bien
» méritées.

» Sur ce, général, je prie Dieu qu'il vous ait en sa sainte
» garde.

» Signé NAPOLÉON. »

Devant Sébastopol, 14 décembre 1854.

J'ai demandé aux généraux commandant le corps de siége et
le corps d'observation les noms d'un certain nombre de militaires de bonne volonté, destinés à remplir une mission importante et glorieuse. Je suis assuré à l'avance que les soldats se

disputeront l'honneur d'offrir le concours que réclame d'eux leur général en chef. C'est ce qui s'est déjà présenté pour l'organisation des compagnies de francs-tireurs, qui ont rendu de grands services et ont fait subir à l'ennemi des pertes tellement considérables, que ces compagnies jouent aujourd'hui dans les opérations du siége un rôle de premier ordre.

Je saisis avec empressement cette occasion de proclamer leur vaillante conduite, de la louer devant l'armée, et de leur dire ici que la part qui leur sera faite dans les récompenses sera en rapport avec les services exceptionnels qu'elles n'ont cessé de rendre.

---

Devant Sébastopol, 7 janvier 1855.

Dans la soirée du 30 au 31 décembre, le voltigeur Schoch, du 97e régiment de ligne (22e régiment léger), a fait preuve de courage et de dévouement, en allant chercher sur le terrain occupé par l'ennemi et en rapportant dans la tranchée un chasseur à pied du 1er bataillon (francs-tireurs), qu'une blessure grave avait mis dans l'impossibilité de rejoindre.

Au nom de l'Empereur, je confère au voltigeur Schoch, qui compte déjà de vieux et bons services de guerre, la médaille militaire.

---

Devant Sébastopol, 9 janvier 1855.

Par suite de la décision du ministre de la guerre, en date du 14 décembre, MM. les officiers peuvent faire usage de la capote à capuchon qui avait été affectée à la troupe.

Il résulte de cette disposition que, dans le rang et dans les différentes fonctions auxquelles ils sont appelés, les officiers ne pourraient être reconnus. Il importe, en outre, à la discipline et à la dignité du grade que le vêtement de l'officier ne soit pas entièrement pareil à celui de la troupe; le général en chef ordonne, en conséquence, que les signes distinctifs du grade seront marqués sur ce vêtement, à l'instar de la marine, par la ganse d'or ou d'argent employée pour la coiffure. Les galons seront posés uniformément de la manière suivante.

Le premier galon effleurera le bord supérieur du parement de la capote, et les autres galons seront placés parallèlement au premier sur ce parement, avec un intervalle régulier de 6 millimètres entre chacun d'eux.

Le nombre des galons sera le même que celui porté sur la casquette. Ce moyen simple et économique remédiera aux inconvénients signalés.

———

Devant Sébastopol, 10 janvier 1855.

Dans la nuit du 7 au 8 de ce mois, nos tranchées ont été assaillies par une forte colonne ennemie.

Reçue avec la plus grande vigueur par quatre compagnies du 46ᵉ régiment de ligne, de garde dans la tranchée, cette sortie s'est vue chargée à la baïonnette jusqu'aux retranchements qui avaient été son point de départ, laissant des morts sur le terrain et des blessés entre nos mains.

Il résulte de leurs déclarations que, depuis deux jours, leur fanatisme était surexcité par la voix de leurs prêtres, qui leur avaient annoncé que rien ne résisterait à leur élan, et que les mains des soldats français, glacées par le froid, ne leur permettraient pas de se servir de leurs armes. Le 46ᵉ régiment a donné un éclatant démenti à ces prédictions fanatiques, et je l'en remercie.

AU NOM DE L'EMPEREUR : Je confère la décoration de la Légion d'honneur au sous-lieutenant Kerdudo, qui, tout jeune encore, a montré dans cette circonstance l'aplomb et l'énergie d'un vieux soldat, en entraînant ses voltigeurs.

Je confère la médaille militaire au sergent-major Jamain, au sergent-major Vrignaud, au sergent Didelot, au caporal Farges, au voltigeur Vignaud, au fusilier Calangrand et au fusilier Gaud, qui se sont particulièrement fait remarquer.

Devant Sébastopol, 15 janvier 1855.

J'ai encore à signaler à l'armée de nouveaux traits d'énergie des troupes du corps de siége. Dans la nuit du 11 au 12 janvier, un parti de volontaires russes a tenté un coup de main sur la portion de la 3ᵉ parallèle, confiée à la garde de la 4ᵉ compagnie du 1ᵉʳ bataillon du 80ᵉ régiment de ligne, commandée par le lieutenant Espanet. Vigoureusement accueilli, l'ennemi a dû battre en retraite après une lutte à la baïonnette, dans laquelle il a perdu une quinzaine d'hommes; l'opiniâtreté des assaillants n'a pu tenir contre la résolution avec laquelle les gardes de tranchée l'ont chargé.

Dans la nuit suivante, après un feu très vif de l'artillerie de la place, 300 Russes ont cherché à enlever le poste du Ravin, défendu par quarante hommes de la 1ʳᵉ compagnie du 2ᵉ bataillon du 95ᵉ régiment de ligne aux ordres du sous-lieutenant de la Jallet. Après le premier feu, un combat acharné à coup de crosse et à coups de baïonnette, un contre plusieurs, s'engagea entre nos soldats et l'ennemi. Le poste de soutien de quarante hommes, aux ordres du lieutenant Lebrun, accourut à l'aide et prit une part active à l'action. Les Russes plièrent devant une si énergique résistance et s'enfuirent vers la place, laissant sur le terrain qu'ils parcouraient dans leur retraite bon nombre des leurs.

Je loue et je remercie tous les braves qui viennent de prouver que l'énergie et le dévouement des troupes du corps de siége grandissent avec les glorieuses difficultés que leur oppose la situation. Entre tous, je fais choix de ceux que leur vigueur a fait plus particulièrement distinguer.

Au nom de l'Empereur : Je nomme dans l'ordre de la Légion d'honneur :

*Au grade de chevalier.* — MM. Espanet, lieutenant au 80ᵉ de ligne. Augier de la Jallet, sous-lieutenant au 95ᵉ de ligne.

Je confère la médaille militaire aux nommés :

Leclercq, sergent au 80ᵉ de ligne. Bréard, sergent. Frayt,

fusilier. Urvoa, fusilier. Berthié, sergent au 95ᵉ de ligne. Estèbe, caporal. Borne fusilier. Guégan, fusilier.

Devant Sébastopol, 17 janvier 1855.

Dans la nuit du 14 au 15, une colonne russe d'environ 500 hommes a attaqué la troisième parallèle, gardée par le 2ᵉ bataillon du 74ᵉ régiment de ligne.

L'effort des assaillants a été supporté par la compagnie de grenadiers, capitaine Bouton, et par la 1ʳᵉ compagnie, capitaine Castelneau. L'un et l'autre ont été tués à la tête de leur troupe, donnant à tous l'exemple d'une fermeté et d'une bravoure qui ont été imitées. Une section de la 3ᵉ compagnie des volontaires, aux ordres du lieutenant Boutet et du sergent Haguais, est accourue sur le lieu du combat. Elle y a pris une part glorieuse, et qui ajoute aux services distingués que les volontaires ont déjà rendus devant Sébastopol. Il en a été de même d'une compagnie de voltigeurs du 95ᵉ régiment de ligne.

Le chef de bataillon de Roumejoux, du 74ᵉ régiment de ligne, luttant de sa personne sur le parapet et appelant ses hommes à soutenir l'honneur du drapeau, a fait preuve d'une bravoure remarquable. Il a été grièvement blessé.

Toutes les troupes engagées ont montré l'énergie la plus brillante, et ce combat grandira encore la belle réputation que le 74ᵉ régiment s'est faite dans l'armée depuis le commencement du siége.

Au nom de l'Empereur : Je nomme dans l'ordre de la Légion d'honneur :

*Au grade d'officier.* — M. Agard de Roumejoux, chef de bataillon au 74ᵉ de ligne.

*Au grade de chevalier.* — MM. Landois, capitaine au 74ᵉ de ligne. Brachet, sous-lieutenant. Guillemin, caporal.

Je confère la médaille militaire aux nommés :

Maurer, grenadier au 74ᵉ de ligne. Guillemin, grenadier. Galtier, grenadier. Cazes, fusilier. Bouchot, fusilier. Andrieu, sergent de voltigeurs au 95ᵉ de ligne. Gouaux. Walter, grenadier au 39ᵉ de ligne (volontaire). Neuveu, sergent au 75ᵉ de ligne (volontaire). Rousset, caporal (volontaire). Ollivier, caporal au 95ᵉ de ligne (volontaire). Odier, voltigeur au 74ᵉ de ligne (volontaire).

---

Devant Sébastopol, 22 janvier 1855.

Dans la nuit du 19 au 20 janvier, l'ennemi a assailli nos parallèles sur deux points différents.

A la gauche, l'effort a été reçu par le 2ᵉ bataillon du 2ᵉ régiment de la légion étrangère, vigoureusement commandé par le chef de bataillon L'Hériller.

L'impétuosité de l'attaque, favorisée par le mauvais temps, est venue se briser contre l'énergie qu'ont déployée les grenadiers, la 1ʳᵉ compagnie, les voltigeurs et la 5ᵉ compagnie.

Les capitaines Arnoux et Rousseau, les lieutenants Chave et Saussier, le sergent Devals, les grenadiers Hogelucht et Seigmund, le voltigeur Rischabd, le fusilier Deglin, se sont très vaillamment conduits, et le drapeau du 2ᵉ régiment de la légion étrangère a figuré avec honneur dans ce combat vif et brillant.

A la droite, c'est encore le 46ᵉ régiment que je retrouve faisant face à l'ennemi avec son énergie accoutumée. A la voix de son commandant, le capitaine Thomas, le 2ᵉ bataillon du 46ᵉ régiment s'est jeté impétueusement sur les assaillants et les a refoulés au loin.

Le capitaine Dufour, le sous-lieutenant Combeaud, les voltigeurs Autexier, Coumel et Bruscan, les fusiliers Mounès, Benezet et Boyer, ont fait preuve de la vigueur la plus honorable.

AU NOM DE L'EMPEREUR : Je nomme :

M. Thomas, capitaine au 46ᵉ de ligne, chef de bataillon au 74ᵉ de ligne.

Je nomme chevaliers de la Légion d'honneur :

MM. Saussier, lieutenant au 2ᵉ de la légion étrangère. Hogelucht, grenadier. Combeaud, sous-lieutenant au 46ᵉ de ligne.

Je confère la médaille militaire aux nommés :

Seigmund, grenadier au 2e de la légion étrangère. Rischard, voltigeur. Deglin, fusilier. Autexier, voltigeur au 46e de ligne. Mounès, fusilier. Benezet, fusilier. Collin, caporal au 3e du génie.

Ce dernier, qui se trouvait accidentellement dans la tranchée, a pris avec son détachement une part des plus honorables au combat du 46e de ligne.

Devant Sébastopol, 4 février 1855.

J'ai encore des félicitations à adresser au corps de siége, dont plusieurs détachements ont montré la plus remarquable énergie, en repoussant et rejetant dans la place une colonne russe considérable qui est venue attaquer, dans la nuit du 31 janvier au 1er février, la droite de nos travaux.

Le principal effort de l'ennemi a été soutenu par la compagnie d'éclaireurs volontaires d'élite du 7e régiment de ligne (voltigeurs du 1er bataillon); les 2e et 3e compagnies du 1er bataillon du 42e régiment de ligne; les détachements de travailleurs des 21e, 39e, 74e régiments de ligne, du 9e bataillon de chasseurs à pied, et par un détachement du génie de la 4e compagnie, 2e bataillon du 3e régiment.

Deux charges à la baïonnette ont été faites successivement par le 42e régiment, que je félicite tout particulièrement de la vigueur qu'il a déployée dans l'action, et que se plaisent à signaler le colonel Sencier, commandant les attaques de droite et le général de Failly, de tranchée.

Au milieu d'eux se faisait distinguer le chef de bataillon du génie Sarlat, intrépide soldat autant qu'ingénieur distingué, dont nous avons à déplorer la perte et auquel je donne ici de légitimes regrets; le capitaine du génie Fourcade, grièvement blessé ; le capitaine Rémy, du 42e régiment de ligne, mort de ses blessures; le lieutenant Wagner, du même régiment; le capitaine Rousseau, de la 2e compagnie d'éclaireurs volontaires d'élite; le lieutenant Wuillemot, de la même compagnie.

Je signale encore à l'armée, comme ayant fait preuve de résolution, les sergents Gerlat et Peltier, le sapeur Merme, le maître-ouvrier Mouchot, du 3e régiment du génie; le lieutenant Barbot, le chasseur Gesswingt, le sergent Hinzelman, du 9e bataillon de chasseurs à pied; le voltigeur Paris, du 7e régiment de ligne; le voltigeur Bellier, du 24e régiment de ligne; le fusilier Pauliac, du 42e régiment de ligne; le caporal Badet, du 74e régiment de ligne.

Au nom' de l'Empereur : Je confère le grade de capitaine :

A MM. Guilhot, lieutenant au 3e du génie. Bacigaloup, lieutenant au 42e de ligne.

Le grade de sous-lieutenant :

A M. Jugla, adjudant sous-officier au 42e de ligne.

Je nomme chevaliers de la Légion d'honneur :

MM. Gerlat, sergent au 3e du génie. Noll, lieutenant au 42e de ligne.

Je confère la médaille militaire aux nommés :

Peltier, sergent au 3e du génie. Merme, 2e sapeur. Mouchot, maître-ouvrier. Gesswingt, chasseur au 9e bataillon de chasseurs à pied. Marceaux, chasseur. Labbé, chasseur. Bruley, caporal au 7e de ligne. Lavilatte, voltigeur. Paris, voltigeur. Porson, zouave au 1er de zouaves. Bellier, voltigeur au 24e de ligne. Daude, voltigeur. Rabiet, sergent au 42e de ligne. Lamblin, sergent. Pauliac, fusilier. Laudrin, fusilier. Orzebin, caporal. Quéro, fusilier. Tanguy, fusilier. Badet, caporal au 74e de ligne.

---

Devant Sébastopol, 7 février 1855.

Les vaillantes et généreuses actions sont communes parmi les soldats français. Il appartient au général en chef de faire connaître à ses compagnons d'armes celles qui sont les plus remarquables, et son heureux privilége est d'en récompenser leurs nobles auteurs.

Hier, une bombe tombant dans nos tranchées avait blessé gravement un des militaires de garde, qui, restant étendu près du lourd projectile, allait être enlevé par ses éclats, lorsque le chasseur Place, du 3ᵉ bataillon (des francs-tireurs), et le sergent Goguillou, du 42ᵉ régiment de ligne, qui étaient près de là, oubliant leur danger personnel pour ne s'occuper que de leur camarade blessé, se précipitèrent sur lui et lui sauvèrent la vie en l'emportant loin de la bombe.

AU NOM DE L'EMPEREUR : je confère la médaille militaire :
Au chasseur Place et au sergent Goguillou.

---

Devant Sébastopol, 15 février 1855.

AU NOM DE L'EMPEREUR : Le général en chef confère la médaille militaire au caporal Giaccobini, du 2ᵉ régiment de zouaves, qui, au mérite d'avoir fait vigoureusement plusieurs campagnes de guerre, joint celui de s'être particulièrement distingué dans la nuit du 12 au 13 de ce mois, en abordant le premier des postes russes enlevés sur le plateau d'Inkermann par de braves soldats du deuxième corps.

---

Devant Sébastopol, 21 février 1855.

L'ennemi vient de subir un nouvel échec. Le 17, au matin, il a attaqué Eupatorie avec 25,000 hommes d'infanterie, 80 pièces de canon et 4,000 chevaux. Ce corps, formé de toutes les réserves qui ont pu être réunies à Pérékop et dans la Crimée, a été vigoureusement repoussé par les troupes ottomanes de l'armée du Danube, aux ordres du général en chef Omer-Pacha. A la deuxième tentative d'assaut, une colonne turque, sortant de la place, a résolument chargé les assaillants à la baïonnette et les a rejetés au loin. Enfin, après quatre heures d'efforts infructueux, l'ennemi a battu définitivement en retraite avec une perte considérable. Cette brillante affaire fait le plus grand honneur à nos alliés, à leur général en chef, et continue dignement leurs succès des deux années précédentes, devant l'ennemi commun.

J'ai la satisfaction d'avoir à ajouter que la petite garnison française formée, sous le commandement du chef d'escadron d'état-major Osmont, d'un détachement du 3ᵉ régiment de marine et d'un détachement de canonniers de la flotte, aux ordres du lieutenant de vaisseau de Las Cases, a vigoureusement soutenu l'honneur de nos armes en concourant à la défense d'Eupatorie, qu'elle avait préparée par des travaux considérables. Ce début de l'armée de Sa Majesté le Sultan, dans la Crimée, inaugure de la manière la plus heureuse la campagne, qui ne tardera pas à s'ouvrir.

Compagnons d'armes! Vous avez dominé, depuis une année, les plus dures épreuves auxquelles puissent être soumis l'organisation et le moral des armées, avec une indomptable énergie et un patriotisme qui ont porté très haut votre renommée devant l'Europe et vous assurent une place dans l'histoire. Ces épreuves touchent à leur fin, et celles qu'il vous reste à subir ne sauraient étonner votre courage. Bientôt vous joindrez l'ennemi que vous savez vaincre. Les sympathies les plus ardentes dont la France ait jamais accompagné ses armées vous suivront devant lui, comme elles vous ont suivi dans vos victoires précédentes et dans les glorieuses souffrances de cette guerre. Le cœur et les vœux de notre Empereur sont avec nous. Sa sollicitude a triplé vos effectifs et vos moyens; soldats, soyez-en sûrs, les armées anglaise, ottomane et française, étroitement unies, triompheront avec l'aide de Dieu, qui protége les bonnes causes.

---

Devant Sébastopol, 27 février 1855.

SOLDATS! Dans le combat livré aux Russes pendant la nuit du 23 au 24 de ce mois par des troupes du deuxième corps, le but que nous nous proposions a été atteint et nos armes ont reçu un nouvel éclat, qu'elles doivent, pour la plus grande part, aux officiers, sous-officiers et soldats du 2ᵉ régiment de zouaves, si vaillamment conduits par leur digne chef, le colonel Clerc, et les commandants de bataillon Lacretelle et Darbois. Le général de Monet, qui conduisait en personne, sous l'énergique direction du général de division Mayran, l'attaque contre les Russes, a pénétré le premier dans leurs retranchements, où, malgré quatre blessures reçues, il n'a cessé de donner à tous l'exemple d'un brillant courage. Le commandant Mermier, du 4ᵉ régiment de marine, le lieutenant d'artillerie de la Fosse, le capitaine du génie Valesque, suivaient de près le général.

Le général de division Bosquet, commandant le 2ᵉ corps, avait préparé l'opération et en avait la haute direction.

Le général en chef remercie, au nom de l'Empereur et de la France, les braves qui viennent de soutenir l'honneur de notre drapeau avec une si haute valeur, que nos ennemis eux-mêmes lui rendent hommage.

Nous avons fait des pertes sensibles. Quatre-vingt-quatorze des nôtres, presque tous appartenant au 2ᵉ régiment de zouaves, dont je ne saurais trop louer le courageux élan, ont glorieusement succombé. Donnons-leur des regrets, mais ils sont tombés pour la patrie, pour l'Empereur, et leur mort a été vengée par celle d'un nombre bien plus considérable de nos ennemis.

Je fais connaître à l'Empereur et au ministre de la guerre les noms de tous ceux qui m'ont été signalés. Ils n'ont pas mis de bornes à leur dévouement, je voudrais n'en pas mettre aux récompenses que j'ai à leur conférer; mais des limites sont imposées à mes pouvoirs, et il ne m'est permis de rémunérer ici, au nom de l'Empereur, que ceux qui m'ont été désignés comme braves entre les plus braves.

Je nomme dans l'ordre de la Légion d'honneur :

*Au grade d'officier.* — MM. Blanchet, capitaine au 2ᵉ de zouaves. Lacretelle, chef de bataillon. Guépard, chef de bataillon au 6ᵉ de ligne. Valesque, capitaine à l'état-major du génie.

### DES OPÉRATIONS MILITAIRES EN ORIENT. 417

*Au grade de chevalier.* — MM. Baratechard, lieutenant au 2ᵉ de zouaves. Rambaud, sous-lieutenant. Dumazel, capitaine. Lacretelle, capitaine. Fombon, sergent, Vignot, sergent-major. Aigrat, sergent. Thyriat, sergent. Gardé, au 2ᵉ de ligne. Morville, lieutenant au 4ᵉ d'infanterie de marine. Rollet, sergent au 6ᵉ de ligne. Dalidand, chef de bataillon au 10ᵉ de ligne. Reboul, capitaine au 2ᵉ de lanciers, officier d'ordonnance du général de Monet.

**Sont nommés :**

*Au grade de chef de bataillon.* — M. Banon, capitaine au 2ᵉ de zouaves, chef de bataillon au 3ᵉ de zouaves.

*Au grade de capitaine.* — MM. Guillerault, lieutenant au 2ᵉ de zouaves, capitaine au même régiment. Frassetto, lieutenant au 2ᵉ de zouaves, capitaine au même régiment.

*Au grade de lieutenant.* — MM. Dousseau, sous-lieutenant au 2ᵉ de zouaves, lieutenant au même régiment. Fagon, sous-lieutenant au 2ᵉ de zouaves, lieutenant au même régiment. Villain, sous-lieutenant au 2ᵉ de zouaves, lieutenant au même régiment.

*Au grade de sous-lieutenant.* — MM. Sillan, sergent au 2ᵉ de zouaves, sous-lieutenant au même régiment. Vicendon, sergent-major au 2ᵉ de zouaves, sous-lieutenant au même régiment. Pradier, adjudant au 2ᵉ de zouaves, sous-lieutenant au même régiment. Pepin, sergent-major au 2ᵉ de zouaves, sous-lieutenant au même régiment. Labrune, sergent-major au 2ᵉ de zouaves, sous-lieutenant au même régiment. De Cetto, sergent au 2ᵉ de zouaves, sous-lieutenant au même régiment. Bosc, sergent-major au 2ᵉ de zouaves, sous-lieutenant au même régiment.

Devant Sébastopol, 2 mars 1855.

Le 24 février, le sergent Eyrond, du 1ᵉʳ régiment de la légion étrangère, ayant, au péril de sa vie et malgré une blessure reçue dans l'accomplissement de cet acte de dévouement, arraché à une mort certaine son sergent-major, tombé sous les balles des tirailleurs ennemis, je lui confère, au nom de l'Empereur, la médaille militaire.

Devant Sébastopol, 5 mars 1855.

Le deuxième corps étant chargé lui-même maintenant d'une importante portion du siége, il a besoin de tous ses éléments de force. En conséquence, les éclaireurs volontaires et les francs-tireurs qui en font partie et sont détachés au premier corps (ancien corps de siége) vont lui être rendus.

Le général en chef saisit cette circonstance pour signaler de nouveau à l'armée les glorieux services que les éclaireurs volontaires et francs-tireurs n'ont cessé de rendre dans les périlleuses missions qu'ils ont eues à accomplir. Il les en remercie, au nom de la patrie, au nom de l'Empereur, et il n'a pas besoin de leur dire qu'il compte et comptera sur eux chaque fois qu'il y aura à faire appel à leur courageux dévouement.

Le général en chef ordonne que sur les folios matricules et livrets des volontaires et francs-tireurs, il soit écrit : *Faisait partie des éclaireurs volontaires ou des francs-tireurs devant Sébastopol.*

L'état nominatif des francs-tireurs et des éclaireurs volontaires sera remis au général en chef en double expédition, dont une sera adressée par lui à l'Empereur et l'autre au ministre de la guerre.

Le général en chef porte à la connaissance de l'armée les noms des militaires éclaireurs volontaires ou francs-tireurs qui lui ont été signalés comme méritant le plus, à titre de première récompense, une citation à l'ordre.

*Francs-tireurs.* — MM. De Ligniville, lieutenant au 1er de zouaves. Clinchant, capitaine au 5e bataillon de chasseurs à pied. Guyot, sergent au 9e bataillon de chasseurs à pied. Grosjean, zouave au 2e de zouaves. Barbé, caporal au 1er bataillon de chasseurs à pied. Philibert, chasseur. Sérède, chasseur au 3e bataillon de chasseurs à pied. Champmartin, chasseur au 5e bataillon de chasseurs à pied. Pascal, chasseur. Beler, chasseur au 6e bataillon de chasseurs à pied. Legay, chasseur au 9e bataillon de chasseurs à pied. Fauconnier, chasseur au 19e bataillon de chasseurs à pied. Frickert, chasseur. Leberigaud, zouave au 1er de zouaves.

*Éclaireurs volontaires.* — MM. Rousset, capitaine au 1er de zouaves. Goetzmann, capitaine au 3e de zouaves. Arnous-Rivière, sous-lieutenant au 1er de la légion étrangère. Munier, lieutenant au régiment de tirailleurs algériens. Clair, sous-lieutenant au 20e de ligne. Passerieu, capitaine. Benner, lieutenant au 7e de ligne. Boutté, lieutenant au 4e d'infanterie de marine. Mathieu, lieutenant au 6e de ligne. Meuriot, sergent-major au 10e bataillon de chasseurs à pied. Roy, sergent au 1er de zouaves. Pélissier, sergent au 82e de ligne. Chaussin, sergent au 3e de zouaves. Bonvalet, sergent au 2e de zouaves. Conjard, chasseur au 5e bataillon de chasseurs à pied. Cantié, sergent au 20e de ligne. Haguais, sergent au 97e de ligne. Cornu, sergent au 7e de ligne. Supert, caporal au 2e de zouaves. Voirin, caporal. Blanc, caporal au 7e de ligne. Bourgeois, zouave au 1er de zouaves. Portal, clairon au 1er bataillon de chasseurs à pied. Frœring, zouave au 1er de zouaves. Thomas, zouave. Berger, zouave au 3e de zouaves. Nouvel, zouave. Runkiste, caporal au 50e de ligne. Huguet, fusilier au 82e de ligne. Lemouellic, fusilier au 46e de ligne. Koch, grenadier au 1er de la légion étrangère. Mitler, clairon au 2e de zouaves. Legros, chasseur au 19e bataillon de chasseurs à pied. Castagner, voltigeur au 7e de ligne. Brielh, grenadier. Cristiani, voltigeur au 20e de ligne. Mallet, grenadier. Chappy, voltigeur au 27e de ligne. Bresson, voltigeur. Basset, voltigeur. Girard, grenadier au 82e de ligne. Lamberton, caporal au 6e de ligne. Mohammed-bel-Hadj, sergent aux tirailleurs algériens. Hervé, zouave au 2e de zouaves.

---

Devant Sébastopol, 9 mars 1855.

**Depuis le commencement de cette pénible et glorieuse campagne, les officiers de santé des hôpitaux, des ambulances et des divers corps ont rivalisé de zèle et d'activité. Pour donner des soins aux soldats malades ou blessés et remplir dignement une tâche que les circonstances rendaient laborieuse et périlleuse, ils ont multiplié leurs efforts et ont sû pourvoir à toutes les nécessités de la situation.**

**Chaque jour témoin des actes de dévouement du corps de santé, le général en chef lui adresse des remerciements auxquels l'armée tout entière voudra s'associer.**

Devant Sébastopol, 19 mars 1855.

Les troupes du deuxième corps et de la division Brunet, chargées, sous la direction du général de division Bosquet, des nouvelles attaques de droite, ont vigoureusement ouvert la tranchée devant la tour Malakoff.

Dans la nuit du 14 au 15 mars, les troupes aux ordres du général Bisson, de tranchée, ont fait de très bonnes preuves. Deux compagnies d'élite du 100<sup>e</sup> régiment de ligne ont enlevé avec beaucoup de résolution les embuscades de l'ennemi. La compagnie de grenadiers du capitaine Champanhet a notamment montré la plus grande énergie en défendant contre des assaillants très nombreux le poste qu'elle occupait. Menacée dans sa position, au point du jour, par une masse considérable d'infanterie, elle a été soutenue par trois compagnies du régiment des tirailleurs algériens qui, à la voix du chef de bataillon Gibon, se sont jetées sur l'ennemi avec la plus brillante audace, l'ont mis en déroute et rejeté dans la place. Le commandant des troupes russes a été grièvement blessé ; **le commandant en second a été tué.**

Du 15 au 16 mars, les troupes, dirigées par le général de tranchée de Failly, n'ont pas opéré avec moins de vigueur, en avant de la parallèle, pour l'enlèvement et la destruction des postes russes. Le 2<sup>e</sup> bataillon du 3<sup>e</sup> régiment de zouaves, sous la direction immédiate du colonel de Brancion, du 50<sup>e</sup> régiment de ligne, s'est jeté sur l'ennemi avec son entrain habituel, et on a vu se dérouler, dans cet épisode militaire très intéressant, des actions individuelles fort honorables pour leurs auteurs.

Cet ensemble de travaux, exécutés sous le feu de l'ennemi et mêlé de combats dans lesquels, d'après des rapports qui viennent de l'ennemi lui-même, l'assiégé a toujours éprouvé des pertes considérables, fait le plus grand honneur à l'énergie des troupes qui viennent de débuter dans la pratique difficile et laborieuse des opérations de siége.

Le corps du génie, dirigé à la droite par le colonel Frossard, s'y est fait remarquer par sa solidité accoutumée et une activité incessante, à laquelle s'est constamment associé le chef d'escadron d'état-major Besson, chargé des pénibles fonctions de major de tranchée.

A l'extrême gauche de nos attaques l'assiégé a fait, dans la nuit du 15 au 16 mars, une sortie considérable sur le point défendu par la compagnie de voltigeurs du 2ᵉ régiment de la légion étrangère, capitaine Bertrand, et par la 7ᵉ compagnie du 10ᵉ bataillon de chasseurs à pied, commandée par le sous-lieutenant Bèdes. Averties par leurs vedettes, ces deux compagnies ont attendu avec le plus grand calme l'ennemi jusqu'à quelques mètres seulement du parapet de la tranchée, l'ont fusillé presque à bout portant, puis l'ont assailli à la baïonnette sans commettre la faute de le poursuivre au loin. Malgré la promptitude et le soin qu'il mit à enlever ses morts et ses blessés, il en a laissé vingt-neuf entre nos mains et autant en avant du parapet sur le terrain qu'il a parcouru dans sa retraite précipitée. Il a perdu, dans cette opération, au moins le tiers de l'effectif qui y a été employé.

Cette action, courte et brillante, honore les troupes qui l'ont accomplie. Elles ont montré le calme qui convient aux vétérans du siége, et je félicite avec elles le chef de bataillon L'Hériller, du 2ᵉ régiment de la légion étrangère, dont les habiles et fermes dispositions ont pleinement réussi.

Au nom de l'Empereur : Je nomme dans l'ordre de la Légion d'honneur :

### PREMIER CORPS.

*Au grade de chevalier.* — MM. Geoffroy, lieutenant au 10ᵉ bataillon de chasseurs à pied. Bèdes, sous-lieutenant. Claverie, chasseur. Chardin, capitaine au 2ᵉ de la légion étrangère. Pacorel, sous-lieutenant. Girard, caporal au 2ᵉ du génie.

### DEUXIÈME CORPS ET DIVISION DE RÉSERVE.

*Au grade d'officier.* — MM. de Brancion, colonel du 50ᵉ de ligne. Gibon, chef de bataillon au régiment de tirailleurs algériens.

*Au grade de chevalier.* — MM. de Livio, lieutenant au 3ᵉ rég. de chasseurs à cheval, aide-major de tranchée. Paoli, lieutenant au 3ᵉ de zouaves. Martin, capitaine adjudant-major. De Mornac, sous-lieutenant au 100ᵉ de ligne. Garichon, lieutenant. Bonnemain, capitaine au régiment de tirailleurs algériens. Mahmoud-bel-hadj-Mahmoud, lieutenant.

Je nomme, en outre, au grade de sous-lieutenant :

MM. Laberte, sergent instructeur de tir au 10ᵉ bataillon de chasseurs à pied. Delageneste, sergent-major au 2ᵉ de la légion étrangère. (Au titre étranger.)

---

Devant Sébastopol, 20 mars 1855.

Les travaux exécutés par le premier corps pour compléter la parallèle avancée de nos attaques de gauche, dans des conditions difficiles et périlleuses, ont fait ressortir le calme et la solidité des troupes qui y ont été employées.

Le corps du génie a donné là de nouvelles preuves de la vigoureuse ténacité qui lui a valu depuis le commencement du siége les éloges et l'estime de toute l'armée. Le capitaine du génie Mouhat, opérant sous la direction immédiate du lieutenant-colonel Jourjon, s'est fait remarquer particulièrement, et je récompense ses vieux services en lui conférant, au nom de l'Empereur, la croix d'officier de la Légion d'honneur.

---

Devant Sébastopol, 21 mars 1855.

Dans le combat de nuit du 17 de ce mois, la vigueur des troupes de service aux tranchées devant la tour Malakoff, 3ᵉ régiment de zouaves, 86ᵉ régiment de ligne, 4ᵉ bataillon de chasseurs à pied, mérite les plus grands éloges. Le 1ᵉʳ bataillon du 3ᵉ régiment de zouaves, qui a supporté les premiers efforts de l'ennemi, a fait preuve d'une solidité digne de sa vieille réputation et à laquelle les généraux de service à la tranchée rendent hommage.

Malgré sa grande supériorité numérique, l'ennemi n'a pu se rendre maître des travaux en cours d'exécution à la gauche de la parallèle. Réunis en masse sous le feu de notre mousqueterie et de notre canon, ses bataillons ont fait des pertes considérables. Elles s'ajoutent à celles qu'il a éprouvées dans les jours antérieurs et parmi lesquelles figure celle du commandant de la défense de gauche, amiral Istomine.

AU NOM DE L'EMPEREUR : Je nomme dans l'ordre impérial de la Légion d'honneur :

*Au grade d'officier.* — M. Dumoulin, chef de bataillon au 3e de zouaves.

*Au grade de chevalier.* — MM. Mangin, lieutenant au 3e de zouaves. Dubois, capitaine. Villaret de Joyeuse, sous-lieutenant. Grégoire, sergent. De Joinville, lieutenant au 86e de ligne. Stauffer, sergent.

Je nomme au grade de sous-lieutenant :

MM. Cham, adjudant sous-officier au 3e de zouaves. Léons, sergent-major au 86e de ligne.

Devant Sébastopol, 22 mars 1855.

Le 19 mars, dans la tranchée, un projectile creux lancé par l'ennemi, tombé au milieu d'un groupe d'hommes de garde, allait infailliblement en atteindre plusieurs par ses éclats, lorsque le fusilier Davoine, du 21e régiment de ligne, le saisit à deux mains et le lança sur le revers de la tranchée, où il fit explosion.

Le général en chef est heureux de pouvoir honorer cet acte de courage en décernant, au nom de l'Empereur, la médaille militaire au fusilier Davoine.

Devant Sébastopol, 26 mars 1855.

La nuit du 22 mars a été glorieuse pour les troupes du deuxième corps. Une colonne ennemie de plus de dix mille hommes a multiplié, pendant trois heures, autour de nos travaux de droite, des efforts qui sont restés impuissants devant l'énergique solidité de cinq bataillons. Le 3ᵉ régiment de zouaves a dépassé, dans ce combat opiniâtre, tout ce qu'on devait attendre de sa belle réputation, qu'avait déjà grandie le combat de la veille. Le 86ᵉ régiment de ligne (11ᵉ léger), récemment venu d'Afrique, a dignement soutenu celle qu'il avait apportée parmi nous ; le 82ᵉ régiment de ligne (7ᵉ léger) et le 6ᵉ régiment de ligne, qui se sont déjà fait connaître si honorablement dans cette guerre, ont rivalisé d'ardeur et de bravoure. Enfin, le 4ᵉ bataillon de chasseurs à pied, envoyé à l'appui des troupes engagées, s'est jeté sur l'ennemi à la voix de son commandant, le chef de bataillon de Fontanges, avec une énergie qui a déterminé sa retraite définitive.

Le général de division Brunet a exécuté habilement les dispositions générales prescrites par le général Bosquet, commandant le 2ᵉ corps, en cas d'attaque. Le général d'Autemarre a conduit l'action avec une intelligente vigueur. Il a été dignement secondé par le colonel Janin, de tranchée, qui n'a cessé de donner à tous, bien que deux fois blessé, l'exemple d'un brillant courage.

Le chef de bataillon Danon, du 3ᵉ régiment de zouaves, et le chef de bataillon Dumas, du corps du génie, officier supérieur plein de mérite et de bravoure, ont trouvé une mort glorieuse dans l'accomplissement de leurs devoirs. Le capitaine de Crécy, des zouaves, et le capitaine Montois, du 86ᵉ régiment de ligne, se sont hautement distingués.

Officiers, sous-officiers et soldats se sont disputé l'honneur de faire payer cher à l'ennemi une agression sur laquelle il fondait de grandes espérances et qui lui a coûté plus de deux mille hommes tués ou blessés.

AU NOM DE L'EMPEREUR : Je nomme dans l'ordre impérial de la Légion d'honneur :

*Au grade d'officier.*—MM. Brincourt, capitaine au 3ᵉ de zouaves. De Fontanges de Cousan, chef du 4ᵉ bataillon de chasseurs à pied.

*Au grade de chevalier.* — MM. Dantin, capitaine d'état-major, adjoint au général de tranchée. De Poilloue de Saint-Mars, capitaine au 94e de ligne, officier d'ordonnance du général Brunet. Perrotin, capitaine d'état-major, attaché à l'état-major du 2e corps. Rouet, lieutenant au 3e de zouaves, officier d'ordonnance du général d'Autemarre. Minot, capitaine au 100e de ligne, aide-major de tranchée. Caujolles, sergent au 1er de grenadiers de la garde impériale. Soulier, sergent de grenadiers au 82e de ligne. De Bonnet de Maureilhan de Polhes, capitaine. Lafont, capitaine au 86e de ligne. Bonne, capitaine. Baudichon, lieutenant. Bihel, sous-lieutenant. Quinquin, sergent. Grosclaude, fusilier. Grandjean, capitaine adjudant-major au 4e bataillon de chasseurs à pied. Thouvenin, capitaine. Bernard, sergent-clairon au 1er de zouaves. Turc, sous-lieutenant au 3e de zouaves. Gouzy, capitaine. Lalanne, capitaine. Gavillot, sergent. Outtier, caporal. Vincent, zouave. Pillet, zouave. Lediot, caporal.

Je nomme :

*Au grade de lieutenant.* — M. Jamais, sous-lieutenant au 82e de ligne.

*Au grade de sous-lieutenant.* — MM. Mille, adjudant sous-officier au 82e de ligne. Maison, adjudant sous-officier au 4e bataillon de chasseurs à pied. Preuilho, sergent-major.

Devant Sébastopol, 28 mars 1855.

Le grenadier Monrey, du 61e régiment de ligne, ayant dans la nuit dernière enlevé au péril de ses jours une bombe tombée au milieu de plusieurs de ses camarades, je lui décerne, au nom de l'Empereur, pour cet acte de dévouement, la médaille militaire.

Devant Sébastopol, 7 avril 1855.

Au moment où les travaux préparatoires du siége touchent à leur terme, le général en chef fait acte de justice en remerciant le génie et l'artillerie des efforts qu'ils n'ont cessé de déployer pour leur exécution ; ces travaux ont été entrepris dans une saison et au milieu d'épreuves qui semblaient les rendre impossibles. Les armes spéciales n'ont reculé devant aucune difficulté, aucun péril pour accomplir une œuvre qui dépasse en grandeur tout ce qu'on pouvait attendre de leur habileté et de leur dévouement.

De beaux exemples de fermeté et de constance ont été donnés, et si le général en chef ne signale en particulier aucun officier, sous-officier ou soldat à l'attention de l'armée, c'est qu'il considère que tous ont bien mérité.

Devant Sébastopol, 7 avril 1855.

Hier, dans les tranchées de droite, le sapeur Malet (Pierre), du 20e de ligne, voyant une bombe tomber à côté d'un chef de bataillon, se précipite sur cet officier supérieur, le couvre de son corps pour chercher à l'arracher à une mort certaine, et est lui-même blessé, heureusement sans gravité, par un éclat du projectile.

Le général en chef récompense, au nom de l'Empereur, l'acte de courageux dévouement de ce brave soldat, et lui confère la médaille militaire.

Devant Sébastopol, 13 avril 1855.

Dans la journée d'hier une bombe a pénétré dans un magasin de la 11e batterie de marine, au milieu d'un grand nombre d'obus chargés.

Un commencement d'incendie était allumé et un désastre semblait imminent, lorsque le matelot Cogniec, se précipitant résolument dans le magasin, jeta les obus au dehors pour découvrir le feu et l'éteignit avec l'aide de l'aspirant De Leusse et de quelques hommes courageux.

Je signale à l'armée ce trait d'intrépide dévouement du matelot Cogniec et de l'aspirant de Leusse, que sa vaillante conduite a déjà fait remarquer antérieurement.

AU NOM DE L'EMPEREUR : je leur confère la croix de la Légion d'honneur.

Devant Sébastopol, 19 avril 1855.

Le 1er corps, sous la vigoureuse impulsion du général Pélissier, poursuit avec l'énergie la plus remarquable le cours des difficiles travaux entrepris pour resserrer la place et compléter nos approches.

Dans les nuits du 11 au 13, l'occupation du terrain en avant de nos parallèles a été préparée par des combats auxquels des détachements du génie, des 14e, 21e, 26e, 28e, 42e, 43e, 46e, 80e régiments de ligne, et 9e et 10e bataillons de chasseurs à pied ont pris une part active et des plus honorables pour tous, particulièrement pour le 14e, qui a montré beaucoup de vigueur et de ténacité, le 28e et les chasseurs à pied.

Dans la nuit du 13 au 14, à l'attaque de gauche, dirigée par le général de tranchée Breton, six compagnies du 98e, aux ordres du commandant Grémion, appuyées par deux compagnies du 9e bataillon de chasseurs à pied, ont enlevé avec beaucoup d'élan les postes retranchés de l'ennemi, et s'y sont maintenues malgré ses efforts renouvelés. C'est un brillant début parmi nous pour le 98e de ligne.

A la droite, et sous la direction du général Rivet, chef d'état-major du 1er corps, quatre compagnies du 46e, aux ordres du commandant Julien, une compagnie du 5e bataillon de chasseurs à pied (lieutenant Copri), ont enlevé les embuscades russes avec une ardeur entraînante; deux des compagnies du 46e, rencontrant un ennemi très supérieur en nombre, ont été brillamment soutenues par les grenadiers du 2e régiment de la légion étrangère (capitaine Robert), qui se sont précipitées sur les Russes sans brûler une amorce; deux détachements du 14e et du 42e ont pris une bonne part à ce retour offensif.

Dans ces divers engagements, les troupes ont combattu au milieu des circonstances les plus difficiles, avec une supériorité qui doublera la confiance qu'elles ont en elles mêmes, et rendra plus ferme encore l'excellent esprit dont je les sais animées.

Je remercie spécialement le corps du génie de l'énergique

résolution avec laquelle il exécute ces derniers travaux de siége, aussi périlleux que glorieux.

Je signale à l'armée les noms des militaires de tout grade qui, entre beaucoup d'autres, se sont fait particulièrement remarquer.

*Nuits du 11 au 13.* — MM. Ragon-Laferrière, capitaine au 42e de ligne. Ducoin, capitaine au 14e de ligne. Canale, lieutenant. Mondy, sergent. Léotard, fourrier. Launay, sergent au 46e de ligne. Blancart, sous-lieutenant au 9e bataillon de chasseurs à pied. Cuzol, chasseur. Saphores, sous-lieutenant au 10e bataillon de chasseurs à pied. Salignan, sergent. Collet, sergent au 21e de ligne. Vachias, voltigeur. Mourget, sous-lieutenant au 28e de ligne. Veber, sergent. Nivault, grenadier. Leguen, sous-lieutenant au 43e de ligne. Garde, fusilier. Braun, lieutenant au 26e de ligne. Waymel, fusilier. Hazard, sergent-major au 80e de ligne. Morin, grenadier.

*Nuit du 13 au 14.* — MM. Rivet, général. Breton, général. Nicolas-Nicolas, lieutenant-colonel au 26e de ligne. Faure, chef d'escadron d'état-major, aide-major de tranchée. Campenon, capitaine d'état-major. Grémion, chef de bataillon au 98e de ligne. Gianella, capitaine. Seatelli, lieutenant. Lemarchand de la Vieuville, lieutenant. Plumet, adjudant. Cazeaux, sergent-major. Turette, sergent. Thouroude, caporal. Leduigou, grenadier. Magner, grenadier. Chanau, voltigeur. Hervé, fusilier. Thomas, fusilier. Nivert, fusilier. Dusan, capitaine au 9e bataillon de chasseurs à pied. Lemoine, sergent. Pérés, chasseur. Brunel, chasseur. Julien, chef de bataillon au 46e de ligne. Michel, capitaine. Lebouédec, lieutenant. Brunet, sergent-major. Aubin, sergent-major. Levayer, sergent. Ibos, caporal. Lemouellic, grenadier. Bathman, fusilier. Robert, capitaine au 2e de la légion étrangère. Bernard, sous-lieutenant. Peyffer, sergent-major. Trescow, sergent. De Groot, caporal. Braggio, grenadier. Gravers, grenadier. Copri, lieutenant au 5e bataillon de chasseurs à pied. Mayniel, sergent-major. Sevestre, chasseur. Ertorteguy, chasseur. Nicolson-Beauregard, capitaine au 42e de ligne. Guichard, sergent-fourrier. Leclerc, fusilier.

Mentions spéciales pour le corps du génie :

MM. Mangin, chef de bataillon. Ducrot, capitaine, Maillet, sergent. Duraix, sergent. Beaucourt, sergent. Stinkess, caporal. Besson, caporal. Grault, sapeur. Wagner, sapeur. Dufour, sapeur.

Pour faire suite à l'ordre précédent.

Sont nommés dans l'ordre impérial de la Légion d'honneur :

*Au grade d'officier.* — M. L'Hériller, chef de bataillon au 2e de la légion étrangère.

*Au grade de chevalier.* — MM. Campenon, capitaine d'état-major de 1re classe. Régnier, capitaine d'état-major de 2e classe. Desbarbieux, lieutenant au 39e de ligne (officier d'ordonnance du général Breton). Diquemarre (lieutenant au 1er de hussards, aide-major de tranchée). Arnoux, capitaine au 14e de ligne. Mondy, sergent. Collet, sergent au 21e de ligne. Latour, capitaine au 28e de ligne. Veber, sergent. Nicolson-Beauregard, capitaine au 42e de ligne. Ragon-Laferrière, capitaine. Leguen, sous-lieutenant au 43e de ligne. Julien, chef de bataillon au 46e de ligne. Michel, capitaine adjudant-major. Dubosquet, capitaine. Ehrler, lieutenant. Gourdon, sergent. Ristori, sergent-fourrier. Lemouellic, grenadier. Grémion, chef de bataillon au 98e de ligne. Gianella, capitaine. Seatelli, lieutenant. Dumas, lieutenant. Lemarchand de la Vieuville, lieutenant. Friol, sous-lieutenant. Lambinet, capitaine Crucerey, lieutenant. Cazeaux, sergent-major. Turette, sergent. Liébert, sergent. Copri, lieutenant au 5e bataillon de chasseurs à pied. Cerli, caporal. Dusan, capitaine au 9e bataillon de chasseurs à pied. Blancart, sous-lieutenant. Trescow, sergent au 2e de la légion étrangère.

---

Devant Sébastopol, 27 avril 1855.

Le général en chef porte à la connaissance des troupes la circulaire par laquelle le maréchal ministre de la guerre lui annonce que l'Empereur a voulu pourvoir personnellement à l'existence des amputés de l'armée d'Orient.

Le général en chef n'a rien à ajouter aux touchantes paroles du ministre; il se borne à confondre ses remerciements avec ceux qui s'élèveront dans tous les cœurs devant ce nouveau témoignage de la sollicitude de l'Empereur pour ses soldats.

« Général, l'Empereur, dans sa constante sollicitude pour
» nos soldats, s'est ému de l'avenir des militaires qui, par suite
» de la perte d'un membre, sont forcés d'abandonner une car-

» rière que beaucoup d'entre eux avaient choisie par goût, et
» que tous honoraient par leur courage et leur dévouement.

» Sans doute, ces glorieux amputés seront entourés du res-
» pect des populations dans la vie civile où ils vont rentrer, mais
» Sa Majesté veut qu'ils y trouvent aussi le bien-être qu'ils ont
» si justement mérité par leur belle conduite en face de l'en-
» nemi.

» Dans ce but, l'Empereur a décidé, dès le 25 juillet dernier,
» que les militaires de l'armée d'Orient, amputés pendant la
» campagne de Crimée, recevront, sur sa cassette, la somme
» **annuelle qui sera nécessaire pour porter la pension de chacun**
» **d'eux à 600 francs.** »

---

Devant Sébastopol, 2 mai 1855.

Le 1ᵉʳ corps vient d'ajouter une action glorieuse à celles qui ont déjà honoré nos armes dans cette campagne.

L'ennemi avait établi devant nos attaques de gauche une série de postes fortifiés qu'il avait solidement reliés, et dont le développement présentait ces jours derniers l'aspect d'un ouvrage avancé, à double enceinte, menaçant nos travaux les plus rapprochés de la place. Il était défendu par plusieurs bataillons.

Dans la nuit du 1ᵉʳ au 2 mai, cet ouvrage a été enlevé par trois colonnes formées du 46ᵉ de ligne, colonel Gault, et de détachements des 1ᵉʳ régiment de la légion étrangère, 43ᵉ, 79ᵉ, 42ᵉ et 98ᵉ de ligne, et 9ᵉ bataillon de chasseurs à pied, aux ordres directs du général de division de Salles, secondé par les généraux Bazaine et de la Motterouge.

Habilement et vigoureusement conduites, les troupes ont marché avec ordre en même temps qu'avec un irrésistible élan. Elles ont culbuté l'ennemi, l'ont rejeté dans la place, et le génie, dont les périlleux travaux ont été dirigés avec une énergie remarquable par le lieutenant-colonel Guérin, a assuré leur établissement définitif dans l'ouvrage, dont elles ont enlevé l'armement.

Le colonel Vienot, du 1ᵉʳ régiment de la légion étrangère, est mort glorieusement, l'épée à la main, à la tête de son régiment.

Je remercie les généraux, les officiers, les soldats, de leur vaillante conduite; elle consacre l'ascendant que notre opiniâtreté et tant de vigoureux combats nous ont acquis sur l'assiégé.

Je remercie, en particulier, le général Pélissier, commandant le 1ᵉʳ corps, des habiles et fermes dispositions d'ensemble avec lesquelles il a préparé les résultats que nous venons d'obtenir.

Aujourd'hui, l'ennemi, secondé par l'artillerie de la place, a tenté de reconquérir le terrain qu'il a perdu. Ses efforts sont venus échouer devant le courage de nos soldats et l'habileté du tir de notre artillerie.

Un ordre du jour spécial fera connaître à l'armée les noms des braves qui ont plus particulièrement mérité une mention honorable.

———

Devant Sébastopol, 3 mai 1855.

L'ouvrage que nous avons enlevé à l'ennemi avait pour lui trop d'importance pour qu'il ne fît pas de grands efforts pour le reprendre. Il l'a tenté le 2 mai; mais il est resté impuissant devant l'inébranlable solidité des compagnies d'élite du 2ᵉ régiment de la légion étrangère, d'un bataillon du 46ᵉ de ligne, d'un bataillon du 98ᵉ et d'une compagnie d'élite du 43ᵉ, chargés de défendre notre conquête, sous les ordres du lieutenant-colonel Martineau des Chenez, commandant les attaques du centre.

Pendant ce vif et brillant engagement, deux compagnies du 1ᵉʳ régiment de voltigeurs de la garde impériale, entraînées par le capitaine Genty, ont franchi avec un remarquable élan le parapet de la deuxième parallèle, et se sont portées en avant avec une compagnie du 10ᵉ bataillon de chasseurs à pied et deux compagnies du 80ᵉ de ligne, par un mouvement plein d'initiative et d'entrain qui menaçait le flanc droit de l'ennemi. Celui-ci, désespérant de vaincre, est rentré dans la place avec des pertes considérables.

Je signale à l'armée la belle conduite des militaires de tout grade qui ont mérité, dans ces glorieux combats, l'honneur d'une mention particulière.

*Combat de nuit du 1er au 2 mai.* — En première ligne, M. de Salles, général de division. MM. de la Motterouge, général de brigade. Bazaine. Rivet. Dalesme, général commandant le génie. Lebœuf, général commandant l'artillerie du premier corps. De Bouillé, capitaine d'état-major. Petit. Duval. Raoult, lieutenant-colonel d'état-major, major de tranchée. Faure, chef d'escadron d'état-major. De Puibusque, colonel d'état-major, chef d'état-major de la 4e division du premier corps. Fourchault, capitaine d'état-major. Boudet. De la Goublaye de Ménorval, lieutenant au 82e de ligne. Guérin, lieutenant-colonel du génie. Roullier, capitaine du génie. Ducrot. Hinstin, lieutenant du génie. Lecoispellier. Garbe, sergent. Dubois. Andruet, caporal du génie. Harmant, caporal. Couturier, maître-ouvrier. Lambert, sapeur. Pernot, sapeur. Larchet, sapeur. Gault, colonel du 46e de ligne. Richart, capitaine. Adam, capitaine. Duplessis, capitaine. Franc, sous-lieutenant. Lambert, sous-lieutenant. Grizot, sous-lieutenant. Didelot, sergent-major. Taillefesse, sergent-major. Gasser, sergent. Charpin, fusilier. Brunet, fusilier. Marrast, fusilier. Lacombe, fusilier. De Brégeot, colonel du 98e de ligne. Deplanque, capitaine. Fabritzius, capitaine. Derbord, sergent. Gallot, caporal. Leboron, fusilier. Martenot de Cordoux, lieutenant-colonel au 1er de la légion étrangère. Nayral, chef de bataillon. De Bourgoin, capitaine. Franzini, capitaine. De Maillyé, capitaine. Aubry, capitaine. Tourre de Chaussy, capitaine. Girard, lieutenant. Guégniard, lieutenant. Verchère, lieutenant. Baumann, sergent. Sklins, soldat. Afsems, soldat. Petrowski, soldat. Robert, capitaine au 2e de la légion étrangère. Bernard, sous-lieutenant. Jacobs, sergent. Héberley, grenadier. Nicomède, grenadier. Gérard, sergent au 42e de ligne. Boulot, caporal. Marcel, soldat. Tarillot, soldat. Becquet de Sonnay, chef de bataillon au 43e de ligne. Longeau, capitaine. Louis, lieutenant. Bineau, sous-lieutenant. Quesnoy de Beaurepaire, sous-lieutenant. Joseph, voltigeur. Lalanne, voltigeur. Grenier, colonel du 79e de ligne. Hardy, lieutenant-colonel. Duprez, capitaine. Baldini, capitaine. Renault, capitaine. Vignal, capitaine. Philippe, sergent-major. Dufo, sergent-major. Moulin, sergent. Dézarnaud, soldat. Lecorre, soldat. Billion, soldat. Vuillermain, capitaine au 9e bataillon de chasseurs à pied. Poitecot, sous-lieutenant. Bidault, sergent. Maréchaux, chasseur.

*Combat du 2 mai.* — MM. Genty, capitaine au 1er de voltigeurs de la garde impériale. Combot, lieutenant. De Moncets, sous-lieutenant. Odeyer, sergent. Dechaisse, caporal. Frioux, sergent. Solimet, voltigeur. Legay, voltigeur. Pierre, voltigeur. Martineau des Chenez, lieutenant-colonel au 28e de ligne. Grémion, chef de bataillon au 98e de ligne. Louis, sous-lieutenant. Astrée, lieutenant. Dargeler, sergent. Brousse, caporal. Mondon, voltigeur. Pannetier, voltigeur. Garnier, fusilier. Bernadou, fusilier. Jeanningros, chef de bataillon au 43e de ligne. Fournier, sous-lieutenant. Charmes, sous-lieutenant. Lagneau, capitaine. Fadié, capitaine. Charmes, lieutenant. Gendreau, sergent. Despierriers, soldat. Ramon, soldat. Vignerie, soldat. Thomas, soldat. Robert, capitaine au 2e de la légion étrangère. Chaves, lieutenant. Pacoret, sous-lieutenant. Lambert, lieutenant. Van Schwerin, sergent. Krebs, grenadier. Kueng, grenadier. Sancha, clairon. Quinchet, grenadier. Courson, chef de bataillon au 80e de ligne. Lormeau, lieutenant. Bouland, sous-lieutenant. Suzarelli, lieutenant. Rouanel, sergent. Biriou, grenadier. Frugier, sergent. Poullard, voltigeur. Godfroi, voltigeur. Girard, capitaine au 46e de ligne. Baget, fusilier. Gallois, sous-lieutenant. Larchey, lieutenant. Dumoulin, sergent. Martin, sergent. Biais, sergent. Réveil, voltigeur. Bernard, fusilier. Orca, lieutenant au 10e bataillon de chasseurs à pied. Chelsand, chasseur. Pépin, chasseur.

Devant Sébastopol, 19 mai 1855.

SOLDATS! Le général Pélissier, commandant le 1er corps, prend, à dater de ce jour, le commandement en chef de l'armée d'Orient.

L'Empereur, en mettant à votre tête un général habitué aux grands commandements, vieilli dans la guerre et dans les camps, a voulu vous donner une nouvelle preuve de sa sollicitude, et préparer encore davantage les succès qui attendent sous peu, croyez-le bien, votre énergique persévérance.

En descendant de la position élevée où les circonstances et la volonté du souverain m'avaient placé, et où vous m'avez soutenu, au milieu des plus rudes épreuves, par vos vertus guerrières et ce dévouement confiant dont vous n'avez cessé de m'honorer, je ne me sépare pas de vous. Le bonheur de partager de plus près vos glorieuses fatigues, vos nobles travaux, m'a été accordé, et c'est encore ensemble que sous l'habile et ferme direction du nouveau général en chef, nous continuerons à combattre pour la France et pour l'Empereur.

# ORDRES

## DU GÉNÉRAL PÉLISSIER.

Devant Sébastopol, 19 mai 1855.

Soldats ! Notre ancien général en chef vous a fait connaître la volonté de l'Empereur, qui, sur sa demande, m'a placé à la tête de l'armée d'Orient.

En recevant de l'Empereur le commandement de cette armée, exercé si longtemps par de si nobles mains, je suis certain d'être l'interprète de tous en proclamant que le général Canrobert emporte tous nos regrets et toute notre reconnaissance. Aucun de vous, soldats, ne saurait oublier ce que nous devons à son grand cœur. Aux brillants souvenirs d'Alma et d'Inkermann, il a ajouté le mérite, plus grand encore peut-être, d'avoir conservé à notre souverain et à notre pays, dans une formidable campagne d'hiver, une des plus belles armées qu'ait eues la France. C'est à lui que vous devez d'être en mesure d'engager à fond la lutte et de triompher ; et si, comme j'en suis certain, le succès couronne nos efforts, vous saurez mêler son nom à vos cris de victoire.

Il a voulu rester dans vos rangs ; et, bien qu'il pût prendre un commandement plus élevé, il n'a voulu qu'une chose, se remettre à la tête de sa vieille division. J'ai déféré aux instances et aux inflexibles désirs de celui qui était naguères notre chef et sera toujours mon ami.

Soldats ! ma confiance en vous est entière. Après tant

d'épreuves, après tant d'efforts généreux, rien ne saurait étonner votre courage. Vous savez tous ce qu'attendent de vous l'Empereur et la patrie! Soyez ce que vous avez été jusqu'ici; et, grâce à votre énergie, au concours de nos intrépides alliés, des braves marins de nos escadres, et avec l'aide de Dieu, nous vaincrons!

———

Devant Sébastopol, 28 mai 1855.

De brillants faits d'armes viennent d'honorer nos aigles et de consacrer encore une fois la supériorité de l'infanterie française. Les combats de nuit des 22 et 23 mai, habilement conduits par le général de division de Salles, commandant le 1er corps, ayant sous ses ordres les généraux de division Paté et Levaillant, compteront parmi les plus glorieux souvenirs de cette guerre. Ils nous ont mis en possession d'un ouvrage avancé, d'un développement considérable, auquel l'ennemi avait consacré de longs efforts, et que la presque totalité de ses bataillons avait été appelée à défendre.

Je cite ici avec orgueil les corps qui ont figuré ou ont été représentés dans cette lutte, où ils ont combattu un contre plusieurs, avec une solidité et un élan que n'ont pu déconcerter ni les clameurs sauvages de l'ennemi, ni ses masses profondes, ni les feux redoublés de la mousqueterie, ni la mitraille.

Ce sont les 1er et 2e régiments de voltigeurs de la garde impériale, les 14e, 18e, 28e, 43e, 46e, 79, 80e et 98e régiments de ligne, 1er et 2e régiments de la légion étrangère, 6e, 9e et 10e bataillons de chasseurs à pied, le génie et l'artillerie du siége.

L'effet matériel que nous avons obtenu a dépassé mes espérances. Des renseignements certains et qui s'accordent avec le chiffre des morts, que l'ennemi, sur sa demande, est venu recueillir sous nos yeux devant nos tranchées, m'apprennent que ses pertes ont été quadruples des nôtres, et ont donné pour lui, à ce double combat, les proportions d'une bataille perdue.

Dès le lendemain 25, deux divisions françaises aux ordres du général Canrobert, la cavalerie des généraux Morris et d'Allonville, l'armée ottomane aux ordres de S. A. Omer-Pacha, et enfin l'armée piémontaise, sous le commandement du général de La Marmora, se sont établies sur la Tchernaïa, menaçant les lignes de l'armée russe, après avoir délogé ses postes de la rive droite et l'avant-garde de quatre bataillons qu'elle avait à Tchorgoun.

Enfin une dépêche de l'amiral Bruat, en date du 25 mai, annonce que la colonne expéditionnaire partie pour Kertch et Yénikalé a successivement occupé ces deux villes, et que la flottille des alliés a pris possession de la mer d'Azoff, résultat dont l'importance n'échappera à personne dans l'armée, et qui prive l'ennemi d'une de ses deux grandes lignes d'approvisionnement.

Pour les empêcher de tomber en notre pouvoir, il a fait sauter ses batteries, incendié les magasins de Kertch, renfermant six cent mille sacs d'avoine, de grain et de farine, brûlé trois de ses navires à vapeur et un grand nombre de bâtiments-transports. Trente de ces derniers ont été pris.

Tel est l'ensemble de notre situation; elle ne saurait être plus satisfaisante, plus solide, et j'exprime ici, sur le résultat de nos persévérants efforts, une confiance que l'armée tout entière partagera. Déjà l'ennemi est atteint dans les conditions les plus importantes de sa résistance. Le moment approche où nous le frapperons au cœur.

Je mets à l'ordre les noms des militaires de toutes armes qui se sont fait le plus hautement remarquer dans les combats du 22 au 24 mai :

MM. Paté, général, commandant la 3ᵉ division du 1ᵉʳ corps. Levaillant, général, commandant la 2ᵉ division du 1ᵉʳ corps. De la Motterouge, général de brigade. Beuret, général de brigade. Couston, général de brigade. Rivet, général de brigade, chef d'état-major du 1ᵉʳ corps. Lebœuf, général de brigade, commandant l'artillerie du 1ᵉʳ corps. De Marolles, colonel, commandant les voltigeurs de la garde impériale. Borel de Bretizel, colonel d'état-major à la 3ᵉ division. Raoult, lieutenant-colonel d'état-major, major de tranchée. Letellier-Valazé, lieutenant-colonel d'état-major, chef d'état-major de la 2e division. Gault, colonel au 46e de ligne. Guignard, lieutenant-colonel au 14e de ligne. Lartigue, lieutenant-colonel au 98e de ligne. Douay, lieutenant-colonel aux voltigeurs de la garde impériale. Boulatigny, chef de bataillon aux voltigeurs de la garde impériale. Guérin, lieutenant-colonel du génie. Petit, capitaine d'état-major. D'Ornant, capitaine d'état-major. Boussenard, capitaine d'état-major. Roullier, capitaine du génie. Jeantrelle, sergent au 1er de voltigeurs de la garde impériale. Chicard, capitaine. De Sommyèvre, sous-lieutenant. Rondet, voltigeur. Lemarois, voltigeur au 2e. Caute sergent. Durand, caporal. Saunière, chasseur de 1re classe au 6e bataillon de chasseurs à pied. Rière, chasseur de 1re classe au 10e bataillon de chasseurs à pied. Rigault de Maisonneuve, capitaine adjudant-major au 18e de ligne. Lachèze, sergent-major. Bursin, sergent. Rollin, sergent. Chazalon, fusilier. Chopin, fusilier. Glatigny, sergent au 28e de ligne. Creniez, caporal. Neu, voltigeur. Morel, grenadier au 98e de ligne. Franzini, capitaine au 1er de la légion étrangère. Bodelet, grenadier. Grincourt, caporal. Foerster, adjudant au 2e. Panetti, caporal.

*Cavalerie (occupation de la Tschernaya).* — MM. Du Preuil, chef d'escadron au 1er de chasseurs d'Afrique. Des Mesloizes, lieutenant. Rogier, maréchal-des-logis. Ollier, chasseur. Guiraud, capitaine au 4e de chasseurs d'Afrique. Dulac, maréchal-des-logis. Bourjon, chasseur.

---

Par arrêté du général en chef, en date du 1er juin 1854, ont été nommés dans l'ordre impérial de la Légion d'honneur, savoir :

*Au grade d'officier.* — MM. Faure, César, chef d'escadron d'état-major. Leclerc, Émile-Anne-François, chef d'escadron à l'état-major de l'artillerie. Mongin, Louis-Stanislas-Xavier-Désiré, lieutenant-colonel au 1er de voltigeurs de la garde impériale. Chicard, Étienne-Victor, capitaine. Boulatigny, Gabriel-Achille, lieutenant-colonel au 2e de voltigeurs de la garde impériale. Lebailly, Simon-Jules-Jacques, capitaine. Chapsal, François-Pascal, capitaine au 28e de ligne. De Saint-Priest, Jean-Augustin, capitaine. Bouchard-d'Aubeterre, Arthur-Louis, chef de bataillon au 46e de ligne. Martinez, Antoine, chef de bataillon au 2e de la légion étrangère.

*Au grade de chevalier.* — MM. Petit, Louis-Auguste-Marie-Victor, capitaine d'état-major. Hubert-Castex, Georges, capitaine d'état-major. Gaillard, Louis-Dieudonné, capitaine d'état-major. De Franchessin, François-Amédée, capitaine à l'état-major de l'artillerie. Fagueret, Jean-Baptiste-Henri, capitaine au 1er régim. d'artillerie. Boust, Pierre-Thadée, lieutenant. Moraud de Callac, Hyacinthe-Eugène, capitaine en 2e au 2e d'artillerie. Bayle, Bernard-Louis, maréchal-des-logis chef au 4e d'artillerie. Guibert, Ernest-Jean-Léopold, capitaine au 5e d'artillerie. Bourriot, Jean-François-Henri, maréchal-des-logis chef. Poirot, Joseph, lieutenant au 8e d'artillerie. Lafillière, Michel-Nicolas, capitaine au 12e d'artillerie. Authage, Jean-Bernard, adjudant s.-officier. Apfell, Jean-Henri, sous-lieutenant au 2e régim. du génie. Géant, Jean-Baptiste-Ernest, capitaine. Pierron, Joseph, adjudant en 1er d'administration. Blanvillain, Edouard, médecin aide-major. Cassaigne, Pierre-Hippolyte, pharmacien-major de 2e classe. Jeautrelle, Jean-Nicolas, sergent au 1er de voltigeurs de la garde impériale. Boussand, Achille, sous-lieutenant. Fourier-d'Hincourt, sous-lieutenant. Delpech, Ambroise-Étienne-Léopold, lieutenant. Roudet, Jean-Pierre, voltigeur. Tardivet, Jean, voltigeur. Vichery, Louis-Gustave-Alphonse, capitaine au 2e de voltigeurs de la garde impériale. Boscary, Ernest-David, sous-lieutenant. Bessin, Charles-François, sergent. Bouton, Nicolas-Edmond, capitaine. Drouet, Jean-François, sergent. Caute, Jean, sergent. Rochotte, Jean-Claude, sergent. Sauve, Joseph, lieutenant au 14e d'infanterie de ligne. Gillet, Ambroise-Victor-Rodrigue, capitaine adjudant-major. Mader, François-Étienne, capitaine adjudant-major. Velter, Christian, capitaine. Bruneau, Paul-Hilaire, capitaine. Fombelle, Pierre, sergent. Lapersonne, Florent-Joseph, capitaine au 18e de ligne. Maloizel, Pierre-Juste, lieutenant. Lachèze, Alphonse-Désiré, sergent-major. Bursin, Claude-Louis, sergent. Soupeau, Auguste, sergent. Noiret, Léon-Jean-François, sergent. Vansteenkiste, Henri-Aimé, médecin-major au 28e de ligne. Fagotte, Xavier, lieutenant. Fontan, Jacques Marie, capitaine. Glatigny, Marie-Gustave, sergent. Neu, Pierre, voltigeur. Sement, Charles, lieutenant au 43e de ligne. Piétrucci, Jean-Hyacinthe, capitaine. Pillaud, Alphonse-Alfred, sergent. Buisson, Jean-Joseph-Jacques, capitaine adjudant-major au 46e de ligne. Fessy, Alexandre-Thomas, capitaine, Ballue de Montjoie, Arthur-Éléonard-Auguste, sous-lieutenant. Petibon, Théodore, médecin aide-major. Fronty, Joseph, clairon. Cany, Jean-Paul-Frédéric, caporal. Duhamel, Julien-Vixtrix, capitaine au 79e de ligne. Falconetti, Jean-Baptiste, capitaine. Maillot, François, lieutenant. Dezarnaud, Antoine, fusilier. Pillet, Jacques-Pierre-Auguste, lieutenant au 80e de ligne. Lefèvre, Achille-Désiré, sergent. Effroy, François-Adolphe, capitaine. Pagès, Émile-Jean-François-Honoré, capitaine. Payoux, Charles, sergent. Dupas, Jacques, fusilier. Salmin, Claude-Marie, lieutenant au 98e de ligne. Pedrelli, Charles-Achille, sous-lieutenant. Philippe, Jean, lieutenant. Soulage, Pierre-Yzac, sergent. Clément, Marie-François, capitaine au 6e bataillon de chasseurs à pied. Tissier, Sylvain, sergent au 9ᵉ bataillon de chasseurs à pied. De Lachevardière de Lagranville, Marie-François-Louis, capitaine au 10ᵉ bataillon de chasseurs à pied. De Bonne, Henri-Sébastien, capitaine. Aubert, Thierry, sergent au 1ᵉʳ de zouaves. Lachenal, Jacques, capitaine au 1ᵉʳ de la légion étrangère. D'Espinassy de Fontanelle, David-Auguste, lieutenant. Fischer, Joseph-Alexandre, capitaine. Drumel, Adolphe, lieutenant. Lalu, Jean-Baptiste-Auguste, sergent. Delebecque, Alphonse-Charles, capitaine adjudant-major. Lacour, Félix-Armand, capitaine. Bourbin, Polino, capitaine au 2ᵉ de la légion étrangère. Poggi, Jean, capitaine. D'Astis, Joseph-Isidore, capitaine. Marrot, Philippe-Louis-François, sous-lieutenant au 7ᵉ de dragons. Du Preuil, Marguerite-Jacques, chef d'escadron au 1ᵉʳ de chasseurs d'Afrique. Jouve, Achille-Marc-Clair, sous-lieutenant, Delimont, Marc-Eugène, sous-lieutenant au 4ᵉ de chasseurs d'Afrique. Guillou, Jean, chirurgien de 2ᵉ classe au corps des marins débarqués. Profillet, Charles-Louis, aumônier au corps des marins débarqués. Lamour, Adolphe-Marie, lieutenant en 1ᵉʳ au régiment d'artillerie de marine. Thory, Anatole, capitaine en 2ᵉ au régiment d'artillerie de marine. Mélizan, Gustave, enseigne de vaisseau au corps des marins débarqués. Levesque des Varannes.

---

Devant Sébastopol, 6 juin 1855.

Cette nuit, un escadron du 6ᵉ régiment de dragons, commandé par le capitaine de Symony, a marché sur les postes de l'ennemi dans la plaine de la Tschernaïa, les a surpris au lever de la lune, et les a sabrés et dispersés sous un feu très vif de mousqueterie et d'artillerie, en leur tuant du monde.

Ce hardi coup de main a été exécuté avec beaucoup de vigueur et d'aplomb. Il fait honneur aux débuts du 6ᵉ régiment de dragons devant l'ennemi.

Au nom de l'Empereur,

J'accorde la croix de chevalier de la Légion d'honneur au capitaine de Symony et au maréchal-des-logis Leroux.

Je confère la Médaille militaire au maréchal-des-logis Charet et aux dragons Jacquillon et Robelin, qui se sont fait remarquer par leur bravoure.

Devant Sébastopol, 8 juin 1855.

SOLDATS! Le combat du 7 juin est une brillante victoire par l'éclat qu'il jette sur nos armes et par la grandeur des résultats obtenus. Vous avez bien mérité de l'Empereur.

A force de courage et d'élan, vous avez arraché à l'ennemi les trois redoutes armées d'une puissante artillerie qui formaient, à l'extérieur, la principale défense de la place; 62 bouches à feu sont restées entre nos mains, 400 prisonniers, dont 14 officiers, sont en notre pouvoir.

Un ordre du jour ultérieur fera connaître à l'armée et au pays les corps qui ont glorieusement figuré dans cette lutte, et les noms de ceux d'entre vous auxquels est dû le prix de la valeur.

Je me borne à vous dire aujourd'hui que votre tâche s'est noblement accomplie. Nous venons de faire, avec le concours de nos braves alliés, un pas décisif vers le but que poursuivent et qu'atteindront, soyez-en sûrs, nos persévérants efforts.

Soldats, ma confiance en vous est sans bornes, et votre général en chef a l'orgueil de penser que la vôtre lui est acquise.

Devant Sébastopol, 14 juin 1855.

Le général en chef, voulant honorer la mémoire du général de Lavarande et du colonel de Brancion, tués glorieusement à l'ennemi, ordonne que les ouvrages où ils ont été frappés porteront désormais leur nom.

En conséquence, la redoute du Mamelon vert sera désignée sous le nom de redoute Brancion, et les Ouvrages blancs seront appelés Ouvrages Lavarande.

Devant Sébastopol, 15 juin 1855.

L'enlèvement de vive force des redoutes russes en avant de Sébastopol, gage assuré du succès de nos opérations prochaines, restera l'un des faits les plus considérables de cette campagne. Il est pour le 2ᵉ corps d'armée un titre d'honneur que le général en chef est heureux de proclamer, et dont il consacre le souvenir en citant les corps qui ont pris une part active à ce glorieux fait d'armes, et les noms des militaires de tout grade que leur bravoure et leurs services ont fait particulièrement remarquer :

Artillerie et génie du 2ᵉ corps.

Régiment de gendarmerie de la garde impériale.

1ᵉʳ régiment de grenadiers de la garde impériale.

3ᵉ, 4ᵉ, 17ᵉ et 19ᵉ bataillons de chasseurs à pied.

2ᵉ et 3ᵉ régiments de zouaves.

6ᵉ, 10ᵉ, 50ᵉ, 57ᵉ, 61ᵉ, 82ᵉ, 85ᵉ, 86ᵉ, 95ᵉ, 97ᵉ et 100ᵉ régiments de ligne.

4ᵉ régiment d'infanterie de marine.

Régiment de tirailleurs algériens.

MM. Bosquet, général de division, commandant le 2ᵉ corps. De Cissey, général de brigade, chef d'état-major du 2ᵉ corps. Fay, capitaine d'état-major, aide-de-camp du général Bosquet. Thomas, officier d'ordonnance du général Bosquet. Peletingeas, capitaine de gendarmerie, prévôt du 2ᵉ corps. Besson, lieutenant-colonel d'état-major, major de tranchée. De Gallifet, sous-lieutenant au régiment des guides de la garde impériale, aide-major de tranchée. Simonin de Vermondans, sergent au 100ᵉ de ligne, adjudant de tranchée. Lambert, médecin-major du 4ᵉ bataillon de chasseurs à pied. Beuret, général de brigade, commandant l'artillerie du 2ᵉ corps. De la Boussinière, lieutenant-colonel d'artillerie. Joly-Frigola, chef d'escadron, commandant l'artillerie de la 4ᵉ division. Mitrecé, chef d'escadron d'artillerie. Melchior, capitaine en 1ᵉʳ. Jaumard, capitaine en 2ᵉ. Ribot, maréchal-des-logis au 1ᵉʳ d'artillerie. Lassaussée, 1ᵉʳ servant au 2ᵉ d'artillerie. Vaissière, fusilier au 82ᵉ de ligne, canonnier auxiliaire. Fèvre, 2ᵉ canonnier à la 13ᵉ compagnie de marine. Schweitzen, 1ᵉʳ canonnier détaché des fuséens de marine. Canella, matelot de 1ʳᵉ classe. Frossard, général de brigade, commandant le génie du 2ᵉ corps. De Préserville, chef de bataillon du génie. De Laboissière, capitaine. Pornain, capitaine. Boyre, lieutenant. Masselin, capitaine. Touzelier, sergent. Chery, sergent. Maguin, sergent. Segonzac, caporal. Blancher, sergent. Chauvey, maître-ouvrier. Baudinet, chef d'escadron au régiment de gendarmerie de la garde impériale. Valentin, capitaine adjudant-major. Tellier, lieutenant. Peyssard, chef de bataillon au 1ᵉʳ régiment des grenadiers de la garde impériale. Desmerliers de Longueville, capitaine. Vanlaton, sergent-major. Courtois, sergent.

2ᵉ *Division.* — MM. Camou, général de division, commandant la division. Wimpffen, général de brigade. Vergé, général de brigade. Leperche, lieutenant d'état-major, officier d'ordonnance du général Vergé. Raguet de Brancion, colonel au 50ᵉ de ligne. Du Gardin, capitaine. Dubourg, adjudant. Delaunay, fusilier. Colin, fusilier. Gibon, chef de bataillon au régiment des tirailleurs algériens. Pietry, capitaine. Mustapha ben Ferkatadji, sous-lieutenant. Admet ben Masmoudi, sergent. Ali ben Djelali, clairon. De Narbonne Lara, chef de bataillon au 3ᵉ de zouaves. Du Moulin, chef de bataillon. Candolive, capitaine. Lemosy, sergent. Vareaux, zouave. Roulet, caporal. Brice, adjudant-major au 6ᵉ de ligne. Merlin, capitaine. Vaillier, sergent-major. Germa, sergent-fourrier. De Castagny, colonel du 82ᵉ de ligne. Guiomard, chef de bataillon. Guillaumé, adjudant-major. Soulier, adjudant. Bouthoux, sergent-major. Tixier, chef du 3ᵉ bataillon de chasseurs à pied. De Roche, capitaine. Rinaldi, sous-lieutenant. Bernard, sergent.

3ᵉ *division.* — MM. Mayran, général de division, commandant la division. De Pecqueult de Lavarande, général de brigade. De Failly, général de brigade. Lebrun, colonel, chef d'état-major de la division. Harent, lieutenant au 93ᵉ de ligne, officier d'ordonnance du général de Failly. Cavenne, lieutenant au 19ᵉ bataillon de chasseurs à pied, officier d'ordonnance du général de Lavarande. De Barolet, lieutenant au 4ᵉ d'infanterie de marine, officier d'ordonnance du général de Lavarande. Suire, capitaine au 19ᵉ bataillon de chasseurs à pied. Mathelin, lieutenant. Proust, sergent-major. Troté, sapeur. De Limoges, chasseur. Pruvost, adjudant-major au 2ᵉ de zouaves. Doré, capitaine au 2ᵉ de zouaves. Perrot, capitaine. Lescop, capitaine. De la Vaissière, adjudant-major. Voirin, caporal. Susini, sergent. Beysser, sous-lieutenant. De Cetto, sous-lieutenant. Vuamet, sergent. De Pallières, capitaine au 4ᵉ d'infanterie de marine. Trexon, capitaine. Hachon, sergent. Habeille, caporal. Danner, colonel du 95ᵉ de ligne. Tigé, chef de bataillon. Schwartz, lieutenant. Riter, caporal. Michel, sergent-fourrier. Nirascou, sergent-fourrier. Lespinasse, capitaine au 97ᵉ de ligne. Guyot capitaine. Kubler, capitaine.

4ᵉ *division.* — MM. Dulac, général de division, commandant la division. De Saint-Pol, général de brigade. D'Andlau, capitaine d'état-major, aide-de-camp du général de Saint-Pol. Douay, chef de bataillon au 17ᵉ bataillon de chasseurs à pied. Schobert, capitaine. Peirolles, capitaine. Hecquet, lieutenant faisant fonctions d'officier d'ordonnance. Mestas, chasseur. Domrault, chasseur. Moy, chasseur. Louis, chasseur. Klein, chef de bataillon au 57ᵉ de ligne. Lacarcet, capitaine. Carrié, fusilier. Abit, capitaine.

Waldner, capitaine au 85ᵉ de ligne. Dumont, fusilier. Laruelle, clairon. Poulet, clairon. Collange, voltigeur au 10ᵉ de ligne. Vincendon, fusilier. Goynard, médecin aide-major. Pradier, chef de bataillon au 64ᵉ de ligne. Chabrier, sergent.

*5ᵉ division.* — MM. Brunet, général de division, commandant la division. De Laville, lieutenant-colonel chef d'état-major. De Jouffroy d'Abbans, capitaine d'état-major, aide-de-camp du général Brunet. Lens, sergent au 4ᵉ bataillon de chasseurs à pied. Baille, caporal. Fichter, chasseur. Sreff, sapeur. Leclerc, clairon. Berdou, chasseur. De Chabron, lieutenant-colonel au 86ᵉ de ligne. Chagrin de Saint-Hilaire, adjudant-major. Duprat de la Roquette, colonel du 100ᵉ de ligne. Pité, capitaine. Lecer, lieutenant. Brian, sergent. Guillaume, sergent. Chiappe, sergent-major. Tonnelier, sergent.

Des éloges particuliers sont dus à l'intendance du 2ᵉ corps et aux fonctionnaires et employés des divers services placés sous sa direction. Celui des ambulances a répondu aux difficultés de la situation avec l'activité et le dévouement les plus louables.

---

Par arrêté du général en chef, en date du 16 juin 1855, ont été nommés dans l'ordre impérial de la Légion d'honneur, savoir :

*Au grade d'officier.* — MM. Lefebvre, chef d'escadron au corps d'état-major. Peyssard, chef de bataillon au 1ᵉʳ de grenadiers de la garde. Pé de Aros, chef d'escadron à l'état-major de l'artillerie. Wartelle, chef d'escadron. De Bentzmann, chef d'escadron. Lelong, lieutenant-colonel. Le Caruyer de Lainsecq, chef d'escadron au 3ᵉ d'artillerie. Chareton, chef de bataillon à l'état-major du génie. Sigorino, chef de bataillon au 50ᵉ de ligne. Guiomard, chef de bataillon au 82ᵉ de ligne. Véron, dit Bellecourt, lieutenant-colonel du 85ᵉ de ligne. Picard, colonel du 91ᵉ de ligne. Danner, colonel du 95ᵉ de ligne. Pélisse, capitaine au régiment de tirailleurs algériens. Vallerey, capitaine au régiment d'artillerie de marine.

*Au grade de chevalier.* — MM. Conigliano, capitaine d'état-major. Gruizard, capitaine. D'Andlau, capitaine. Desmerliers de Longueville, capitaine au 1ᵉʳ de grenadiers de la garde impériale. Oury, sergent-fourrier au régiment de gendarmerie de la garde impériale. Aubertin, sous-lieutenant. Vic, sous-lieutenant. Renard, brigadier. Dauvet, capitaine à l'état-major de l'artillerie. Périer, chef artificier. Voilliard, capitaine au 1ᵉʳ d'artillerie. Berthomier des Prost, capitaine en 2ᵉ au 2ᵉ d'artillerie. Lestourgie, capitaine en 2ᵉ. Bodiot, maréchal-des-logis chef. Coulon, maréchal-des-logis au 3ᵉ d'artillerie. Estienne, maréchal-des-logis. Gary, capitaine au 4ᵉ d'artillerie. Laforgue de Bellegarde, capitaine au 8ᵉ d'artillerie. Destrem, lieutenant. Ploton, dit Berton, lieutenant au 9ᵉ d'artillerie. Casejux, sous-lieutenant au 12ᵉ d'artillerie. Pavillon, capitaine au 13ᵉ d'artillerie. Bezard, capitaine en 2ᵉ au 15ᵉ d'artillerie. Pontgérard, capitaine en 2ᵉ au 17ᵉ d'artillerie. Renaud, sergent au 1ᵉʳ de zouaves (canonnier auxiliaire) Salanson, capitaine à l'état-major du génie. Masselin, capitaine. Serra, sergent-fourrier au 1ᵉʳ du génie. De Laboissière, capitaine au 3ᵉ du génie. Blancher, sergent. Chéry, sergent. Merlin, capitaine au 6ᵉ de ligne. Vignaux, capitaine. Taddéi, capitaine. Vallier, sergent-major. Chable, capitaine au 10ᵉ de ligne. Meuriche, capitaine au 49ᵉ de ligne. Mena, capitaine au 50ᵉ de ligne. Jean-Baptiste, capitaine. Gasc, lieutenant. Champon, sergent. Poussin, caporal. Chevalier, sergent. Basset, capitaine au 57ᵉ de ligne. Javet, sous-lieutenant. Peyrusset, médecin-major au 64ᵉ de ligne. Chaunac de Lanzac, chef de bataillon au 82ᵉ de ligne. Bourgeois, capitaine. Polonus, capitaine. Obry, lieutenant. Vétault, lieutenant. Roubaud, sergent-fourrier. Sénac, sous-lieutenant au 85ᵉ de ligne. De Valdner, capitaine. Godine, chef de bataillon. Lantheaume, capitaine au 86ᵉ de ligne. Delaunay, capitaine. Évrard, capitaine. Blanquart de Bailleul, capitaine adjudant-major. Négrier, capitaine au 91ᵉ de ligne. Strauss, médecin-major. Harent, lieutenant au 93ᵉ de ligne. Lestorcy, capitaine au 95ᵉ de ligne. Rivière, sergent. Laurent, capitaine au 97ᵉ de ligne. Guyot de Saint-Remi, chef de bataillon. Boissié, chef de bataillon. Rappon, sergent. Lecer, lieutenant au 100ᵉ de ligne. Lumel, capitaine. O'Sullivan, capitaine. Bastide, capitaine au 3ᵉ bataillon de chasseurs à pied. Buob, sergent. Grégoire, capitaine. Lambert, chirurgien-major au 4ᵉ bataillon de chasseurs à pied. Legros, capitaine. Pichard, capitaine. Ménessier, capitaine. Piffard, lieutenant. Schultz, sergent. Mayer, sergent-major. Lens, sergent. Baille, caporal. Fichter, chasseur. Peyrolles, capitaine au 17ᵉ bataillon de chasseurs à pied. Schwich, capitaine. Bressolles, lieutenant. Cavenne, lieutenant au 19ᵉ bataillon de chasseurs à pied. Mathelin, lieutenant. Saint-Supéry, médecin-major. Gras, sergent-major. Lauer, capitaine au 2ᵉ de zouaves. Pouyanne, capitaine. Javary, capigaine. Coutery, sergent. Vasseur, sergent-major. Rioublant, médecin aide-major au 3ᵉ de zouaves. Leclerc, capitaine. Brun, lieutenant. Chevalier, lieutenant. Capon, sergent. Grammont, caporal. Monassot, capitaine au régiment de tirailleurs algériens. Conot, capitaine. De Roquefeuil, capitaine. De Lammerz, lieutenant indigène. Humery, lieutenant. Mustapha ben Ferkatadj, sous-lieutenant indigène. Blanpied, sergent-major. Thomas, capitaine au 4ᵉ de chasseurs d'Afrique.

Lévy, sous-intendant militaire de 2e classe. Petit, officier d'administration principal des hôpitaux. De Finance, médecin major de 2e classe. Trexon, capitaine au 4e d'infanterie de marine. Graeve, capitaine. Dard, sous-lieutenant au régiment d'artillerie de marine. Guien, enseigne de vaisseau. De Gaillard, aspirant de 1re classe. D'Apat, lieutenant de vaisseau. Berry, aspirant de marine de 1re classe.

---

Devant Sébastopol, 22 juin 1855.

Soldats ! Dans la journée du 18 juin, vos aigles ont été portées jusque dans les ouvrages qui forment l'enceinte de Sébastopol, mais il a fallu renoncer à pousser à fond une lutte que des incidents sur lesquels je n'avais pas dû compter, auraient pu rendre trop sanglante, et vous êtes rentrés en ordre dans vos lignes sans que l'ennemi ait osé sortir de ses retranchements et inquiéter votre retour.

Notre situation actuelle est celle de la veille du combat ; ma confiance dans votre ardeur et dans le succès est la même. Les arrivages de chaque jour ont suffi et au-delà à remplacer ceux d'entre vous qui ont succombé glorieusement, et que dans votre cœur, vous avez juré de venger. Nous avons encore gagné du terrain, et en resserrant l'ennemi de plus en plus, nous l'atteindrons d'une manière certaine. Il ne peut subsister, combler les vides de ses rangs, s'approvisionner de munitions qu'au prix d'efforts inouïs, tandis que, maîtres de la mer, nous renouvelons incessamment et largement nos moyens.

Soldats, vous vous montrererez plus patients, plus énergiques que jamais dans cette lutte d'opiniâtreté dont l'issue décidera de la paix du monde, et où vous avez déjà fait des preuves d'abnégation, de bravoure et de patriotisme, qui ont décoré vos drapeaux d'une gloire immortelle.

Je n'ai à citer ici spécialement personne parmi tant de braves gens qui ont honoré leurs noms dans l'héroïque lutte du 18 juin.

Par arrêté du général en chef, en date du 25 juin 1855, ont été nommés dans l'ordre impérial de la Légion d'honneur, savoir :

*Au grade d'officier.* — MM. Colson, chef d'escadron au corps d'état-major. De Sorbiers, colonel du 26ᵉ de ligne. Eterlin, chef de bataillon au 39ᵉ de ligne. Paulze d'Ivoye, lieutenant colonel du 95ᵉ de ligne. Garnier, chef de bataillon au 5ᵉ bataillon de chasseurs à pied. Saurin, colonel du 2ᵉ de zouaves. Abinal, chef de bataillon à l'état-major du génie. Viguier, sous-intendant militaire de 2ᵉ classe.

*Au grade de chevalier.* — MM. Gallot, capitaine d'état-major. Royer, capitaine d'état-major. Kieffer, capitaine d'état-major. De Beurmann, capitaine d'état-major. De Gallifet, sous-lieutenant au régiment des guides de la garde impériale. Rambaud, lieutenant au 1ᵉʳ de grenadiers de la garde impériale. Berton, sergent. Courboulis, médecin aide-major de 1ʳᵉ classe au 1ᵉʳ de voltigeurs de la garde impériale. Deville, capitaine à l'état-major de l'artillerie. Augier, lieutenant au 10ᵉ d'artillerie. Agnus, adjudant au 11ᵉ d'artillerie. Brion, lieutenant au 13ᵉ d'artillerie. Virte, capitaine en 2ᵉ à l'état-major du génie. Mandagout, sous-lieutenant au 1ᵉʳ du génie. Delaporte, capitaine en 2ᵉ. Renucci, capitaine en 2ᵉ au 2ᵉ du génie. Biaggini, sergent au 3ᵉ du génie. Bruyer, capitaine au 19ᵉ de ligne. Fonsalès, lieutenant. Vermorel, capitaine au 26ᵉ de ligne. Cochet, lieutenant. Quiring, tambour. Marchand, capitaine. Herbet, capitaine au 39ᵉ de ligne. Roux, capitaine adjudant-major. Quégain, capitaine. Beaugrand, lieutenant. Collot, sous-lieutenant. Mazier, tambour-major. Escudier, sergent. Coquelet, sergent. De Fauconnet de Fontannois, chef de bataillon au 49ᵉ de ligne. Adrien, chef de bataillon. Giordani, capitaine adjudant-major. Chauchar, capitaine. Renaut, capitaine au 74ᵉ de ligne. Bréhant, sergent. Barrachin, capitaine. Manési, lieutenant au 86ᵉ de ligne. Baudry, capitaine. Léons, sous-lieutenant. Delaine, capitaine. Auclaire, fusilier au 91ᵉ de ligne. Pelletier, capitaine. Daniel, capitaine. Pelletier, lieutenant. Marchand, sous-lieutenant porte-drapeau. Leboux, sergent. Adrian, sous-lieutenant au 95ᵉ de ligne. Schwartz, sergent au 97ᵉ de ligne. Hételle, lieutenant au 100ᵉ de ligne. Deschamps, lieutenant. Loustauneau, sous-lieutenant. Carmouche, médecin-major de 2ᵉ classe. Déglesne, capitaine au 4ᵉ bataillon de chasseurs à pied. Rémy, lieutenant. Roger, lieutenant au 5ᵉ bataillon de chasseurs à pied. Jambon, sous-lieutenant. Potier, lieutenant. Gouget, médecin-major. Parisot, sergent. Conjard, sapeur. Suire, capitaine au 19ᵉ bataillon de chasseurs à ied Trote sa ur Gondallier de Tu n , lieutenant.

Ramond, sergent-fourrier. Cournou, caporal. Fayout, lieutenant au 2e de zouaves. Carlin, sergent. Deleuze, sergent. Liotard, sergent. Castaingts, zouave. Chouanard, zouave. Nicolod, zouave. Guignot, caporal. Curnier de Lavalette, sous-intendant militaire de 2e classe. Mercier, médecin-major de 2e classe. Laforgue, médecin aide-major de 1re classe. Lapeyre. Poinsignon, officier comptable de 2e classe. Noquet, capitaine au 4e d'infanterie de marine. Dufresne, lieutenant. Martiny, lieutenant. Dubourg, sergent-major. Ottavi, sergent. Goatalem, sergent-major.

---

Devant Sébastopol, 18 juillet 1855.

L'ennemi, fortement resserré dans la place, essaie depuis quelques jours d'arrêter par des sorties la marche de nos travaux devant Malakoff. Il vient à deux reprises d'échouer complétement dans ses tentatives.

Dans la nuit du 14 au 15 juillet, une colonne russe de plusieurs bataillons a débouché par le ravin de Karabelnaya et s'est précipitée sur la gabionnade de l'extrême gauche de cette attaque; mais accueilli par une fusillade bien nourrie d'un bataillon du 86e et du 91e, l'ennemi a dû renoncer à son entreprise et a battu en retraite, en emportant ses morts et ses blessés. Toutefois il a laissé quelques cadavres sur le champ du combat.

Cet engagement fait honneur à la division de La Motterouge; elle a montré beaucoup d'intrépidité. Le lieutenant-colonel Chabron et le chef de bataillon Tellier, qui ont maintenu avec intelligence les dispositions du général de tranchée Uhrich, ont fait preuve de capacité et de vigueur.

Le surlendemain, dans la nuit, le général Vinoy étant de tranchée, les Russes après avoir fait sur notre extrême droite une première démonstration qui n'a ébranlé ni les sapeurs du génie, ni les travailleurs du 52e, ont tenté de nouveau, sur le même point, un effort vigoureux; ils ont été vaillamment repoussés. Vainement leur colonne d'attaque, qui précédait de nombreuses réserves, a redoublé ses assauts sur les trois embuscades qui couvrent nos travaux. Une compagnie de zouaves de la garde et une compagnie du 20e ligne ont opposé à ces tentatives répétées une solidité inébranlable ; de nombreux cadavres russes sont restés sur le terrain.

De grands éloges sont dus au capitaine Dufau, du 20e, et au lieutenant Chazotte, des zouaves de la garde, qui a été blessé. La conduite du chef de bataillon Cardonne, qui commandait sur ce point pendant cette nuit, si honorable pour la division Canrobert, et celle du capitaine du génie Segrétain, m'ont été particulièrement signalées.

Ces combats, soutenus avec sang-froid et résolution, sont une leçon sévère que nos gardes de tranchée donneront aux Russes chaque fois que, par des sorties, ils chercheront à arrêter la marche irrésistible de nos travaux contre la place.

---

Par arrêté du général en chef, en date du 18 juillet 1855, ont été nommés dans l'ordre impérial de la Légion d'honneur, savoir :

*Au grade d'officier.* — M. Boissonnet, chef de bataillon à l'état-major du génie.

*Au grade de chevalier.* — MM. Laloy, sous-lieutenant au 1er du génie. Segrétain, capitaine à l'état-major du génie. Chevalier, sergent au 2e du génie. Dufau, capitaine au 20e de ligne, Courty, capitaine adjudant-major. Blouzon, lieutenant. Duffour, lieutenant au 52e de ligne. Desroziers, sergent. Ragot, lieutenant au 86e de ligne. Grandvalet, capitaine adjudant-major au 91e de ligne. Dugon, lieutenant au 4e de hussards. Stique, lieutenant au 49e de ligne.

---

Par arrêtés du général en chef, en date des 29, 30 et 31 juillet 1855, ont été nommés dans l'ordre impérial de la Légion d'honneur, savoir :

*Au grade d'officier.* — MM. Lespinasse, capitaine au 97e de ligne. Tholer, chef de bataillon à l'état-major du génie.

*Au grade de chevalier.* — MM. Hitschler, lieutenant d'état-major.

D'Aigrevaux, sous-lieutenant au 95ᵉ de ligne. Augier de Lajallet, sergent-major. Delapierre, capitaine au 97ᵉ de ligne. Lecomte, lieutenant. Thiéry, capitaine d'état-major. Martin, lieutenant au régiment de zouaves de la garde impériale. Roidot, lieutenant au bataillon de chasseurs de la garde impériale. Payelle, lieutenant au 10ᵉ de ligne. Vernier, sergent-major au 3ᵉ rég. du génie.

---

Devant Sébastopol, 6 août 1855.

Le général en chef porte à la connaissance des troupes la dépêche télégraphique suivante, qu'il vient de recevoir du ministre de la guerre :

« Par décret du 4 août, les campagnes compteront double » pour l'armée d'Orient.

» L'Empereur s'occupe d'une mesure en vertu de laquelle » les pensions des veuves des officiers et des soldats qui succom- » bent à l'ennemi seront beaucoup améliorées. »

SOLDATS ! Au milieu des vœux ardents que forme pour vous votre patrie, en présence de l'intérêt immense que le monde civilisé apporte à la grande mission des armées alliées, ces preuves nouvelles de la sollicitude incessante de l'Empereur pour son armée d'Orient fortifieront encore votre persévérant courage dans ces travaux glorieux, qui vous acheminent chaque jour vers un prochain succès.

---

Devant Sébastopol, 17 août 1855.

SOLDATS ! Dans la journée du 16 août, vous avez vaillamment combattu, et vous avez puni l'armée russe de son aventureuse tentative contre nos positions de la Tschernaya.

Pour avoir été remportée le lendemain de la saint Napoléon, votre victoire n'en célèbre pas moins dignement la fête de votre Empereur. Rien ne pouvait être plus agréable à son grand cœur que le nouveau laurier dans vous avez décoré vos aigles.

Cinq divisions d'infanterie russe, soutenues par une artillerie nombreuse et des masses considérables de cavalerie, et présentant un effectif d'environ soixante mille hommes, ont fait effort contre vos lignes. L'ennemi comptait vous en chasser et vous refouler sur le plateau de la Chersonnèse. Vous avez confondu ses présomptueuses espérances; il a échoué sur tout son front d'attaque, et les Sardes, à votre droite, se sont montrés vos dignes émules. Le pont de Tractir a été le théâtre d'une lutte héroïque, qui couvre de gloire les braves régiments qui l'ont soutenue.

Soldats ! Cette affaire, où les Russes ont perdu plus de six mille hommes, plusieurs généraux, et laissé entre nos mains plus de deux mille deux cents blessés ou prisonniers, et leur matériel, préparé de longue main pour le passage de la rivière, fait le plus grand honneur au général Herbillon, qui commandait les lignes de la Tschernaya, et à sa division. Les divisions Camou et Faucheux ont été à la hauteur de leur vieille réputation. Les généraux de brigade, de Failly surtout, Cler et Wimpffen, les colonels Douay, Polhès, Danner et Castagny, ont droit à la reconnaissance de l'armée. Je ne puis nommer ici tous les émules de leur valeur, mais je dois signaler particulièrement l'habile direction que le colonel Forgeot a imprimée à nos énergiques canonniers, la brillante conduite de l'artillerie de la garde impériale et des divisions. Une batterie de position anglaise, du sommet qui domine Tchorgoun, nous a puissamment aidés à décider le mouvement de retraite de l'ennemi sans engager nos réserves. Les Turcs, débarrassés d'une fausse attaque, nous ont apporté l'appui de six bataillons et d'une batterie. La cavalerie anglaise était prête, avec les escadrons sardes, à seconder les braves chasseurs d'Afrique du général Morris, si la poursuite de l'ennemi eût pu ajouter utilement au succès. Mais je n'ai pas perdu de vue notre grande entreprise, et j'ai voulu ménager votre sang, après avoir obtenu un résultat qui consacre une fois de plus votre supériorité sur cette infanterie russe si vantée, vous présage de nouvelles victoires, et

Devant Sébastopol, 17 août 1855.

Le général en chef se fait un devoir de porter à la connaissance de l'armée l'ordre si cordial que le digne chef de l'armée anglaise, le général Simpson, vient d'adresser à ses troupes, et dont il s'est empressé de lui donner communication.

Au quartier-général anglais, 17 août 1855.

« Le commandant en chef félicite l'armée sur le brillant succès
» que les troupes françaises et sardes ont remporté hier sur
» l'ennemi.
» Les efforts des Russes pour franchir la Tschernaya, quoique
» tentés avec des forces très supérieures, ont été très vigou-
» reusement repoussés.
» Nos courageux alliés, par leur intrépidité et leur audace,
» ont ajouté un nouveau lustre à nos armes, et dans cette occa-
» sion, la première où l'armée sarde a rencontré l'ennemi, elle
» s'est montrée digne de combattre à côté de la plus grande na-
» tion militaire de l'Europe. »

L'armée, après la lecture de cet ordre, trouvera un motif de plus d'unir fraternellement ses efforts à ceux de nos nobles alliés dans la grande entreprise dont nous poursuivons l'accomplissement.

---

Par arrêtés du général en chef, en date des 2 et 6 août 1855, ont été nommés dans l'ordre impérial de la Légion d'honneur, savoir :

*Au grade de chevalier.* — MM. Sée, capitaine au 1ᵉʳ de zouaves. Delport, sergent. De l'Écluse de Longraye, lieutenant en 1ᵉʳ au 2ᵉ rég. du génie.

Devant Sébastopol, 21 août 1855.

*Lettre de l'Empereur au général en chef.*

« Général, la nouvelle victoire remportée sur la Tschernaya
» prouve pour la troisième fois, depuis le début de la guerre, la
» supériorité des armées alliées sur l'ennemi lorsqu'il est en
» rase campagne; mais si elle fait honneur au courage des
» troupes, elle ne témoigne pas moins des bonnes dispositions
» que vous aviez prises. Adressez-en mes vives félicitations à
» l'armée et recevez-les aussi pour votre part. Dites à ces braves
» soldats, qui depuis plus d'un an ont supporté des fatigues
» inouïes, que le terme de leurs épreuves n'est pas éloigné. Sé-
» bastopol, je l'espère, tombera bientôt sous leurs coups, et
» l'événement fût-il retardé, l'armée russe, je le sais, ne pour-
» rait plus pendant l'hiver soutenir la lutte dans la Crimée.
» Cette gloire acquise en Orient a ému vos compagnons d'ar-
» mes en France. Ils brûlent tous de partager vos dangers.
» Aussi, dans le double but de répondre à leur noble désir et
» de procurer du repos à ceux qui ont déjà tant fait, j'ai donné
» des ordres au ministre de la guerre pour que tous les régi-
» ments qui sont en France aillent au fur et à mesure remplacer
» en Orient ceux qui rentreraient. Vous savez, général, combien
» j'ai regretté d'être retenu loin de cette armée qui ajoutait en-
» core à l'éclat de nos aigles; mais aujourd'hui mes regrets dimi-
» nuent, puisque vous me faites entrevoir le succès prochain et
» décisif qui doit couronner tant d'héroïques efforts.

» Sur ce, général, je prie Dieu qu'il vous ait en sa sainte
» garde.

» Signé NAPOLÉON. »

» Écrit au palais de Saint-Cloud, le 20 août 1855. »

Par arrêté du général en chef, en date du 22 août 1855, ont été nommés dans l'ordre impérial de la Légion d'honneur, savoir :

*Au grade d'officier.* — MM. de Susleau de Malroy, lieutenant-colonel au corps d'état-major. Lallemand, chef d'escadron. De la Bonninière de Beaumont, chef d'escadron. Mancel, chef d'escadron. De Bar de Lagarde, chef d'escadron. Beaudoin, chef d'escadron d'artillerie. Douay, colonel du 50° de ligne. Guichard, capitaine. De Pérussis, colonel du 62° de ligne. Cottat, chef de bataillon. Metman, lieutenant-colonel du 73° de ligne. De Maud'huy, chef de bataillon au 82° de ligne. Baillod, sous-intendant militaire de 2° classe. Scrive, médecin principal de 1re classe.

*Au grade de chevalier.* — MM. Regnier, capitaine au corps d'état-major. Hennequin de Villermont, capitaine. De Sachy, capitaine. Leperche, lieutenant. De Contamine, capitaine à l'état-major de l'artillerie. Couturier, capitaine. Robin, capitaine à la 3e batterie du régiment d'artillerie à cheval de la garde impériale. Binet, capitaine. Ferver, artificier. Berge, lieutenant à la 4e batterie du régiment d'artillerie à cheval de la garde impériale. Jamond, lieutenant. Maizier, adjudant. Diolès, artificier. Meulnotte, capitaine à la 14e batterie du 3e d'artillerie. Borély, lieutenant à la 3e batterie du 12e d'artillerie. Savary, sous-lieutenant à la 6e batterie du 13e d'artillerie. De Sailly, capitaine. Vernay, sous-lieutenant à la 4e batterie du 13e d'artillerie. Guillemot, adjudant à la 6e batterie. Hervé, maréchal-des-logis. Cheguillaume, capitaine à la 2e batterie du 14e d'artillerie. Crouzat, sous-lieutenant. Guiraud, maréchal-des-logis. Crivisier, sous-lieutenant à la 3e batterie du 15e d'artillerie. Tardif de Maidrey, capitaine. Bélu, capitaine à la 4e batterie du 17e d'artillerie. D'Alès, lieutenant. Hullard, maréchal-des-logis. Favarel, maréchal-des-logis. Canteloup, capitaine au 6e de ligne. Morin, capitaine adjudant-major au 50e de ligne. Debussac, lieutenant. Guillaumet, capitaine adjudant-major. Granier, capitaine au 62e de ligne. Delage, lieutenant. Leguay, lieutenant. Mourrut, lieutenant au 73e de ligne. Frennelet, capitaine. Malafaye, capitaine au 82e de ligne. Henriet, lieutenant. Gourmaud, sergent. Fort, sergent. Chamayou, sergent-fourrier. Paquette, voltigeur. Troussaint, capitaine au 95e de ligne. Lemoine, capitaine. Schmidt, sergent. Copmartin, chef de bataillon au 97e de ligne. Boncourt, capitaine adjudant-major. Gobin, sous-lieutenant porte-drapeau. Coisel, sergent-fourrier. Gay, sergent-major. Prouvost, lieutenant au 1er bataillon de chasseurs à pied. Lamy, sous-lieutenant. Champion, capitaine au 19e bataillon de chasseurs à pied. Broyer, sergent. Lasserre, sapeur. Couperie, sergent-major.

Réau, capitaine au 2e de zouaves. Bosc, sous-lieutenant. Girardot, sergent. Moutié, capitaine au 3e de zouaves. Croizet, sous-intendant militaire de 2e classe. Burlureau, médecin-major de 2e classe. Leroy, médecin-major. Hémard, médecin aide-major de 1re classe. Dulac, médecin aide-major. Imbert, médecin aide-major de 2e classe. Jalabert, adjudant en 1er d'administration. Huez, officier comptable de 1re classe. Laget, capitaine au 1er escadron du train des équipages militaires. Brune, lieutenant. Jacquier, sous-lieutenant à la 3e compagnie d'ouvriers constructeurs du train des équipages militaires.

Par arrêté du général en chef, en date du 30 août 1855, ont été nommés dans l'ordre impérial de la Légion d'honneur, savoir :

*Au grade d'officier.* — MM. Decaen, colonel du 7e de ligne. Dagon de Lacontrie, chef de bataillon au 10e de ligne. Darbois, chef de bataillon au 2e de zouaves.

*Au grade de chevalier.* — MM. Casanova, sous-lieutenant au 1er de grenadiers de la garde impériale. Bertrand, sous-lieutenant au régiment de zouaves de la garde impériale. Guyot-Desmarais, capitaine au 7e de ligne. Marić, lieutenant au 10e de ligne. Véroudart, lieutenant. Perrin, lieutenant. Bouliech, lieutenant au 20e de ligne. Lehé, grenadier. Cunche, lieutenant au 27e de ligne. Carquille, sous-lieutenant au 47e de ligne. Roche, lieutenant au 49e de ligne. Brocard, lieutenant au 50e de ligne. Pradier, chef de bataillon au 61e de ligne. Épailly, capitaine. Duplom, capitaine au 62e de ligne. Aizier, capitaine au 95e de ligne. Balland, capitaine au 1er bataillon de chasseurs à pied. Joly, capitaine adjudant-major au 1er de zouaves.

Par arrêtés du général en chef, en date des 23 août, 3, 5 et 7 septembre 1855, ont été nommés dans l'ordre impérial de la Légion d'honneur, savoir :

*Au grade de chevalier.* — MM. Contessouze, enseigne de vaisseau. Castanier, lieutenant au 1er de chasseurs d'Afrique (actuellement en Algérie). Le Bozec, chirurgien-major de 1re classe. Cochois, chirurgien-major de 3e classe. Durbec, capitaine au 9e de ligne. Boubée, sous-lieutenant. Giocanti, sous-lieutenant au 49e de ligne.

Redoute Malakoff, 9 septembre 1855.

Soldats ! Sébastopol est tombé. La prise de Malakoff en a déterminé la chute. De sa propre main, l'ennemi a fait sauter ses formidables défenses, a incendié sa ville, ses magasins, ses établissements militaires, et coulé le reste de ses vaisseaux dans le port. Le boulevard de la puissance russe dans la mer Noire n'existe plus.

Ces résultats, vous les devez, non-seulement à votre bouillant courage, mais encore à votre indomptable énergie et à votre persévérance pendant un long siége de onze mois. Jamais l'artillerie de terre et de mer, jamais le génie, jamais l'infanterie n'avaient eu à triompher de pareils obstacles ; jamais aussi ces trois armes n'ont déployé plus de valeur, plus de science, plus de résolution. La prise de Sébastopol sera votre éternel honneur.

Ce succès immense grandit et dégage notre position en Crimée. Il va permettre de rendre à leurs foyers, à leurs familles, les libérables qui sont restés dans nos rangs. Je les remercie, au nom de l'Empereur, du dévouement dont ils n'ont cessé de donner des preuves, et je ferai en sorte que leur retour dans la patrie puisse bientôt s'effectuer.

Soldats ! la journée du 8 septembre, dans laquelle ont flotté ensemble les drapeaux des armées anglaise, piémontaise et française, restera une journée à jamais mémorable. Vous y avez illustré vos aigles d'une gloire nouvelle et impérissable. Soldats ! vous avez bien mérité de la France et de l'Empereur !

Sébastopol, 12 septembre 1855.

DÉPÊCHE ÉLECTRIQUE.

*Le ministre de la guerre au général en chef.*

« Paris, 11 septembre 1855, 2 heures 15 minutes du soir.

« L'empereur m'écrit de Saint-Cloud :

» Faites passer la dépêche suivante au général Pélissier. »

*L'Empereur au général Pélissier.*

« Honneur à vous ! honneur à notre brave armée ! Faites à
» tous mes sincères félicitations. »

———

Par arrêté du maréchal commandant en chef, en date du 14 septembre 1855, ont été nommés dans l'ordre impérial de la Légion d'honneur, savoir :

*Au grade d'officier.* — MM. Balland, chef d'escadron au corps d'état-major. Joinville, lieutenant-colonel. De Vercly, lieutenant-colonel. Manèque, chef d'escadron. D'Orleans, capitaine. Guisse, chef d'escadron de gendarmerie. D'Alton, colonel du 2ᵉ de grenadiers de la garde impériale. Montéra, colonel du 1ᵉʳ de voltigeurs de la garde impériale. Grémion, chef de bataillon. Caumont, médecin-major du 2ᵉ de voltigeurs de la garde impériale. Aurel, chef de bataillon au régiment de zouaves de la garde impériale. Renault d'Ubexi, chef d'escadron au régiment d'artillerie à cheval de la garde impériale. Clappier, chef d'escadron. Sibille, chef d'escadron à l'état-major de l'artillerie. Joly-Frigola, chef d'escadron. Faye, chef d'escadron. Liégeard, chef d'escadron. Tellier, chef d'escadron. Narey, chef d'escadron. Roche, chef d'escadron. Dusaert, chef d'escadron. Crouzat, capitaine au 9ᵉ d'artillerie. Rapatel, capitaine au 10ᵉ d'artillerie. Ragon, chef de bataillon à l'état-major du génie. Roullier, chef de bataillon. Bailly, chef de bataillon. Fournier, chef de bataillon. Noel, chef de bataillon du génie. Foy, lieutenant-colonel du génie. Aufroy, capitaine en 2ᵉ au 3ᵉ du génie. Poupard, chef de bataillon au 7ᵉ de ligne. Guérin, colonel au 15ᵉ de ligne. Schuhler, capitaine au 20ᵉ de ligne. Hue de la Colombe, chef de bataillon au 21ᵉ de ligne. Lartigue, colonel du 28ᵉ de ligne. Lamy, chef de bataillon au 30ᵉ de ligne. Cavaroz, colonel du 32ᵉ de ligne. De Taxis, colonel du 61ᵉ de ligne. Morandy, chef de bataillon au 85ᵉ de ligne. Ména, chef de bataillon au 86ᵉ de ligne. Conseil-Dumesnil, colonel du 98ᵉ de ligne. De Nivet, chef de bataillon. Mathieu, colonel du 100ᵉ de ligne. Clinchant, chef du 4ᵉ bataillon de chasseurs à pied. Rogier, chef du 9ᵉ bataillon de chasseurs à pied. De Roiy de Bourdeville, capitaine au 1ᵉʳ de zouaves. De Mercier, sous-intendant militaire de 1ʳᵉ classe. Robert, sous-intendant militaire de 1ʳᵉ classe. Faulte du Puyparlier, sous-intendant militaire de 2ᵉ classe. Malapert, médecin principal de 1ʳᵉ classe. Bourguillion, médecin-major de 1ʳᵉ classe. Leuret, médecin-major de 1re classe. Méry, médecin principal de 2e classe. Thomas, médecin principal de 1re classe. Cazalas, médecin principal de 2e classe. Pastureau, médecin-major de 1re classe. Bourgeois, officier d'administration principal des subsistances militaires. Du Rousseau de Fayolles, capitaine de frégate. De Terson, lieutenant de vaisseau. Amet, lieutenant de vaisseau. Rallier, lieutenant de vaisseau. Bon Amy de Villemereuil, lieutenant de vaisseau. Brault, chef de bataillon au régiment d'artillerie de marine. Pélissier, lieutenant-colonel d'artillerie de marine.

*Au grade de chevalier.* — MM. Taffin, capitaine au corps d'état-major. Jumel, capitaine. Tissier, capitaine. Capitan, lieutenant. Bresson, capitaine. Wachter, capitaine. Warnet, capitaine. Rouverié de Cabrières, capitaine. Loizillon, capitaine. Gilly, capitaine. Déaddé, capitaine. Servier, lieutenant. Lamy, capitaine. Colle, lieutenant. Lafon, chef d'escadron de gendarmerie. Perrin, capitaine de gendarmerie. Bouillet, gendarme à cheval. Henrion-Bertier, capitaine adjudant-major au 1er de grenadiers de la garde impériale. Picraggi-Bianconi, capitaine. Faveris, lieutenant. Bertrand, sous-lieutenant. Carré, sergent. Harly, grenadier. Novel, sergent. Doutreligne, sergent. Lombard, lieutenant. Margaine, lieutenant. Ygrec, sous-lieutenant. Robin, sergent-major. Tonne, capitaine au 2e de grenadiers de la garde impériale. Ardoin, sous-lieutenant. Bernier, sergent. Conor, sergent. Luciani, sergent. Gaud, sous-lieutenant. Trilles, sous-lieutenant. Molinier, capitaine. Phalempin, capitaine. Cholleton, sous-lieutenant. Pernot, lieutenant. Duboscq, chirurgien aide-major. Fleury, capitaine au 1er de voltigeurs de la garde impériale. Laferrière, capitaine. Lapouraille, capitaine. Faure, sous-lieutenant. Lelay, sous-lieutenant. Niclet, sous-lieutenant. Piernet, sergent au 1er de voltigeurs de la garde impériale. Paulmiée, voltigeur. Mauchet, voltigeur. Rocq, sergent. Darcagne, sergent. Berthucas, sergent. Retor, voltigeur. Darcy, médecin aide-major. Stroltz, capitaine au 2e de voltigeurs de la garde impériale. Marque, capitaine. Donnève, capitaine. Cazenauve, sergent. Dumont, lieutenant. Heute, lieutenant. Javey, sergent. Bois, sergent. Donati, sous-lieutenant. Keller, sergent. Mathieu, lieutenant. Deboz, sergent. Verdeil, capitaine au bataillon de chasseurs à pied de la garde impériale. Lagranié, lieutenant. Guignet, sous-lieutenant. Corne, médecin aide-major. Nicod, sergent. Joubert, caporal sapeur. Velay, lieutenant au régiment de zouaves de la garde impériale. Fliniaux, capitaine. Winteroll, sous-lieutenant porte-aigle. Andrieu, lieutenant. Marlier, capitaine. Boulay, lieutenant. De Mutrécy, capitaine. Mouret, médecin aide-major. Hervier, sergent. Loyer, capitaine au régiment d'artillerie à cheval de la garde impériale. Bonnin, capitaine. Moutet, adjudant. Jeanne, maréchal-des-logis à la 4e batterie. Herbecq, médecin aide-major. Aubert, aide-vétérinaire. Peloux, capitaine à l'état-major de l'artillerie. Piœrron-Demondésir, capitaine en 2°. Cournier, capitaine. Moyse, capitaine. Grevy, capitaine en 2° à l'état-major de l'artillerie. Kesner, capitaine en 2°. Meynal, capitaine en 2°. Torchon, capitaine en 2°. Dubois, capitaine en 1$^{er}$. Lebeau, capitaine en 1$^{er}$. Pellé, capitaine. Bonnefin, capitaine. Guillin, garde principal d'artillerie. Bohant, garde d'artillerie de 1$^{re}$ classe. Duringer, garde d'artillerie de 2° classe. Arnold, garde d'artillerie. Marquet, garde d'artillerie. Huot, garde d'artillerie. Degournay, capitaine en 1$^{er}$ au 1$^{er}$ d'artillerie. Barny de Romanet, capitaine en 1$^{er}$. Launay, capitaine en 2°. Rougier, capitaine en 2°. Pinczon du Sel, capitaine en 2°. Hellot, sous-lieutenant. Bernadac, lieutenant en 1$^{er}$. Charpeaux, sous-lieutenant. Dumont, capitaine. Putz, capitaine. Le Savetier, maréchal-des-logis à la 13° batterie. Baquerie, maréchal-des-logis à la 13° batterie. Desruol, sous-lieutenant au 2° d'artillerie. Movet, sous-lieutenant. Rigaud, sous-lieutenant. Grandmaire, capitaine en 2°. Corbin, capitaine en 2°. Boissonade, lieutenant en 1$^{er}$. Paret, sous-lieutenant. Lefrançois, capitaine. Marquet, sous-lieutenant. Noury, capitaine en 1$^{er}$. Bédoin, capitaine en 2°. Blot, maréchal-des-logis à la 2° batterie. Pied, maréchal-des-logis à la 9° batterie. Legardeur, capitaine au 3° d'artillerie. Gay, sous-lieutenant. Cavalier, capitaine. Marie, capitaine. Clouzet, capitaine. Malcor, lieutenant. Frentzel, lieutenant en 1$^{er}$. Dietz, maréchal-des-logis à la 14° batterie. Lemasson, maréchal-des-logis à la 12° batterie. Blossenhauer, maréchal-des-logis à la 13° batterie bis. Rabidaire, maréchal-des-logis à la 13° batterie. Courtine, maréchal-des-logis à la 1$^{re}$ batterie. Tessèdre, capitaine au 1$^{er}$ d'artillerie. Thévenin, capitaine au 4° d'artillerie. Mehl, sous-lieutenant. Bertet, sous-lieutenant. Roussel, lieutenant. Broussouloux, lieutenant. Morel, capitaine en 1$^{er}$. Lang, maréchal-des-logis à la 13° batterie bis. Houzé, maréchal-des-logis à la 5° batterie. Mercier, maréchal-des-logis à la 2° batterie. Durousseau de Fayolles, capitaine en 1$^{er}$ au 5° d'artillerie. Liégeard, capitaine. Sauvé, capitaine en 2°. Rey, capitaine. O'Farrel, capitaine. Griscy, lieutenant en 1$^{er}$. Lefèvre, sous-lieutenant. Kleckner, sous-lieutenant. Baron, sous-lieutenant. Perron, brigadier à la 6° batterie. Gaudaire, maréchal-des-logis chef à la 10° batterie. Godard, maréchal-des-logis à la 15° batterie. Bonnet, capitaine en 2°. Petétin, maréchal-des-logis à la 6° batterie. Janisson, capitaine au 6° d'artillerie. Brouet, sous-lieutenant. Fischer, maréchal-des-logis à la 12° compagnie. Michaud, maréchal-des-logis à la 14° batterie. Mesnard, capitaine au 7° d'artillerie. Adam, maréchal-des-logis à la 6° batterie. Boucher de Morlaincourt, capitaine au 8° d'artillerie. Lanty, capitaine. Claris, lieutenant en 1$^{er}$. Charpenay, maréchal-des-logis à la 7° batterie. Loigerot, maréchal-des-logis. Jacquey, maréchal-des-logis. Boucheraud, 1$^{er}$ servant à la 2ᵉ batterie. Berthaut, capitaine au 9ᵉ d'artillerie. Matha, maréchal-des-logis à la 1ʳᵉ batterie. Deschamps, capitaine en 1ᵉʳ au 10ᵉ d'artillerie. Leclerc, capitaine en 2ᵉ. Marsal, lieutenant en 1ᵉʳ. Petit-Laurent, adjudant à la 9ᵉ batterie. Gros-Jean, maréchal-des-logis à la 6ᵉ batterie. Perrin, maréchal-des-logis à la 3ᵉ batterie. Risseil, chef artificier. Lepvrier, 1ᵉʳ servant à la 6ᵉ batterie. Viguier, capitaine au 11ᵉ d'artillerie. Astier, capitaine. Flye Sainte-Marie, lieutenant en 2ᵉ au 11ᵉ d'artillerie. Danse, capitaine au 12ᵉ d'artillerie. Gobert, capitaine. Chastaignier de Lagrange, capitaine. Harel, capitaine. De Gironde, capitaine. Bernard, lieutenant. Dornier, sous-lieutenant. Delançois, maréchal-des-logis à la 3ᵉ batterie. Martel, capitaine au 13ᵉ d'artillerie. Denecey, capitaine. Galle, capitaine. Armand, capitaine au 15ᵉ d'artillerie. Saunier, capitaine. Schœlcher, lieutenant au 17ᵉ d'artillerie. Charpentier de Cossigny, capitaine. Poignet, médecin aide-major à l'artillerie du 2ᵉ corps. Thomas, médecin aide-major à l'artillerie de la division de cavalerie. Logerot, capitaine en 2ᵉ à la 5ᵉ compagnie d'ouvriers d'artillerie. Vrignaud, sous-lieutenant au 43ᵉ de ligne, commandant le détachement de canonniers auxiliaires. Damarey, lieutenant en 2ᵉ à la 1ʳᵉ compagnie du génie de la garde impériale. Barboiron, maître-ouvrier. Bonnevay, capitaine de 2ᵉ classe à l'état-major du génie. La Ruelle, capitaine en 2ᵉ. Odier, capitaine en 2ᵉ. Aldebert, garde du génie de 1ʳᵉ classe. Joyeux, lieutenant en 1ᵉʳ au 1ᵉʳ du génie. Callandris, maître-ouvrier. Brou, caporal. Bernard, sergent. Pironneau, sergent-major. Hennequin, sous-lieutenant au 2ᵉ du génie. Rhumeau, sergent. Maritz, capitaine en 1ᵉʳ. Méreau, capitaine en 2ᵉ. Roussel, caporal. Tertre, sergent. Pradelle, lieutenant en 1ᵉʳ au 3ᵉ du génie. Heydt, capitaine en 2ᵉ. Ferrou, lieutenant en 1ᵉʳ. Metzlard, sergent. Radigois, sergent. Bellague, sergent. Pfeiffer, sergent. Muzard, sergent. Béziat, capitaine. Regad, capitaine en 1ᵉʳ. Dreyssé, sous-lieutenant. Chabbert, sergent-major. Charles, sergent. Boitard, sergent-major. Chevalme, maréchal-des-logis à la compagnie de sapeurs-conducteurs du 3ᵉ du génie. Veil, lieutenant au 6ᵉ de ligne. Rivière, chef de bataillon au 7ᵉ de ligne. Lamotte, capitaine adjudant-major. Desmares, sous-lieutenant porte-drapeau. Wertz, capitaine. Gérard, lieutenant. Dejean, lieutenant. Taillandier, lieutenant. Chevalérias, sergent. Eymerie, sapeur. Blanc, sergent. Richard, clairon. Leroy, fusilier. Marie, fusilier. Allard, lieutenant au 9ᵉ de ligne. Gayraud, capitaine. Peychaud, chef de bataillon au 10ᵉ de ligne. Lamboley, capitaine. Levron, capitaine adjudant-major. Dupont, capitaine. Roy, lieutenant. Dreyspring, lieutenant. Henry, lieutenant. Goinard, médecin aide-major. Berbegier, lieutenant. Giaccomoni, lieutenant au 14ᵉ de ligne. De Ligniville, lieutenant. Sassey, capitaine. Dubois, capitaine. Chareyre, capitaine au 15ᵉ de ligne. Davoust-Langotière, lieutenant. De Foucher, sous-lieutenant. Jalustre, lieutenant. Hoffey, lieutenant. Faure, sergent. Lallemand, sergent. Luccioni, sergent. Boutillot, capitaine au 18º de ligne. Benoit, lieutenant. Jacques, capitaine. Misler, sous-lieutenant porte-drapeau. Brisson, capitaine adjudant-major au 19º de ligne. Grimal, lieutenant. Rollet, médecin aide-major de 1ʳᵉ classe au 20º de ligne. Baudouin, chef de bataillon. De Conchy, sous-lieutenant. Le Breton, capitaine. Barrau, capitaine adjudant-major. D'Afflon de Champié, lieutenant. Dehaye, sous-lieutenant porte-drapeau. Lespieau, lieutenant. Cantié, sergent. Guillot, sergent. Délibès, caporal sapeur. Pittié, lieutenant au 21º de ligne. Mascarenc de Baissac, capitaine au 24º de ligne. Douhaire, capitaine. Guyot, capitaine adjudant-major. Friol, capitaine. Bême, sergent. Fuzon, sergent. Petit, capitaine au 26º de ligne. Vallet, capitaine. Schobert, chef de bataillon au 27º de ligne. Wirbel, chef de bataillon. Minart, capitaine. Pallière, lieutenant. Jasserand, sous-lieutenant porte drapeau. Parsis, sapeur. Vaquet, lieutenant. Bontus, tambour-major. Bory, fusilier. Chapy, caporal. Pigeon, adjudant sous-officier. Abbo, capitaine au 28º de ligne. Mourget, lieutenant. Barbé, sergent. Binet, capitaine au 30º de ligne. Tranche la Hausse de la Hausse, sous-lieutenant. Renard, médecin-major. Logerot, capitaine adjudant-major au 32º de ligne. Bertrand, médecin-major au 39º de ligne. Savary, capitaine adjudant-major. Cagnazzoli, capitaine adjudant-major au 42º de ligne. Montz, capitaine. Cahen, lieutenant. Lecouppey, lieutenant. Puissant, lieutenant. Noel, sergent. Pierrat, grenadier. Limayrac, capitaine adjudant-major au 43º de ligne. Denuc, capitaine. Dautrement, lieutenant. Gasser, capitaine au 46º de ligne. Roghi, capitaine. Questroy, capitaine. Le Bouédec, capitaine. Pérard, sous-lieutenant. Heymès, tambour-major. Rollet, lieutenant. Isnard, capitaine au 47º de ligne. Couder, capitaine. Battini, capitaine. Roy, capitaine adjudant-major au 49º de ligne. Lebrun, chef de bataillon. Didiot, médecin-major de 2ᵉ classe. Hindermann, capitaine. Pianet, capitaine. Thouvenel, capitaine. Cartier, lieutenant. Theissier, sergent. Busquet, capitaine au 50º de ligne. Desplas, capitaine. Pasquier, lieutenant. Voidy, lieutenant. Desplanque, capitaine. Frison, médecin aide-major. Martelet, sergent. Cabé, sergent. Fisse, sergent. De Baroncelli-Javon, capitaine au 52º de ligne. Gaillot, capitaine. Forcioli, chirurgien-major de 2ᵉ classe. Lacarcey, capitaine adjudant-major au 57º de ligne. Roux, capitaine. D'Armingaud, capitaine. Lacroix, sous-lieutenant. Krestzer, capitaine. Simard, sous-lieutenant. Binet, adjudant. Chaillet, sergent. Goubaut, sergent. Goureau, médecin aide-major. Boutroy, lieutenant. Chabal, capitaine au 61º de ligne. Tarboché, capitaine. Latour, sergent. Bulot, lieutenant. Roulland, lieutenant. Chambry, lieutenant. Courbet, médecin-major de 1ʳᵉ classe. Jacob, sous-lieutenant. Noel, sous-lieutenant. Péan de Ponfily, lieutenant. Skopetz, capitaine au

62ᵉ de ligne. Gronnier, médecin aide-major. Formy de la Blanchetée, chef de bataillon au 73ᵉ de ligne. Théaux, lieutenant. Boisson, capitaine adjudant-major au 74ᵉ de ligne. Hamerlin, capitaine. Rigaud, capitaine. Perguilhem, capitaine au 79ᵉ de ligne. Noel, capitaine. Gueury, médecin aide-major de 1ʳᵉ classe. Pacotte, capitaine. Valeau, lieutenant au 80ᵉ de ligne. Couston, lieutenant. Carré, sous-lieutenant. Loescher, sous-lieutenant. Suzzarelli, capitaine adjudant-major. Defontevieux, sergent. Musnier de Mauroy, capitaine adjudant-major au 85ᵉ de ligne. Basselet, médecin-major de 2ᵉ classe. Vassor, lieutenant. Breton, sous-lieutenant. Graziani, sous-lieutenant. Rolet, sous-lieutenant. D'Arguesse, capitaine. Brot, lieutenant. Castelnovo, lieutenant. Mailhé, sergent. André, sergent. Landini, lieutenant au 86ᵉ de ligne. Thomas, capitaine. Jacquinot, capitaine. Daga, médecin aide-major. Giraudon, sous-lieutenant. Didenot, capitaine. Templier, sergent. Vigier, fusilier. Briot, sergent. Vuillot, capitaine au 94ᵉ de ligne. Barot, capitaine. De Labarre, capitaine. Chapuy, chirurgien aide-major de 1ʳᵉ classe. Anouilh, capitaine adjudant-major. Mineau, sergent-major vaguemestre. Lombard, adjudant. Testard, lieutenant. Rondeau, lieutenant. Ditz, médecin-major de 2ᵉ classe au 96ᵉ de ligne. Schillinger, capitaine. Borelly, capitaine. Dol, capitaine. Belner, capitaine. Delpoux, capitaine. Vitureau, lieutenant. Couchot, sous-lieutenant. Leborne, lieutenant. Bourdais, sergent. Bonnet, sergent. Gabrielli, sergent. Trinité-Schillemans, capitaine adjudant-major. Rhor, capitaine au 98ᵉ de ligne. Brocard, capitaine. Vautherot, lieutenant. Laffon, capitaine. Rives, sous-lieutenant porte-drapeau au 100ᵉ de ligne. Bousquet, capitaine. Jomain, capitaine. Seybel, lieutenant. Kieffert, lieutenant. Girard, capitaine. Chantemesse, sergent. Malherbe, sergent. Denoual, soldat musicien. Gambier, chef du 1ᵉʳ bataillon de chasseurs à pied. Robillier, capitaine. Dinnat, capitaine. Célin, capitaine. Gandin, lieutenant. Ropper, capitaine. Manin, sergent-fourrier. Dexpers, médecin aide-major au 4ᵉ bataillon de chasseurs à pied. Imbert, sergent. Loste, sergent-fourrier. Brion, sergent-major. Carré, capitaine. Gueydon, lieutenant au 5ᵉ bataillon de chasseurs à pied. Le Luyer, lieutenant. Baillot, sous-lieutenant. Hébrard, sergent. Pillet, médecin-major au 6ᵉ bataillon de chasseurs à pied. Duburgua, capitaine. Lucquiaud, sergent. Maurice, chef du 7ᵉ bataillon de chasseurs à pied. Duval, capitaine au 9ᵉ bataillon de chasseurs à pied. Barbot, lieutenant. Rueff, médecin aide-major de 1ʳᵉ classe. Uzureau, caporal. Dupont, sergent. Pontié, capitaine au 10ᵉ bataillon de chasseurs à pied. Moreau, lieutenant. Chaufour, médecin-major de 2ᵉ classe au 14ᵉ bataillon de chasseurs à pied. Demay, capitaine. Mérimée, médecin-major de 2ᵉ classe au 17ᵉ bataillon de chasseurs à pied. Choppin-Mérey, capitaine. Caillot, lieutenant. Nadal, sous-lieutenant. Pillet, sous-lieutenant.

Catala, sergent-major. Bonnet, capitaine au 1$^{er}$ de zouaves. Bousson, capitaine. Blot, lieutenant. De la Chevardière de la Granville, lieutenant. Rousseau, sous-lieutenant. Ollivier, capitaine. Leroux, sous-lieutenant. Ozenfant, sous-lieutenant porte-drapeau. Bordes, lieutenant. Costes, lieutenant au 3$^e$ de zouaves. Pierron, sous-lieutenant. Gentil, caporal. Parguez, capitaine. De Talleyrand-Périgord, capitaine au 1$^{er}$ de la 1$^{re}$ légion étrangère. Aubry, capitaine. De Lavenne de Choulot, capitaine. Verchère, lieutenant. Abrial, lieutenant. Gabrielli, capitaine adjudant-major au 2$^e$ de la 1$^{re}$ légion étrangère. Désécots, lieutenant. De Boyne, lieutenant au 1$^{er}$ de tirailleurs algériens. Baudier, lieutenant. Driard, médecin aide-major de 1$^{re}$ classe. Cazaux, sergent-fourrier. Mohamed-ould-el-adj-Cadour, sergent. Mohamed-ben-Omar, sergent. Chevreuil, capitaine. Morel, capitaine au 9$^e$ de cuirassiers. De Chérisey, lieutenant au 1$^{er}$ de chasseurs d'Afrique. Dubessy de Contenson, capitaine. Perrin, médecin aide-major de 1$^{re}$ classe au 1$^{er}$ de chasseurs d'Afrique. Cousin de Montauban, lieutenant au 2$^e$ de chasseurs d'Afrique. Duneyer, maréchal-des-logis. De la Rémanichère, lieutenant en 1$^{er}$ au 3$^e$ de chasseurs d'Afrique. Grollier, adjudant au 4$^e$ de chasseurs d'Afrique. Mohamed-ben-Ahmed, maréchal-des-logis au 1$^{er}$ de spahis. Pérot, sous-intendant militaire de 2$^e$ classe. Jallibert, sous-intendant militaire de 2$^e$ classe. Robardey, adjoint de 1$^{re}$ classe à l'intendance militaire. Tournal, adjoint de 1$^{re}$ classe. Garreau, médecin-major de 1$^{re}$ classe. Cuvillon, *idem*. Moussu, médecin-major de 2$^e$ classe. Larivière, *idem*. Verjus, *idem*. Verdier, médecin aide-major de 1$^{re}$ classe. Ohier, *idem*. Tédeschi, *idem*. Vernay, *idem*. Gillin, *idem*. Chevossu, *idem*. Nuzilliat, *idem*. Maugis, *idem*. Mignot, *idem*. Savaéte, *idem*. Riolacci, médecin aide-major de 2$^e$ classe. Demortain, pharmacien principal de 2$^e$ classe. Bachelet, pharmacien-major de 2$^e$ classe. Bourgeois, *idem*. Lacoste, officier d'administration de 1$^{re}$ classe. Génissieux, officier d'administration de 2$^e$ classe. Bourdin, officier d'administration comptable de 1$^{re}$ classe. Frey, officier d'administration comptable de 2$^e$ classe des hôpitaux. Poncelet, *idem*. Antonini, adjudant d'administration en 1$^{er}$ des hôpitaux. Moriceau, *idem*. Rémiatte, *idem*. Pinel, officier d'administration comptable de 2$^e$ classe. Latrobe, officier d'administration comptable de 1$^{re}$ classe. Sénclar, officier d'administration comptable de 2$^e$ classe. Crété, officier comptable de 2$^e$ classe des subsistances. Charles, lieutenant en 1$^{er}$ à l'escadron du train des équipages militaires de la garde impériale. Violet, capitaine au 1$^{er}$ escadron du train des équipages militaires. Niel, lieutenant. Loos, capitaine au 5$^e$ escadron du train des équipages militaires. Templier, commis principal à l'administration centrale de la guerre. Aubry, inspecteur chef du service télégraphique. Duval, inspecteur de 3$^e$ classe du service télégraphique. Teghem, directeur de station de 3$^e$ classe du service télégraphique. Ladislas Chodzkiewicz, interprète titulaire de 1re classe. Le Breton de Rauzégan, lieutenant de vaisseau. Poincel, enseigne de vaisseau. Velleret, enseigne de vaisseau. Potier, enseigne de vaisseau. De Tournière, enseigne de vaisseau. Vandier, aspirant de 1re classe. Guibert, aspirant de 1re classe. Warneck, aspirant de 1re classe. Brown, aspirant de 1re classe. Giquel, aspirant de 2e classe. Reyniers, aspirant de 2e classe. Noé, sous-commissaire de 2e classe. Lespès, lieutenant de vaisseau. Gougeard, lieutenant de vaisseau. Maher, enseigne de vaisseau. Hibert, enseigne de vaisseau. Doré, enseigne de vaisseau. D'Anzel d'Aumont, aspirant de 2e classe. De Serre de Saint-Roman, aspirant de 2e classe. Viller, lieutenant de vaisseau. Carly de Svazzéma, enseigne de vaisseau. Steinbach, quartier-maître canonnier de 1re classe. Henry, 1er canonnier de 1re classe. Sévestre, matelot de 2e classe. Madec, quartier-maître canonnier de 1re classe. Étiard, matelot de 1re classe. Amenc, 1er maître canonnier de 2e classe. Quentin, enseigne de vaisseau. Aiguier, chirurgien de 2e classe. Delsaux, capitaine en 2e au régiment d'artillerie de marine. De Guilhermy, capitaine en 2e. Monnier, lieutenant en 1er. Legentil, sergent-major. Adénier, sergent. Kindel, sergent. Françon, capitaine. Flottard, commandant du bateau à vapeur l'*Égyptien*.

Sébastopol, 20 septembre 1855.

SOLDATS ! L'armée a un succès de plus à enregistrer : un corps de cavalerie russe vient d'être complétement défait dans les plaines d'Eupatorie

Les hussards et les dragons du général d'Allonville ont pu enfin, le 29 septembre, joindre l'ennemi près du village de Goughil. Soutenu par le corps ottoman d'Ahmet-Muchir-Pacha, le général d'Allonville a lancé le 4e régiment de hussards, les 6e et 7e régiments de dragons sur la division de hulans du général Korf, qui a été abordée à l'arme blanche avec la plus grande valeur. Sabrés jusque dans le rang, harcelés dans leur retraite pendant plus de deux lieues, les escadrons ennemis se sont enfuis dans toutes les directions, laissant entre nos mains 6 pièces de canon, 12 caissons d'artillerie, 169 prisonniers et 250 chevaux.

Ce brillant combat, dont je félicite le général d'Allonville, fait grand honneur au 4ᵉ régiment de hussards, au 6ᵉ et au 7ᵉ régiments de dragons, à la batterie Armand de l'artillerie à cheval, ainsi qu'aux généraux Walsin-Esterhazy et de Champeron. C'est un beau fait d'armes, dont je suis heureux d'avoir à rendre compte à l'Empereur, et qui inaugure dignement une nouvelle série d'opérations.

Sébastopol, 4 octobre 1855.

SOLDATS ! Les braves marins de l'escadre de l'amiral Bruat, descendus à terre pour partager nos dangers et nos travaux, vont nous quitter.

Les marins russes de la mer Noire, qui n'avaient pas osé se mesurer avec eux sur leur propre élément, ont appris à les connaître devant les murs de Sébastopol. Pour vous, vous savez combien, pendant toute la durée de ce siège long et difficile, ils ont, avec leurs camarades de l'artillerie de terre, donné des preuves de courage, de constance et de résolution, dans le service de leurs nombreuses et puissantes batteries.

C'est avec plaisir et confiance que nous les avons reçus parmi nous, c'est avec regret que nous voyons arriver le moment de la séparation.

Une union et une estime réciproques, formées sur le champ de bataille, nous lient étroitement à ces braves marins, à leurs vaillants officiers, à leur digne chef, le contre-amiral Rigault de Genouilly. — Nous les retrouverons, ayons-en l'espérance, et alors, comme aujourd'hui, la flotte et l'armée, le marin et le soldat n'auront qu'une même pensée, la gloire de la patrie, qu'un même sentiment, le dévouement à l'Empereur.

Par arrêté du maréchal commandant en chef, en date du 6 octobre 1855, ont été nommés dans l'ordre impérial de la Légion d'honneur, savoir :

*Au grade d'officier.* — MM. Badenhuyer, chef d'escadron au

6e de dragons. De Landrière-Desbordes, chef d'escadron au 7e de dragons. Simon de la Mortière, colonel du 4e de hussards. Tilliard, chef d'escadron. Bertier, capitaine de frégate. Bodot, lieutenant de vaisseau.

*Au grade de chevalier.* — MM. Pujade, capitaine d'état-major. Gatine, capitaine d'état-major. Becker, artificier au 15e d'artillerie. De Sibert-Cornillon, sous-lieutenant au 6e de dragons. Raabe, capitaine. Dorsanne, capitaine au 7e de dragons. Charmeux, capitaine au 4e de hussards. Hazotte, lieutenant au 4e de hussards. Bourseul, maréchal-des-logis. Bories, lieutenant de vaisseau. Glotin, lieutenant de vaisseau. Christy de la Pallière, enseigne de vaisseau. Rivière, enseigne de vaisseau.

---

Par arrêtés du maréchal commandant en chef, en date des 1er, 3, 4 et 6 novembre 1855, ont été nommés dans l'ordre impérial de la Légion d'honneur, savoir :

*Au grade de chevalier.* — MM. Coste, capitaine au 3e du génie. De Berny, capitaine au 7e de hussards. Taillefesse, sergent-major au 46e de ligne. D'Angelis, sergent au 10e de ligne. Avezac-Lavigne, sous-lieutenant au 2e de voltigeurs de la garde impériale.

---

Par arrêté du maréchal commandant en chef, en date du 7 novembre 1855, ont été nommés dans l'ordre impérial de la Légion d'honneur, savoir :

*Au grade de chevalier.* — MM. Guevel, capitaine en 1er au 6e d'artillerie. Folie-Desjardins, médecin major au 95e de ligne. Goer, capitaine. Sisco, lieutenant. De Brossard, capitaine au 14e bataillon de chasseurs à pied. Simonin, sergent. Mustapha-ben-Beiram, lieutenant au régiment de tirailleurs algériens. Mohamed-Hamou-ben-Ali, lieutenant. Mahmoud-ben-Hadj-Mahmoud, lieutenant. Mustapha-ben-Ali, sergent. Delorme, lieutenant en 2e au 1er de hussards. Seguineau de Préval, sous-intendant militaire de 2e classe.

---

Sébastopol, 20 octobre 1855.

L'armée apprendra avec joie un nouveau succès. Les drapeaux de l'Angleterre et de la France flottent, depuis le 17, su les murs de Kinburn ; la clef des embouchures du Bug et du Dnieper est au pouvoir des armées alliées.

Cerné, du côté de la mer, par les escadres des amiraux Bruat et Lyons, et, du côté de la terre, par la division anglo-française du général Bazaine, le fort de Kinburn a capitulé, sans conditions, après cinq heures de bombardement. Sa garnison, qui se composait de : 1 officier général, 40 officiers, 1380 soldats, en est sortie avec les honneurs de la guerre et s'est constituée prisonnière, abandonnant dans le fort, 174 bouches à feu, 25,000 projectiles, 120,000 cartouches, des poudres et des approvisionnements de toute nature.

La journée du 17 octobre, dans laquelle la flotte et l'armée ont été si heureuses d'associer de nouveau leurs efforts pour le même but, ajoute encore à la gloire et à la renommée des armées alliées. Elle a terrifié les Russes, qui, dans leur désespoir, ont, dès le lendemain, fait sauter le fort d'Otchakoff et trois batteries rasantes qui l'entouraient. Kinburn entre nos mains devient une menace permanente contre Nicolaïef et Kherson.

Sébastopol, 2 novembre 1855.

SOLDATS ! La garde impériale va rentrer en France, glorieusement associée à vos travaux, à vos succès.

L'Empereur sera heureux du retour de tant de braves ; il sera heureux de voir dans les rangs de sa garde, digne héritière de son aînée, un grand nombre de jeunes vétérans de cette armée d'Orient, pour laquelle son grand cœur a toujours montré tant de sollicitude.

Ainsi commence à se réaliser la pensée du souverain, de satisfaire à l'ardent désir de vos camarades de France, qui viendront successivement remplacer ici les plus anciens régiments de l'armée de Crimée.

Aujourd'hui, c'est à la garde impériale que nous devons faire nos adieux ; nos vœux l'accompagneront jusque dans la patrie,

où elle sera le modèle des vertus guerrières et l'interprète
du dévouement de l'armée à la France, à l'Empereur.

---

Sébastopol, 11 décembre 1855.

Le 8 de ce mois, après une longue marche de nuit, l'ennemi s'est jeté au point du jour, au nombre de 2,500 hommes d'infanterie et de 4 à 500 cosaques, sur les grand'gardes de la division d'Autemarre, à Baga et Orkousta.

Reçus énergiquement par le lieutenant-colonel Lacretelle, du 19e régiment de ligne, les chefs de bataillon de Richebourg, du 26e régiment, et Maurice, du 7e bataillon de chasseurs à pied, ayant sous leurs ordres trois compagnies du 26e régiment de ligne, sept compagnies du 7e bataillon de chasseurs à pied, et trois pelotons du 4e régiment de chasseurs d'Afrique, les Russes furent arrêtés dans leur mouvement offensif. Ils cherchèrent pendant quelque temps à tourner notre droite et à gagner du terrain ; mais à la sonnerie de la charge toute notre ligne se précipita en avant : l'ennemi dut céder devant l'élan de cette attaque, il se mit en retraite avant même l'arrivée de nos premières réserves, et se retira à l'aide des bois qui bordent la vallée et dans laquelle il fut vivement poursuivi.

Les Russes ont laissé entre nos mains environ 150 des leurs, dont 28 prisonniers et 17 blessés, parmi lesquels 2 officiers.

Nos pertes, non compris 12 hommes d'infanterie d'un poste avancé, qui ont été enlevés, et 4 chasseurs d'Afrique, qui ont été pris, ne s'élèvent qu'à 2 tués et 11 blessés, parmi lesquels 1 officier.

Le maréchal commandant en chef félicite les troupes qui ont pris part à l'action, ainsi que leurs chefs, pour la résolution et l'intelligence déployées dans ce brillant et vigoureux combat ; mais il regrette l'enlèvement d'un poste avancé de 12 hommes, qui n'aurait point été surpris s'il avait fait bonne garde. Il rappelle qu'aux avant-postes, le premier devoir du chef et du soldat est la vigilance; elle doit être incessante, de nuit comme de jour et par tous les temps. Il a la confiance que cet avertissement sera entendu.

Il résulte de nouveaux renseignements qui sont parvenus au maréchal commandant en chef, que le petit poste avancé, placé en avant des grand'gardes de Baga et d'Orkousta, loin de s'être laissé surprendre, a, au contraire, donné l'éveil à ses grand'gardes, et n'a été enlevé qu'après une vigoureuse résistance contre un ennemi, très supérieur en nombre, qui parvint à l'envelopper complétement.

Le maréchal est heureux de faire cette rectification à l'ordre général du 11 de ce mois, et de pouvoir donner un témoignage de satisfaction pour la conduite énergique de ce petit poste avancé.

Par arrêtés du maréchal en chef, en date des 10, 16 et 23 novembre, 3, 7, 11, 12, 14, 18, 20 et 23 décembre 1855, ont été nommés dans l'ordre impérial de la Légion d'honneur, savoir :

*Au grade d'officier.* — MM. Fabré, chef de bataillon à l'état major du génie. Maurice, chef du 7ᵉ bataillon de chasseurs à pied.

*Au grade de chevalier.* — MM. Bonaparte, lieutenant au 7ᵉ de dragons. Couchon-Delamasière, sous-lieutenant au 39ᵉ de ligne. Delorme, sous-lieutenant au 1ᵉʳ bataillon de chasseurs à pied. Gremillet, capitaine adjudant-major au 39ᵉ de ligne. Bureau, lieutenant au 5ᵉ bataillon de chasseurs à pied. Montmartin, maréchal-des-logis à l'escadron du train des équipages militaires de la garde impériale. Castan, lieutenant au 1ᵉʳ de zouaves. Rozière, sergent-fourrier. Émérat, sous-lieutenant au 19ᵉ de ligne. Richebourg, chef de bataillon au 26ᵉ de ligne. Simonin, capitaine. Vancechout, capitaine au 7ᵉ bataillon de chasseurs à pied. Gouel, sous-lieutenant. Charençon, voltigeur au 85ᵉ de ligne. Piétri, capitaine au 6ᵉ de ligne. Bréget, chef de bataillon au 31ᵉ de ligne. Durochat, lieutenant au 85ᵉ de ligne.

Par arrêtés du maréchal commandant en chef, en date des 28 et 30 décembre 1855, 2 et 23 janvier, 5, 8, 10 et 15 février 1856, ont été nommés dans l'ordre impérial de la Légion d'honneur, savoir :

*Au grade d'officier.* — MM. Nehlich, capitaine au 19e de ligne. Giacobbi, chef de bataillon au 95e de ligne.

*Au grade de chevalier.* — MM. De Juigné, capitaine au 2e de la 1re légion étrangère. Suisse de Saint-Claire, capitaine au 3e bataillon de chasseurs à pied. Mergé, capitaine. Lombard, sous-lieutenant au 7e bataillon de chasseurs à pied. Herbé, capitaine adjudant-major au 95e de ligne. Braidy, brigadier au 1er d'artillerie. Roques, capitaine en 2e. Dunand, lieutenant en 1er. Faucillon, lieutenant en 1er au 2e d'artillerie. Blot, 1er servant. Roques, lieutenant au 3e d'artillerie. Lemoine, sous-lieutenant. Castay, sous-lieutenant. Doucet, lieutenant. Caré, sous-lieutenant. Marchand, lieutenant en 1er au 4e d'artillerie. Guillemet, maréchal-des-logis au 5e d'artillerie. Crouzet, sous-lieutenant. De Nicol, capitaine. Eymard, maréchal-des-logis. Barisien, capitaine en 2e à l'état-major du génie. Meyère, capitaine en 2e au 3e du génie. Hecquet, capitaine au 6e bataillon de chasseurs à pied.

---

Par arrêtés du maréchal commandant en chef, en date des 1er et 25 mars 1856, ont été nommés dans l'ordre impérial de la Légion d'honneur, savoir :

*Au grade de chevalier.* — MM. Guilhamat, lieutenant au 5e bataillon de chasseurs à pied. Testard-Ducosquer, capitaine au 7e bataillon de chasseurs à pied. Guy, lieutenant au 21e de ligne. Padovani, capitaine au 49e de ligne. Teyssier, capitaine au 98e de ligne. Elsasser, sergent au 1er de la 1re légion étrangère.

---

Sébastopol, 2 avril 1856.

Soldats ! L'Empereur disait naguère à vos frères : « Vous avez bien mérité de la patrie ! » Vous entendrez successivement à votre tour les mêmes paroles tomber de cette bouche auguste, j'en ai l'assurance.

Soldats! par votre énergie, par votre résolution, votre héroïque constance, votre indomptable courage, vous avez, avec nos braves et fidèles alliés, conquis la paix du monde.

J'ai quelque droit de le dire, à l'aspect de tant de champs de bataille arrosés de votre sang, témoins de votre froide abnégation, et d'où, chaque fois, votre gloire s'élevait plus radieuse et plus belle, et couronnait vos sublimes efforts.

Vous allez revoir la patrie, heureuse de votre retour, heureuse d'une paix glorieuse, d'une paix signée sur le berceau d'un enfant impérial. Pénétrons-nous tous d'un tel présage, trouvons-y une nouvelle marque de la protection divine, et, s'il était besoin, un motif de plus pour l'accomplissement de tous nos devoirs envers l'Empereur et le Pays.

# TABLE DES MATIÈRES.

Introduction. — Force et composition des armées russes et turques. — Troupes des armées belligérantes sur les bords du Danube à l'ouverture de la campagne de 1853. — Résumé des opérations militaires entre les armées russes et turques, en 1853 et 1854.     1

Livre I. — *Gallipoli et Varna.* — Les gouvernements de France et d'Angleterre se disposent à prendre part à la lutte, au commencement de 1854. — Première armée expéditionnaire française sous le commandement du maréchal de Saint-Arnaud. — Préparatifs. — Embarquement à la fin de mars. — Débarquement à Gallipoli. — Concentration des troupes franco-anglaises à Varna, à la fin de mai. — Résolution d'une descente en Crimée. — Le choléra apporté de Marseille en Orient. — Expédition dans la Dobrutscha. — Incendie de Varna.     49

Livre II. — *L'Alma.* — Embarquement des troupes franco-anglaises et d'une division turque à Varna, à la fin d'août. — Marche des escadres et des convois sur la Crimée. — Débarquement sur la plage d'Eupatoria, le 14 septembre. — Marche sur l'Alma. — Bataille de l'Alma, le 20 septembre. — Marche des armées alliées sur Balaclava.     97

Livre III. — *Balaclava.* — Les armées alliées prennent position autour de Sébastopol. — Préparatifs de défense des Russes. — État de la ville à l'époque de la bataille de l'Alma. — Travaux préliminaires des troupes anglo-françaises, de la fin de septembre au 9 octobre. — Ouverture de la tranchée et première période du siége du 9 au 16 octobre. — Ouverture du feu, le 17. — Du 17 au 24 octobre. — Combat de Balaclava, le 25. — Du 25 octobre au 4 novembre.     137

Livre IV. — *Inkermann.* — Plan d'attaque du prince Menschikoff. — Précautions minutieuses prises par les généraux russes. — Dispositions premières des Anglais surpris. — Première période de la bataille, de six heures à neuf heures du matin. — Deuxième période, de neuf heures à onze heures. — Troisième période : les brigades françaises Bourbaki et d'Autemarre entrent en ligne et décident la victoire en faveur des alliés. — Fausse démonstration du prince Gortschakoff sur les hauteurs de Sapoun. — Sortie des Russes pendant la bataille. — Ils sont repoussés par la brigade de Lourmel. — Mort héroïque de ce jeune officier général. — Le siége continue. — Ouragan du 15 novembre. — Attaque d'Eupatoria. — Travaux d'attaque jusqu'au 31 du même mois. — Du 1$^{er}$ au 31 décembre. — Travaux des Russes. — Batteries françaises. — Sorties. — Le corps de Liprandi abandonne la rive gauche de la Tchernaïa. — Reconnaissances du 20 et du 30 par la cavalerie des généraux d'Allonville et Morris. — Formation et arrivée des 6$^e$, 7$^e$ et 8$^e$ divisions d'infanterie française. — Du 1$^{er}$ janvier au 10 février 1855. 171

Livre V. — *Eupatoria et Kamiesch.* — Du 10 février au 20 mai 1855. — Modifications dans la conduite du siége. — Nouvelle organisation de l'armée française. — Attaque de gauche et attaque de droite de Malakoff. — Défense d'Eupatoria, le 17 février. — Affaire de nuit (du 23 au 24 février). — Mars. — Lignes de Kamiesch. — Continuation des travaux d'attaque et de défense. — Affaire de nuit (du 22 au 23 mars). — Avril. — Tableau des batteries françaises et anglaises. — Ouverture du feu le 9 avril. — Affaires d'embuscades. — Mai. — Attaque du cimetière (le 1$^{er}$ mai). — Du 1$^{er}$ au 20 mai. 227

Livre VI. — *Malakoff* (du 20 mai au 18 juin 1855). — Le général Pélissier remplace le général Canrobert dans le commandement en chef de l'armée française en Orient. — Nouveau fractionnement de cette armée en deux corps et une réserve. — Du 20 mai au 1$^{er}$ juin. — Expédition de Kertch (21 mai). — Affaires des 22 et 23 mai à l'attaque

## TABLE DES MATIÈRES.

de gauche. — Occupation de la ligne de la Tchernaïa (25 mai). — Attaque et prise du Mamelon vert et des Ouvrages blancs (7 juin). — Du 9 au 18 juin. — Dispositions pour l'affaire du 18 juin. — Attaque de Malakoff, du Carénage et du Grand Redan. 263

LIVRE VII. — *Tractir*. — Travaux du génie, de l'artillerie aux deux attaques du 18 juin au 1er juillet. — Sorties. — Mines. — Reconnaissances sur la Tchernaïa. — Du 1er juillet au 1er août. — Du 1er au 16 août. — Bataille de Tractir. 305

LIVRE VIII. — *Sébastopol*. — Du 17 août au 8 septembre. — Affaires des 23 et 24 août. — Attaque et prise de Malakoff (8 septembre). — Les Russes évacuent la partie sud de la ville et se replient sur la rive droite de la Tchernaïa, dans les forts du Nord. — Ils font sauter les établissements de la rive gauche. — Du 8 au 30 septembre. 337

NOTES ET OBSERVATIONS. 377

ORDRES du maréchal de Saint-Arnaud. 393

ORDRES du général Canrobert. 398

ORDRES du général Pélissier. 434

## PLANCHES.

I. Marches des armées française et anglaise d'Old-Forth à Sébastopol.
II. Champs de bataille d'Inkermann et de Tractir.
III. Plan des attaques et défenses de Sébastopol.

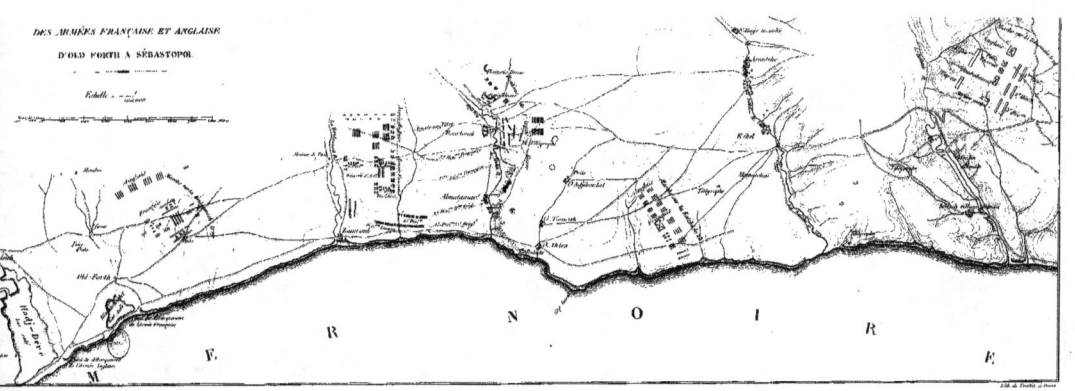

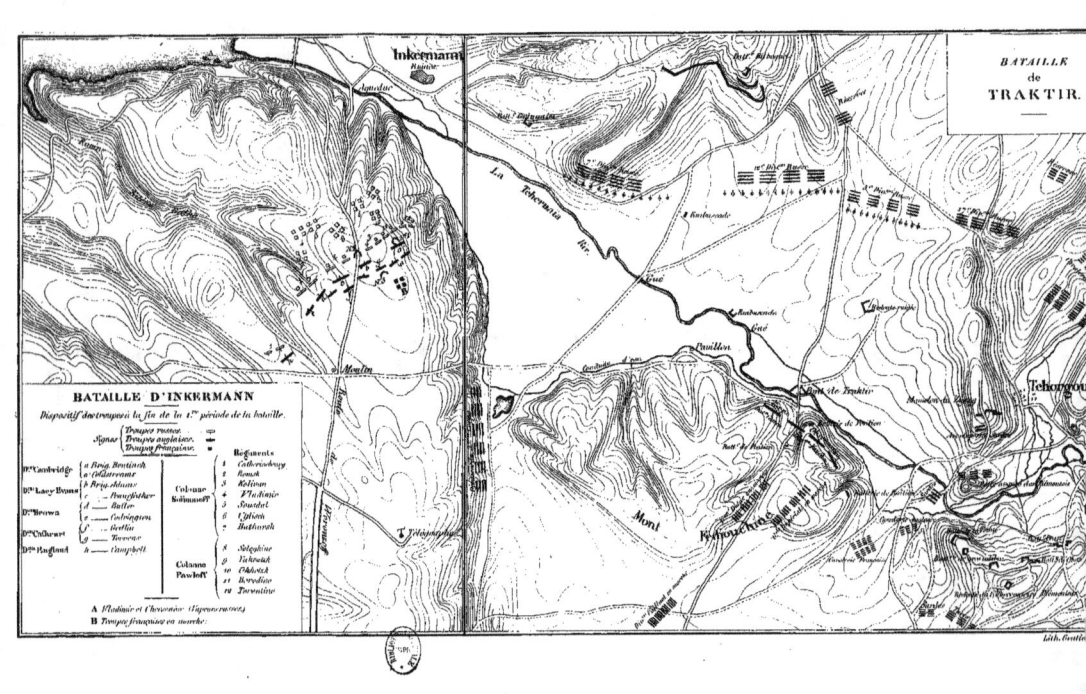

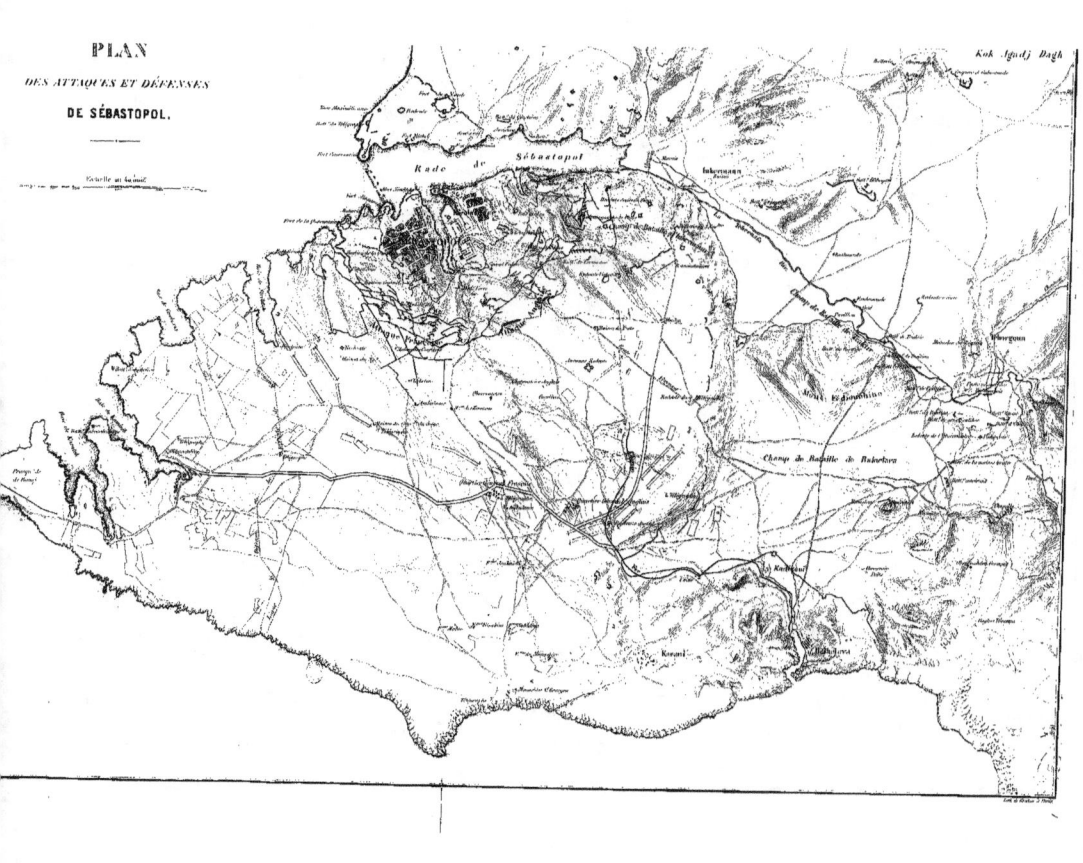

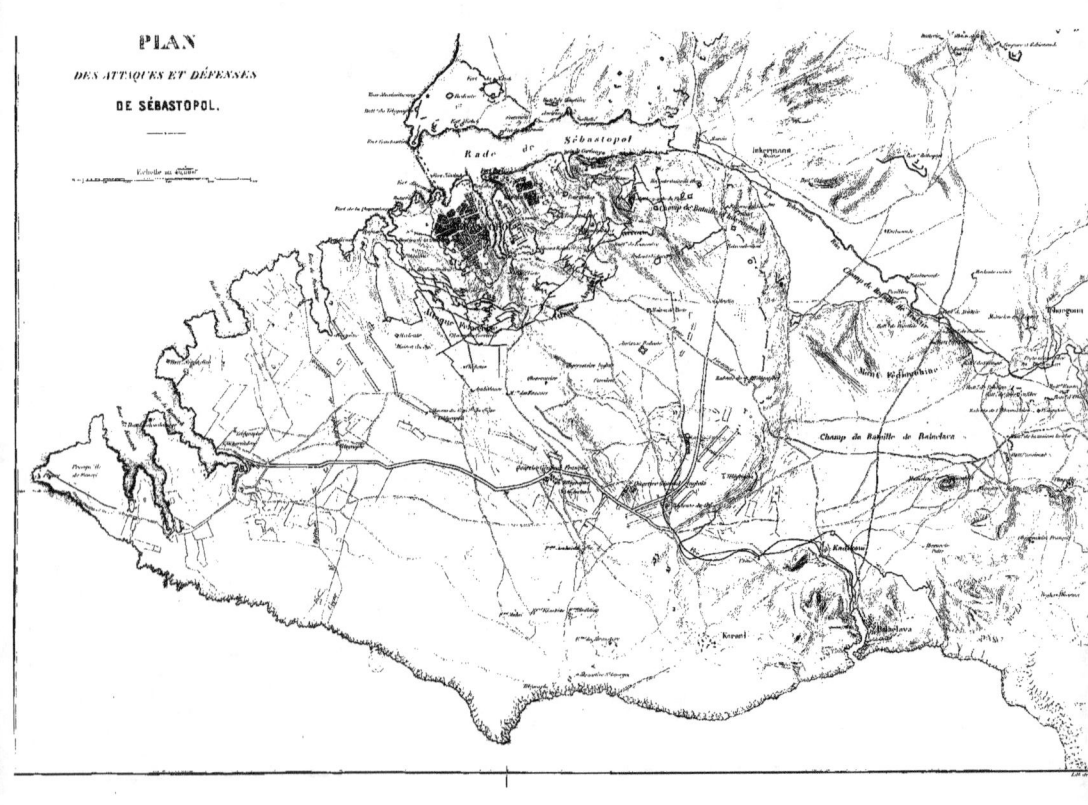

www.ingramcontent.com/pod-product-compliance
Lightning Source LLC
Chambersburg PA
CBHW050249230426
43664CB00012B/1886